孔祥毅文集

金融理论

（一）

经济管理出版社
ECONOMY & MANAGEMENT PUBLISHING HOUSE

图书在版编目（CIP）数据

孔祥毅文集/孔祥毅著 . —北京：经济管理出版社，2016. 10
ISBN 978 - 7 - 5096 - 4344 - 0

Ⅰ. ①孔… Ⅱ. ①孔… Ⅲ. ①金融学—文集 Ⅳ. ①F830—53

中国版本图书馆 CIP 数据核字（2016）第 074940 号

组稿编辑：杜　菲
责任编辑：杜　菲
责任印制：司东翔

出版发行：经济管理出版社
　　　　　（北京市海淀区北蜂窝 8 号中雅大厦 A 座 11 层　100038）
网　　　址：www. E - mp. com. cn
电　　　话：（010）51915602
印　　　刷：北京九州迅驰传媒文化有限公司
经　　　销：新华书店
开　　　本：787mm×1092mm/16
印　　　张：233. 75（全九卷）
字　　　数：3916 千字（全九卷）
版　　　次：2016 年 10 月第 1 版　　2016 年 10 月第 1 次印刷
书　　　号：ISBN 978 - 7 - 5096 - 4344 - 0
定　　　价：1280. 00 元

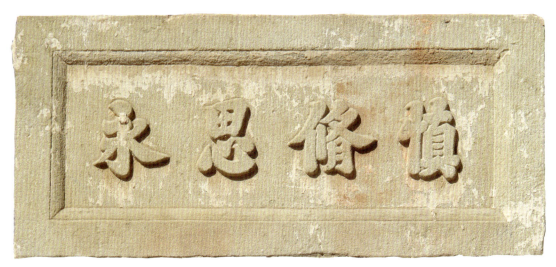

△ 作者故居门头石匾

△ 1958年在阳城
一中读书时期

△ 1960年出席晋东南地区"三好学生"代表会，
后排右一为作者

△ 1961年在山西财经
学院读书时期

△ 2005年专程赴南京财经大学拜访老师陈庆发
老先生。陈老师曾任山西财经学院党委副书
记，1995年调任南京经济学院(今南京财经
大学)党委书记

▷ 2007年在书房祖宗像前

▷ 2004年与夫人王丽荣在绵山

△ 作者全家福，拍摄于2015年春节

△1985年与金融史专家盛慕杰先生合影于悬空寺

△ 1988年10月与中国人民银行
总行研究所副所长周士敏(中)
和金融史专家洪葭管先生(左)
合影于苏州

△ 2001年5月辽宁大学校长程伟(中)陪同作者和中
央财经大学副校长王广谦在辽大新校区参观

△ 2003年4月与中国银行国际
金融研究所原所长吴念鲁(左)
和原陕西财经大学江其务教
授(中)合影

△ 2001年9月与中央财经大学姜维壮教授合影

▷ 2004年5月应浙江省委宣传部邀请在首届"浙商论坛"上作晋商专题演讲

▽ 2006年与厦门大学张亦春教授(右二)、辽宁大学白钦先教授(左二)和西南财经大学刘锡良教授(右一)合影

△ 2006年4月在临县碛口做社会调查

△ 2008年8月在内蒙古多伦淖尔与当地晋商后人交谈

△ 2008年在湖北羊楼洞观音泉考察山西茶商碑刻

▷ 2010年9月与中国人民大学周升业教授（中）、中国工商银行原副行长田瑞章（左）在中国茶叶博物馆

▷ 2008年与中国商业史学会首任会长吴慧（中）和中国经济史学会会长经君健（右）在晋商书画展览研讨会休息期间

◁ 2010年考察万里茶路在俄罗斯恰克图与恰克图市长（左）交谈

◁ 2012年在金融史专家洪葭管先生
居所留影

△ 2013年7月在中蒙俄万里茶道研
讨会上演讲

◁ 2013年与中国人民大学黄达教授在青城山

▷ 2013年与西南财经大学曾康霖教授在成都

本书承瀚华金控股份有限公司资助出版

作者简介

姓　　名：孔祥毅

性　　别：男

民　　族：汉

出生年月：1941 年 8 月 2 日

出生地点：山西阳城

党　　派：中国共产党

学习经历：

1949～1953 年，在阳城县小寺腰初级小学学习；1953～1955 年，在阳城县第五区高级小学学习；1955 年 9 月至 1961 年 7 月，在阳城县第一中学校学习；1961 年 9 月考入山西财经学院（四年制本科）财政金融系财政与信贷专业，1963 年因全国高校调整提前毕业。

教学科研工作经历：

1963 年 7 月毕业留校从事金融学教学工作；1979 年 9 月 10 日被评为讲师；1986 年 11 月晋升副教授；1987 年至 1990 年，中国人民银行研究生部金融专业硕士委培生双导师；1991 年 11 月晋升教授；1992 年 8 月被评为商业部部级优秀专家；1992 年 10 月被评为享受国务院特殊津贴专家；1995 年起担任山西财经学院金融专业硕士研究生导师；1998 年至 2007 年，担任辽宁大学金融专业博士研究生导师；2007 年起担任山西财经大学金融学专业博士研究生导师。

主要研究方向为金融理论与金融史、晋商与票号。曾主持国家与省部级以上研究课题 30 多项，出版专著与高校金融类教材 30 多部，发表学术论文 200 余篇。代表性学术论著有《中央银行概论》、《宏观金融调控理论》、《中央银行通论》、《百年金融制度变迁与金融协调》、《中部崛起下的山西金融机制创新研究》、《金融票号史论》、《晋商学》、《晋商案例精选》（21 世纪高等教育经济管理创新教材）《晋商与金融史论》、《山西票号史经营管理模式研究》等。

行政党务工作经历：

1978 年 7 月至 1981 年 11 月，担任山西财经学院财政金融系金融教研组组长（1981 年教研组更名教研室，改任主任）；1981 年 11 月至 1987 年 5 月，任财政金融系副主任（主持工作）；1987 年 5 月至 1992 年 11 月，任经济研究所所长兼科研处处长、《山西财经学院学报》主编；1992 年 11 月至 1995 年 5 月，任山西财经学院副院长；1995 年 5 月至 1997 年 11 月，任山西财经学院院长；1997 年 4 月至 12 月，兼任山西财经大学临时筹备组党委书记；1997 年 12 月任山西财经大学党委书记，2000 年卸任党政职务。

主要社会兼职：

中国金融学会理事、常务理事（1985～2016 年）；

国内贸易部高校学科建设指导委员会委员（1994～2004 年）；

中国高等商业教育学会副会长（1994～2004 年）；

中华全国供销合作经济学会副会长（1994～2004 年）；

中国人民银行总行中国金融教材工作委员会金融学科教材审定组成员（1998～2000 年）；

山西省高教系列高级职称评审委员会委员（1995～2000年）；

山西省社科研究系列高级职称评审委员会委员（1995～2000年）；

中国商业史学会第四届理事会会长（1999～2004），第五、第六届名誉会长（2004～2016年）；

中华全国供销合作总社高校学科建设指导委员会副主任委员（1999～2004年）；

全国高等财经教育研究会顾问（2005～2015年）；

《金融研究》匿名审稿专家（2005～2006年）；

山西省农村金融学会副会长（1982～2004年）；

山西省经济学会常务理事、副秘书长（1991～2004年）；

山西省商业联合会副会长（1995～2000年）；

山西孔子文化研究会第一届理事会会长（2004～2011年）、第二届名誉会长（2011～2016年）；

山西省金融学会副会长兼学术委员会主任（2008～2016年）；

山西财经大学晋商研究院第一、第二届学术委员会主任（2008～2016年）；

山西省晋商文化基金会理事长（2012～2016年）；

山西省文化促进会副理事长（2012～2016年）。

主要科研项目：

1. 《阎锡山和山西省银行》（与郝建贵、张涤非合作），中国人民银行总行1974年12月立项，中国社会科学出版社1980年出版。

2. 《银行新开业务问答》（主持人，与李怡农合著），中国农业银行项目，中国金融出版社1985年出版。

3. 《中国近代金融史》（参编），中国人民银行教材编审委员会统编，高等财经院校金融专业教材，中国金融出版社1985年出版。

4. 《中央银行概论》（与慕福明合著），中国金融出版社1986年出版。

5. 《山西商人与商业资本》（独立完成），全国高校古籍整理委员会项目，收录于《近代的山西》（研究报告集，山西人民出版社1986年版）。

6. 《中国社会主义金融理论》（与周升业共同主编），中国人民银行总行教育司确定的金融专业主干课程教材，中国金融出版社1988年第一版，1993 年修订版。

7.《货币银行学原理》（参编），中国人民银行总行教育司确定的金融专业主干课程教材，中国金融出版社 1988 年第一版、1992 年第二版（修订本）、1997 年第三版（第二次修订本）、2002 年第四版、2005 年第五版、2009 年第六版、2015 年第七版。

8.《山西现金管理状况研究》（主持人），山西省人民政府 1988 年项目。

9.《金融市场研究》（主持人，主编），中国农业银行总行 1988 年项目，1991 年中国金融出版社出版。

10.《中央银行学》（参编），中国金融出版社 1989 年出版。

11.《山西省商品流通秩序研究》（主持人），山西省人民政府 1989 年项目。

12.《银行结算改革解答》（主编），山西人民出版社 1989 年出版。

13.《山西票号史料》（参编），山西人民出版社 1990 年出版。

14.《城市金融》（与杨崇春共同主编），中国城市经济出版社 1990 年出版。

15.《金融市场概论》（主编），中国农业银行总行干部培训教程，中国金融出版社 1991 年出版。

16.《金融通论》（与白钦先共同主编），中国金融出版社 1991 年出版。

17.《山西经济战略研究》（主持人），1992 年山西省哲学社科规划项目。

18.《中国金融史》（参编），中国金融教材工作委员会统编，高等财经院校金融专业教材，西南财经大学出版社 1993 年第一版、2001 年第二版。

19.《三晋经济论衡》（与纪馨芳、胡积善共同主编），中国商业出版社 1993 年出版。

20.《信用合作大辞典》（第四部分《信用与金融机构》分主编），中国金融出版社 1993 年出版。

21.《税制改革对山西经济的影响》（主持人），1994 年山西省软科学项目。

22.《税制改革对科技的影响》（参与），1994 年山西省软科学项目。

23.《合作经济理论与组织体系研究》（主持人），1997年中华全国供销合作总社项目。

24.《金融贸易史论》（独撰），中国金融出版社1998年出版。

25.《金融经济综论》（独撰），中国金融出版社1998年出版。

26.《明清商业史研究》（中国商业史学会明清史专业委员会论文集，主编），中国财政经济出版社1998年出版。

27.《中新高等商科教育研究》（《国际高等商科教育比较研究》之子课题，子课题主持人），全国教育科学"九五"规划重点项目，中国财政经济出版社1998年出版。

28.《百年金融制度变迁与风险防范》（主持人），1999年国家哲学社科规划项目。

29.《山西资本市场与融资体制研究》（与李慧芬合作完成），1999年山西省哲学社科规划项目。

30.《中央银行通论》（主编），中国金融出版社2000年第一版、2002年第二版、2009年第三版。

31.《中国合作经济理论创新研究》，2001年中华全国供销合作社总社项目。

32.《社会主义市场经济条件下有中国特色的合作经济新模式新框架研究》（独立完成），2001中华全国供销合作社总社项目。

33.《高等金融教育与人才培养研究》（《国际高等商科教育比较研究》之子课题，子课题主持人），全国教育科学"九五"规划重点项目，中国财政经济出版社2002年出版。

34.《山西商人史料》，国家新闻出版署、国家古籍整理委员会"十二五"重点规划项目。

35.《百年金融制度变迁与金融协调研究》（主编），国家社会科学基金项目，中国社会科学出版社2002年版。

36.《山西票号研究》（与王森共同主编），中国财政经济出版社2002年出版。

37.《金融票号史论》（独撰），中国金融出版社2003年出版。

38.《金融理论教程》（主编），中国金融出版社2003年出版。

39.《宏观金融调控理论》（主编），中国金融出版社2003年出版。

40.《中央银行通论学习指导》（主编），中国金融出版社2004年第一版、2009 年第二版。

41.《诚信晋商与信约公履制度研究》（主持人），2004 年山西省哲学社科规划项目。

42.《山西省金融机制创新》（主持人），2004 年山西省高级专家基金课题。

43.《合作社金融支持的历史与现实研究》（主持人），2005 年中华全国供销合作总社项目。

44.《晋商学》（独著），2005 年山西省人文社科研究项目，经济科学出版社 2008 年出版。

45.《晋商案例精选》（与陶宏伟共同主编），经济科学出版社 2008 年出版。

46.《山西票号经营管理模式研究》（与毛金明共同主持），2007 年中国人民银行总行重点项目，山西人民出版社 2009 年出版。

47.《中国商业文明演进与核心价值观形成机制》（主持人），2008 年山西省人文社科基地重点研究项目。

48.《国学教育进课堂研究》，2008 年山西省委宣传部项目。

49.《综改区的金融机制创新研究》（主持人），2011 年山西省社科院项目。

50.《中国货币制度变迁与货币思想演进》第二卷（宋元明清），2012 年中国财政经济出版社项目。

51.《民国山西金融史料》（主编），中国金融出版社 2013 年出版。

52.《晋商史料系列丛书》（主编），中华书局、三晋出版社 2012～2016 年已出版七册：《交易须知》、《渠仁甫备忘录》、《商人要录·贸易须知》、《合盛元信稿（国外）》、《合盛元信稿（国内）》、《日升昌上海总结银账》、《协和信账簿》。

教学科研主要获奖情况：

1.《中国近代金融史》（中国金融出版社），1988 年获中国人民银行总行全国高校金融类优秀教材二等奖。

2.《中央银行概论》（中国金融出版社），1990 年获山西省首届社科成果一等奖。

3.《中国社会主义金融理论》（中国金融出版社），1991 年获中国人民银行总行全国高校金融类优秀教材二等奖。

4.《中央银行学》（中国金融出版社），1991年获中国人民银行总行全国高校金融类优秀教材三等奖。

5.《山西商人及其历史启示》（《山西日报》），1992年获中共山西省委宣传部山西省社科成果应用一等奖，1994年获全国报刊理论文章一等奖。

6.《山西票号与清政府的勾结研究》（《中国社会经济史》），1993年获山西省高校人文社科一等奖。

7.《三晋经济论衡》（中国商业出版社），1996年获山西省高校人文社科一等奖。

8.《金融贸易史论》（中国金融出版社），1999年获中国商业史学会商业史研究优秀成果一等奖。

9.《明清商业史研究》（中国财政经济出版社），1999年获中国商业史学会商业史研究优秀成果一等奖。

10.《百年金融制度变迁与金融协调》（中国社会科学出版社），2004年获山西省社科优秀成果奖。

11. 2005年被山西省教授协会授予山西省首届"科技兴晋突出贡献专家"奖。

12.《山西票号与中国商业革命》，2005年获中国金融学会第七届优秀论文二等奖。

13.《中部崛起下的山西金融机制创新研究》（山西经济出版社），获山西省2006年"五个一"工程一等奖。

14. 2006年被中国老教授协会授予"老教授科教工作优秀奖"。

15.《中部崛起下的山西金融机制创新研究》，2007年获山西省第五届社科优秀成果一等奖。

16.《山西票号经营管理模式研究》（山西经济出版社），2008年获中国人民银行总行"2007年度重点科研成果二等奖"。

17.《晋商学》（经济科学出版社），获山西省2008年度"五个一"工程一等奖。

18.《一路坎坷，一路凯歌》（《中国金融》连载），2009年获山西省金融学会"纪念中国人民银行成立60周年征文"一等奖。

19. 2016年8月获北京市鸿儒金融教育基金会"中国金融学科终身成就奖"。

前　言

　　我这一生，基本上都是在学校里度过的。从 1963 年在山西财经学院财政与信贷专业毕业留校任教至今，在金融学专业的课堂上已经执教 54 年，现在还承担着金融学专业博士研究生的培养任务。我对自己一辈子的总结是：读书、教书、写书。幼年时，我母亲给我起的乳名叫书宝，还真的是应了这个名字。

　　不知不觉已过古稀之年。2013 年春，也就是我 72 岁那年，曾想过要不要把写的文稿整理一下，结集出版，也算对此生教学科研的总结。想了很久都没有下定决心。几位学生一直提议我把文稿整理出来，因为其中的文字对于后人研究晋商、票号、中国经济金融发展史、新中国成立以来的经济金融理论变迁乃至经济金融学科建设等都有价值，应该结集出版，以与更多有志于此的同行分享。在大家的鼓励支持下，我开始着手相关文稿的整理工作。但是进展不快，直到 75 岁生日也没有拿出终稿。2015 年 7 月，获知瀚华金控股份有限公司十分重视金融理论和金融史研究，愿意为文集出版提供资助，我感受到了更强烈的鼓励和督促，遂加快进度，终于成稿。

　　初识瀚华金控是在两年前。2014 年 4 月 20 日，我应邀到平遥为瀚华金控做一场关于票号的讲座。在去平遥的途中，瀚华金控的董事长张国祥先生介绍说："我原来在工商银行辽宁省分行工作，看孔老师的书，知道了山西票号的'人身股'，知道了山西票号的管理机制、经营理念、金融文化以及汇通天下，等等。后来调到招商银行重庆分行工作。我一直在思考，能不能参考票号的理念办一家金融机构？我想了很久，构思了一个方案，与几位在全国和地方有影响的民营企业家交流过，想寻找合作者。经过深入沟通，我与重庆的一位民营企业家达成共同创办意向。我们长谈了三次，第三次交流后这位企业家说'我现在就出资 1 亿元作为首期资本。至于企业怎么办，完全由你做主。'于是，我辞去招商银行的职务，于 2004 年 7 月在重庆创立了一家担保公司。2008 年又设立小额贷款公司，专门为中小微企业提供金融服务。经过 10 年努力，2014 年我们已经在香港上市……"我下意识地端详了身旁这位目光炯炯有神、说话不快不慢、举止稳重沉着的中年人，仿佛看到了票号大掌柜运筹帷幄中、敢为天下先的风采。

通过进一步接触，我了解到，瀚华金控正是受到山西票号商人的启示，学以致用，知行合一，在推动普惠金融服务、金融支持实体经济方面进行了一系列的探索与创新，成就斐然：瀚华金控是中国首家登陆国际资本市场的全国性普惠金融服务集团；旗下机构专注于为中小微企业和个人提供融资担保、小额贷款、互联网金融、金融保理、资本管理、融资租赁等综合性金融服务，10 年来累计服务中小微企业客户逾 5 万家；瀚华金控及其旗下机构获得了"中国担保辉煌先锋"、"中国小额贷款公司竞争力百强"、"推动行业发展贡献奖"、"中国最佳金融服务创新奖"、"中国小微金融最佳产品设计奖"、"卓越普惠金融机构"、"中国最具影响力普惠金融服务提供商"等多项荣誉称号或奖项。我深深感到，瀚华金控再现了当年中国票号东家与大掌柜两权分离的委托代理机制，融资业务重人信用大于重物信用，尊重小微民企，深接地气，传承而创新，发展了中国传统金融文化。

这套文集是我几十年琐碎文章的汇集，说好听一些是总结，说不好听些就是炒冷饭。总结也罢，冷饭也罢，希望能对后人的相关研究有些许帮助。全套文集共九册：第一册是金融理论专题，第二册是金融协调专题，第三册是金融经济专题，第四册是区域金融专题，第五册是晋商研究专题，第六册至第八册是金融史专题，第九册是财经教育专题。每一册内列若干细类；每一细类中的文章原则上以初次面世的时间为序排列；每篇文章开头均有简略的"背景说明"，以帮助读者获知文章的出处、理解写作背景和其中的观点。

真诚感谢瀚华金控股份有限公司对本文集的出版资助！感谢张国祥董事长对我所从事的金融理论和金融史教学科研工作的关注、认可和支持！

这套书的出版，还得到了许多热心朋友和学生的帮助，他们或为文集的出版悉心谋划、联络沟通、组织协调，或帮助我收集旧稿、整理分类、核实背景、检查错漏、校改不当，着实辛苦！他们是晋商银行的王永亮，瀚华金控的杜建华，山西傅山集团的王拓以及山西财经大学的毛成刚、张亚兰和周旭峰。谢谢各位朋友和学生真诚而无私的帮助！

最后，我要特别感谢我的妻子王丽荣女士，四五十年来她给予了我无微不至的生活关心和巨大的精神鼓励。没有她的无私付出，我就难以有充足的时间和充沛的精力从事所热爱的教学科研工作，自然也就不可能有这套文集的问世。

谢谢所有帮助过我的朋友们！

孔祥毅

2016 年 8 月 5 日

总目录

本集目录

金融学科

货币与货币流通

关于信用与通货膨胀的几个问题

背景说明

　　本文是1981年1月5～14日在广州召开的"全国货币理论讨论会"上的发言稿，原载《经济问题》1981年第3期。文章讨论信用膨胀与通货膨胀的关系；制止通货膨胀需从控制信用膨胀入手；现行"存贷挂钩，差额控制"的信贷管理体制要进一步完善；对超差额多吸收的存款，不可百分之百贷放，要留有准备，使它真正成为调节货币流通的杠杆；改变财政银行"连裆裤"状况，分锅吃饭，财政赤字用发行国内公债解决，避免财政挤银行、银行发票子所形成的信用膨胀。

　　在我国，目前存在着通货膨胀已为人们所公认。它不利于安定团结，不利于"四化"建设，亦为各界所注视。但是，与通货膨胀紧密联系的信用膨胀却至今没有引起应有的重视，如有人笼统提出用派生存款的"倍数关系"来解决"四化"建设中的资金问题。现在改革试点中的"存贷挂钩，差额控制"的信贷管理体制，实行了未加限制的"多存多贷"，我觉得这些想法和办法都无异于给已存在的信用膨胀和通货膨胀火上浇油。这一想法，不知有无道理，现略谈如下。

一、我国的通货膨胀总是伴随着信用膨胀

　　通货是流通中货币的总称，应包括流通中的全部流通手段和支付手段，即流通中的现金和随时可以提现或开出转账支票的活期存款。如果通

货数量超过了商品流通（包括①社会商品零售额；②生产资料供应额和批发贸易额；③劳务供应额）的客观需要，就是通货膨胀。信用，本来是由于现金不能满足需要而产生的，不论企业之间相互以商品形式提供商业信用，或者是银行随着生产发展和流通扩大提供银行信用，原则上都应当与物资运动相一致。在我国，商业信用主要表现为企业之间的相互拖欠和赊销预付，由于这些企业绝大部分是国营企业，其资金数额除了生产周转中那部分正常的暂时闲置的资金外，再没有多余。甲企业拖欠了乙企业的货款，乙企业必然从银行贷款方面获得补充，因而商业信用的扩大，必然引起银行信用的扩大。可见，提供信用的机构最终应当主要归结为银行。那么，信用膨胀也就表现为信用供应超过了生产和流通的客观需要，引起物资供应紧张的经济病态。

在我国，通货膨胀总是伴随着信用膨胀。首先，我国的通货只有人民币和人民币存款。人民币是通过信贷程序投放出去的。信贷投放可能是现金，也可能形成企业结算户存款用转账支票支付。不论是现金还是存款，都是购买手段和支付手段。所以通货增加或缩小的规模与速度，也就取决于信用扩大或者收缩的规模与速度。其次，我国财政长期执行"收支平衡，略有节余"的方针，一般来说，财政上的问题公开表现为财政赤字的年份并不多，问题主要是虚假收入形成财政的虚假平衡，由银行替财政补了窟窿。这种情况的直接表现形式是银行信贷的扩大。即使出现了财政收支不平衡，一般也是采取动用上年结余或从银行抽回信贷基金的办法弥补赤字，无可奈何时才由银行透支。这时银行是不是能够相应压缩贷款？如果银行做不到这一点，只有信用膨胀。这种由财政引起的银行信用膨胀，是造成通货膨胀的根本原因。但是，这种财政原因的通货膨胀也是通过信用膨胀表现出来的。

实际情况也证明了这一点。当信贷增长与生产发展、商品增加协调时，尽管通货扩大了，市场仍是稳定的；倘若贷款增长不是伴随相应的物资运动，而是贷款增长、生产停滞，或者贷款增长幅度超过生产增长幅度，货币流通就会出现问题。

以太原市为例：

（1）贷款增长速度与工农业生产增长速度大体一致时，通货是稳定的，这种情况1953年以来有过两段（1953~1957年和1963~1966年），如表1和表2所示。

表1 1953~1957年   单位:%

项目 \ 年份	1953	1954	1955	1956	1957
工农业总产值	100	117	143	186	191
银行贷款	100	228	120	125	189
现金	100	107	114	167	198

表2 1963~1966年   单位:%

项目 \ 年份	1963	1964	1965	1966
工农业总产值	100	124	167	202
银行贷款	100	82	88	124
现金	100	84	91	99

这两个时期,物价稳定,市场繁荣,通货正常,人民喜气洋洋。

(2)贷款增长速度超过工农业生产增长速度时,通货膨胀。这种情况在1953年以来也有过两段(1958~1961年和1966~1976年),如表3和表4所示。

表3 1958~1961年   单位:%

项目 \ 年份	1958	1959	1960	1961
工农业总产值	100	150	206	94
银行贷款	100	254	366	283
现金	100	116	136	157
金库以外存款	100	132	185	138
通货总量*	100	130	181	140

注:*指国家金库存款以外的全部存款。这里本应使用全部活期存款,但这个数字未能找到。

表4 1966~1976年   单位:%

项目 \ 年份	1966	1969	1971	1975	1976
工农业总产值	100	56	100	101	79
银行贷款	100	170	175	201	210

项目 \ 年份	1966	1969	1971	1975	1976
现金	100	123	123	175	218
金库以外存款	100	109	152	302	302
通货总量	100	110	148	286	291

这两个时期，市场商品供不应求，物价上涨，人们思想恐慌，储蓄增长缓慢或下降，持币待购现象严重。

从太原市30年工农业生产与银行信用的对比中没有看到信用收缩而通货扩大的现象。通货稳定而趋于膨胀都是先有信用膨胀，即银行贷款首先扩大，其次存款通货扩大，最后现金跟着扩大。并且，通货由膨胀到稳定，亦是先从信用收缩开始。当年存款通货减少，跟着（一般是当年年末或下年）现金减少，然后逐渐趋于平衡。同时，通货跟着信用膨胀而膨胀的速度，比通货跟着信用收缩而收缩的速度要快；通货跟着信用收缩而收缩的速度，比通货跟着信用扩张而扩张的速度要慢。

二、当前的信用膨胀及其原因

当前是否存在信用膨胀？这需要从多方面进行考察，但最根本的是看贷款增长是否与生产增长相适应。我们可以用比较正常年份的1966年做基础，来观察近几年的变化。仍以太原市情况为例（1966年＝100）：

表5　1976～1979年

项目 \ 年份	1976	1977	1978	1979
工农业总产值	79	105	133	147
贷款	210	207	229	248
现金	218	207	195	217
金库以外存款	302	316	306	403
通货总量	291	302	345	334

表5表明，粉碎"四人帮"以后的1977～1979年，生产上升，贷款及通货上升，而且生产上升幅度超过了贷款上升幅度。但是，第一，存款

上升超过了生产的上升。第二，比较正常年份，贷款上升幅度还是大于生产上升幅度。这种状况说明，粉碎"四人帮"以后，信用有所收缩，但比较正常年份，信用还存在膨胀。

不过，当前的信用与通货膨胀，与前述 1958~1961 年、1966~1976 年是有区别的，其特点是，国营商业部分物价有计划上调，集市物资价格有升有降；低档消费品丰富，高档消费品紧张；人们思想稳定，储蓄存款上升。这表明总额性通货与信用膨胀已有所缓和，结构性膨胀较突出。

可见，当前的信用膨胀是"文革"以来信用膨胀的延续，同时也有近年来的新因素，其具体原因有以下几个方面：

（1）一些人吹牛皮、说谎话，财政收入不实。粉碎"四人帮"以前突出表现为收入报多，年终用电话会议催令突击收入，用银行贷款上交未实现的利税。这种没有相应物资的财政收入拨付用款单位后，形成社会购买力，或者暂存银行账户，银行又作为信贷资金来源，凭以增加放款。

（2）有些企业经营管理混乱，亏蚀流动资金，财政不能拨补，银行被迫贷款。

（3）财政增拨企业定额流动资金不及时，只得由银行临时贷款解决，实际形成长期占用。

（4）财政增拨银行信贷基金无充分保证。如果财政发生了赤字，还往往动用历年结余，或抽走信贷基金，在这种情况下，银行本应相对压缩贷款，但实际上又往往不易做到。

（5）财政赤字，银行透支。

（6）企业挪用流动资金搞基本建设，或垫支职工长期借款和食堂周转款，造成生产资金短缺，银行也不得不用贷款抵垫。

（7）企业相互拖欠，连锁反应，最后还得银行贷款解决。有人说企业相互拖欠货款，甲方资金减少，乙方资金增加，信用没有膨胀，岂不知拖欠往往是经营管理中存在严重问题，或者是挪用流动资金搞财政性开支，或者是亏损短缺，乙方并不一定有相应资金存入银行，还得由银行贷款来解决不足。

（8）银行按计划发放贷款，其借款计划是建立在生产计划基础上的，生产计划又是建立在上级下达的指标基础上，计划安排的产品与市场要求的花色品种能否一致，存在漏洞，银行贷款不可避免地会用于支持没有使用价值的产品生产上。

（9）长官意志，书记批条，银行贷款。拉关系，走后门，"照顾"贷款。

（10）长期以来我们认为银行存款越多越好，多存款可以减少货币（现金）流通量，稳定市场；多存款可以扩大信贷资金来源，减少信用发行；多存款可以多贷款支援工农业生产，等等。其实，活期存款与现金没有本质区别，都是购买手段和支付手段，只要有相应的物资，它马上会离开原处，与商品物资互换位置，把商品物资撑入消费，它本身仍作为购买手段由甲的存款账户转到乙的存款账户和口袋中。就个人存款来说，由于我国民风俭朴，个人存款呈绝对上升趋势，这部分存款当然越多越好。就企业存款来说，它与企业生产应当维持一定的比例。在生产结构不变、资金供应方式不变的情况下，若存款增加超过了生产增加过多，并不一定是好事。可能是借入资金过多，或是自有资金（财政拨付定额流动资金）过多，或是拖欠别人款项及预收货款，这些都直接或间接地与信用扩张相联系。当前银行存款多，其中还有财政赤字由银行透支形成的派生存款。在现行体制下，企业资金供给制，银行贷款低利率，企业自然要求结算户存款多多益善，无怪乎文教科研单位花钱小手小脚，机关团体花钱缩手缩脚，工矿企业花钱大手大脚。宽打宽用，多借多存，这部分多借所形成的多存，又被作为信贷资金来源增加而扩大贷款，能否都有物资保证？未必见得。

以上第（1）、（2）、（3）、（4）、（5）点是财政方面造成的，实质是财政收支不平衡，财政与银行连通，下分上不分，财政问题波及银行。第（6）、（7）点是企业方面造成的，主要是企业管理问题。按照银行的监督调节职能，企业方面的原因银行是有责任的。第（8）、（9）、（10）点是银行方面造成的。综观以上情况，造成信用膨胀的根本原因，主要是财政赤字和信贷政策的某些失误。当然，这里也有认识问题，如强调生产的作用，不重视银行的反作用，强调存款与现金的区别性，不重视二者的同一性；还有体制问题，如"大财政，小银行"，财政银行"连裆裤"等。

三、信用与通货有继续膨胀的趋势

信用与通货在近期内将如何发展？我觉得对信用膨胀若不引起足够重视，信用与通货将有继续膨胀的趋势。

首先，从财政方面讲，收支不平衡是十年浩劫积累下来的问题，现在欠账太多，解决这些问题，要有个过程。解决信用膨胀必须要求财政的收缩，但不能不考虑财政的实际困难。

其次，为了扩大各级银行的自主权，改变吃"大锅饭"的现象，信贷管理体制实行了"统一计划，分级管理，存贷挂钩，差额控制"的试点。这个办法相比统收统支有许多优越性，它调动了基层行处的积极性，有利于克服过去管理僵化的弊端，有利于灵活调节各种贷款指标；有利于扩大存款，动员和组织各种闲置资金，用于社会主义建设，等等。但是，也有其缺点：第一，差额控制后，多存可以多贷，结合银行利润指标考核和提取企业基金办法，基层银行会盯住多存多贷，存款势必大量上升。于是这样的情况就可能发生：某企业存入银行现金100元，形成超差额多存100元，银行马上就可贷给乙企业100元，该企业暂存结算账户，几天以后支付给异地的丙企业；丙企业存入其开户银行，暂不支用，形成两企业开户银行多存100元。丙的开户银行又可以贷给丁企业100元，丁存入存款户，几天后支给异地戊企业……如此发展下去，会形成一系列银行多存，从而出现一系列多贷。对某一基层行来说，它的贷款业务完全符合规定，放款没有突破指标，只是按规定多存多贷了一笔款。就全国银行系统而言，也同样没有突破信贷计划，全国现金投放计划也没有增加。但是存贷速度的加快，同样使企业与个人得到了更多的购买手段和支付手段。而物资呢？还只有甲企业存入的100元所代表的是真实物资的增加。这是派生存款引起的一种典型的信用膨胀。第二，存款的增加，并不一定完全是好事，也许反映商品物资紧张，应支而未支出去形成存款。据此作为信贷资金来源的扩大，凭以增加银行放款，仍然是一种没有物资保证的放款，只能使市场更加紧张，于生产无益。

在资本主义社会，派生存款的倍数关系在一定限度内有利于生产的发展。因为资本主义市场有着大量的剩余物资。即使如此，资本主义国家还规定了商业银行存款准备金制度，用提高或降低存款准备金率来调节市场信用与通货。在我们这里，矛盾已经表现为物资紧张，通货过多，对派生存款反而没有任何限制。在纸币制度下，对派生存款不加限制，任其扩张，必然导致信用与通货膨胀。

有人认为银行存款资金雄厚，按照倍数原理衡量，还未充分运用，存在着很大的信用潜力。我觉得，当前存款资金雄厚意味着：一是部分购买力因为没有相应物资，找不到出路；二是经济调整改革中生产尚未正常，生产能力还未充分发挥，当生产上去了，贷款必然跟着增加。当然，在信用领域的某些角落，也许会有些潜力，如个人储蓄、社队存款等。但就总体来说，信用不仅绷紧了，而且有膨胀。

四、几点建议

（1）制止当前通货膨胀必须从控制信用膨胀入手，实行紧缩政策，管紧管严贷款。不应对当前调整过程中出现的存款扩大，贷款偏松掉以轻心。

（2）"存贷挂钩，差额控制"的信贷管理体制，需要进一步完善。对超差额多吸收的存款，不可百分之百贷放，要经过折扣，其折扣率可以是活动的，根据国民经济发展状况和商品流通需要，有限制地利用派生存款，使信贷增长不超过生产增长与定期储蓄净增之和，使它真正成为调节货币流通的杠杆。

（3）改变财政银行"连裆裤"的状况，分锅吃饭，各编各的计划，各算各的账，财政赤字用发行国内公债解决，既可吸收流通中的货币，又可避免财政挤银行所形成的信用膨胀。

（4）银行提取奖金和企业基金应当剔除积压物资贷款利息所形成的利润因素，这样做既可避免银行不顾经济效果，追求存款利息，又可促使企业积极处理积压物资，疏通流通渠道。

论货币流通正常的标志

背景说明

　　本文原载《经济问题》1981 年第 11 期。货币流通稳定的标志长期以来按照现金与消费品1∶8的经验数据来判断，但很难判明币值变化，也很难对市场上的货币与商品适应程度做出准确的结论；生产资料买卖、存款转账支付等应当流入货币流通正常标志考核范畴。

一

　　如果说我们制定货币政策的目的是调节货币流通、促进经济发展、稳定市场，那么，研究货币流通量是过多还是不足的标志，就在于为人民银行有计划地调节货币流通提供一个理论依据。

　　长期以来，我国衡量市场货币流通是否正常的主要标志是现金流通量与社会商品零售额的比例，即所谓的"经验数据"1∶8；参考现金流通量与商品库存额的比例1∶5；还有现金流通量与农副产品采购额的比例1∶4。

　　在这里，次要因素姑置勿论，仅就其主要标志1∶8作一简略的分析。1∶8是多年来实际工作的经验，成了用来统一认识、制定政策的一个重要依据。但是，从理论上讲，这是不严密的，特别是在国民经济实行市场调节以后，这个经验数据就更加不可靠，越来越暴露出它的缺陷。

　　第一，1∶8不符合马克思关于货币流通规律公式的要求。按照马克思的公式：

$$货币需要量 = \frac{商品价格总额（价格 \times 数量）}{货币流通次数}$$

这里的问题是商品的数量应包括哪些？马克思说过："在任何时候，在消费品中，除了商品形式存在的消费品外，还包括一定量的服务形式存在的消费品。"[1] 那么，公式分子项中的"商品价格总额"应首先包括商品和视同商品的劳务。经验数据的1:8是现金流通量与国营零售商业和基层供销合作社的社会商品零售额的比例，既没有包括集市贸易成交额和农副产品采购额，更没有包括旅馆、理发、洗澡、车船、影剧院、修理等劳务供应额。其次，社会商品零售额和劳务供应额、集市贸易成交额之间的比例是变化的，而不是固定不变的，如太原市劳动服务和商品零售收入现金的对比是："一五"时期1:12.5，"大跃进"三年1:6.7，1961～1965年1:11，"文革"十年是1:8.2。可见，在商品供应充足、货币流通正常的情况下，商品流通占用现金比重大；相反，在商品供应不足，货币量过多时，劳务供应占用现金的比重就大。最后，社会商品零售额并非全部使用现金，也有一部分如集团购买是通过银行转账的。同样，现金的使用不仅是购买消费品，也有一部分是用于购买社会商品零售额之外的生产资料的，消费品的零售与生产资料的销售有交叉，现金和转账的使用也有交叉，社会商品零售额和现金并非一个口径。

第二，1:8不能表现币值的变化。在市场上现金流通量不变，社会零售商品数量不变，而在价格上涨时，现金流通量与社会商品零售额的比例将发生变化。如某年末市场现金量是100，社会商品零售额是700，这时二者比例是1:7，货币过多，不正常。若这时国家计划提价14.3%，以新价格计算的社会商品零售额是800，这时二者的比例变为1:8，是正常的标志，我们能说货币流通正常了吗？

第三，1:8无法反映商品结构变化对货币流通的影响。在正常情况下，商品结构应当和人们的消费结构相适应，但由于商品结构受生产结构的制约，商品并不一定完全适销对路，积压商品在商品零售总额中占的比例过大，必然会影响现金流通。

第四，社会商品零售额的计算有重复和遗漏的地方。目前，商品流通渠道扩大，国营商业企业对集体商业和个体小商贩批量销售，而集体商业又重报了商品零售额。相反，一些工业企业出售自产品却没有计入商品零

---

[1] 《马克思恩格斯全集》第26卷，人民出版社1972年版。

售额内，又出现了遗漏。

第五，1:8 实际上反映的是现金在一年内为商品零售服务周转的次数，即流通速度。货币的流通速度也是一个变量，它会因为商品供应网点的摆布、交通运输条件以至人们的心理活动等多种因素的影响而经常处于变动的状态。即使变化不大，也并不是一些人所说的是一个不变的量。我们以 50 年代的货币流通速度"8"来代替不同年份的货币流通速度，并不科学。

第六，1:8 所使用的现金流通量通常用的都是年末数，是一个时点指标，而社会商品零售额所使用的是全年零售合计总数，是一个时期指标，用一个时点指标去对比一个时期指标，是不对口径的。

归纳以上几点，可见用 1:8 很难判明币值变化，也很难对市场上货币与商品适应程度做出准确的结论。为什么 1:8 不准确而过去每个时期内又能对实际工作发挥一定的指导作用呢？一是因为我们多年来习惯于行政指挥，把计划搞得很死，物价多年一贯制，对集市贸易管得很严，物价指数和币值的变化关系越来越疏远，货币过多不易通过物价反映出来，而是通过排队抢购和凭票供应来表现，在这种情况下，1:8 比物价指数就显示出了自己的积极性。二是货币流通量在市场上是有弹性的，增加几亿或减少几亿，市场上不会马上有什么太大的变化。再说人民币有着党和政府的强大后盾，不到一定的时候，过多的货币不会冲击市场。但时至今日，如果仍然抱住 1:8 的经验数据，显然无法适应新情况了。

二

为什么在我国一直把现金等同于货币呢？这里有个历史的认识过程。马克思和恩格斯曾经设想在社会主义社会里，是单一的全民所有制，不存在商品生产和货币。俄国 1917 年十月革命以后，直到 1921 年，列宁仍然是要消灭货币的。1921 年以后，列宁在总结"战时共产主义"的经验时才指出：我们原来（或许更确切说，我们是没有充分根据的假定）直接用无产阶级的国家法令，在一个小农国家里按共产主义原则来调整国家的生产和分配，现实生活说明我们犯了错误。以后斯大林也肯定：现时，除了经过商品的联系，除了经过买卖的交换以外，与城市的其他经济联系，都是集体农庄所不能接受的。不过斯大林只认为生活资料是商品，生产资料不是商品，生产资料的交换不是商品交换，而是产品调拨。由于这部分

"产品调拨"引起的支付，当然也不是货币的支付，而是资金的划拨，它是通过银行的转账来完成的，从而得出了货币流通即现金流通、不包括银行存款的结论。目前，世界上把现金流通量和货币流通量等同的只有苏联和东欧国家（除南斯拉夫），再就是中国。

那么，现在我们为什么要把存款当作通货来考虑呢？

第一，近年来经济理论界的讨论，已经肯定了生产资料是商品，那么为这些生产资料的交易服务的流通手段和支付手段当然应该算作是货币。事实上，在社会主义社会，生产资料和生活资料都是统一的社会主义商品，没有理由把现金和消费资料作为一个领域，又把转账和生产资料作为一个领域，而且两个领域互不相连。

第二，当前经济调整改革中，强调了我国的社会主义经济要在计划经济指导下，利用市场机制，进行必要的市场调节，如在当前市场调节方面出现了以下几种新情况：①工厂可设门市部或摆摊推销本厂产品；②工业企业在计划外购进原材料并推销产品；③工业企业在计划外经营来（去）料加工，商业企业委托或受托销售商品；④商业、物资供销企业计划外自行采购或推销商品；⑤在本地或跨地区开商品展销会、物资交流会；⑥成立农工商联合企业，产供销一条龙；⑦国营企业扩大议购、议销的品种和范围，实行浮动价格；⑧成立各种贸易货栈；⑨全面恢复集市贸易。随着商品流通渠道的变化，现金流通的渠道必然发生变化，使现金和转账之间的界限不易控制。

第三，存款和现金之间是可以互相转化的，就二者的一般关系讲，存款是归行的现金，现金是支取的存款。在我国实行严格的现金管理制度下，仅仅使二者之间的转化受到了一定的限制，并未排除这种转化的可能性。或许会有人说，转账和相应的存款，不论发生多少笔支付，钱总在银行，银行看得见，便于管理和监督，而现金则是分散的，一经流出，就失去了控制，不知什么时候才能流回来，因而认为二者是有区别的。在一定意义上讲，这是对的。但是，实质上存款是一种物资要求权，银行吸收存款，毕竟是银行的负债，企业在国家法令政策许可的范围内可以自由支配自己的存款，在这个场合，企业和银行是平等的经济法人关系，银行无权干涉企业取得物资。企业提取现金，无非是存款的减少，企业对物资的要求权不会因提现而扩大；同样，企业送存银行现金，无非是存款的增加，企业对物资的要求权不会因存款而丧失。现金管理对于调节货币流通有着重要的作用，但它不是调节货币流通的唯一办法。市场是否稳定，货币流通是否正常，问题不仅仅是现金量，关键是社会对物资的要求权（存款通货和现金通货）与社会的物资可供量之间是否平衡。

在我国计划经济体制下，实行现金管理，95%通过转支票结算，现金结算只占5%。当前市场调节这一形式运用以后，现金结算部分有所扩大。根据我国的具体情况，应当如何计算货币量呢？我认为应当把能够开出转支票的银行存款，扣除企业专项存款和财政金库存款后的存款额，作为存款通货，再加上现金量作为我国的货币流通量。其所以要作两项扣除，是因为专项存款不是随时都可以开出转支票的，应视同定期存款，财政金库存款不是直接用于购买，而是在财政支出之后，即财政拨款给用款单位，转化为用款单位的存款后才能用于购买物资，形成购买力。至于个人储蓄，不论活期或定期，都是在提现之后才能用于购买物资，所以不必计入通货量。至于现金部分，应包括集体单位库存现金和居民手持现金，但不应当包括银行业务库存，因为银行业务库存同样不直接用于购买物资。

三

为了准确、全面地反映市场货币流通的状况，我们不能一直停留在1∶8的地方不动，应当按照我国的现实情况，参考我国历史的和国外的办法，寻求一个既能反映币值的变动，又符合马列主义原理，便于对货币流通进行计划调节的新方法。基于这样的原则，我认为应以城镇居民生活费用指数为主，以通货总额与社会商品销售总额对比为辅，作为我国货币流通是否正常的标志。

城镇居民生活费用指数带有较大的综合性，它的升降变化，基本可以反映币值的升降变化，以此作为调节货币流通的指示器，是极其灵敏的。其必要性主要表现在：

第一，城镇居民生活费用指数可以综合反映消费品价格变化和劳务价格变化。随着生产的发展，人民生活水平的提高，劳务要求会逐渐扩大，币值的变化只看消费品价格变化还是不行的，把两方面结合起来考虑会更接近实际。关于生产资料的价格水平，则因直接影响消费品和劳务供应的成本而影响消费品和劳务供应的价格水平，所以居民生活费用指数反映了社会物资和劳务供应与市场通货相适应的程度，标明了每元货币实际价值的高低。

第二，居民生活费用指数可以综合反映计划物资供应和市场物资调节两方面的情况。现在，居民生活消费品购自国营商业和集体商业，有牌价、议价两种价格，购自集市贸易的是市价。另外还有商品变相涨价问题。计算居民生活费用指数，应采取牌价、议价、市价平均再加变相涨价补差的办法。

第三，世界各国的通货膨胀率都以物价上涨率计算。新中国成立初期，我们也搞物价指数，用以考核币值的变化。后来由于加强了价格的行政管理，物价长期不作调整，物价指数变化不大，从而失去了表示币值的灵敏性，这一方法基本上弃而不用。中共十一届三中全会以后，扩大了企业自主权，实行了生产责任制，在这种情况下，恢复用物价指数作标志来衡量市场货币流通是否正常是完全必要的。我们常讲必须实行稳定通货的政策。一般说来，物价一经上去，就不容易再降下来，稳定通货，只要保证计划年度的币值比上年不下降，就很不错了。如果这个目标是可行的，只要我们使用定基指数，又使用环比指数，就可以看出币值较基期的变化，较上年的变化。但是利用生活费用指数，需要注意价格升降因素的分析。随着科学文化的进步，劳动生产率是逐步提高的，那么商品的价值量应呈下降趋势，价格也应呈同样趋势。如果生活费用指数所表示出来的物价上涨，一般说是供求矛盾造成的，是币值下跌的表现。所以，用生活费用指数来衡量币值变化，作为通货是否正常的标志，还是比较可靠的。

但是，物价指数也不是万能的，我国的价格体系是以计划价为基础，即使我们采用了牌价、议价、市价等综合办法，但是这种物价指数仍然具有一定的钝性。为了弥补这一不足，同时也为了在总额上为调节货币流通提供一个数据，还有必要用马克思货币流通规律公式的原理，考虑整个通货周转的速度，用社会商品销售总额和通货总额的比来观察货币流通是否正常。其公式为：

$$通货周转次数 = \frac{\left\{ \begin{array}{c} 生产资料供应额 \end{array} + \begin{array}{c} 工批发贸易额 \end{array} + \begin{array}{c} 农业企业自销额 \end{array} + \begin{array}{c} 农副产品采购额 \end{array} + \right\}}{通货总额（流通中现金 + 银行存款）}$$

式中分母项的流通中现金和银行存款均应以平均数计算，不应当用期末数计算。银行存款一项，不包括财政金库存款和企业专项存款和城乡居民个人储蓄存款。

运用上式，可以先算出基期通货周转次数，或算出正常年份的通货周转次数，然后，再算报告期（或计划期）的通货周转次数，如发现速度减慢，则标明通货过多。因为纸币本身不会自动退出流通，当过多的纸币拥塞在流通中时，整个通货的流通速度必然减慢。那么流通中的通货到底多了多少呢？也可以得到计算。如我们要把 1981 年的通货稳定在 1980 年的基础上，其计算过多的通货量的次序为：

（1）1980 年通货周转次数 $= \dfrac{1980\ 年社会商品销售总额}{1980\ 年通货总数}$

（2）1981 年通货需要量 $= \dfrac{1981\ 年社会商品销售额}{（1）}$

（3）1980 年通货流通量 −（2）± 信贷投放（或回笼）= 1981 年通货多余（或不足）量

这样，我们把通货稳定在 1980 年的水平上，就应当使 1981 年通货多余（或不足）量等于零。如果不等于零，那么，我们就得在信贷投放或回笼上采取措施。

四

如何根据货币流通正常标志发出的信号调节货币流通呢？按照传统的做法，主要是通过控制信贷收支差额来控制现金的增加。此外，还有积极组织货源，搞好文化娱乐等服务，宣传储蓄，组织现金回笼，同时加强现金管理，压缩集体单位现金库存，组织存款，减少流通中现金等，这些措施，无疑都是必要的。但是，自从实行"统一计划，分级管理，存贷挂钩，差额控制"的信贷管理体制以来，通过控制信贷投放来控制货币的方法受到了削弱，实际上等于放弃了高度集中统一的货币发行权。因此，控制通货总额必须从控制贷款增长额入手，只控制信贷收支差额是不行的。

应当肯定，银行的意义在于它有信用创造的职能，它能够创造信用流通工具，创造货币，在一定的限度内，它可以促进生产和流通的扩大，而这个限度就是银行贷款可以买到相应的物资，从而保证生产和流通的不断发展。如由于农业获得了预想不到的大丰收，商业部门收购农副产品遇到了资金不足（现金和银行存款），这时银行可以大胆地超过信贷资金来源增加贷款，这时虽然市场上通货（现金和存款）多了，但同时商品也增多了，这就是所谓的经济发行。但是，如果贷款发放超过了客观需要，因不能买到相应的东西而存在银行，形成了存款的增加，这就是贷款派生的存款。在财政有赤字或虚假平衡，在没有适用适销物资的情况下，不加任何限制的多存多贷将是通货膨胀的祸根，派生存款像股祸水，加剧着通货膨胀。

为了制止通货膨胀，应当积极寻求新的方法。根据前述，货币流通正常标志，我们可以城镇居民生活费用指数基本稳定为理想目标，社会商品销售总额与通货总额对比计算的通货多余（或不足）为依据，以控制贷款发放总额为手段，进行货币流通调节。用调整贷款额去调整存款通货，用调整存款达到调整现金，保证生活费用指数的基本稳定，即通过贷款—存款—现金—物价的途径，实现货币政策的目标。

当然，这个办法的实施，必须要有相应的金融体制作保证。那就是从人民银行中分出工商银行，人民银行专门执行中央银行的职能，制定货币政策和信贷计划，调节货币流通。中央银行对各专用银行实行"存贷挂钩，差额控制"，多吸收的存款不可全部用于贷款，中央银行根据调节市场货币流通的任务确定多存多贷的比例，改变人民银行发行货币与贷款混在一起的"低闸门"状况，通过"复闸门"、"高闸门"的办法控制贷款，从而达到稳定通货的目的。

稳定通货战略措施的思考

背景说明

本文是 1983 年 6 月在太原市召开的由中国社会科学院财贸物资经济研究所主办的货币流通理论讨论会上的发言稿，后收入中国金融出版社 1984 年 1 月出版的《新时期的货币流通问题》，该书由财贸物资经济研究所财政金融研究室选编。

如果说货币政策的战略目标是发展经济、稳定通货的话，那么达到这个目标的战略措施是什么？讨论中同志们提出了很多方案，一是两个脱钩，即财政与信贷脱钩和信贷与发行脱钩；二是控制现金发行额；三是控制信贷收支差额；四是控制贷款总额或控制贷款增长幅度。

一、两个脱钩行不行

我觉得这只是一个美好的愿望，事实上不大可能。在此不做详论。

二、控制现金行不行

我认为也不行。现金是购买力，银行存款也是购买力，二者共同构成了社会购买力。一是二者都要吃掉商品（包括生产资料、消费资料和劳务）；二是二者可以互相转化，现金购买力可以转化为存款购买力，存款购买力也可以转化为现金购买力；三是二者可以互相挤压，如前几年机电产品积压，那么生产推土机的企业，可能转为生产自行车，同理，而当推土机紧俏时，这些企业又可能转为生产推土机。存款购买力大时（购买生产资料）会挤压消费品的供应，会影响部分现金购买力不能实现；反之亦然。所以只控制现金无法达到稳定市场、稳定货币的目标。

三、控制信贷差额行不行

控制差额，基本上可以控制现金，但不能控制购买力。因为信贷收支差额扩大是货币投放，而信贷收支平衡也不等于购买力与物质供应平衡，不等于天下太平。贷款与存款同时增加，信贷收支仍然平衡，但购买力却是扩大的。贷款一定要创造购买力，这是不可改变的规律。特别是"差额管理"、"多存多贷"在当前条件下问题更多，如批条子贷款、走后门贷款、银行利润提奖、财政赤字等会使派生存款有更多的机会被使用。在资本主义国家是生产过剩，但商业银行存款还要打一个折扣（存款准备金率）。我们国家长期以来的主要矛盾是物资供不应求，但多存款竟然可以多贷。在统收统支的信贷管理体制下，贷款派生的存款是由总行统一掌握的，现在把派生存款的运用权基本交给了基层，我想这恐怕是危险的。

四、控制贷款总额行不行

总额控制只能是指标控制，也就是计划控制，这是可行的，过去就是如此。但在国民经济实行计划调节为主、市场调节为辅的原则之后，单纯以计划指标控制行不行？恐怕达不到货币政策的战略目标，既发展经济，又稳定货币会有一定困难。

因此，我设想能否搞一个中间目标，把这个中间目标作为一个能随时根据市场变化的动态指标，并在信贷计划的指导下随时进行贷款总额和方向调节，成为一个自动调节的机制。至于发行计划、信贷计划的编制，仍然要按国民经济计划而定，在此不做详细说明。这里只就中间目标的具体设想谈些看法。

好像在靶场上为了命中目标一样，要在枪杆上装有缺口、标尺和标星作为中间目标，如果说发展经济、稳定市场是我们货币政策的终极目标的话，那么寻找一个靶的中间目标不是没有意义的。我所设想的中间目标，必须符合如下要求：①体现市场供求状况的反馈，灵敏地透视市场商品供应和社会购买力的趋向；②有调整放款的标尺，可进行事前监督，防患于未然；③将控制贷款总量与控制贷款形成的购买力结构统一起来，带有一定的综合性。据此，贷款周转速度、企业流动资金周转速度、企业资金销售率等指标都可列为选择对象。根据当前经济管理体制和信用制度的实际情况，我认为把企业资金销售率作为控制通货、稳定市场的中间目标和调节购买力的机制是可行的。

资金销售率的计算，是用一定时期的销售总额除以同期实际参加周转的流动资金平均占用额，它表示每百元资金在一定时期内形成的销售量，实际上也是它自身的周转次数。

为什么资金销售率可以作为稳定通货的中间目标呢？可从以下几方面说明：

第一，企业的流动资金大部分来自银行贷款，企业流动资金的周转情况，基本上反映了银行贷款的利用程度。选择企业资金销售率指标，大体上反映了银行贷款在生产中和流通中的运用效果，资金销售率高，说明银行贷款运动性良好，没有或很少挪用于财政性开支，贷款正常，货币流通也会是正常的；相反，资金销售率低，表明银行贷款运动性能不好，有呆滞沉淀回流差，可能被挪用于财政性支出或生产不正常，必然会给市场货币流通带来影响。所以按资金销售率高低调节贷款，可以保证贷款的及时回流，加速周转，用较少的信贷资金，支持较多的生产需要。要从加速周转中要资金，不要只从增加贷款量中解决资金。

第二，企业资金销售率的高低，反映着国民经济中生产和流通的状况。如果资金销售率高，意味着：①产品质量合格，销售快；②产品数量不多，没有积压；③企业生产中的供产销协调，储备、生产和销售正常；④国民经济各部门产品结构合理；⑤商业部门库存结构协调，摆布合理；⑥流动资金没有挪用于非生产性开支。如果企业销售资金率缓慢，则意味着：①产品质量不合格，不能出售；②产品数量不多，或花色品种不对路，销路不畅；③企业生产不均衡，供产销不协调；④国民经济各部门产品结构不合理，供需不对口；⑤商品库存结构不合理，摆布不恰当；等等。可见企业资金销售率的高低，既反映企业经营效益高低，也反映着国民经济计划部门指挥管理效益的高低。企业经济效益不高，光批评企业是不公道的，有很多问题出自计划管理部门。对这两种效益不高的生产贷款，必然给市场带来通货过多的问题，不是总额性通货膨胀，便是结构性通货膨胀。所以，利用资金销售率的高低调节贷款，可以把国家计划管理部门的指挥管理与企业经营中的问题统一纳入调节的范围，从而保证银行信贷投放真正做到经济投放。

第三，资金销售率的高低，反映着资金在流通中的运转速度。资金销售率高，意味着资金在运动中没有或很少有沉淀、呆滞现象；相反，则表明资金被积压物资占用，不能回流，退出或暂时退出了流通渠道。资金的特点应当是运动的，能够不断地流出，又按一定的周期不断地流回；资金也应当是增值的，能够在不断回流中带来新的价值。假设在一个时期或者一个地区资金销售率降低，说明这个时期或这个地区有一部分资金发生了质变——不运动了，不增值了。这种情况下的银行贷款已不再是资金贷款，而成为货币贷款了。如果这个时期或这个地区原来的生产、分配、交换、消费整个再生产过程是平衡的、正常的，那么由于部分资金的质变，不仅不再创造新的产品，以增加市场商品供应，其中货币形态的那部分变质资金还会以货币的姿态又要求购买消费物资，不能不给市场带来压力。所以，用资金销售率的高低调节贷款，可以防止作为资金的货币变成货币的货币，保证贷款用于生产。

第四，资金销售率是个时刻都在变化着的动态指标，它是市场供求状况的反馈。银行信贷计划是按照企业中生产和流通计划编制的，一经国家批准下达，成为指令，基层必须执行。但是这个计划毕竟是个静态指标，它不仅不能把国民经济中各个部门的具体问题、各种产品的资金需要一一制定得十分详尽，也不能具体解决一年内生产、流通、消费不断变化所产生的新问题。所以作为市场供求反馈信息的资金销售率，可以从动态上弥补静态指标的不足，更好地发挥计划的作用，把计划调节和市场调节统一起来。

第五，资金销售率调节贷款是根据企业销售情况，销售好则多贷款、优惠贷款，销售不好则少贷款或不贷款。这样可以避免"存贷挂钩"、"多存多贷"中表面上信贷收支平衡，而内中派生存款过量又不易发现的缺陷，可以有效地防止信用膨胀。

第六，用资金销售率调节贷款，销售越快，自然就可以充分贷款，因为销售快表明市场对这种商品需求迫切，是短线，充分供应不会产生问题。而销售不好的企业，其产品可能是长线产品，就要少贷或不贷。这样，用资金销售率掌握贷款，可以促进短线发展，取长补短，短线一经发展，又会带动长线，充分发挥货币资金的启动力，把经济搞活。

第七，资金销售率高的企业，必然使财政税利完成情况良好；相反，资金销售率低的企业，完成国家税利也不会好。按照资金销售率高低调节信贷，把财政收支、信贷收支和货币发行联结到了一起，互相促进。

第八，在国家计划指导下，按照资金销售率调节贷款，用市场供求作镜子，一方面调节社会购买力的数量和方向，另一方面调节商品生产和商品供应结构，一箭双雕，达到发展经济、稳定通货的目的。

应当指出，尽管用资金销售率来调节银行贷款对控制市场通货使之与生产和流通相适应有着重要作用，但也不能机械地把资金销售率当作唯一依据。有时候，某些企业由于特殊原因资金销售率很低，但它的产品可能是国家急需的，从国民经济的全局看应当支持，这时就不能死卡已定的杠杆，卡死企业，必须根据国家信贷计划给予支持。

上述关于设立资金销售率为中间目标的分析如果能够成立的话，那么具体做法可设计如下：

第一，确定标尺：对不同行业、不同种类企业历年资金销售率分别计算，进行排比，分别找出不同行业不同类型企业比较先进的指标，作为"标尺"。

第二，按标尺掌握贷款：高于标尺者，充分供应贷款，并根据超过标尺的不同程度，分别设置不同档次的下浮利率；与标尺持平者，按计划供应资金，给予标准利率；低于标尺者，严格管紧贷款，并根据低于标尺的不同程度分别设置不同档次的上浮利率。

第三，当前如何办：由于"十年动乱"，至今尚有不少企业的资金销售率低于历史最好水平很多，有的则因客观原因不能达到历史最好水平。当前可以就现有资金销售率水平，提出加速资金周转的要求，加速百分之几，下浮利率若干，延缓资金周转百分之几，上浮利率若干，逐渐向标尺靠拢。

这样我们就可以把信贷计划的执行与以销定贷统一起来，把计划择优、物资保证、按期归还、区别计息的原则具体化，同时也把国家计划经济管理部门的指挥管理效益与企业经营管理效益对货币流通的影响纳入考察和控制的范围，把控制通货总额与控制通货结构结合起来。真正按照国民经济的发展需要发行货币，沿着贷款—存款—现金—物价的系列，达到发展经济、稳定通货的目的。

我不赞成发行与信贷脱钩，但不反对发行与信贷分别管理。因此，我认为成立独立的中央银行是必要的、迫切的。中央银行成立以后，它的主要任务应当是：协调各专业银行，发展经济，稳定币值。它可以充分利用国家授权给它的强大的行政手段和握有货币发行权和信贷资金分配权的强有力的经济手段，去完成它的任务。这些经济手段有：①货币发行指标在各地区的摆布；②信贷指标和投向；③中间目标"标尺"的升降、浮动利率的档次；④存款准备率的调整；等等。即发行与信贷不脱钩，由中央银行管方向、管指标、管发行，专业银行在中央银行统一管理下独立经营。这样，我们货币政策的战略目标是一定能够实现的。

控制货币　搞活资金

背景说明

　　本文是 1985 年 7 月在山西省农村金融学会第二次代表会议上的演讲稿，原载《技术经济与管理经济》1986 年第 2 期。长期以来，货币发行过多而资金供应不足。其原因是什么？文章认为，货币与资金是两个既有联系又有区别的不同概念，现实生活中常常把资金与货币混为一谈，在通货膨胀时往往为了管住货币而管死了资金，在资金不足时常常发行货币解决资金不足。资金就是资本，资本必须投入生产流通，并且在运动中增值，不能用扩大流通手段的办法解决资金不足。文章还给出了如何实现控制货币、搞活资金的具体意见。

　　要使国民经济稳定、协调、持续地发展，必须加强宏观经济控制，并使微观经济搞活。但是，多年来，一讲宏观控制，就控制现金，压缩贷款，致使企业资金不足，周转困难，影响经济发展；一讲微观搞活，便增加贷款，大上基本建设，使工资基金扩大，货币发行增加，国民经济比例失调。简单地说，"一管就死，一放就乱"。近年来强调把经济搞活，基建大上，奖金大发，酿成了 1984 年的发行失控、信贷规模失控、基本建设失控、消费基金失控。

　　1985 年初以来，国家针对这种情况，采取了紧急措施，抽紧银根，控制信贷规模和货币投放，取得了明显的效果。但是，在现实生活中，还存在一些问题：一方面物价上涨，人们普遍感到钱不值钱了；另一方面企业又大喊钱不足，没有钱购进生产需要的设备、原料。与此相应地出现了这样的现象：农民到信用社提取存款，信用社无钱支付，群众骂信用社不讲信用；有些银行不敢吸收群众的存款，或者是只吸收定期存款，不吸收活期储蓄；银行贷款放出去，收不回来；一些企业商品积压销不出去。如广东一个省就有40亿元商品积存待销。究竟现在是钱多了还是钱少了？若说是少，可是物价上涨，显然是货币过多；若说是多，可是企业购买原材料无资金，产品销不出去。如何解释这种现象呢？在这里，我看可以用六个字来概括：货币多，资金少。

货币多、资金少的表现，可以从以下三方面来说明：第一，货币发行速度超过了生产增长速度，物价上涨，人民币存在一定程度的贬值，1983年和1984年工农业总产值分别增长10%左右，但现金分别增长为20.6%和49.5%，1984年消费品零售物价上涨3%，1985年第一季度物价上涨5%。第二，企业资金不足，尤其是乡镇企业资金不足，银行旧贷款收回困难，新贷款资金来源不足，信贷资金供求矛盾很大。第三，由于上述两点，造成了民间借贷的范围和数量不断扩大，而且利率升高。自由借贷利率升高的原因有两点：一是通货膨胀，贷者要把未来货币的损失加到利息上捞回来；二是借贷资金供求矛盾扩大，可供借贷的资金供不应求，使资金的价格（利率）上升。

造成这种状况的原因是什么？我认为一个主要原因是从理论上没有真正弄清楚货币与资金的区别和联系。现在要真正做到宏观控制、微观搞活，克服目前存在的货币多、资金少的状况，应该首先把货币和资金关系搞清楚，然后采取相应的对策，控制货币，搞活资金。

一

货币和资金是有着密切联系的两个不同概念，二者既有本质不同，又有密切联系。

货币和资金的区别是：第一，货币是一般等价物，是商品交换的媒介；而资金是创造新价值的价值，可以增值。第二，货币是价值的一般代表，在当代信用制度高度发达和实行纸币流通的制度下，货币可以用价值符号——纸币来代表，可以由银行业创造和发行；而资金是社会剩余劳动的积累，即社会创造的财富，扣除了消费掉的一部分，留下的用于发展生产，是在生产过程中发挥作用的部分，因此说它代表一定数量的物资，不是银行随意可以发行和创造的。第三，货币是购买手段和支付手段，不是再生产的物质要素，本身不能充饥、不能衣身，也不能盖工厂；而资金是吸收活劳动，创造新价值，实现再生产的物质要素。第四，货币的运动形式是与商品不断换位，不断地购买；而资金的运动形式是在再生产过程中，不断地循环周转，由货币开始，用货币购买原材料和支付工人工资，通过生产过程，创造出新的产品，销售出去，收回货币，从货币开始到货币结束。第五，货币的使命是依照等价交换的原则，实现商品的流通，它只活跃在流通领域，为商品交换服务；而资金的使命，是在运动中增值，它不仅活跃在流通领域，也活跃在生产过程中，在整个再生产领域不断地变换形态，依次呈现货币资金、生产资金、成品资金的形态。不断地运动和增值是资金的生命，如果资金停止了运动，也就失去了生命。所以，货币和资金有着本质的区别。

但是，货币和资金又有密切的联系。这种联系可以从两方面予以说明：第一，货币与资金可以互相转化。如个人的闲置货币，通过储蓄存入银行，通过购买企业的股票、债券，转化为企业的固定资金或流动资金，这是货币转化为资金。资金也可以转化为货币，增加流通中的货币数量，如企业销售产品后，销售收入用于发放工资，这部分资金就转化为货币。又如企业的流动资金长期被职工借走占用，变成单纯的购买手段和支付手段，脱离了生产过程，不在生产运动中创造新的价值，这就使资金转化为货币。但是，货币转化为资金，或者资金转化为货币是有条件的，一般都要通过金融交易来实现。第二，在生产和流通中，有一部分资金表现为货币形式，即货币资金。如企业的现金、企业在银行的存款，这都是货币资金，但这部分资金是以货币形式表现出来的，也就是说，货币是资金循环的一种形式，只有在这个场合，货币和资金才是合二为一、一身二任的，很难区别。它既构成货币量，也是资金量，既是企业的购买手段和支付手段，又是企业在再生产中吸收活劳动和物化劳动的条件，因此，我们说它既是货币又是资金，既是货币量的一部分，又是资金量的一部分，这种资金是货币资金。在这里，资金是借助货币的支付手段和购买手段的职能实现它的周转的。这部分货币资金，形式上是货币，实质上是资金，可以说是作为资金的货币。作为资金的货币和作为货币的货币，二者的根本区别在于，前者是运动的、增值的。

我认为，弄清楚资金和货币的区别和联系，对于宏观控制和微观搞活有着直接的意义。因为，货币流通的状况对整个国民经济的发展全局有着极为重要的影响。货币流通的正常，物价稳定，会为国民经济的正常发展提供一个良好的经济环境；如果货币流通不正常，物价波动，会给企业生产和商品交换带来困难。同时，也影响广大群众的生活水平，从而影响人民群众的生产积极性。所以，国家宏观控制的重点应该是控制货币供应量。只有控制了货币数量，使之适应生产和流通的需要，才能保证物价稳定，币值稳定，才能保证经济发展、市场繁荣。这是我们宏观控制的根本目标。同时，我们还应当看到，经济要发展，还必须使国民经济的每一个细胞都很活跃，每个企业都必须搞活。微观搞活和宏观控制的目标是一致的。企业要搞活，首先要有钱，这是常识。前面说过，资金是社会再生产的物质要素，"巧妇难为无米之炊"，企业没有资金不可能把生产搞上去。资金是剩余劳动的积累，不是银行可以发行和创造的。银行只能创造货币，不能创造资金。

由此可见，对于资金与货币的区别与联系的正确认识，关系着宏观控制和微观搞活的成败。但是，由于资金和货币二者联系的密切，资金往往从货币形态开始，经过生产周转过程，最后又以货币形态转回来，这就很容易形成一种错觉，即货币就是资金，资金也就是货币。正如有人说："不管资金与货币，反正都是钱。"这不是科学的提法。

问题的严重性，就在于混淆了货币与资金的界限，这就很难保证既搞好宏观控制，又把微观搞活。如果把货币当成资金，就容易在企业资金不足的时候，为了满足企业对资金的需要，搞活市场，而增加贷款，用扩大货币发行的办法来支持生产，即用发票子来支持建设，支持高速度，造成通货膨胀。在通货膨胀产生后，为了紧缩货币，就可能压缩贷款，把资金卡死了，使生产和流通受到阻碍，造成流通阻滞。实际上，由于资金是剩余劳动的积累，资金和物资在数量上应当是平衡的，是生产发展的物质条件，而不是钞票发行所能代替的。用过多的货币发行去支持生产的高速度，只能造成国民经济的混乱，比例失调，通货膨胀。所以，不能把货币当资金。如果把资金当成货币，就会在货币过多的时候，以回笼货币的名义控制资金，收缩贷款，限制资金正常运动，从而阻碍生产发展。

国民经济的协调、稳定和持续的发展，必须保持社会总需求和总供应的平衡。货币是购买手段和支付手段，要控制总需求，使之与总供应相平衡，就必须控制货币，不控制货币就不能控制社会总需求。而资金是创造新价值的价值，是在再生产过程中循环周转的，资金越活，周转越快，创造的新价值就越多，供应就越充分。宏观控制的核心内容是总供应与总需求的平衡，适应这个要求，就应当直接控制货币，搞活资金。作为资金性质的货币与作为货币的货币，性质不同。控制货币，是要控制单纯作为货币的货币，不是控制作为资金性质的货币；搞活资金，是要搞活各种资金，尤其是要搞活作为货币的资金。

二

当代世界各国经济的宏观控制和调节，主要是依靠中央银行的货币政策来进行。即通过中央银行运用货币政策，影响国内各商业银行，然后通过商业银行传递到国民经济各部门各企业，实现对宏观经济的调节。货币政策，包括货币政策的目标、政策的手段和运用这些手段达到这个目标的传递过程。我们国家的经济目标是比较明确的，即稳定物价、经济稳定增长、国际收支平衡，这是宏观经济政策的目标。要达到这个目标，必须有一些手段。现在我们使用的手段，一个是计划和综合平衡，另一个是存款上存比率。另外，我们还有些其他行政手段，如现金管理、工资基金管理等。为了达到控制的目标，也规定了直接控制的对象，一是存贷差额，二是信贷总规模。有人认为只要搞好差额控制，搞好信贷总额控制，就能够稳定物价，保证经济增长。对此我想谈点自己的看法。

1. 关于差额控制问题

我认为，要达到宏观控制的目的，实行存贷差额不是一个可取的办法。原因是：第一，长期以来，人们总是认为，控制了存贷差额，就能控制货币发行，稳定物价，繁荣市场。但是，实践证明不完全是这样。差额控制是什么？信贷差额实际上是现金投放。控制了信贷差额，可以控制市场上钞票的投放量，却不能控制整个社会购买力，不一定能够保证总供应和总需求的平衡。现金是货币，是购买手段和支付手段，但只是购买手段和支付手段的一部分。用现金能够买东西，用银行存款同样可以买东西。所以，只控制现金这部分购买手段和支付手段，不控制银行存款这一部分购买手段和支付手段，不能达到控制社会总需求的目的。可以说，控制信贷差额只能控制现金，不能控制物价。第二，现在强调差额控制，势必把人们的思想引向唯有现金才是货币这样一个结论，从而过分夸大现金，使一些基层行因害怕提现困难，不敢吸收活期储蓄，单位和个人因为提取困难也不敢把现金存入银行。这样，不仅减少了银行信贷资金的来源，扩大了信贷资金供求的矛盾，而且造成大量现金不能归行，收款单位不愿使用转账结算。现金结算增加，市场追逐现金，出现了一种商品有现金价（低）、转账价（高）两种不同价格的现象。过分夸大现金管理的作用势必走向反面，管得越严，市场现金就越多。第三，控制信贷差额，并不能控制信贷的规模。在派生存款原理的作用下，控制了信贷差额，也不能控制信贷规模。存款、贷款同时增加，差额并不突破，但是信贷的规模扩大了。这样，仍然没有解决控制总需求的问题。第四，差额控制还会影响合理的信贷结构。由此可见，差额控制解决不了宏观控制问题。

2. 关于控制信贷总规模问题

为了控制信贷总规模，我们搞了计划指标管理。人民银行控制贷款指标，专业银行也由上而下层层控制贷款指标，叫切块分指标。这种方法，西方国家也用，叫总额控制，即规定信贷总额上限。这种方法可以有效地控制全国信贷总规模，控制社会需求，这是毫无疑问的。但是，它也有一定的缺陷：第一，可能存在信贷资金分配不适当。因为，我们编计划，分指标，切块块，毕竟是主观的，而国民经济却是千变万化的，计划指标一年一定，不一定能跟上形势变化，出现一些地方或项目有指标，但不需要贷款，另一些地方或项目需要贷款但无贷款指标的情况，于是会形成信用活动离开银行到金融机构以外去进行。这样就失去了银行信用监督的作用。所以，我觉得依靠指标控制的办法，只能控制信贷的规模和数量，而不能控制信贷的质量。第二，层层指标管理，在计划经济下是可行的，因为物资、商品的分配是计划分配，资金是计划供应，这是配套的。现在商品和物质有一大部分通过市场调节，物质横向运动，而信贷资金仍实行计划指标供应，显然不配套。第三，使用指标管理，使金融活动失去了弹性。金融机制应当有一定的弹性，这是由经济发展不断变化的规律所决定的。没有弹性的金融机构，无异于财政部。有指标就贷，没有指标就不贷，这种没有弹性的银行，就像人的血管硬化。工业发达国家的宏观控制，曾经使用过控制信贷总规模的办法。近几年大都陆续放弃了。如韩国经过几年的实践，在1982年就放弃了这种办法。所以说，指标控制有一定的缺陷。

有人提出，以上两种办法同时使用，可以相互补充，相得益彰。我认为这样也有问题。这两种办法的优点和缺点在同时使用时并不能得到相互补充，同时使用之后二者的缺点仍然存在。因为二者不具有同一性的相融性，所以不能相互弥补缺点，解决不了控制总供求的矛盾，使总需求和总供应仍然难以达到协调。

因此，我们就不得不努力去寻求一个新的控制对象，作为标的。我认为，我国社会主义宏观经济控制应当选择货币供应量为标的。如果说差额控制是下策，总额控制是中策，那么控制货币供应量就是上策。现具体说明如下：

关于控制货币供应量的问题。货币供应量包括现金加上可以开出转账支票用于购买和支付的银行存款，它是整个社会的购买手段和支付手段的总量。控制货币供应量，就可以控制社会总需求。我们根据生产发展、商品增长的水平，确定货币供应量增长的水平，就可以使总需求和总供应相一致，从而保证物价稳定，给经济的稳定增长提供一个良好的经济环境。

如何确定货币供应量呢？首先，用历史的生产增长与货币供应量增长的对比关系建立一个货币需求函数；其次，根据计划年度生产增长的幅度与货币需求函数确定计划年度的货币供应量的增长幅度。据此计算计划年度的货币供应量，作为控制的对象，人民银行可以根据自己手中的各种工具进行调节，使得货币供应量达到这一目标。

关于宏观控制的手段问题。现在，世界上各国中央银行宏观调节的手段比较多，但经常使用的是我们说的传统手段：一是存款准备金制度；二是再贴现政策；三是公开市场运用。有人将此称作"一体两翼"。存款准备金制度是主体，再贴现政策和公开市场运用是两翼。根据我国的具体情况，现在我们除用存款上存比率和计划与综合平衡外，还需要增加中央银行所能运用的工具，完善已有手段，并使之相互配合，建立一套完整的调节系统。这里需要考虑以下几点：第一，存款上存比率，即存款准备金率。这里面有一些问题，西方国家的存款准备金，专业银行上交中央银行以后，就不再动用了。还有信用社的存款准备金是交给农业银行，而不是交到中央银行。这样，实际上降低了这个手段的作用。这一点，我认为需要改进。第二，公开市场的运用，即中央银行通过买卖有价证券来调节市场的货币供应量。购进证券，向市场注入货币；卖出证券，从市场抽回货币。据说韩国为了保证货币稳定，专门发行了一种稳定货币债券，通过灵活买卖这种债券调节市场货币数量。发行这种债券不是财政的需要，而是为了造一种调节货币供应量的调节器。需要减少市场货币供应量的时候，就卖出这种债券；需要增加市场货币供应量的时候，就买回这种债券，这样来调节市场总需求。我们是否也可以发行金融债券呢？国库券、企业债券和企业股票现在已经有了。所以，可以考虑利用公开市场买卖。第三，再贴现。现在我们已经有了商业票据的贴现、国库券的贴现，并且允许企业到专业银行贴现，包括期票、国库券的贴现。那么，人民银行能不能对专业银行进行再贴现，把人民银行对专业银行的临时贷款指标拿过来再贴现呢？这样就增加了经济调节的手段。第四，利率管理问题。目前我们利率中存在的问题是一低二死，这就妨碍了调节供求的作用。如果贷款利率高一点，可能有一些企业和个人就不贷款了；如果存款利率高一些，可能有一些企业就来存款了，就可以增加信贷资金来源，这些对于解决资金供求矛盾都是有益的。同时，利率还应该活一点，随着国民经济的变化能够随时升降。现在利率不能够随时升降，因此，一经定下来就死了，尽管有一些浮动，但幅度太小，远远不能达到调节货币供求的目的。所以，利率政策应该放宽一点、搞活一点，这样它才能成为调节供求的一个手段。第五，上述手段的运用，并不排除计划和综合平衡。根据经济增长计划，确定货币供应量，根据货币供应量确定综合信贷计划、综合财政计划、外汇收支计划等。但是，需要增加指导性计划，经济手段的运用与行政上的计划指标切块相结合，用经济杠杆确保计划的实现。

三

微观能否搞活，如何搞活，关键在于搞活企业资金。微观搞活是在宏观控制的目标下进行的。1984 年，信贷和货币的投放失控了，1985 年就来了个"截流"，就是要控制增加货币发行的闸门。我想如果是发了洪水，就应当是疏，而不是截。自古以来，治河之道在于疏，堵不如疏。截流，肯定能够抑制通货膨胀，但对经济增长却会产生不良的影响，不能达到我们所说的既要经济增长，又要物价稳定的目标。现在的问题是货币多、资金少，应当想办法把过多的货币疏导到资金中来，即把多余的购买手段和支付手段导入生产和流通过程，变货币为资金，使其发挥作用，这是治本的方法。在不增加货币发行的条件下，减少货币，增加资金，从而达到宏观上控制，微观上搞活的目的。现在企业普遍感到资金很紧，在中央银行还没有放松银根的情况下，专业银行如何把资金搞活，把过多的货币疏导到资金中来，我们应当想办法。我认为可以考虑如下几个问题：

1. 开办票据和证券业务，扩大金融市场

这里说的金融市场是指整个金融交易场所，主要是资金市场。首先要搞好票据业务和票据贴现市场。现在国家已有规定，允许适当放宽企业信用，使一部分商业信用合法化，实行票据制度，实现商业信用票据化。银行通过票据承兑业务、贴现业务和票据抵押放款业务，把积压的商品导入流通和消费，加速企业资金形态的转化。如果我们农业银行要办商业票据贴现，大部分人就会首先考虑贴现所需的钱，计划指标是没有这部分钱的。我认为这不会有大的问题。因为我们允许信用交易，大量票据通过信用交易就能完成，不一定都是来贴现。这样，就可能减少贷款的需求，减少流通中的货币。不用贷款，通过赊销就可能实现商业流通，把企业资金搞活。这样就减少了对银行信用贷款的要求，从而减少了对流通中货币的投放。其次就是证券业务和证券市场。现在，国家已经规定，企业在完成国家利税之后，怎样运用自己的资金，企业有权支配，那么企业向外投资就应当是合法的。个体户、小集体向国内任意经济实体投资也是合法的。因此，债券、股票的发展将是一种必然趋势。银行应积极介入这一融资活动，借以把企业资金搞活，把企业搞活，把微观经济搞活。也就是说，地方政府或企业，委托银行代为发行股票和债券，银行应当积极地承担这一任务。银行承担这一任务的好处：一是可以减少企业和居民手中的现金和存款，有利于控制货币供应量；二是可以增加企业可以支配的资金量，把经济搞活。同时，银行还可以从中得到一笔收入，从而收到一箭双雕的效果。当然，有些企业和个人的钱，可能是暂时多余，你让他去购买股票和债券，他还要考虑，因为这是长期的，他们会因证券变现可能性问题而裹足不前。为了保证这些货币能够转化为资金，增加这些债券的流动性就很必要。我们可以在银行信托部、信托公司开办债券的代买、代卖业务，由银行负责解决债券的变现问题。这样就可以使短期多余的资金用于长期投资，减少流通中的货币，增加周转中的资金。

2. 银行信托部实行存贷业务，扩大金融信托

金融信托也可以称为"金融百货公司"，各种金融交易都可以在这里进行。为了吸引存款，限制贷款的需求，满足生产效益比较高的企业的资金需求，保证重点，我们可以在信托公司、信托部开办特种利率的存款和贷款，用较高的利息收入来刺激有钱人、有钱单位的投资。这样做的好处有三：一是可以使一部分货币转化为资金，搞活企业。二是缓和市场资金

供应的紧张状况。由于利息较高，一些借款人会因之不再借款而达到缓和资金供应的紧张状况。三是有利于借款单位加强管理，提高经济效益。因为借款单位用高息贷款，压力较大，就得千方百计地充分利用资金，提高效益，增加收入，否则，将无法归还贷款利息。当然，实行这种办法之后，也许会诱发物价上涨。但是，只要我们加强物价管理，只要允许企业之间进行竞争，物价是不会上升的，上去也会降下来。

3. 建立银行协会

山西人在 200 多年前，就已经创造了金融机构的联合互助形式。虽然名称不同，如"某某社"、"某某会馆"、"某某公所"等，当铺、钱庄、账庄、票号都有这类组织。这种组织名义上是个松散的联合组织，实际上却是一个有利于各个金融机构的组织，他们联合起来搞"拨兑"、"客兑"，相当于现在的转账结算。办理简单的票据交换，相互拆借资金，调剂头寸，叫作"同舟共济"。他们之所以能够组织起来，我认为有两方面原因：一是当时的现银不足，商品流通阻滞，需要金融机构创造一个信用流通工具；二是他们为了盈利，尽可能把款放出去，尽可能利用手中的资金赚钱，但又不能让客户在提存的时候不能支付。因此，山西的货币商人，想了个办法，建立了这么一个公共组织。这个组织的任务是：组织、指挥、指导各个私人金融业之间的协作。当山西的货币商人搞这个组织时，作为世界上最早的中央银行——英格兰银行这时还是一个普普通通的法人。今天，中央银行制度已经普遍成为各个国家调节宏观经济的工具，而我们的中央银行——中国人民银行现在还没有找到一套适合我国国情、能协调各专业银行的办法。在这种情况下，山西各专业银行借鉴一下山西金融业的传统办法，是有好处的。山西金融业能够在清朝中期占领全国金融市场，以至插足俄国、印度、日本、朝鲜，这里面有许多可以研究的东西。我认为，我们现在可以举办一个规模较小的简单联合——建立一个银行协会，也许能够挖掘资金潜力，把资金搞活。具体有这样一个设想：协会可以在县（市）一级建立，由各个专业银行（支行）自由参加，各行之间是平等互助的关系，由各个银行的行长轮流担任协会的理事长，任期可以规定为三个月、半年或者一年，最好为一年。银行协会可以不建立常设机构，就由理事长来指挥他所在行的计划股兼办；也可以设立一个 1～3 人的办事班子进行活动。这个协会的任务主要有两个：一是组织本地区各银行之间的票据交换；二是随时掌握资金头寸，灵活调度，相互拆借，尽量多放款，但又不能占用他行资金，起码是每天晚上，不要让人民银行罚款。所以各行在晚上就应把其手中所持有的资金现状搞清，相互联系，同舟共济。建立这样一个协会的好处有四：一是各行自办联行业务后资金周转明显地减慢了，各行的汇差不容易掌握，这中间存在着资金的巨大浪费，有碍银行盈利。如果在汇差的问题上真有巨大浪费的话，则会妨碍银行的经济效益。建立银行协会之后，可以加快资金周转，避免上下往来，就近结算，当日交换。二是现在各专业银行存取借款是各自进行的，但有一个问题，就是任何一家银行都必须保留一部分存款准备金，不敢全部出借，总要留出一部分储备，以备客户提取存款或汇出，这就减少了这家银行可能贷放的资金，不能有更多的盈利。因此，就要有一个恰当的办法。该留多少？如果一个银行自己干，为保证客户利益和银行信誉，就要多留超额准备，从而会减少盈利。如果建立一个银行协会，这样就可以把这部分储备资金压到最低限度，各行通过互相临时拆借，能够更多地腾出一部分资金用于企业的生产和周转，自然也可以有更多的盈利。三是建立银行协会，人民银行也可以参加，可以及时地了解专业银行资金的运用，掌握货币流通状况和金融活动的趋势，为搞好金融管理掌握更多的金融信息。四是银行协会不同于我们说的现在银行搞的联席会议。银行协会里，各行为了自己的利益，也为了整个国民经济的全局利益，在一起互相帮助，这比联席会有更多的经济利益，从而也有更多的积极性，这样能把信贷资金充分利用起来。从银行以外疏导货币转化为资金，减少货币量，增加资金供应量。从银行内部加速结算汇划过程，减少超额准备，尽量多放资金给企业，就会使整个资金活动多一点。

社会主义国家货币理论的争论

背景说明

　　本文是 2000 年为金融专业研究生讲课提纲的一部分。文章指出，货币从币材、形制依次经历实物货币、金属货币、纸币、电子货币的发展过程，其演化的内在规律是由货币自身决定的，政府在其中有着促进或阻碍作用。国家对货币制度的管理，一方面出于对公用事业的间接利益，另一方面发行不足值的货币符号能够为发行者带来直接的铸币税收入。出于这两种收益，人们曾经把货币发行与货币制度作为国家主权。但随着国家组织结构和行为方式的改变，货币的范畴开始改变。商业银行存款货币构成现代货币的主体，侵蚀了国家货币发行的垄断权，顺应这一变化，中央银行在控制基础货币发行的基础上，可能同其他经济主权分享货币发行的收益。由此出现了"一国多币"和"多国一币"的变化。关于社会主义货币必要性问题的争论将近一个世纪，实际上社会分工决定商品交换，商品交换决定货币存在。社会主义社会经济中货币本质的争论，前期有货币派与非货币派的争论，中期有黄金派与非黄金派的争论，现在则是是否为一种独立的货币形式。文章还讨论了货币制度内涵、人民币制度的建立、人民币职能、人民币对外自由兑换等发展历史及其理论问题。

　　在中国社会主义制度下，社会产品的生产、分配、交换和消费都需要借助人民币来完成，人民群众经济生活的正常运行，也都直接和间接地与人民币发生密切的联系。40 多年来，人民币在我国人民群众中享有崇高的信誉，在国际上也是最稳定的货币之一。那么本身没有内在价值的纸币为什么能保持其基本稳定，人民币的性质应当如何认识，人民币制度的内容是什么，它具有哪些职能，它能不能走出国界在世界市场上发挥作用，是我们在本文中首先要研究的内容。

一、货币在经济社会发展中不断演进

（一）货币演进的轨迹

货币作为商品交换的媒介，从商品世界分离出来以后，仍然伴随着商品交换和信用制度的发展而不断演进。币材、形制经历了实物货币—金属货币—纸质货币—电子货币的发展过程，而且不断地适应了经济社会发展的需要。

1. 实物货币

在早期简单商品交换时代，生产力不发达，交换的目的以满足某种生活和生产的需要为主，因而要求作为交换媒介的货币必须具有价值和使用价值，货币主要由自然物来充当。"最初充当货币的商品——不是作为需求和消费对象，而是为了用它再去交换其他商品而换进来的商品——是最经常地作为需求对象换进来的，即进行流通的商品……因而在当时社会组织下最能代表财富，是最普通的供求对象，并且具有特殊的使用价值。如盐、毛皮牲畜、奴隶。"[①] 一般近海地区多用海贝和盐，游牧民族多用牲畜、皮革，农业区多用农具、布帛，等等。中国古代商、周时期，牲畜、粮食、布帛、珠玉、贝壳等充当货币，而以贝最流行。从货币一词来看，古汉语中曾是两个不同的概念，货指珠、贝、金、玉等，币指皮、帛。货在春秋战国时期才取得货币的含义，但无货币一词，货币一词大体是在唐以后才出现的。中国民间称货币为钱，钱本来就是古代农具，形如铲，还有一种农具，形如锄，均用以铲地除草。这种农具在黄河流域被作为货币，故《诗经》说："命我众人，庤乃钱镈。"[②] 此时的货币，刚脱胎于普通商品，主要特征是能代表财富，是普遍的供求对象，而并非理想的货币币材，如牲畜充当货币，当其被分割之后，它的价值便大大降低。当然，由于生产力水平较低，交易规模尚小，这种矛盾并不十分突出，仍可维持

---

① 《马克思恩格斯全集》，人民出版社 1979 年版。
② 《诗·周颂·臣工》，《传世藏书》第一卷，华艺出版社 1997 年版。

这类商品的货币地位。

2. 金属称量货币与铸币

第二次社会大分工使手工业从农业中分离出来，金属被用来制造生产工具和武器，成为人们生活中不可缺少和乐于接受的东西。而同时，生产水平的提高，交易规模扩大，非金属实物货币充当货币币材的矛盾越来越突出，金属在执行货币职能方面的优越性越来越明显。如价值比较稳定、易于分割、易于保存、便于携带等，于是在交换中逐渐成为主要对象，最终成为通行的货币。金属货币的演化沿着两个方向进行：一方面，随着交易规模的不断扩大，经历了由贱金属到贵金属的演变，不同的交易量要求不同的金属货币币材相适应，货币币材价值过大，当用以完成小量的价值便宜的商品交易时，便会感到不方便；货币币材价值过小，当服务于大宗交易时，货币携带便会很困难。所以，货币金属最初是贱金属，多数国家和地区使用的是铜。随着生产力的提高，参与交换的商品数量增加，需要包含价值量大的贵金属充当货币，币材由铜向银和金过渡。到 19 世纪上半期，世界大多数国家处于金银复本位货币制度时期，货币形式主要是金、银等贵金属。正是在这个意义上，马克思指出："金银天然不是货币，但货币天然是金银。"[1] 当然，在现代经济中，我们已经看到，金银并不是货币发展的最后形式，在一定条件下，信用货币比金银更具有充当货币的优越性。

另一方面，金属货币经历了从称量货币到铸币的演变。金属货币最初是以块状流通的，交易时要称其重量，估其成色，这时的货币称为称量货币。从货币单位名称如英镑的"镑"、五铢钱的"铢"都是重量单位可以看出称量货币留下的踪迹。称量货币在交易中很不方便，难以适应商品生产和交换发展的需要。随着社会第三次大分工——商人的出现，一些富裕的有信誉的商人就在货币金属块上打上印记，标明其重量和成色，自己对其负责，便利于流通，于是出现最初的铸币。当商品交换进一步发展并突破区域市场的范围后，金属块的重量和成色就要求更具权威的证明，而最具权威的机关，便是国家。国家便充当货币管理的角色，开始铸造货币或对货币铸造施加管理，铸币这种经国家证明的、具有规定重量和成色的、铸成一定形状的金属块便开始出现，开始流通了。中国在殷商时代就出现

---

[1] 《马克思恩格斯全集》，人民出版社 1979 年版。

了以铜为币材的铜铸币，但各地不同。流通在齐燕的刀币，形如刀，是由生产工具和武器演变而来；在魏、赵、韩流通布币，形如铲，由农具镈演变而来；在秦流通环钱，圆形圆孔，形如纺轮；在楚国流通蚁鼻钱，形如海贝。秦始皇统一中国后，统一了货币，诏令天下，一律使用圆形方孔的"半两"钱，为下币，每枚重半两即十二铢。以黄金为上币，以实际重量计算，用于大额交易。秦始皇的"半两"铜钱，是中国有统一形式、统一重量的统一铸币制度的开始，并一直影响到清代制钱。清朝中后期，又逐渐出现了银铸币，流通至1933年结束。

3. 可兑换的信用货币

随着生产和流通的进一步扩大，贵金属币材的数量不能满足商品流通的需要，而且远距离的大宗贸易携带金属货币多有不便，于是出现了使用信用货币的要求。而货币的流通手段职能为信用货币的出现提供了可能性。因为货币作为商品交换的媒介，在流通中只起转瞬即逝的媒介作用，人们更多关心的是用货币能否买到价值相当的商品，而不是货币实体的价值量。事实上，流通中被磨损的铸币被人们照常接受，服务于流通，并不影响流通，这表明货币可以用象征的货币符号来执行流通手段职能。

最初，人们只是将银行券当作兑换金银货币的凭证。如商人可以将金属货币存放于货币商人，如钱铺、银行，由其开出汇票进行支付，钱铺、银行见到汇票要求提现时，可以兑换为金属货币。当钱铺、银行拥有的大量的金银货币作保证时，又以此为信用保证发行自己的银行券，开始是在一张空白字据上临时填写金额，后来发展为印制好的不同面额的钞票。于是银行券就成为银行发出的代替金银币流通的可随时兑现的信用货币。19世纪，各国可兑换金币的银行券广泛流通。但此时的银行券，仍然是金的符号，以金为后盾，代替金币进行流通，流通中仍有大量的金币充当货币。银行券的出现是货币币材的一大转折，它为其后不兑现纸币的产生奠定了基础。

4. 不兑现货币

典型的不兑现信用货币是政府纸币，它与银行券同时流通，是以国家政权为后盾的国家发行的强制流通的纸质货币。同银行券相比，政府纸币表现出以国家信用为基础的，强制流通的、不可兑现的特征。世界最早出现的纸币是中国北宋年间的"交子"，当时四川用铁钱，分量重，流通不便，一些富商联合发行了"交子"，代替铁钱流通并负责兑现。后来富商衰败，兑现困难，改行官办。起初控制发行数额，维持兑现，但后来因为弥补国库亏空，发行数额越来越大，以致严重贬值。元朝发行的"中统元宝钞"，开始时一度可以兑现，但很快停止。这些不兑现纸币的发行，虽然靠政府的力量在一定时期可以发挥货币的职能，但如果发行无度，最终会给商品流通带来极大的混乱。

西方国家也曾发行这种政府纸币，如美国的"绿背抄"[①]，但一般数量较少，流通的信用货币仍以银行券为主。银行券在战争时期，一般变为不可兑现，如英国英格兰银行的银行券在 1797 年拿破仑战争时期变为不可兑现，直至 1821 年才恢复兑现；第一次世界大战期间，又成为不可兑现，1925 年才恢复兑现。这种战争时期银行券的不可兑现性的事实，为银行券走向完全不可兑现提供了可能。20 世纪 30 年代，在经济大危机的冲击下，多数国家放弃金本位制，银行券不再兑换金币，银行券纸币化，流通中的货币完全为纸质的不兑现的信用货币所取代，货币商品退出历史舞台。

从上述分析中可以看出，政府纸币作为不兑现信用货币，由于其与财政赤字的密切联系，容易导致货币流通的混乱。而在 20 世纪 30 年代开始，银行券与政府纸币合二为一，中央银行垄断纸币发行，控制纸币发行数量，为不兑现信用货币的正常流通创造了条件。而且，不兑现信用货币突破了货币商品形态对经济发展的制约，提供了政府调控经济的一个手段，所以说不兑现信用货币是货币发展历程中的重大的飞跃，正如有人所言："在英国，1931 年是货币史的界标，因为它不仅标志确是在和平时期撤销可兑换，而且几乎可以肯定地看到可兑换的钞票的废止。"[②]

5. 存款货币

20 世纪 50 年代以来，由于信用制度发达，银行结算手段改进，现金流通（纸币和铸币）逐渐减少，货币形式主要采取存款形式，存款的债权债务转移，成为购买商品支付劳务的主要形式，货币概念得以扩张，货币不仅包括铸币或现钞，而且包括了可转让的活期存款，进一步将不能随时转账的定期存款和储蓄存款称为"准货币"。存款货币的出现，打破了实体货币的观念，将货币由有形货币引向无形货币。支票转账结算原有的

---

① 绿背抄，美国南北战争期间发行的不兑换，面值 100 美分的货币，战争可以兑换，现在仍有一部分在流通。因其背面为绿颜色，称为绿背抄，也称为美国钞票。

② （英）J. L. 汉森：《货币理论与实践》，中国金融出版社 1988 年版。

各种交易方式有较大的优势，但也有一定的缺陷。以美国为例，80年代中期，银行每年都要处理 8 万亿美元左右的约 300 亿张支票，1984 年，处理支票的年成本大约是 60 亿美元，而且这些成本仍在逐步上升。银行为降低这些成本，必须寻找新的出路。所以，随着社会经济与技术的发展，电子计算机的普及运用，"电子货币"将越来越发挥重点作用。

6. 电子货币

电子货币也称数字货币，是以计算机通信、金融和商业专用电脑和机器等现代化科技为基础，通过电子信息转账形式实现的货币流通方式，可以取代纸币和支票而进行支付。

电子货币的最早形式是信用卡。信用卡由银行或公司签发，可供持卡人在指定的商店或商场进行记账消费的一种授信凭证，产生于 20 世纪 50 年代，通常由塑料磁性卡片制成，卡上印有持卡人姓名、卡号、有效期等信息，可通过压卡机将信息复制到能复写的签购单上，持卡人在指定商店和服务部门购买商品和享受服务时不必支付现金，持卡人将卡交商店在签单上压印卡号，填写金额、持卡人签名，商店送银行办理收款。所以，信用卡具有转账结算功能、储蓄功能、汇总功能、消费信贷功能。

信用卡随着电子技术发展，逐渐出现了多种类型的银行卡，如智能卡、磁条卡、赊账卡、借记卡、IC 卡等。信用卡是先消费后付款，借记卡则是持卡人必须先存款后消费，不能进行透支，故也叫扣款卡。IC 卡也叫电子钱包，它是一个装有电子芯片的智能卡（集成电路卡），其特点是内存大、个人密码不易被冒领，储存的信息安全性高，既可以联机也可以脱机，这种芯片实际是一台有微处理器和储存器的微型计算机，有逻辑记忆功能和运算功能，故称智能卡，其与信用卡的不同之处是，它像钱包一样存着现金，使用起来不受限额控制，也无须授信或授权，可以在任何装有 POS 终端的场合用来购物和消费，消费金额的大小取决于内存现金的多少，且在内存现金用完后可自动将银行账上自己的存款转入钱包，如现金装入钱包一样，也称电子现金或电子钱包。

比电子钱包更进一步的是网络货币，或叫数字货币，它用一串经过加密处理的数字来代替现金，它不再需要电子钱包所借助的卡作载体，仅表现为一串数字，从一个计算机中转移到另一个计算机中，在因特网中运行。当然这种网络货币还有许多问题需要研究解决，但发展的前景是被看好的。

（二）货币演化中的政府作用

自从铸币产生以后，政府便在货币演化过程中扮演着越来越重要的角色。铸币产生后，它要规定铸币的重量、成色和形制；它要制定铸币的流通、兑换的制度。如对流通中金币的最大磨损程度做出规定，称为"磨损公差"，当金币的磨损程度超过磨损公差时，要求持币人向国家兑换新币；它要规定货币的币材，或以法律形式宣布某物为货币等，这些都决定了政府在货币演化中的影响力。从铸币产生、纸币产生，可兑换银行券转变为可兑现的信用货币，以及电子货币的运用，都可以看到货币的演进不仅有科技的进步，而且更重要的是政府的影响。但是必须指出，政府的影响是在遵循币制演变内在规律的前提下才能发挥作用。币制演变要求适应一般等价物性质要求，即价值相对稳定，易于分割、易于保存、易于携带；要求适应生产水平不断提高和交易规模扩大的需要；要求货币的形制和流通形式随着科技进步而前进。如果违背这些客观要求，强行进行主观变革，如历史上的王莽币制改革、唐玄宗扩展币材等，只能导致货币的更大混乱。所以，我们认为，货币演化的内在规律在货币发展过程中起着决定作用，政府在其中只具有促进与阻碍其进程的作用，当政府参与社会经济生活的程度愈深，这种影响力就愈大。

（三）区域货币

从货币制度的演进中我们可以看出，货币对商品经济有着重要影响。英国经济学家约翰·希克斯说："毋庸置疑，国家制度与货币制度的关系历来是非常密切的。不过很清楚，货币并不是作为国家的一种创造物开始的。有铸币以前就有了货币。就货币的起源而言，它是商业经济的产物；不过它是各种政府（甚至是完全非商业性的政府）都知道要接管的商业经济的第一产物。"[①]

国家对货币制度和货币发行的管理，主要出于两方面的利益考虑：一是货币作为公用事业所带来的间接利益。货币的使用有利于商品的交易，促进市场规模的扩大和生产能力的提高，增强国家的实力。二是随着铸币的产生，政府可以依靠自身的信誉，发行不足值的货币符号，如实际价值低于名义价值的铸币或者兑现及不兑现的信用货币，能够为发行者带来直接的铸币税收入。国家为了获取这两种收益，便垄断货币的发行权，并将

---

① （英）约翰·希克斯：《经济史理论》，商务印书馆 1987 年版。

货币发行与货币制度作为国家主权的一项内容，禁止其他人对货币制度和货币发行进行干预。

当然，由于国家组织结构和行为方式的改变，货币制度也随之发生相应的变迁。特别是受到经济、技术各方面影响，货币的范畴也开始改变。商业银行存款货币构成现代货币的主体，侵蚀了国家货币发行的垄断权。加之电子货币、网络银行的出现，都会削弱国家垄断货币发行权的能力，因此，国家顺应变化了的外部形势，不再强调货币的国家主权特征，在保证中央银行控制基础货币发行的基础上，同其他经济主权分享货币发行的收益。甚至于在经济全球化浪潮的冲击下，为了适应经济发展，一些国家组织了区域经济联盟，并将货币发行权交给区域中央银行。这样，货币制度和国家主权之间的密不可分的关系就有所分离。

区域货币问题是货币经济活动的空间分布与协调问题。其空间的大小不固定，它是由一定区域的经济特征和政治制度联系的紧密性所决定的。中国是个大国，由于历史的原因，中国在政治经济上实行"一国两制"，允许香港、澳门成为特别行政区，发行地区货币，实际是"一国两制"决定的一国两币或者多币的货币制度。它丰富了货币制度和国家主权关系的内容。它是与多种社会经济制度并存相适应的货币制度。随着香港、澳门以及台湾问题的解决，中国的货币制度可能会呈现出人民币、港币、澳币甚至台湾货币在不同区域同时流通的"一国多币"的特征。

区域也可能突破一个国家的范围，在世界范围内的一个经济联系密切的地区出现货币合作，几个国家联结为一个经济共同体，成立共同的中央银行，发行统一的货币，成为"多国一币"的状况，如欧盟的欧洲中央银行、西非货币联盟、中非货币联盟等。

罗伯特·蒙代尔是当今世界"最优货币区域理论"的首创者，他因倡议并直接设计了世界第一个区域货币——欧元，而获得了"欧元之父"的美称。欧洲货币联盟的参加者有奥地利、比利时、芬兰、法国、德国、爱尔兰、意大利、卢森堡、荷兰、葡萄牙、西班牙等国家。欧元有 7 种面值的纸币：5 欧元、10 欧元、20 欧元、50 欧元、100 欧元、200 欧元、500 欧元；硬币有 1 欧分、2 欧分、5 欧分、10 欧分、20 欧分、50 欧分、1 欧元、2 欧元等。

西非货币联盟是 1962 年 5 月成立的地区性货币联盟，包括贝宁、象牙海岸、尼日尔、塞内加尔、多哥、上沃尔特，联盟与法国签订了货币协定。建立了联合的中央银行和统一的货币单位，统一的支票使用和外汇管理、信贷管理制度。2000 年冈比亚、加纳、几内亚、尼日利亚和塞拉利昂 5 国成立西非货币区，2004 年决定在 2005 年 7 月前努力达到成立货币联盟所要求的共同标准，届时西非货币区和西非货币联盟将实现合并。中非、喀麦隆、乍得、刚果、加蓬 5 国共同成立有中非国家银行，发行地区货币，协调本地区金融发展。近年来，有人研究倡导建立亚洲货币区和北美货币区，正是在这种背景下提出的。

二、社会主义经济中货币必要性的争论

（一）马克思主义创始人对社会主义社会货币的设想

马克思认为货币具有历史性，是人类社会发展到一定阶段产生和存在的，它只有在商品生产中才被利用。

对于货币存在必要性的社会条件，马克思说："个人的产品或活动必须先转化为交换价值的形式，转化为货币，才能通过这种物的形式取得和表明自己的社会权力，这种必要性表明了两点：①个人只能为社会或在社会中进行生产；②他们的生产不是直接的社会生产，不是本身实际分工的联合体的产物。"① 那么，也可以说两种社会条件下不存在货币：一是单个的生产者，之所以生产仅为自己，彼此没有关系，这在奴隶社会之前才会存在；二是生产是直接的社会生产，这只有在计划的高度社会化的社会才会存在，那只有消灭了生产资料的私人占有制度之后，由社会直接管理生产才有可能。马克思还说："在社会公有的生产中，货币资本不再存在了。社会把劳动力和生产资料分配给不同的生产部门。生产者也许会得到纸的凭证，以此从社会的消费品储备中，取得一个与他们的劳动时间相等的量。这种凭证不是货币。它们是不流通的。"② 可见，马克思确实认为，在未来社会，不用货币进行生产品的分配是可能的。

但马克思主义创始人把货币的消亡的过程看作是一个长时期实现的过程。恩格斯曾指出："全部资本、全部生产和全部交换都集中在人民手里的时候，私有制将自行灭亡，金钱将变成为无用之物了，生产增加了，人也改变了，那时，旧社会的各种关系的最后形式才会消灭。"③

马克思主义的创始人只是指出了人类社会发展到一定时期才会出现货

---

①②③ 《马克思恩格斯全集》，人民出版社 1979 年版。

币的消亡，但没有指出在社会主义还是共产主义的某一阶段会实现。事实上，他们不仅没有也不可能做出这样的预测。当然，马克思在《哥达纲领批判》和恩格斯在《反杜林论》中，曾经提到过在社会主义可能用"劳动凭证"的话，但这是在批判拉萨尔和杜林的错误观点时，对"不折不扣的劳动所得"和"等量劳动交换等量劳动"时用讥讽的口气用过的话，并不是马克思主义创始人真的认为社会主义社会可以用劳动凭证分配社会产品。

（二）列宁斯大林对货币必要性的认识和实践

马克思主义的继承人列宁，在俄国"十月革命"前就研究了货币的历史前途，如1903年他在《给农村贫民》中写道："当工人阶级战胜一切资产阶级的时候，它就会夺取大业主的土地，就会在大的地主田庄上办起协作农场，工人大伙一起种地……那时候，就是还想照旧单独经营的小农，也不会为市场经营，不会卖给别人，而是为工人协作社而经营，小农把粮食、肉、青菜供给工人协作社，而工人会把机器、耕畜、肥料、衣服和农民所需要的其他一切东西不要钱地给他们。那时候再不会有大业主和小业主为了钱进行的斗争，那时候再不会有替别人做雇工的事情，所有的劳动者都是为自己工作。"① 这里，列宁认为个体农户与集体经济之间不需要用货币交换。列宁在革命前的长时间内，在分析建设新社会的远景时，他认为存在消灭商品生产和货币的可能性。他强调："要知道，货币是社会财富的结晶，是社会劳动的结晶，货币是向一切劳动者征收贡物的凭据，货币是昨天的剥削阶级的残余。"认为"每个有货币的人都有实际的剥削权利"②。甚至提出了要"尽快消灭货币"的口号，在"十月革命"胜利以后，取消了国家银行，并入了人民财政委员会。

但是，仅仅过了不久，苏联经济的发展，使列宁惊醒，短期内过渡到无货币的社会是不现实的。只有进入共产主义才会消灭货币。1921年10月，列宁在评价实行直接的产品交换的经验时写道："我们原来打算（或许更确切些说我们是没有充分根据地假定）直接用无产阶级国家的法令，在一个小农国家里按共产主义原则来调整国家的生产和产品分配。现实生活说明我们犯了错误。准备向共产主义过渡（要经过多年的准备工作），需要经过国家资本主义和社会主义一系列过渡阶段。"③ 所以在苏共八大

①②③ 《列宁全集》，人民出版社1990年版。

党纲章程中写道："目前还不能组织直接的共产主义的产品的生产和分配，消灭货币是不可能的。"

但是在列宁去世以后的几十年里，在苏联关于否定社会主义货币必要性的问题始终没有停止。

在苏维埃政权建立之初，"左派共产主义者"指责货币具有资本主义的一切罪恶，主张立即取消货币，"对待经济建设的所有的货币工具（信用、银行、预算、税收、利润等）的态度是，主张在没有货币的前提下立即对它们进行改造"。为了证明他们的正确，他们断章取义地引用马克思和恩格斯的话。[①] 他们主张用纸币发行弥补国家财政支出，充分利用印钞机以致引起国家财政信用的混乱。在这场斗争中，极"左"思潮代表人物有布哈林等。因而，列宁不得不对他们进行揭露，发表了《论革命空谈》、《严重的教训和严重的责任》、《论"左派"幼稚病和小资产阶级性》等一系列文章，直接在党的会议上进行斗争，最后粉碎了"左派共产主义"的挑战。

在实行战时共产主义时期，"左倾"机会主义又提出了对货币政策的责难。当时的最高国民经济委员会经济政策部领导人拉林，极力反对利用货币，认为货币是加强资本对雇佣劳动进行剥削的技术工具，主张立即取消货币，它认为战争时期粮食困难不是由于商品货币关系的缩小引起的，而是在无组织的领域内取消货币的障碍，认为有组织的领域内货币已经消灭，"按照拉林的意见，货币作为价值的尺度早已不存在了，货币作为流通手段的职能在 1920 年因通过了关于经济单位实行完全的预算拨款制的法令也被取消了，货币的其余职能在近几年也会很快消失，货币实际上将只是一种有色的纸片。"[②] 拉林还搞了一个关于取消货币的决定草案，准备提交苏维埃代表大会讨论，由于列宁的干预才被取消。后来拉林还是把他的主张提到了第三次全俄代表大会，并通过了这个决议，在后来的工作中推动了经济实物化，削弱了货币的作用。由于站在列宁一边的热列兹若夫等人的坚决反对，才逐渐削弱了货币取消派错误主张对经济生活的影响。

苏联内战结束后，进入了经济恢复时期。列宁把利用商品货币关系看作是确保国家计划工作的重要条件。当时实行的新经济政策，不是简单地

---

①② 萨夫卢克：《在社会主义制度下马克思主义货币理论的发展》，中国金融出版社 1978 年版。

恢复商品货币关系，而是把具备了社会主义经济特征的自觉的有计划的因素与商品货币形式和对经济过程起间接作用的办法结合起来，使国家能够控制货币，并使货币为国家计划服务。当政府通过了关于发行切尔文的决议时，货币取消论者又提出了责难。此时，各种流派的货币理论及其相应的杂志都出台了，并且广为传播。为此，苏联成立了"共产主义学院"和"红色教授学院"，在苏联刊物上，组织力量研究马克思主义货币理论，发表了一系列包括货币本质和货币在社会主义经济中作用在内的文章，大多数经济学家都承认苏联经济的商品性质，价值规律不仅在私人经济，而且也在国营部门发挥作用。这次辩论无论对解决一些具体问题，还是对苏联经济中商品货币关系整个学说的发展是很有益的，它是苏联历史上第一次关于货币理论与货币流通的学术讨论，使人们认识到了在社会主义条件下商品货币关系有客观存在的必要性。

1925年末，苏联基本完成了国民经济的恢复，开始了社会主义的经济建设，提出了最大限度地保持国民经济的高速度，客观上要求发展商品货币经济。在新的历史条件下，货币问题的讨论失去了独立的性质，从一般货币理论的讨论转向了如何利用货币促进计划经济的发展。于是货币的作用问题，进而货币发行数量问题，货币制度问题成了讨论的重心。这时期的马克思货币理论的拥护者倾向于否定货币的商品价值的本质，而把社会主义货币理解为计算符号和劳动券。他们以早期军事共产主义的经济为依据，认为社会主义计划经济具有实物性质。持这种观点的人受到了反对派的批判，传播并不广泛。但以后随着经济发展的巨大变化，高度公有化和国家对生产和流通高度计划化，以及对再生产过程的直接调控，市场杠杆作用的削弱和自发倾向的减少，认为利用商品货币关系来自觉地影响于再生产已经是多余的事，认为国家用实物影响和行政干预办法来管理经济不再是空想，从而使结束商品货币关系的调子又吹响了。

这一方面是由于"胜利冲昏了头脑"，更重要的是由于高速度导致了物资和财政的紧张，带来了越来越严重的商品短缺，政府被迫用集中管理办法来分配资源，削弱了运用经济办法管理经济，限制了商品货币关系在社会主义经济中的积极作用，这就被一些人认为是取消货币的根据。另一方面，当时苏联国内进行的反对右倾机会主义的斗争的政治压力，也促进了人们更加激进，使货币取消论者一时占了上风。"在那种条件下，货币不仅被认为是不必要的，而且简直是不允许的，是妨碍正确估计社会生产中实物物资因素的运动，也妨碍对经济进行计划调节的东西。把计划与使用货币两者往往不看作是辩证的统一，而被看作是相互排斥的，计划被看作是理智的、社会的、有组织的东西，而货币被看作是自发的、混乱的根源。"[①] 但是，货币消亡论的传播，很快与经济发展的现实产生了矛盾。一方面是国家要求降低成本、厉行节约、保持货币稳定；另一方面积累减少，计划完不成，银行信贷超计划，货币发行和工资基金增长超计划，社会供求不平衡，价格上涨。1930 年 12 月苏共中央开会，提出严格财经纪律，巩固切尔文，1931 年连续通过了一系列决议，如废除结算自动化、规定银行只有经买主同意才能付款、废除"照计划"贷款办法、强调要区别对待，等等。这些决议，批判了轻视货币作用的思想，还使学术界纠正关于货币消亡的错误思潮。

这次论战的结论是，社会主义社会货币不可消亡。但对于保留的原因，仍基本停留在 20 年代后期形成的货币是"技术工具"论的认识水平上，大多数人认为计划、核算、监督制度的特点，不可消除货币形式，虽然少数人也提出小商品经济的存在，资本主义包围和对外贸易的存在，集体农社和合作所有制的存在，社会主义经济部门内部关系的一些特点，使社会主义生产关系的发展尚不够充分，必须保留货币，但是曾受到不正当的批判。

（三）20 世纪 50~70 年代社会主义货币必要性在中国的争论

1952 年斯大林发表了《苏联社会主义经济问题》一书，他把社会主义商品货币关系与生产资料所有制关系联系了起来，这在方法论上的贡献是创造性的。但是他认为，在社会主义制度下商品生产的范围仅限于个人消费品，而生产资料只有在形式上才是商品，价值规律的作用主要局限于流通领域内。这个观点，毛泽东在 50 年代中期的《政治经济学笔记》中曾给予批评，指出了消费资料是商品，生产资料也是商品。毛泽东说："斯大林说，苏联的'特种商品生产'的'活动范围只限于个人消费品'。这看来很不妥当。它的活动范围不限于个人消费品，在我国，有生产资料，如拖拉机等生产资料是属于商品的。"[②] 当然毛泽东在这里主要是指农业生产资料，不是全部生产资料。这就使马克思主义关于社会主义制度的商品货币必要性问题又前进了一步。

---

① 萨夫卢克：《在社会主义条件下马克思主义货币理论的发展》，中国金融出版社 1978 年版。
② 《毛泽东读社会主义政治经济学批注和谈论》，中华人民共和国国史学会清样本，1998 年。

但是，在中国社会主义经济建设过程中，否定货币存在必要性的观点并不是不存在。在 1958 年跑步进入共产主义的"大跃进"中，消灭货币的观点在理论与实际生活中都发生过，如陈伯达在 1958 年鼓吹货币无用论，他说可以取消商品生产，不用货币了。他具体提出用三种办法代替货币：第一，实行"流通餐证"，吃饭不要钱；第二，搞"日用品供应证"，由供销社发给社员一个折子，社员买东西时记个数，到一定时候供销社和公社结算，社员不用货币了；第三，在地区之间实行"物物交换"。他说，用这种办法"实现完全的供给制，可以推进'大跃进'，"可以"两年建成社会主义，过渡到共产主义。"这种错误的理论在当时干部思想中引起了混乱，有的地方在分配上一度搞贫富拉平，对生产队和社员个人财富搞平调；企业一度不计成本，不讲核算，大手大脚，管理混乱，破坏了经济正常运行。吹起了"一平二调"、"共产风"。

毛泽东在他的政治经济学读书笔记中说："修武县委书记的考虑是正确的，他不敢宣布人民公社为全民所有制，他担心宣布全民所有制实行供给制以后，灾荒发生时，国家是否发工资；丰收时，国家把粮食调走，也发不起工资……我认为还是应该像修武县委书记那样，谨慎地对待这个问题才好，不要像徐水县委书记那样，急急忙忙往前闯。我劝×××同志不要同陈伯达搞在一起，他'马克思主义'太多了。"对于货币消亡论者，在中国共产党的八届六中全会的决议中给了有力的批驳。但是 1963 年，劳动券论提出来了。1975 年张春桥、姚文元提出了货币是产生资本主义的土壤和条件，再次提出要消灭货币。他们断章取义地摘录了马克思列宁主义的 33 条语录，以此来论证商品货币是产生资本主义的土壤，必然反映到党内来，党内有个资产阶级，实际是以此为借口发动一个党内夺权斗争。这场货币取消论，随着"四人帮"的粉碎而销声匿迹。

斯大林在实践中认识到，在国营经济与集体农庄同时存在时，商品货币交换是需要的，即不同生产资料所有制的存在决定货币交换。毛泽东进一步认识到社会主义条件货币存在的必要性。他说："斯大林说：'资本主义生产是商品生产的最高形式'，'不能把商品生产和资本主义商场混为一谈'，这个说法对。我国现在的情况是，已经把生产资料的资本主义所有制变成了全民所有制，已经把资本家从商品生产和商品流通中排挤出去。现在商品生产和商品流通领域中占统治地位的是国家和人民公社，这同资本主义的商品生产和商品流通是有本质差别的。现在我们有些同志怕商品，无非是怕资本主义，怕商品干什么？不要怕……我们可以发展商品生产为社会主义建设服务。"①

为什么要区别资本主义和社会主义的商品生产呢？毛泽东说："斯大林这句话说得正确：'决不能把商品生产看作是某种不依赖周围条件而独立存在的。'不能孤立地看商品生产，要看它与什么经济相联系，商品生产与资本主义相联系，是资本主义商品生产，商品生产与社会主义相联系，是社会主义商品生产。商品生产从古就有。商朝为什么叫商朝呢？是因为有了商品生产。这是郭沫若考证出来的。"② 但是毛泽东说："我们发展商品生产，不是为了利润，而是为了满足社会需要，为了五亿农民，为了工农联盟，为了引导五亿农民从集体所有制过渡到全民所有制。在这方面，商品生产还是一个有利的工具，这一点应当肯定，我们应当充分利用这个工具。"③ 显然毛泽东同志把发展商品生产作为过渡到全民所有制的手段，而实现全民所有才是目标。这样，我们就不难理解，在毛泽东晚年的言论中对商品货币交换的这样一些话："总而言之，中国属于社会主义国家。解放前和资本主义差不多。现在还实行八级工资制，按劳分配，货币交换，这些跟旧社会没有多少差别。""我国现在实行的是商品制度，工资制度也不平等，有八级工资制，等等。这只能在无产阶级专政加以限制。所以，林彪一类如上台，搞资本主义制度很容易。"

（四）货币必要性的新见解

作为马克思主义理论第三个里程碑的是邓小平思想。他在总结中国革命和建设的实践的经验教训的基础上，提出了社会主义初级阶段的理论。并且提出了"社会主义的本质是解放生产力，发展生产力，消灭剥削，消除两极分化，最终达到共同富裕。""计划和市场都是方法，只要对发展生产力有好处，就可以利用。""计划经济不等于社会主义，资本主义也有计划，市场经济不等于资本主义，社会主义经济也有市场。"④ 这些论述，廓清了不合乎时代进步和社会发展规律的模糊观念，指明了长期以来拘泥于具体模式而忽略社会主义本质的错误的倾向。用实践是检验真理的标准、生产力标准，解决了多少年争论不休的问题，肯定了社会主义商品货币关系在社会主义社会的必要性。

中国在进入80年代以来，关于社会主义社会货币必要性的理论表述，

①②③《毛泽东读社会主义政治经济学批注和谈论》，中华人民共和国国史学会清样本，1998年。

④《邓小平文选》，人民出版社1993年版。

逐渐改变了传统的三个理由，即不同形式的两种所有制；按劳分配；经济机制。这三个理由的明显不妥之处在于两种形式占有制之间是货币交换，而国营企业各单位是什么？孙尚清认为，全民所有与集体所有、部分集体所有、地方所有制，企业所有制——这是发达社会主义社会必然存在的，它们之间存在利害关系。即使全民所有的各单位内部，也要承认各个人的不同能力是"天然特权"，在这样的条件下，人与人，全民与集体之间的物质利益关系必须以满足劳动来交换的原则进行调节。卓炯认为：商品生产存在个性与共性（特殊性与普遍性）所有制原因是各社会的个性，社会分工是共性的，私有制性有商品，公有制也有商品，这样，货币与所有制关系不是重要的。所以，社会分工决定商品货币的存亡，所有制关系决定商品货币的性质。诚如马克思说的"在资本主义生产方式消灭之后，但社会生产依然存在的情况下，价值决定仍会在下述意义上起支配作用：劳动时间的调节和社会劳动在各类不同生产之间的分配，最后，与此有关的簿记，将比以前任何时候都更重要。"[①]

近一个世纪以来的争论与实践，结论是社会主义社会必然存在货币。其根据和原因就是社会主义社会商品生产和交换的存在和发展。这是社会生产力发展决定的。

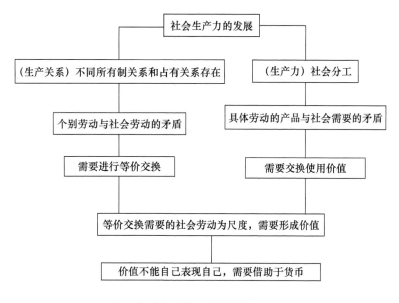

图 1　货币产生的经济社会背景及原因

---

① 《资本论》，人民出版社 1953 年版。

三、社会主义货币本质的争论

关于货币的本质，马克思主义的创始人提出了货币是一般等价物的理论，也就是货币是商品价值的体化物，一般等价物是社会生产关系的体现。本质是事物的最基本的特征，是一事物区别于别的事物的质的规定性。货币作为一般等价物是它的质的规定性。但体现社会生产关系这一点，在不同社会经济体制下会有不同的特点，这是需要加以肯定的。但是，在马克思货币理论的发展历史上，对于社会主义社会经济中的货币的本质问题曾发生长期的争论。前期主要是货币派与非货币派的争论，中期是黄金派与非黄金派的争论。

（一）货币与非货币在苏联的争论

1. 借助资产阶级工具论

在俄国"十月革命"之前，列宁把货币看作是"向一切劳动者征收贡物的凭据"，他认为在革命前所积累起来的纸币，为在革命后以非劳动的消费提供了可能性，从这点来说，纸币保留了原有的阶级内容。然而，它的这一属性，为自己找到了在社会主义生存的土壤，可以经常地由小农再生产出来。也就是说，货币保留了昨天的残余，"每个有货币的人都有实际的剥削权利"。所以，它虽然不反对在无产阶级夺取政权后不必立即取消货币，但又主张把货币"暂时保留下来"，要消除货币原有的阶级内容，改造货币的本质，把货币从自发地为无政府状态的经济服务的工具变为自觉地改造现有经济和保证它在计划原则上进行运转的工具。为此他曾采取了激进的措施：使用存款折、支票和短期领物证等来代替货币。这些思想，实际是把货币当作资产阶级的工具，而不是无产阶级的工具，更不是商品交换中的价值表现形式。这种思想观点，对后来的货币技术工具论和货币核算分配论产生了影响。

到了20世纪20年代末，斯大林在苏共第14次代表大会上与索科夫论战时就明确提出，货币是苏维埃国家手中掌握的资产阶级工具，要利用它同资本主义进行有效斗争。列昂季耶夫直接把货币说成是在国营部门没有客观必要的，"保护色"被保留了下来的，货币是借助资产阶级的工具或"技术工具"。

2. 劳动券论

苏联"十月革命"胜利后不久，由于内战，不得不实行军事共产主义，货币的价值使人们厌恶货币的情绪很严重，从而导致了一场有关组织没有货币的国民经济核算制的多种方案的设计。持各种货币理论的人都参加了讨论，其中实物核算的主张被提了出来。但是在分配消费品问题上，"分什么，吃什么"显然是不可能的。在社会还不能满足消费者的全部需求的条件下，要保证消费者分配一定数量的"购买券"的方法。这些购买券与消费品的计量单位一致，都采用劳动单位，也可以叫劳动货币。这种购买券采用什么形式，斯特鲁米林设想用购货本，凭购货本每月为劳动者提供一定数量劳动单位的贷款，劳动者在其额内到公共商店去购买消费品。这在技术上有很多困难。于是，克尔韦设计了一种计算证券，即一种记名的食品卡。这就是劳动券的实际生活中的第一次提出。这种办法分配劳动券，给消费者选购自由，也应允许消费者推迟消费，或转让、出借、赠送、继承劳动券，这样，就会带来某些产品供不应求，迫使这些产品提价。这时的劳动券不再是个人劳动的证书，而是抽象的社会劳动的凭证，抽象的社会劳动的凭证本身就是货币。可以看出，劳动券论者没有多大理论意义和现实意义。

马克思曾提出劳动券，其基本含义是：①劳动券是不流通的，它是生产者个人参与共同劳动份额的证明书和从社会产品储备中领取应得部分的凭证；②劳动券产生和运用的前提条件是直接的社会化劳动，要使个人劳动一开始就是直接的社会劳动，必须是社会占有全部生产资料；③劳动券不是交换的媒介，上面载明的是劳动时间——社会必要劳动时间，不是个别生产产品和个别劳动时间；④用劳动券领到的社会产品，好似社会产品总储备的一部分，其数量与劳动时间相等，这些产品也不限于自己的产品。

但是，从 20 世纪 20 年代以来的近 80 年中，劳动券论者却以不同的面目多次登上舞台。在 20 年代中期以后，苏联进入了创建社会主义经济基础时期，在货币本质问题上，倾向于把货币理解为一种计算符号或劳动券，否定货币的商品价值本质。当时的背景是：经济学界流行社会主义经济非商品本质，在国营经济内部的商品生产规律也已消亡的观点。

当时，一种观点认为，社会主义计划经济具有实物性质，源于早期军事共产主义下形式的"左倾"教条主义，其代表人物是普列奥勃拉任斯基、克里茨曼、罗丝米尔加等。但 1926 年在共产主义学院举行的价值规律的讨论会上，魏斯贝格等一批学者对上述观点进行了批判，提出了过渡时期商品形式的客观必然性。这个会议上提出的这一观点影响较大，在以后几年里，主流派经济学家和实践家大多数赞成保留和运用商品货币，同意商品货币关系发生了形态变化但没有消亡。对此，克尔日扎诺夫斯基却提出，这种观点是对社会主义的庸俗理解，认为其根源在于对无产阶级掌握决定性的国民经济命脉这一事实认识不足。

于是两种观点的争论越来越激烈。争论的趋势，是极"左"思想占了上风，一方面是否定货币存在的必要性，另一方面又实实在在有货币，如何在理论上把承认商品货币关系即将消亡与商品货币客观存在并广泛利用的现实统一起来，于是劳动券的市场就有了广泛的市场。拉斯金、科兹洛夫是其代表人物，拉斯金把社会主义货币划分为两部分：一是非公有制经济中的内容和形式相统一的真实货币；二是公有经济中丧失固有内容而只留下形式的货币。科兹洛夫却干脆用苏联货币已经变成劳动券的概念，为苏维埃国家可以无限地发行货币寻找理论，反对其他经济学家对通货膨胀问题的关注。普列奥勃拉任斯基断言："公有化经济中货币不是真实货币，不执行货币的任何职能。他把货币当作一种纯粹的假象的计算单位，而看不到货币的价值尺度职能；把货币当作一种单纯的不起流通作用的商品证券而看不到其流通手段职能；把货币当作一种毫无具体内容的人为的符号而看不到其支付手段职能。"[①] 他呼吁国家不要限制这种证券的发行，不要怕证券的膨胀，只要存放在开户的银行里，等待商品等价物就可以了。

上述学术思想的混乱和错误，在一定程度上影响到经济运行，影响到利用货币的范畴（信贷、工资、价格、经济核算等）的方法和形式。使1930～1932年信用改革发生了某些错误和偏差，出现了1930～1931年分配上的平均主义和对零售贸易的限制等。

3. 核算分配论

二三十年代初苏联关于货币本质的争论，到30年代中期形成了核算分配论。其主要代表人物是兰德、米罗什尼科夫、彼得罗夫等。兰德认为，经济核算是以货币形式为前提，离开了经济核算是不可想象的，经济核算也好，劳动商品也好，都是社会主义经济中的技术手段和组织工作的工具。认为货币的本质只是无产阶级专政的工具，这类货币的职能和作

---

① 萨夫卢克：《在社会主义条件下的马克思主义货币理论的发展》，中国金融出版社1978年版。

用，完全是由苏维埃国家决定的，国家发行的纸币就成了现实中的货币。科兹洛夫在他的著作《苏联货币》中对核算分配论作了阐述，在没有对货币的范畴做出深刻分析的前提下，说明没有商品生产和价值的地方还存在货币，这显然是相互矛盾的。所以，核算分配论一经提出，就受到不同意见的批评。在这场辩论中，多数学者认为在社会主义社会，利用商品货币形式有客观的必要性，并彻底摈弃了有关货币将随着社会主义的建成而消亡的"左"倾观点，他们在研究社会主义社会货币新的本质和在经济社会中的作用发生了根本性变化等，迈出了决定性的一步，对社会主义建设中完善利用货币的实践具有重大意义。他们抛弃了货币本质上的"骑墙"观点，承认了货币不同于劳动券，他们沿着核算分配论深入研究，发现核算分配论暴露出其内在的矛盾和在许多问题上不能成立，因而越来越倾向于承认货币形式，并内含着其固有的商品价值内容。

进入 40 年代，学术界对货币的争论接近于承认货币的商品价值性质。共产党员干部首先放弃被实践证明错误的观点。1941 年 1 月苏共中央召开的审定政治经济学教科书未定稿的专家会议，对教科书未定稿中关于社会主义必须利用成本、价格、货币、经济核算等范畴的结论，与否定价值规律是不能并存的。这个会议的结论，为克服核算分配论扫清了道路。但由于"二战"的原因，这场论争又推迟了若干年。1945 年兹洛宾出版了《资本主义制度下的货币与苏联货币》一书，提出了货币的共性和不同制度下货币的个性，这样，就使原来多数人认为的货币不是劳动券，是货币，而且是真实货币的提法有了具体内容，揭示了苏联货币的内在矛盾性以及在计划经济下的作用，于是货币的五个职能被写进了教科书。1948 年沃兹湟辛斯基出版了《卫国战争时期的苏联战时经济》一书，把价值规律作用范围大大扩大了，包括社会生产、交换、分配各个领域。1950 年有人又提出了非现金周转中的资金不具备货币的本质，尽管没有得到支持，也促进了人们对非现金周转具有货币本质的认识。

但无论如何，四五十年代交接时期，货币本质的讨论并没有完全摆脱核算分配论的束缚，货币的本质不是归结为一般等价物，而是归结为核算和监督工具，开展贸易和加强经济核算的工具。

1950 年苏联立法规定了卢布的含金量。但仍无人敢于否定核算分配理论。1951 年 11 月召开的苏共中央会议审议政治经济学教科书会议上又揭露出了核算分配论的不能自圆其说。经过了一番争论，才明确了货币的必要性来源于商品生产的存在和价值规律的作用。明确承认了货币是一般等价物，承认了黄金起着货币作用。

但是 1952 年斯大林的《苏联社会主义经济问题》一书发表，书中提出的特殊商品生产以及价值规律作用受到限制的论点，使学术思想又回到了货币双重性的公式上。即苏联货币在商品生产和流通范围内才是一般等价物，而在非商品流转范围内只是作为货币的外壳、货币的外部形式而出现，这也就是说，货币本质问题又回到核算分配论中来了。于是，很多经济学家围绕斯大林的观点，对货币本质加以解释，说什么"特殊的一般等价物"等。

1953~1956 年，对货币本质与作用进行了大讨论。社会主义货币的统一的本质在讨论中得以确立，使货币本质二元论也得到了解决。直到 1957 年才基本统一到货币是一般等价物上来。从 50 年代中期到 60 年代，核算分配论才被赶出了学术阵地。对货币本质的结论是：货币是价值的一般形式，是具有内在价值和物质内容的一般等价物。

（二）黄金与非黄金在中国的争论

1. 人民币是货币不是劳动券

关于人民币性质在中国的争论，最初同苏联一样，围绕着一般等价物还是"劳动券"进行讨论。一种意见认为，人民币是货币，仍然是一般等价物。货币作为一般等价物有两个基本特征：一是表现、衡量一切商品价值的材料，即价值尺度；二是具有和一切商品直接交换的能力，即流通手段。只要商品生产和商品交换存在，货币的这两个基本特征就是存在的，只要具备这两个特征，它就是货币。反之，如果不具备这两个特征，它就不成其为货币。人民币是我国唯一的合法货币，它具有表现、衡量商品价值的功能，具有同一切商品直接交换的能力，因而人民币仍然是一般等价物。另一种意见认为，人民币是价值符号，因为在我国现实生活中已不存在等价之"物"——货币商品，因而人民币不是一般等价物。前者被称为货币派，后者被称为非货币派。

在货币本质的争论中，货币派始终是主流派。价值尺度和流通手段是货币的最基本的职能，货币作为价值尺度可以是观念上的货币，不需要具有内在价值的货币商品的现实存在；在商品交换中，货币是一种媒介，是转瞬即逝的要素，因而可以由价值符号替代。一般等价物是货币的本质特征，货币是否是货币商品只是货币存在的形式，而不是其本质。在现实生活中并不存在任何一种价值实体（货币商品）充当货币的今天，等价物也不是商品货币时代所形成的概念，随着货币形式的发展，它被赋予新的含义，即是能衡量一切商品的价值，代表一般社会财富，具有直接交换能力，不论是否为货币商品，都视之为一般等价物。马克思曾经设想，在实行生产资料归全社会所有的全民所有制后，由劳动券取代货币对社会产品进行分配。他说："劳动券只是证明生产者个人参与共同劳动的份额，以及它个人在供消费的那部分共同商品中应得的份额。"① 如前文所述，马克思的论述清楚地表明劳动券与货币有两点区别：一是劳动券是劳动时间的直接证明，货币是劳动时间的间接尺度；二是劳动券是不流通的，货币是流通的。人民币是一般等价物，是价值符号，又是流通的，因此，人民币不是劳动券。而且我国还远未达到马克思所设想的社会共同占有生产资料的共产主义社会，还存在多种经济形式和多种经济成分，即使在同一经济成分全民所有制内部各单位间的联系，也是以商品生产者的资格出现的，人民币也不能是劳动券。这是因为：个人的劳动不是直接的社会劳动，不能直接地作为社会总劳动而存在，个人的劳动能否成为社会总劳动的组成部分，需要通过货币进行检验；社会对个人劳动耗费在商品上的社会必要劳动时间无法直接计量，这样，社会就不可能直接用劳动时间核算生产过程的劳动消耗。因此，产品中包含的社会必要劳动时间还需要通过人民币表现、衡量，产品的分配需要借助于人民币。把人民币当作劳动券与马克思的劳动券理论是不符的。

2. 人民币价值基础的争论：黄金与非黄金

肯定了人民币是货币不是劳动券，跟着的问题是纸质的人民币本身没有价值，如何发挥价值尺度职能？这场争论在 70 年代末 80 年代初达到了高潮。争论的焦点是人民币和黄金是否有联系。这种争论可以称为"黄金派"、"非黄金派"与中间派之争。各派可以大略归纳如下：

（1）"黄金派"。认为人民币的价值基础是黄金，是金的符号，其根据主要是：第一，按照马克思的货币理论，货币要由具有内在价值的商品充当。没有内在价值的纸币之所以能成为货币符号，因为纸币是代表具有内在价值的货币商品——黄金或白银发挥作用的。人民币是纸币，它只能是黄金的符号。第二，人民币作为金的符号，有历史的传承性，在历史上

---

① 《马克思恩格斯全集》，人民出版社 1972 年版。

人民币与国民党政府发行的法币、金圆券按一定的比例兑换过，而法币、金圆券是与同黄金直接挂钩的美元、英镑保持着固定比率，人民币与黄金有间接的联系；而且人民币所表示的价格体系，不是凭空一下子形成的，它是在旧中国的价格体系基础上形成的，而旧中国的价格体系是以黄金作为货币商品的价格体系，人民币在价格体系上与黄金也有联系。第三，黄金与纸币流通都受货币流通规律支配。货币流通规律产生在黄金流通基础上，但它是一切货币流通的总规律，人民币的发行必须受货币流通规律制约，人民币只能是黄金的代表。第四，黄金在国际上仍然扮演着世界货币的角色，黄金储备是国际上公认的清算手段，我国的黄金储备是保证人民币与外币比价稳定的因素之一。

（2）"非黄金派"。认为人民币与黄金没有任何联系，它不是黄金的价值符号。其主要依据是：第一，现实中，人民币与黄金是脱钩的。当今，从国际范围内说，货币符号已普遍停止兑换，与黄金脱钩，无人知晓某种纸币代表多少黄金。人民币不兑换黄金，因而也不是黄金的符号。第二，历史上人民币与黄金无联系。人民币从产生之初，从来没有规定过与黄金的兑换比，黄金被禁止流通，它与黄金无联系。金的人民币价格不是人民币的含金量，仅是普通商品的人民币价格。第三，人民币作为商品间的等价媒介，是货币形态发展的高级阶段。货币发展的历史说明，货币本身有一个从初级到高级的发展过程。纸币脱离黄金是货币发展的一大进步，是货币形态的高级阶段。第四，黄金非货币化是历史的必然。商品生产数量迅速增加，黄金生产数量有限，不足以充任货币商品。世界各国经济发展过程中，国家逐渐加强了对经济生活的干预，其重要手段之一是垄断货币发行，以调节国民经济。当今世界各国的纸币均不再兑换黄金，国际货币基金组织也取消黄金条款。黄金离开货币宝座已成为历史必然。

至于人民币价值基础是什么，在"非黄金派"内分歧也颇大，有以下几种看法：第一，商品价值论。认为在纸币已经没有含金量的情况下，纸币就直接代表商品价值了。纸币每单位所代表的价值就是商品价格除商品价值，因而纸币单位实际上起着以自己的数量把商品总价值加以等分的作用。因此，可以说纸币所代表的价值就是商品总价值的等分值，或商品复合体价值。第二，百物本位论。认为人民币是实物本位制，人民币综合地代表着一定实物量的价值，代表各种物资的总和。第三，使用价值论。认为社会主义国家的货币不能代表价值，只能代表使用价值，主要理由：

一是社会主义国家保证货币稳定的不是黄金，而是国家手中掌握的商品；二是计划经济中按不变价格计算的产值指标，实际上是代表着一定数量的使用价值，而并不代表一定数量的价值；三是现在已不在用金价的涨落来衡量币值的高低，而是用物价指数作为衡量货币升值、贬值的标准。

"黄金派"与"非黄金派"的争论还没有停止，其原因在于各自的论点存在一些不能令人信服之处。"黄金派"属传统理论，但对现实经济的解释似乎显得脱离实际，使人难以接受，如现实中人民币与黄金没有直接的联系、人民币币值不受黄金价格的干扰等。"非黄金派"与现实结合紧密，但在理论上尚有论证不足之处，如说人民币代表各种商品的价值，而商品价值又用人民币来表现，似乎是循环论证。

3. 独立的货币形式

第三学派的人既不完全同意人民币是金的符号，也不完全同意人民币代表各种商品的价值，而认为人民币是一种独立的货币形式。其主要根据是：货币的发展是一个渐进的历史过程。货币的演变史说明，作为价值表现的货币形式是不断变化的，它是一个由实物货币—金属货币—信用货币—电子货币逐步过渡的渐进过程。货币的本质是充当一般等价物，反映社会关系。这种等价物由什么材料来充当，社会关系通过何种货币形式反映，完全取决于社会的需要，它是以新的形式消除旧形式无法克服的缺点而发展的。人民币是货币渐进过程中的一种独立的货币形式。

同时，黄金在货币发展中具有重要地位，它在表现、衡量、实现商品的价值中，形成了完整的价格体系，即不同种商品的交换比例关系和同一种商品不同时期的被交换的比例关系，并将这种价格体系赋予信用货币。虽然价格体系不是在黄金充当货币商品后才形成，而是在长期的商品交换过程中形成的，但只有黄金才能够长期在世界范围内充当货币，这是由其自身的特性决定的。与以前的货币商品相比，黄金表现、衡量商品的价值更加充分，对商品价值的等分更为精确，因而黄金作为货币商品所形成的价格体系是较为完善的价格体系。完善的价格体系一经形成，各种商品所包含的价值就通过价格体系表现为商品交换的比例关系。没有内在价值的纸币依附于黄金作为黄金的符号，在此基础上行使货币的职能，纸币借助于黄金获得了现成的价值尺度，随着黄金与作为黄金符号的纸币兑换关系的停止，作为价值符号的纸币就完全独立，可以衡量商品价值，并根据已获得的价值尺度与商品价值的变化，不断矫正不合理的价格体系。这时的纸币就其货币的价值尺度职能而言，它与金币无质的变化，就其货币形式而言，纸币不再代表黄金，与黄金脱离关系成为一种独立的货币形式。所不同的是，黄金是货币时，尺子是金尺子，货币由纸币来充当时，尺子是纸尺子，这只是尺子的材料变化，尺子的尺度并没有发生变化。于是黄金就离开了货币的宝座，进入商品世界，成为纸币稳定的保证了。这一过程的完成是经济发展的客观需要，是国家的作用及公众对货币概念更新的结果。

此外，货币的基本职能是价值尺度和流通手段。人民币本身没有内在价值，它之所以能执行价值尺度的职能，是因为货币在执行价值尺度职能时，可以是想象的、观念的货币，只要它能起计量货币的作用即可。因此，作为价值符号的人民币可以有价值尺度职能。

4. 人民币是信用货币

信用货币是指建立在信用关系基础上，并由此产生的能够代替货币执行某些货币职能的信用凭证。信用货币包括商业票据和银行票据。典型的信用货币是通过信贷程序发行的银行券和银行票据。银行券和银行票据比商业票据更具有流通的广泛性和社会的权威性。

信用货币是随着货币职能的产生，特别是支付手段职能的产生而产生的。它以票据流通为基础，商业信用与银行信用的存在和发展成为其产生和发展的条件。由于商业信用与银行信用的存在。债权人与债务人之间的债权债务关系是以契约的形式，通过商业票据或银行票据等信用流通工具体现的，信用流通工具是商人或银行凭借自身的信用，向债权人开出的保证付款的凭证，它能被广泛地接受，信用流通工具便充当了货币。随着经济的发展，信用货币事实上已成为普遍采用的货币形式。

我国的人民币，从形式上看是纸质货币，从其反映的信用关系与发行基础看是信用货币。第一，从人民币发行的信用关系看，人民币是我国唯一的合法货币，是作为商品交换媒介和价值转移的工具发挥作用。人民银行发行人民币是一种负债，人民币持有者得到的只是价值符号，即索取实在价值物的凭证。第二，从人民币发行的程序看，人民币是通过信贷程序进行的经济发行，发行量是根据社会生产和商品流转的客观需要决定的。银行贷款增加，增加人民币流通数量，银行贷款收回，人民币回收数量增加。人民币流通的数量是随生产和流通而伸缩的。

需要指出的是，肯定人民币是信用货币，并不排斥人民币因过量发行，导致人民币币值下降，发生通货膨胀的可能。纸币有广义和狭义之分，广义纸币一般是从币材角度指纸制的货币（包括信用货币）。狭义的纸币是从发行性质角度指因财政需要而进行的非经济发行。在我国还存在超出生产发展和商品流转，扩大对人民币正常需求的非经济发行，如因财政赤字以向人民银行透支形式将人民币注入流通，我们称之为狭义的纸币。信用货币与狭义的纸币既有联系，又有区别。二者的联系是，信用货币与纸币都是价值符号，在当代与货币商品无直接联系；二者都可以作为强制通用力，来自于人民银行这一唯一发行机关，很难具体地分清那一枚货币是信用货币或者是狭义纸币。二者的区别是：首先，有不同的发行性质。狭义纸币发行与财政需要相联系，脱离商品流通；信用货币的发行直接与商品流通相联系。其次，反映不同的关系。狭义纸币的发行与货币的流通手段相联系，它反映国家财政与纸币二者之间在政治、经济方面的非信用关系；信用货币主要是与货币的支付手段职能相联系，它反映发行者与持有者之间在债权债务方面的信用关系。最后，流通的性质不同。纸币发行往往受非经济因素影响扩大发行量，没有物资"担保"，国家强制其流通，纸币一经发出，就不能退出流通，不可避免地经常处于贬值状态；信用货币发行以银行信用为担保，与商品运动紧密结合，随着销售商品收回货款，信用货币回归银行，退出流通，控制适当，不会发生贬值。但是，如果信用货币调节不当，也会发生贬值。这时，信用货币现实地转化为狭义纸币。两者并没有不可逾越的界限。认识信用货币与狭义货币的联系与区别的意义，有利于避免借经济发展需要过量发行人民币，或强制银行发放贷款，从而导致人民币币值下降，发生通货膨胀。因此，如何保证人民币信用货币的性质，构成了中国人民银行的货币政策和金融管理的重要内容。

四、中国货币制度的建立与发展

（一）人民币的发行与统一市场的形成

我国人民币是在新民主主义革命取得全国胜利前夕发行的。在此之前，各个革命根据地发行和流通的是各个革命根据地货币，其特点是具有分散性，以适应当时经济和革命斗争的需要。随着人民解放战争在全国范围内的胜利形式的发展，解放区不断扩大，解放区的货币开始实行逐步统一，即在一个解放区内统一货币发行和流通，在邻近的、相互连接的解放区间，各解放区的货币实行兑换，或以一种货币为主，固定比价，混合流通。但是，这种由各解放区发行的地方性货币仍然难以适应全国军事和经济形势发展的需要。首先是军事上中国人民解放军进行大兵团协同作战，需要统一的货币以支持解放军在全国范围内作战所需的军需与物资供应；其次是各解放区被分割封锁的状况已打破，解放区迅速扩大，并逐渐连成一片，相互贸易往来和物资交流日益发展，需要统一的货币以促进地区间贸易往来和物资交流；最后是新解放区恢复工农业生产和商品流通，安定人民生活，也需要统一币制。因此，统一货币发行，统一货币流通，消除地方性货币分散发行、货币种类复杂，折算麻烦，面额太小，不便行使等问题，已成为支援解放军解放全中国，促进解放区工农业生产和商品流通，支持新解放区城市经济恢复的迫切任务。

根据形势发展的需要，经党中央批准，华北人民政府于1948年11月22日发布命令，统一华北、华东、西北三区货币，决定将华北银行、西北银行、西北农民银行合并，于1948年12月1日在石家庄成立中国人民银行，同时发行人民币。

人民币作为全国统一的货币在发行之初，与各解放区的地区性货币固定比价同时流通。最后，各解放区的货币逐步由人民银行收回。人民币的发行是新中国货币制度建立的开端，为形成和建立全国统一的人民币市场奠定了基础。

新中国成立后，在发行人民币初期，党和国家为统一币制，稳定金融，彻底肃清旧中国半封建、半殖民地的金融势力，消除通货膨胀，安定人民生活，在很短的时间，曾采取了一系列正确政策和有效措施，建立了全国统一的人民币市场。

1. 统一了各解放区的地方货币

对中国共产党领导下的各解放区发行的货币，采取"固定比价、混合流通、逐步收回、负责到底"的政策，先后收回晋察冀边区银行、西北农民银行、山东北海银行、华中银行、中州银行、东北银行、内蒙古银行等解放区银行发行的货币，使人民币占领了全国货币市场。

2. 彻底肃清国民党政府发行的货币

对国民党政府遗留下来的货币，包括法币、金圆券、银圆券，采取了坚决、迅速、彻底肃清的方针。一方面明令禁止金圆券流通，另一方面采用排挤和收兑的办法，即设法把金圆券排挤到敌占区，换回物资；对人民群众持有的、无处排挤的金圆券，则由人民银行全面收兑，这是肃清国民党政府统治时期货币势力的一项有力措施。至1950年人民币基本上成为全国统一流通的货币，只有少数地区存在若干特殊情况，还流通原来的货币。

3. 驱逐了市场流通的外币

新中国成立前夕，外国货币在中国市场上计价流通，自由买卖，横行无阻，操纵中国的金融市场。禁止外币流通，是肃清帝国主义在华金融势力的一项重要措施。国家禁止外币流通与自由买卖，规定合理牌价，限期收兑，国家银行还举办外币存款。同时，加强了外汇的统一管理，制止了各种外币在市场上自由流通，维护了人民币的独立自主。

4. 停止了金银计价流通和私下买卖

金银计价流通和私下买卖会影响人民币的稳定。国家对黄金、白银采取了"严禁计价流通，准许私人持有，适当收兑"的方针，以打击金银投机活动，并实行低价冻结等措施，使金银持有者暂不出售金银，而将金银保存在手中。金银的收售兑换，统一由人民银行经营，使部分金银集中于国家手中，增加了储备，把黄金、白银排挤出了流通领域，为人民币迅速占领全国市场创造了条件。

上述政策和措施的实施，保证了人民币在全国范围内的流通，建立了统一的人民币市场。此外，人民政府还采取了统一全国的财政收支，物资调拨和现金管理，制止通货膨胀、稳定金融物价等重要措施，稳定了币值和市场物价，巩固了新中国的货币制度。至1951年，除台湾、香港和西藏外，人民币成为全国唯一合法的货币，结束了中国历史上币值长期不统一的紊乱局面。

人民币发行之初，由于当时正处于战争时期，国民经济破坏严重，国民党政府实行恶性通货膨胀政策，使人民币受到一定影响。另外，人民币本身也有一定的缺陷，例如，人民币版面较多，主、辅币发行票面额有12种，版面达62种，同一面额的票券往往有好几种版样，不宜识别；受物质条件与技术条件所限，人民币纸质较差，印刷欠精，容易破损；票面金额很大，单位价值量太低，交易、记账颇为不便；并且票面上文字说明只有汉文一种，不适合少数民族地区流通等。在经过1950年统一财经工作，制止通货膨胀，稳定了人民币币值的基础上，于1955年12月21日由国务院发布发行新人民币、收回旧人民币的命令，新人民币以"圆"

为计算单位。中国人民银行自 1955 年 3 月 1 日开始，新人民币与旧人民币按 1:10000 的比值，发行新人民币，收回旧人民币，改变人民币的价格标度，提高了人民币单位"元"所代表的价值量，减少了人民币票券版样，增加了藏文、蒙文、维吾尔文三种文字说明，国内一切货币收付和外汇牌价均以人民币为计价单位。

1955 年人民币改革的目的，主要是为了消除旧人民币的缺陷，消除通货膨胀的痕迹，便于交易核算，并未改变和降低人民币的购买力，不影响货币流通量。通过这次货币改革，更加健全和巩固了新中国的货币制度。

一个国家的法定货币只能是由该国的货币发行中心——中央银行（或国家指定的货币发行机构）发行的货币。只有这样，才能实现货币的一元化，法定货币才能成为价值的统一尺度，成为一般等价物。我国的货币发行实行集中统一的原则。中国人民银行是我国唯一的货币发行机关，人民币是我国唯一合法的货币。换句话说，除中国人民银行之外，其他任何银行和金融机构不得发行任何货币。人民币存款，一是由人民银行发行的人民币现钞回归银行和金融机构形成的存款；二是由人民银行对商业银行通过再贷款和再贴现渠道形成的存款；三是商业银行通过自身的存放款业务活动"信用创造"的存款。前两种存款属人民银行发行的人民币自不待言。第三种情况形成的人民币存款，形势上看来似乎与人民银行的货币发行没有联系，而是由商业银行自身业务活动派生的，但是这部分存款是商业银行在现代信用制度下，通过派生存款原理创造的，其创造的数量要受到人民银行法定存款准备金和前两种存款数量的限制，间接地纳入人民银行货币发行的轨道。这种存款仍是一种债券债务关系，其最后清偿还是由人民币钞票或中央银行再贷款来进行。因而，凡经中央银行法定存款准备金制度严格约束而创造的存款货币，都应视为法定货币。

（二）中国的货币制度

货币制度是国家法律形式规定的本国货币的流通结构和组织形式。它包括的主要内容，一是规定货币币材；二是确定货币单位；三是规定本位币和辅币的铸造、发行和流通程序；四是建立准备制度。它由国家的有关货币方面的法令、条例等构成。

当代中国的货币制度，集中体现在 1995 年 3 月 18 日第八届全国人民代表大会第三次会议通过的《中华人民共和国中国人民银行法》和据此法于 2000 年 3 月 2 日国务院公布的《中华人民共和国人民币管理条例》中。《中华人民共和国中国人民银行法》是我国第一部中央银行法，规定"中华人民共和国的法定货币是人民币。以人民币支付中华人民共和国境内的一切公共的和私人的债务，任何单位和个人不得拒收。"《中华人民共和国人民币管理条例》是在新中国成立 50 年来关于人民币的各种法规条例基础上发展起来的，也是新中国第一部全面、系统规范人民币管理的专门法规。

中国货币制度的基本内容是：

第一，人民币包括纸币和硬币（金属辅币），是中华人民共和国唯一的合法货币，就是说在我国国内市场上，人民币是一般等价物，只允许人民币流通，国内一切货币收付、结算和外汇牌价，均以人民币为价值的统一尺度和计算单位，执行货币职能的只有人民币，国家赋予人民币以强制流通力。

第二，人民币的法定单位是"元"，以"元"为主币，元以下的辅币为角、分。按照中国传统的习惯"割圆而得弧角，折角而折分厘"而来。

第三，国家规定中国人民银行为唯一的货币发行机关，其他任何部门、任何单位、任何个人都无权发行货币和变相货币，不准模仿人民币样式印制各种凭证，禁止变相货币流通。

第四，国家对人民币进出国境实行限额管理制度。中国公民和外国人入出境携带人民币限额由中国人民银行规定限额，进行管理。

第五，严格禁止妨害人民币及其信誉，对伪造、变造人民币，破坏人民币的罪行和妨害人民币信誉的行为，应根据《国家货币治罪条例》给予惩处。

关于中国货币制度需要特别指出的是，香港、澳门回归祖国后，根据《中华人民共和国香港特别行政区基本法》和《中华人民共和国澳门特别行政区基本法》港元和澳门元分别是香港特别行政区和澳门特别行政区的法定货币，那么如何看待人民币是中国的法定货币呢？人民币与港元、澳门元的关系是一个主权国家的不同社会经济制度区域内流通的三种法定货币，它们所隶属的货币管理当局按照各自的货币发行方法发行和管理货币。这是在中国的"一国两制"的政治制度下实行"一国三币"的货币制度。港元和澳门元的独立流通与人民币管理条例是不矛盾的。

五、人民币的职能

货币的职能即货币商品作为商品的一般等价物在发挥作用时，由货币本质所决定的货币固有的功能。马克思认为货币有价值尺度、流通手段、储藏手段、支付手段和世界货币五个职能，这是就金属货币及其符号而言的。人民币是信用货币，不是货币商品，它是否还具有这些职能就需要进行分析。

货币的职能是货币本质的体现。由于对人民币本质的认识不一致，反映在对人民币职能的理解上也存在分歧。

既然肯定人民币依然是一般等价物，它必然具有相应的职能表现出来。一般认为，在我国社会主义经济生活中，人民币具有价值尺度、流通手段、支付手段、储藏手段和世界货币等职能。

（一）价值尺度职能

商品交换首先要度量商品的价值量。货币在表现和衡量商品价值时，执行价值尺度职能。这是货币的首要职能。

货币作为一般等价物，是表现一切商品价值的材料，因而能衡量和表现一切商品的价值。商品的价值表现在货币上，就是商品的价格。货币执行价值尺度职能，就是把商品的价格表现为一定的价格。因而，货币执行这一职能时，并不需要现实的货币出场，只要观念的货币给商品贴上价格标签就可以了。人民币执行价值尺度职能，也是通过把商品的价值表现为价格来实现的。在我国有计划的商品经济条件下，各企业生产出来的产品要成为商品，要通过人民币表现、衡量、实现其价值。首先由人民币执行价值尺度职能，使商品具有价格，然后再由人民币执行流通手段职能，实现商品的价值。

在现实生活中，人民币是一种没有内在价值的纸质货币，也不兑现，它之所以能表现和衡量商品的价值，是由其信用货币的性质决定的。至于它代表什么的价值执行价值尺度职能，在我国的理论界存在着分歧，"黄金派"认为人民币代表商品的价值（或使用价值）执行价值尺度职能；"独立的货币形式派"认为，人民币既不代表黄金，也不代表商品，而是作为独立的价值符号执行价值尺度职能。

人民币发挥价值尺度职能，是以自身所代表的价值量衡量出与自身等同的商品的价值量，再用人民币单位"元"将商品价值表现为价格，在这一过程中，人民币仅仅起计算货币的作用。从这里可以看出，人民币执行价值尺度职能与货币商品执行价值尺度职能是不同的，前者直接具有价格标准，间接才是价值尺度；后者直接是价值尺度，间接成为价格标准。

人民币是我国衡量商品价值的唯一尺度，价值尺度职能要求它保持相对的稳定性，否则会导致对商品价值扭曲的评价。

人民币是否具有价值尺度职能，在我国有肯定与否定两种意见。

持肯定意见的人认为，人民币具有价值尺度职能，在理论上与马克思的货币理论是一致的。首先，社会主义的生产是社会化的商品生产，商品的内在价值只有通过货币才能外在化，人民币是我国唯一的合法货币，否定人民币具有价值尺度职能，产品就无法转化为商品，就等于否定了我国是商品生产和商品经济。其次，承认人民币是货币，价值的尺度即是货币的首要职能，各种商品的价格都是统一用人民币标出的，国家、企业、个人之间的劳动交换、核算的依据以及使用的工具是人民币。因此说，人民币具有价值尺度职能。

持否定意见的人认为，人民币不具有价值尺度职能。其根据主要有：首先，根据马克思的劳动价值论，执行价值尺度职能的货币必须是具有内在价值的货币商品，才能与普通商品等价，人民币是价值符号，其本身无内在价值，它不能执行价值尺度职能。其次，人民币代表黄金或是代表商品的价值，无非是代其流通，而不能代其作为价值尺度。马克思一再指出，作为价值尺度，货币的物质基础是重要的，这就如同没有长度的尺子不能衡量长度一样。最后，国家的强制行使力只能使人民币有价格标度，而不能使人民币具有价值尺度的职能。

（二）流通手段职能

货币执行流通手段职能就是在商品流通中充当交换的媒介。

执行流通手段职能的货币，必须是现实的货币，不能是想象的或观念的货币，但可以用货币符号来代替。因为货币在交换中是转瞬即逝的，是交换的手段而不是交换的目的。

人们关心的是货币能否买到与其价值相符的商品，而不问货币本身是否足值或有无价值。

在我国，人民群众及企业、机关单位在日常交易活动中，一手交钱，一手交货，钱货两清，人民币在现实地执行着流通手段职能。

人民币是本身无内在价值的信用货币，是我国国内唯一的流通手段，货币流通手段本身的特点要求其币值保持相对稳定性，这就构成了我国货币流通的特殊性与控制人民币适量发行的必要性。

价值尺度职能和流通手段职能是货币的两个基本的职能，也是货币本质最基本的表现，其他职能是在这两个职能基础上进一步的发展和延伸。人民币发挥价值尺度职能，为商品向货币转化提供了可能；人民币发挥流通手段职能，使商品向货币转化成为现实。

（三）支付手段职能

货币作为价值的独立存在而进行单方面转移时，执行支付手段职能。

货币的支付手段职能是与商品劳物赊销、预购的信用交易方式紧密联系的，是补足商品交换的一个重要环节。赊销、预购行为是商品经济发展的必然结果，它的存在使商品劳物的转移与货币的支付不是同时进行。因而，货币执行支付手段职能就先于或后于商品劳物运动而运动。

人民币执行支付手段职能，是人民币被用于延期支付或者预付货款、放款、还债、缴纳赋税、支付工资与劳物费等。

人民币支付手段职能随着我国商业信用的开放，其发挥作用的场所在逐步扩大，特别是转账结算方式被普遍地采用，使人民币支付手段职能的发挥从范围和数量上大大地扩展了。因而使流通中的现金得到了节约。当然，人民币只有在跨期单方面转移时才执行支付手段职能，不应当将转账结算都看作支付手段。因为现金与非现金结算只是货币形式的不同，而不是货币职能的改变。企业间的商品买卖通过银行结算，只要银行坚持结算原则，没有发生挂账信用，人民币执行的是流通手段职能。

人民币执行流通手段职能与支付手段职能既有联系又有区别。支付手段职能的发展是以流通手段为基础的；在一定的条件下，两者会相互影响。如支付手段职能的扩展，使流通中商品的即期交易转为商品赊销或预付货款。其区别主要是人民币执行流通手段时，货币与商品同时作换位运动，钱货两清，不与债权债务相联系。并且主要作用于商品流通领域的商品性支付。人民币执行支付手段职能一般与债权债务相联系，货币与商品先后独立运动。它更多地作用于非商品性支付。

（四）储蓄与积累手段的争论

货币退出流通领域被当作独立的价值形态和社会财富的一般代表保存起来时，执行贮藏手段职能。执行贮藏手段职能的货币，不能是想象的或观念的货币，必须是足值的和现实的货币。

货币储藏的原始形态是将货币储藏本身作为目的，因而储藏的货币自然就是货币商品本身了。随着商品经济的发展，生产者对市场的依赖性加强，货币储藏逐渐成为顺利进行再生产的条件，作为购买手段和支付手段准备的货币储藏职能增强。人民币执行储藏手段职能，目前主要表现在：一方面是人民群众将人民币保存起来，使人民币处于"暂歇"状态，或是沉淀，或是持币待购；另一方面是将人民币以存款形式存入银行。这两方面的贮藏不外乎是为保存人民币的价值，以供将来购买与支付之用。

人民币能否执行贮藏手段职能，在我国存在着不同看法。

首先遇到的问题是如何理解货币贮藏的含义。一些人认为，货币贮藏手段发生作用和形式的变化，使货币贮藏的含义也随之变化。随着经济的发展，人们贮藏货币的目的不同了，由保存价值或财富转向作为购买手段和支付手段的准备金。随着信用制度的发展，货币贮藏的形式不同了，由窖藏向银行存款的趋势变化。货币贮藏的含义不仅有一般社会财富的贮藏，还包括有企业单位货币价值积累和个人储蓄的意义。因而，价值在货币形式上待用的"资金"，都属于货币的贮藏。实际生活中，多数人民群众也是这样认识的。另一些人则认为，货币贮藏是货币处于静止状态，当作一般社会财富的形式保存。银行存款是信用活动，是"货币"范围以外的问题，不能将货币的贮藏手段与银行信用混为一谈。

人民币能否充当贮藏手段，学术界有以下三种意见：

第一种意见：人民币具有贮藏手段职能。持这种意见的人认为，从马克思分析货币贮藏职能产生的方法论上可以看出，货币关系充分发展之后，人们可以利用货币流通的内在规律，以货币符号代替真实货币，国内货币的贮藏手段有可能用货币符号充当，不一定非要金银不可；人民币是信用货币，它的购买力长期相对稳定，不存在大幅度贬值的风险，信誉很高，人民乐于贮藏；而且在货币纸币化后，纸币便充当购买手段和支付手段。人们要想保存货币价值，进行价值积累，就只有保存纸币，人民币是我国唯一的合法通货，只有保存人民币才能实现货币的贮藏。很难想象在我国经济生活中没有货币贮藏的现象。

第二种意见：人民币不具有贮藏手段职能。持这种意见的人认为，具有贮藏手段职能的货币必须是具有实在价值的货币，贮藏货币必须退出流通界，处于静止状态。人民币是没有内在价值的货币符号。货币符号只有在流通中才有价值，它不能退出流通。如果承认人民币有贮藏手段职能，就等于否定了纸币流通规律，但是承认人民币有积累和贮藏手段职能。

第三种意见：人民币执行贮藏手段职能是有条件的。持这种意见的人认为，货币的贮藏手段职能，不决定于币材，而是决定于货币本身价值的稳定性；纸币本身不固有贮藏手段的职能，它将被作为贮藏手段，是一种特殊的派生现象，是以纸币币值的稳定为前提条件，只要币值稳定，货币符号也可以执行货币贮藏手段的职能。人民币执行贮藏手段职能的条件就是保持人民币币值的稳定，因而，人民币贮藏手段职能受到人民币发行状况的限制，如果人民币超经济需要而过量发行，就会削弱或丧失这一职能。

此外，由人民币能否执行贮藏手段职能的争论自然地引出与之相关的两个问题：其一是人民币的"沉淀"是否属贮藏货币。一些人认为，人民币的"沉淀"是贮藏货币，"沉淀"说明人民币退出流通界，处于静止状态，执行贮藏手段职能。另一些人则认为，"沉淀"不是贮藏货币，它的静止是作为购买手段和支付手段的待用准备金，只是处于"暂歇"状态，仍属于流通中的货币，因而不能执行贮藏手段职能。其二是人民币贮藏能否当作货币发行因素。一些人持肯定意见，认为作为贮藏手段的人民币虽然是随时作为购买手段和支付手段的待用准备金，但在一定时期内退出流通界形成"沉淀"，就不再是一国货币流通总量的组成部分。因而，货币发行可以考虑这一因素。否则，会形成货币流通的紧缩。

持否定意见的人认为，人民币即使作为一般社会财富代表的贮藏，退出流通界，也不能视同完全静止，如果它不再进入流通，就会失去贮藏的意义，所以它最终要进入流通。而且，人民币因为执行贮藏手段已经作为延缓货币流通速度的因素，间接扩大了货币需要量，如果再将货币贮藏作为货币发行因素，势必造成人民币流通量大于需要量，不利于人民币币值的稳定。

（五）人民币能成为世界货币吗

货币跨越国界，在世界市场上发挥一般等价物作用时，执行世界货币职能。这一职能主要体现在三方面：其一是作为一般的支付手段；其二是作为一般购买手段；其三是作为社会财富的代表，由一国转移到另一国。马克思根据典型金本位制度下金银在国际间流动的情况，分析指出只有贵金属块（如黄金）才能充当世界货币。

随着金银退出货币历史舞台被纸币取而代之，某些国家发行的不兑现的信用货币由于其币值稳定，经济后盾坚强，黄金、外汇储备数量大，在国际上可以自由兑换成别国货币的硬通货，可以不同程度地行使世界货币职能。

70 年代我国与有些国家签订双边贸易和支付协定，双方议定以人民币作为计价、结算手段，账户上结算后的余额可按双方事先的协议兑换成某种外汇。因此，可以说人民币在一定范围内已进入国际舞台。不过，目前人民币尚不具有自由兑换性，还需要创造条件，才能行使世界货币职能。

人民币可否执行世界货币职能，在我国存在不同看法。有些人认为可以执行世界货币职能。其理由是，一种货币只要在国际范围内能被社会公认并具有普遍接受性，它就能在国际交往中执行世界货币职能。黄金非货币化，纸币充当世界货币是商品经济发展的必然。人民币实际上已在一定范围内被作为国际计价、结算和支付工具。因而主张创造条件，尽快使人民币变成可自由兑换的货币。有些人则认为，人民币不可以执行世界货币职能。因为作为世界货币必须脱去"国家制服"。目前人民币变为可自由兑换货币的条件尚不成熟，它还未被国际普遍承认，不能越出国界。因此，人民币是否具有世界货币职能，不仅要看我国综合国力和在世界贸易中的地位，也要看人民币能否实现自由兑换，这是一个十分重要的理论与现实问题。

六、 人民币自由兑换问题

（一）人民币自由兑换问题的提出

新中国成立后的 30 多年间，人民币坚持不能自由出入国境的制度，也不与外国货币自由兑换，实行严格的外汇管制制度，外汇收入全部强制结汇，用汇由国家计划分配，国家依靠高度集中的计划体制和行政办法保持外汇收支平衡。这种办法是由于当时外汇资金短缺的实际情况决定的。它使有限的外汇用到了经济建设的急需之处和重点项目的建设上，并且保持了对外支付的信誉。

但是这种办法的用汇效率低，也不利于调动创汇企业和出口省区的积极性。改革开放后，于 1979 年实行外汇管理体制改革，打破了外汇的现收现支办法，实行外汇留成和上缴制度，发展外汇调剂市场，调节用汇和创汇单位的外汇余缺，并不断加大市场调节力度，形成了官方汇率和市场汇率并存的外汇汇率"双轨制"，并允许留成外汇通过外汇调节价格获得价差，同时也放宽了居民持有外汇的管理，打破中国银行一家经营外汇的局面，允许多种金融机构经营外汇。但是这种办法下，用汇部门使用外汇还要通过政府有关部门层层审批，被核准的企业和单位才可以到市场购汇。

1993年11月，中共十四届三中全会通过的《中共中央关于建立社会主义市场经济体制若干问题的决定》中指出："改革外汇管理体制，建立以市场为基础的有管理的浮动汇率制度和统一规范的外汇市场。逐步使人民币成为可兑换的货币。"1993年12月5日《国务院关于金融体制改革的决定》和《国务院关于进一步改革外汇管理体制的通知》中明确指出，中国外汇体制改革的长期目标是实现人民币可兑换。并指出"要达到这一目标，必须依靠国情和国力循序渐进。现阶段先实现经常项目（主要包括贸易和非贸易项下的经营性支付）下人民币可兑换。"按照这一目标，1994年初先实现了人民币经常项目下的有条件可兑换，1996年12月实现了经常项目下的完全可兑换。

（二）人民币经常项目下的可兑换

经常项目可兑换是指取消对经常项目支付和转移的汇兑限制。按照国际货币基金组织的规定，对经常项目可兑换就是不得对国际间经常性往来的对外支付和资金转移施加限制，不得实行歧视性货币措施或多重汇率；兑付外国持有的经常性交易中所取得的本国货币，只要是真实交易，并有凭证，经常项目下的外汇收支就可以到银行办理。

一个国家的货币能否在经常项目下保持对外币的自由兑换，一般要求具备三个条件：一是合理的汇率水平；二是充足的外汇储备；三是稳健的宏观经济政策。按1994年我国的国情和国力，我们解决了经济过热和通货膨胀，实现了宏观经济调控的软着陆，进出口形式很好，外汇储备不断增加，宏观经济运行稳健，中央适时地提出人民币经常项目下有条件兑换，作为经常项目可兑换的第一步。

人民币经常项目有条件兑换，即人民币经常项目中除个别项目外，其他项目可以兑换，当时规定，境内企事业单位、机关和社会团体的贸易和非贸易项下的正常对外支付用汇，可以持除规定需要配额、许可证、登记证的商品外，一般对外支付用汇，不需要进行审批，可以持进口合同、境外金融机构的支付通知单及其他必要证件直接到银行按照外汇牌价，用人民币兑换外汇。这一办法从 1994 年初实行后，取得良好的效果，进出口贸易大幅增长，国家外汇储备增加，人民币汇率稳中有升，大大方便了进出口企业，促进了对外经济交往。中国在人民币经常项目有条件可兑换消除了国际货币基金组织有关经常项目可兑换定义中涉及的绝大多数限制，歧视性货币措施或多重汇率安排完全废除。

人民币经常项目完全可兑换是 1996 年上半年开始的，取得了若干对经常项目中的非贸易非经营性交易的汇兑限制，取消了对因私用汇的汇兑限制，扩大了供汇范围和标准，将外资企业纳入银行结收汇体系，不受外汇平衡的限制，实现了人民币经常项目下的完全兑换。但是跨国境的资本流动和资本项目下的汇兑都受到一定限制，如对外债实行规模管理，对外投资需经计划审批，资本项目下的结售汇都需经过外汇管理机关的核准等。

（三）资本项目下的可自由兑换

资本项目下的可自由兑换，基本要求是：不得因收购海外资产而要求购买外汇实行审批制度或施加专门限制；不得限制到国外投资所需转移外汇的数量；不得对资本返还或外债偿还汇出实行审批或限制；不得实行与资本交易有关的外汇购买或上缴制度而造成多重货币汇率。

一个国家的货币实行自由兑换都采取谨慎态度，即使是发达资本主义国家也曾经历数十年的时间。一般都是先实行经常项目下的可兑换，同时完善资本项目的管理，最后才完成货币完全可兑换。因为放开资本项目同时也伴随着风险，可能会造成国际投机资金对国内金融市场的冲击，危及国家经济和金融安全。1997 年爆发的亚洲金融危机，留给人们的最大的教训之一，就是发展中国家的货币自由兑换的进程，一定要考虑本国经济发达程度和国力强弱，不可以盲目追求可兑换发展的进度。在这场危机之前，中国根据自己经济和外汇市场发展程度，不断总结经验，加强和改善对资本项目的管理，只在经常项目下逐步开放可兑换，没有立即放开资本项目的可兑换，避免了国际资本流动尤其是国际游资的冲击，在危机中采取了一系列正确的经济政策，没有使人民币汇率下降，外汇储备还得到增加，外汇收支保持了平衡。国际货币基金组织在其 1999 年与中国社会基金协定第四条款磋商的总结报告中指出："正是因为在危机中采取了负责任的宏观经济政策，加之充分的外汇储备，较大的国际收支顺差，对资本账户自由化采取谨慎的态度和继续推进改革的措施，才使中国比较顺利地通过了本次亚洲金融危机。"①

面对中国即将加入 WTO，中国经济将进一步融入全球市场，实现中国人民币资本项目可自由兑换已是大趋势。从根本上讲，资本项目可兑换，有利于有效地利用外资，有利于扩大对外交易活动，有利于提高人民币的国际地位。

但是由于实现资本项目可兑换比经常项目可兑换更为复杂，需要更坚实的经济基础、更稳健的宏观经济政策和更长的时间。未来几年，中国要把功夫下在完善资本项目可兑换的条件上，即抓紧建立现代企业制度、改善财政收支状况、加强金融监管、规范证券市场，提高国际收支平衡能力，等等。

总结

第一，货币是在经济社会发展中不断演进的，它曾经历了实物货币、金属称量货币和铸币、可兑换的信用货币、不兑现信用货币、电子货币等不同的货币形式。

第二，在社会主义社会中要不要货币，马克思主义者在实践中经过了长期探索，证明在社会主义经济中货币是不可缺少的。

第三，中国人民银行发行的人民币是中国的法定货币。由于中国实行"一国两制"的政治制度，目前，在中国香港、澳门两个特别行政区的法定货币分别是港元和澳门元，实行"一国多币"的制度。

第四，中国人民币是信用货币。人民币具有价值尺度、流通手段、支付手段、储藏与积累手段的职能，同时也部分地起着世界货币的作用。

第五，改革开放以前，我国实行了严格的外汇管理体制。1979 年对外汇体制进行了改革，实行"双轨"体制；1994 年又进行了大的改革，实行了浮动的有管理的外汇管理体制，并于 1996 年实现了人民币经常项目下的可兑换，而资本项目下的可兑换还没有实现。

---

① 李杨、王松奇：《中国金融危机前沿》，社会科学文献出版社 2000 年版。

银行与资金

关于银行发展阶段划分的历史考察

背景说明

　　本文与李怡农同志合作完成，于1985年部分发表于中国人民银行总行金融研究所的《金融研究参考资料》。作者写这篇文章的时候，社会上有一种说法，银行是资本主义社会的产物，是与资本主义生产关系相联系的。中国历史上的当铺、票号、账局等金融机构不是银行，它是封建主义的旧式金融机构。因此，有的人为了证明票号是资本主义性质的金融机构，便努力证明票号是银行，从而证明其资本主义性质。当时作者认为，票号是不是资本主义性质问题，没有必要去证明它是银行，票号实实在在就是银行。银行是经营货币和货币资金的机构，不同历史时期由于社会生产方式的变化，货币职能发挥作用的领域、范围、形式也会发生变化，因而银行活动的内容、方式、范围及其在社会经济生活中的地位和作用也就不同。银行不只适用于资本主义的历史范畴，而且适用于几个不同社会形态的历史范畴。在此基础上，作者把银行发展的过程分为几个历史阶段，并对不同阶段的银行业发展的特点进行了不同的概括。

　　对具有悠久历史和曲折发展道路的银行，予以科学的总结，无疑会加深对银行这一事物的认识，对促进金融理论研究和现代金融事业的发展，无不具有积极的意义。为此，本文拟就此做出尝试。

一、"银行"一词的渊源

任何事物都有一个发生、发展和消亡的过程。弄清事物的发生，是分析和认识事物的开始。"历史从哪里开始，思想进程也应当从哪里开始。"[①] 要对迄今为止的银行发展史作历史地概括和科学地划分，搞清楚银行的起源是其首要的前提条件。

作为对运动着的物质的能动反映的人类思维所得以进行的物质外壳的语言，从其某些词汇的产生和演变过程，常常透露出某些事物发生和发展的信息，从而成为人们研究和认识这些事物的窗口。现在我们也不妨从"银行"这一词汇在不同国家、地区和民族的语言中的发生和发展情况，来追溯银行的渊源。

银行一词，英德两国均称为 Bank，法国称为 Banque，意大利称为 Banco。这四国语言均同属于印欧语系，相互间存在着密切的亲缘关系。但到底哪一个先产生，谁在谁的影响下引申而来？比较统一的意见是 Banco 在前，Bank 与 Banque 在后，Bank 与 Banque 由 Banco 演变发展而来。其说法与依据大体有三：

（一）意语 Banco 一词，其原义为"柜台"、"长凳"

为当时意大利钱币兑换商人营业所用之器具。他们在市场上摆设长形摊位，从事于钱币的兑换，以后又代客保管货币资财以至办理小额放款。遇有周转不灵，无力承兑所负之债务时，常发生顾客砸碎"柜台"、"长凳"，毁其摊位的事情。故破产一语，在英文为 Bankruptcy，德语为 Bankcrott，盖呼其本义，以摊位的被毁，喻其经营信用破碎之意。经营此业者大都为意大利北部伦巴第（Lombard）的商人。13 世纪中叶，此辈为避战祸，迁徙于英伦三岛但继续以钱币的兑换、存、放等为业。彼等聚居伦敦，即以"伦巴第人街"（Lombard Street）为名，沿用至今，其地仍呼其名，亦为伦敦银行家之大本营。

（二）英国学者麦克劳德（Macleod）则认为，Bank 一词系由威尼斯的公债（Monte）一词转变而来

Monte 原义为"货币之山"（堆积的货币），其后转为"公债"、"公债公会"。12 世纪时，日耳曼民族支配统治着大部的意大利。德语 Banck

---

① 《马克思恩格斯全集》，人民出版社 1979 年版。

原义指"堆积之金"或"合股资金"，适与意语 Monte 原义相近，故又转变为 Banco。Monte 与 Banco 同义且有时并用。"公债"一词，虽意语仍称 Monte，但亦称 Banco，并无差别。为此，Bank 一词实从 Monte 与 Banck 两词演变而来。

（三）语言是一种特殊的社会现象，它随着社会生产、社会生活的发展而发展

既然威尼斯在历史上其商业的发达程度远远早于和超过英、德、法等国和地区，那么，Bank、Banque 皆由 Banco 一词演变发展而来当无疑义。

在我国，"银行"一词大体起源于唐宋。银者，指白银，泛指货币；行者，社会分工的某种职业或同业的社团组织。所以，顾名思义，银行就是经营白银货币的行业。白银作为货币，大体始于唐代，最早是岭南。自宋以后，流通更广。与此同时，白银仍与黄金一起，充作装饰品的重要材料。社会上把那些从事于纹银货币的鉴定、铸造、兑换、保管、贷放、汇兑以及金银器饰的熔炼、制作等经营活动的行业，称为"金银行"。在这个行业里，由于彼此所从事的具体业务的不尽相同，故具体名称亦略有不同。有的名之曰"银号"，有的名之曰"银炉"、"金店"。还有的不标"金"、"银"字样，直呼"钱铺"、"钱庄"、"汇兑庄"（票号）、"账局"、"印局"等。随着社会经济的发展，对外经济往来的日渐频繁，鉴于欧洲人的 Bank 与我国的"银行业"很相似，遂译 Bank 为"银行"。见诸于文字记载的是广东邝其照所编的《华英字典》。日本人在 1870 年时，尚将 Bank 译作"金馆"，后见我国译作"银行"，亦作此名。

以上，我们从语言学的角度，探讨了"银行"一词的产生、发展和演变。那么，促使"银行"一词得以产生、发展和演变的社会条件、社会根源是什么呢？综上所述，不难看出，其源概出于建立在商品流通基础上的货币流通，在于货币的兑换。货币的兑换，是银行生命的起点，是银行产生的质的标志。

二、"银行"的内涵、外延及其运动和发展

概念，是思维的细胞，正确的概念是思维得以正确进行的基础和出发点。所以，廓清概念是形式思维的基本要求。那么，什么是银行，或什么是银行业呢？众说纷纭。说银行就是经营存款的组织者有之，因为无论是私人独资的英国金匠业，或是近代股份形式的资本主义银行业，均以货币

保管为起点。说银行就是经营贷款的组织者有之，因为资产业务是银行的主要业务，负债业务只不过是从资产业务中引申而来的业务而已。说银行是一个信用调节的机构者有之，因为负债业务与资产业务均是银行的主要功能。说银行只不过是一个经营货币资本业务的资本主义企业者亦有之，因为它接受存款、放款、汇兑、储蓄等，充当信用的中介人，并发行信用货币，为资本家经办货币的收付、结算、保管等业务。[①] 凡此种种，从一定意义上说，不无道理，但是从总的方面来看，都莫不带有很大的片面性或根本性的错误。银行存款说，把经营钱币保管当作银行业的起点，与历史事实相悖；银行放款说，从根本上颠倒了商品流通与货币流通的关系，本末倒置，并把银行创造信用的能力夸大到了荒谬的地步；银行信用说，以偏概全；至于一提起银行，就认为它完完全全是资本主义的东西的看法和说法，则更是不恰当的。因为它首先从根本上无视和抹杀了在社会主义条件下，人民银行几十年的客观存在及其发展的历史。那么，到底什么是银行或银行业呢？

我们认为，银行是商品货币经济发展到一定阶段的产物，是货币流通发展到一定阶段的客观要求，银行的诸职能是随着货币诸职能的产生和发展而逐步产生和发展起来的。正是在货币发挥和执行价值尺度和流通手段的基础上，才有经营货币兑换的银行业的产生；正是有了货币的储蓄职能，才使得银行有了经营货币保管业务的基础和要求；不能设想，如果没有货币支付手段的产生和运用，会产生银行的结算等职能吗？但反过来，银行的产生和发展，又对货币诸职能的充分发挥和货币流通的正常进行，给予有力的保证和灵活的调节。通过对银行存款和放款及其回收情况的分析，可以及时而准确地掌握某种商品的生产，是否为社会所需要，是否具有社会性，或有多少为社会所需要，以及生产该种商品的私人劳动耗费或个别劳动耗费，是高于还是低于社会必要劳动耗费。也就是说，银行为货币核算社会劳动的作用提供了一个掌握其量的工具。通过对这种量的掌握和分析，从而使得社会有可能做到在多个生产部门之间合理地分配劳动，从而保证社会再生产按比例运行，保证货币流通的顺利进行。虽然，在不同的历史时期，由于社会生产方式的进步，由于商品流通与货币流通的发展，货币诸职能发挥作用的领域、范围、形式的变化，银行活动的具体内

---

① 许涤新：《政治经济学辞典》，人民出版社 1980 年版。

容、方式、范围及其在社会经济中的地位和作用，也都要发生相应的变化。例如，在封建社会里的买者和卖者、借者和贷者之间，都是以现银的运送来进行债权债务的清偿，而在资本主义社会里，则变成了非现金的转账划拨。但不论银行活动的内容、方式、范围如何变化，而在以货币作为自己专门的经营对象这一点上，却没有变化，都是共同的。不可设想，一个建立在商品生产、商品交换和货币流通基础上的银行能不随着商品生产和交换的发展而发展，能不随着货币流通的发展而发展？

因此，我们还认为，银行不只适应于资本主义社会的历史范畴，而是适应于几种不同社会形态的历史范畴。不可想象，都是一样地建立在商品交换和货币流通基础上的、都是一样地以货币作为自己专门经营对象的金融组织，在资本主义社会可以叫作银行，而在其他社会形态下的就不能叫作银行。所以，那种把银行只当作资本主义社会所独有的观点和看法，不但在理论上站不住脚，而且在实践上也违背了历史的客观发展和现实的客观存在。

既然银行是适应货币诸职能的发展而产生的，而货币的流通又是由商品生产和商品流通所决定，那么银行就不能不为一定的生产方式所制约，不能不体现该社会的生产关系，不能不为一定的阶级所掌握和利用，从而不能不具有不同的社会性质。在生产资料私有制的社会里，银行是剥削阶级剥削劳动人民的工具。在封建社会里，它是商人、高利贷者以及封建地主阶级剥削自由农民和农奴的工具；在资本主义社会，它是资产阶级剥削无产阶级的工具，特别是到了帝国主义时期，银行更成为垄断金融寡头强化国家机器，干预社会经济，残酷地压榨劳动群众的最有力的武器。然而在生产资料公有制的社会主义社会里，银行则变为国家和人民手中有计划地进行社会主义建设的有力工具。

那么，到底什么是银行或银行业呢？综上所述，我们可以概括为一句话，即凡是不直接从事于物质生产，而专门以货币为其经营对象的行业，就叫银行或银行业。这是银行本质的规定性，即银行的内涵。它适用于一切专以货币为其经营对象的专业金融机构，这是银行的外延。所以，不论是古威尼斯的钱币兑换业，英国的金匠业，中国的钱庄、账局、票号，还是现代化的各种专业信用机构，都属于银行的范畴。它是货币诸职能的质的表现，体现着一定的生产关系，并随着社会生产的发展而不断地运动前进着。

根据以上观点，我们认为迄今为止的银行发展史，大致可以分为早期银行、自由资本主义时期的银行、帝国主义时期的银行、社会主义银行四个历史阶段。

三、早期银行业（前资本主义银行业）

从亚洲原始社会的衰微到欧洲封建社会的末期，即约从公元前 20 世纪到公元 14 世纪，前后共为 3300 余年。这一时期，由于生产力的低下和商品生产与商品交换发展的缓慢，银行经历了从诞生到缓慢发展的极其漫长的历史道路。

银行的产生。随着生产力的提高和人类社会三次大分工的产生，以及货币的出现，原先部落之间由部落首领所进行的偶然的交换，变成了个人之间的一种经常的社会行为，并从困难的物物交换发展到了方便的商品流通。氏族公社抵挡不住货币的胜利进军而土崩瓦解，奴隶制的国家应运而生。又由于部落公社与奴隶制国家活动与控制区域的狭小、分裂和不统一，以及商品生产与交换范围的有限，从而使得流通中的货币极不统一。不但不同部落、国家之间，而且同一部落、同一国家的不同区域，也不统一。货币的极不统一，严重地阻碍了商品生产与流通的进一步扩大。于是，适应社会要求，一种全新的行业——货币兑换业产生了。银行产生了，虽然当时它也可能很不起眼甚至没有引起任何人的注意，但是，对社会进步与人类文明将要做出重大贡献的一个新事物，终究就这样诞生了。从此以后，它就为人类社会生产的发展，为人类文明程度的不断提高，做着自己的贡献。这种情况，最先发生在人类文明的发祥地——亚洲的巴比伦。

寺庙银行。古巴比伦王国位于幼发拉底河和底格里斯河流域，远在公元前 3000 年的上半叶，其南部的苏美尔地区，就形成了许多奴隶制的城邦。巴比伦城，地处两河流域的中心，扼西亚交通之要冲，故生产发展，商业繁荣。公元前 2000 年，巴比伦寺庙开始经营钱币兑换，随后又兼营保管业务。保管之初，不但对保管人不付利息，而且还要收取一定的手续费。钱币的兑换与保管，在寺庙或兑换与保管人手中，集中起了大量的货币，从而开始为贷放业务提供了前提和基础。贷放业务也随之发展起来。放款利率约为 20%，并以复利计算。在著名的汉穆拉比法典中，对此有着专门的记载。

公元前 500 年左右，希腊的寺庙也开始经营钱币兑换、保管、贷放等业务。保管业务尤为发达。特别是雅典当时的银行业，有类似近代银行机构的某些特征。雅典当局甚至创制特别法及特别法庭，以处理有关金融事宜。

在我国，《周礼》中记述了远在周朝就有了信用机构。公元 500 年左右的南北朝时期的寺庙也办理存款、放款等信用业务。南梁长沙寺和南齐招提寺是迄今所见文字记载最早的抵押放款——典当的始祖。

寺院之所以能够权充银行活动，究其原因主要有三点：一是基于人们对宗教的信仰，视寺庙为神圣不可侵犯，于是寺庙变成了最安全的钱币保管所；二是它有大批产业和若干特权，实力雄厚，人们信赖；三是它分布面广。总之，寺院银行业与当时开始发展但又落后的商品生产和流通是相互适应的。

私人银行业，商品生产的发展，要求商品流通区域的不断扩大，要求价值尺度和流通手段的不断统一，银行业不但为社会所需要，而且变成了一个盈利优厚的行业，加之随着历史的进步，宗教信仰在部分人心目中的降低或丧失，盗匪兵燹，寺院保管经营的安全受到了愈来愈大的威胁，于是，古老的寺院银行业逐渐停止，而代替寺庙银行业，私人银行业则以一种生气勃勃的气势，不断地壮大成长起来。

地中海地处欧、亚、非三大洲之间，重要的地理位置和便利的水上交通，使得它很早就成为世界东西方贸易往来活动最频繁的区域。公元11～15 世纪，地处地中海沿岸的一些城市，如威尼斯、热那亚、比萨、佛罗伦萨、米兰等，逐渐地繁荣起来。这些城市的商人，把东方的香料、宝石、绸缎等输入欧洲，同时，又从欧洲输出呢绒、金属制品等。约在公元前 2 世纪形成的著名"丝绸之路"，就是我国古代丝织品等商品，源源不断地运往地中海沿岸的交通之道。东西方贸易大大地推动了欧洲封建经济的发展，特别是行会手工业的发展，从而使得西欧在城际之间、国际之间的集市贸易十分繁荣和发达。12～14 世纪，先后出现了具有全欧意义的"香槟集市"和"汉萨同盟"。这些城镇和集市，既是商品交易的中心，又是各类货币荟萃的场所，从各个国家和地区来的商客，要把自己的货币变换成销货者欢迎的货币方能成交。于是一些普通商品经营业者开始兼营钱币兑换业务，随着其资信的扩大，又逐渐代客保管现款，进而办理借贷。经营这种兑换或存、放业务，未必不如商品经营业务利润优厚，于是又有专业组织的产生。15 世纪西欧的冒险商公司，在其对外进行殖民贸易时，无不系商品经营与货币经营于一身。东印度公司、怡和洋行都是这样的。在欧洲独立的私人银行业，当首推 1171 年在商业中心和海上强国的威尼斯所成立的威尼斯银行及 1407 年在具有同样发达的手工业和海上贸易的热那亚所成立的热那亚银行。它们经营保管、贷放、汇兑等业务，但最基本的是钱币的兑换，是旨在为流通的顺畅提供健全的通货。威尼斯银行接受存款，以钱币的重量记账，并保有百分之百的现金准备。

在我国，随着封建商品经济的发展，货币流通和信用活动相应扩大，在唐代就出现了许多商业城市及与之相适应的金融业。"长安的西市便是中国初期的金融市场，在这个金融市场里，流通着各种的信用，供给这些信用的，除个人性质的富商官吏以外，有供给抵押信用的质库；有供给普通信用的公廨；有收受存款或供给保管便利的柜坊、寄附铺和各种商店；有从事兑换业、买卖生金银的金银店；有办理汇兑业务的商人组织。"① 并出现了"金银行"，它们生产金银器饰，经营金银买卖等。唐武宗会昌五年（845 年）苏州就有"金银行"组织。② 北宋嘉二年（1057 年），蔡襄知福州的施政措施中有"银行辄造吹银出卖，许人告捉"。③ 南宋端平二年（1235 年），都城杭州"自五间楼北，至官巷南到都御街，两行多是上户，金、银、钱、引、交易铺，仅百余家，门列金银及见钱，谓之看垛钱，此钱多入纳算清钞引作匠、炉，纷纭无数"。④ 元延祐元年（1314 年），长兴州兴建东狱庙碑，捐款人职业中已有"银行"字样（《两浙金石记》），明代亦有金铺、银铺、钱铺。特别钱铺（钱肆、钱庄、兑坊），主要从事货币的兑换业务，有大有小，设桌、摆摊、列肆都有，到明末发展到收受存款和放款业务。在清初又出现了新的金融组织，印局（印票庄）、账局、票号（汇兑庄）等，他们多为山西商人经营，外国人称之为山西银行。尽管这些信用机构的业务各有侧重，如印局主要对个人提供消费信用，账局主要对商人放款，票号主要搞异地汇兑，钱庄主要搞钱币兑换，业务既有分工，又有交错，与欧洲的银行有所差异，但这些银行最初多与商品经营资本混合经营，以后逐渐从商业资本中分离出来，成为专业

---

① 彭信威：《中国货币史》，上海人民出版社 2007 年版。
② 《太平广记》卷二八十引《纂异记·刘景复》。
③ 《忠惠公集》别记补遗卷上。
④ 耐得翁：《都城纪胜·铺常》。

金融机构，这一总趋势，东方和西方却是相同的，如同伦敦的伦巴第街一样，张家口至今犹存日升昌票号所建的日升昌巷。所以，中国银行业的产生和发展，与世界银行业的产生和发展，既有着大体相同的过程，又有着自己的特点。但它也同样的是起源于钱币的兑换，则是毋庸置疑的。

早期银行业的特点。这一时期的银行业，在其前期，纯粹是为了解决货币流通中的一些技术性问题而产生和发展起来的；后期，随着货币贮藏、支付等职能的产生，银行的存款、放款、汇兑等业务也逐步经营和开展起来，银行由一个纯粹的服务性机构，变成了一个专门经营货币资本的特殊的信用机关和企业。巴比伦的寺庙经营，是这一时期前期银行业的典型代表。中世纪的威尼斯银行和热那亚银行，当为这一时期后期银行业的典型代表。但整个来说，这一时期的银行业，还没有发现、发生和利用创造货币的能力。所以，这一时期的银行业及其各种业务，尚处于一个原始的、初级的阶段。而高利贷资本，则是这一时期生息资本运动的最主要的内容。

综上所述，早期银行业（前资本主义银行业）具有如下特点：①起于兑换；②发展缓慢；③组织经营者各异，名称亦极不统一；④业务简单；⑤非生产性强。

四、自由资本主义时期的银行

在封建社会内部孕育而成的资本主义生产关系，从世界范围看，产生最早的地区是亚欧。它萌芽于 14～15 世纪，即欧洲封建主义的鼎盛时期。16 世纪，则开始了真正的资本主义时代。西欧商业的革命性变化。这一时期的地理大发现，是推动封建社会解体和向资本主义过渡的一个重要因素。它使得西欧的商业发生了革命性的变化。首先，它使得世界市场的领域骤然扩大了，进入世界贸易的商品种类和数量急剧增加。其次，它引起了西欧商业中心的转移。从此之后，世界商路不再经地中海，而取道大西洋。所以，意大利各城市由于远离了世界商路，从而失去了独占东方贸易和欧洲商业中心的地位，汉萨同盟也从此衰落了，而处于世界新航路上的葡萄牙、西班牙、荷兰、英国等，则逐渐繁荣起来。随后，一些专制王权所采取的一系列鼓励商业、工业、航运业和殖民扩张事业的重商主义政策，也对资产阶级的兴起和发展，起了一定的保护和促进作用。16 世纪，里斯本成了欧洲最大的商港之一。17 世纪，荷兰成了西欧的经济中心，阿姆斯特丹是当时世界的商业中心和信贷中心。18 世纪，英国又成为世界首屈一指的工业、商业和最大殖民帝国。20 世纪 60 年代，在英国首先发生的工业革命，则是资本主义制度在世界范围内正式确立和走向普遍胜利的标志。这一时期有 100 余年的历史。随着资本主义生产关系的发展，社会生产力得到了迅速的发展，商品生产和交换也达到了空前未有的程度。与此相适应，银行业也取得了长足的进步，达到了完全成熟的阶段。

资产阶级反对高利贷的斗争。与资本主义生产关系的发展一样，银行业的发展，也同样遇到了封建生产关系的种种束缚，资产阶级不得不与封建主阶级展开坚决的斗争，这种斗争具体表现为资产阶级反对高利贷的斗争。

在从封建社会向资本主义社会过渡的时期，高利贷一方面加速了货币的集中和积累，促进了资本的原始积累；另一方面，它又促使大批的农民和手工业者破产并无产阶级化，因而，它既是资本主义前提条件形成的一个杠杆，又是资本主义生产关系形成的一种阻力。因为正是自给自足的自然经济才是高利贷者发财致富的基础。极高的利息，妨碍着资产阶级对它的利用，妨碍着蓬勃发展的资本主义生产对它的利用，它使得唯利是图的资产阶级无利可图。于是，一场反对高利贷的斗争就不可避免地产生了。这是一场要生息资本服从于产业资本的斗争，也是一场为社会生产力的发展解开桎梏的斗争。这种斗争最初表现为企图以法律来限制利息率。如英国，1545 年通过法案，规定最高利息率为 10%，以后又规定得更低，1624 年为 8%、1651 年为 6%、1714 年为 5% 等。然而，当银行和信用事业依然为高利贷所垄断时，一切企图通过法律的手段加以限制的做法，都是不可能产生多少效果的。因为早期银行本身，正是高利贷资本运动的形式，所以，只有对反映这种高利贷资本运动形式的银行的否定，才能从根本上解决问题。

资本主义银行业产生和胜利。17 世纪，适应资本主义生产的发展和资产阶级需要的银行业，终于通过两条渠道产生了：一是根据资本主义的原则所成立的完全新式的股份银行；二是旧的高利贷性质的银行业，不得不适应新条件而逐渐转变为新的银行业。在英国，最初是从经营高利贷与兑换业务的金匠业中逐渐独立出来的一些金匠业和银行家。他们因为有钱，可开展存款、放款以至发行银行券等业务。而在其银行券的发行与放款过程中，他们逐渐发现实际上不需要百分之百的准备金，从而开创了银行创造信用与货币先例，银行由此进入了一个新的阶段。但是，此类银行业的利息仍然很高，而且常因无法控制税收，拒绝对政府的放款。于是，1694 年，在政府的支持下，集资创办了第一个大规模的股份银行——英格兰银行。它的正式贴现率一开始就规定为 4.5% ~6%，并集资 120 万英镑，以 8% 的年利贷予政府，从而享有了无现金准备的发行权。1697年，增资，并以 6% 的年利贷款予政府，而换得 6 人以下的私人银行不得发行银行券的特权。到 1814 年，具有相同性质的地方银行，在英国达到了 940 余家。在相互的竞争中，独资的私人银行逐渐缩小，集资的股份银行不断增加。19 世纪后半期，初步形成了以英格兰银行为中央银行的辅之以商业银行等不同种类的专业信用机构的金融体系。在法国，1800 年，以股份公司的形式组成了法兰西银行，它一开始就有着半国家的性质；在美国，1782 年创立了北美洲银行（第一宾洲银行的前身），1784 年又创立了纽约银行和马萨诸塞银行。从 1781 年到 1861 年，先后建立的银行达到 2500 余家。日本在 1868 年明治维新后，效法西方，设立"国立银行"，1879 年达到 150 余家。在中国，随着鸦片战争的失败，外国资本主义势力的侵入，随着 19 世纪 60 年代开始的洋务运动和六七十年代之交近代民族资本主义工业的产生，到 1897 年在我国诞生了第一家近代银行——中国通商银行，尽管它的股本大部分是封建官僚、买办阶级所有，而纯粹的商人投资不多，在组织管理上也有着明显的封建性和买办性，但它毕竟与资本主义工业建立了密切的联系。随后，又有中国银行、交通银行以及民族资产阶级等创办金城银行、大陆银行、浙江兴业银行等商业银行，也有部分钱庄、票号为适应形势改组成为银行业。

就这样，高利贷资本的银行业，为借贷资本的银行业所否定。一个新的、完全反映和适应资本主义生产方式的资本主义银行业产生了。从此以后，借贷资本的运动成为生息资本运动的具体形式，即成为银行资本运动的具体形式，并在生产和流通中显示出了它的巨大作用。

自由资本主义时期银行的职能和作用。概括来讲，主要有：①充当资本家之间的信用中介；②变社会各阶层的储蓄和货币收入为资本；③创造代替金属货币流通的信用流通工具；④充当资本家之间的支付中介。

自由资本主义时期银行业的特点。简单讲，有：①相对于早期银行业来说，发展较快；②具有了创造信用流通工具的能力，是银行迈向新阶段的最重要的标志；③业务全面；④体系健全、完善；⑤生产性增强。

五、帝国主义时期的银行

自由资本主义向帝国主义的过渡。19 世纪中叶，资本主义生产的迅猛发展，引起了生产和资本的集中，也引起了资本主义所固有的矛盾的最终激化。1871 年的巴黎公社起义和 1873 年空前深刻的经济危机，是这一时期资本主义政治和经济的矛盾的集中表现。空前的危机及其后的长期萧条，促使企业之间的竞争加剧，生产和资本的迅速集中，以及垄断组织的广泛发展。从此，开始了由自由资本主义向垄断阶段的过渡。在其后的30 年中，由于科学技术的进步和生产的发展以及频繁的危机的不断震动，生产和资本的集中达到了一个新的水平，垄断组织终于在一些发达的资本主义国家中普遍发展起来，并成为其全部社会经济生活的基础。自由资本主义迈进了帝国主义阶段。

银行集中和垄断的形成。生产的集中，要求更大规模的信用，而更大规模的信用，只有更大规模的银行才能提供。于是，生产的集中引起了银行的集中。银行的数目急剧减少，而银行的资本却大大增长；银行制度所支配的资本绝大部分都掌握在大银行的手中；大银行的分支机构迅速发展和扩大。英国在 1881 年有银行 120 家，到第二次世界大战前夕剩下了 15家。而这 15 家银行所支配的资本比 1890 年的 104 家还大五倍半。从股份银行中派生出来的巴莱克等五家银行，成了英国银行事业的垄断者。日本1914 年有银行 2171 家，到 1931 年仅剩下了 811 家。这种集中趋势发展的最终结果，导致了银行垄断组织的形成。"垄断协定"（利害共同制）、银行托拉斯、银行康采恩等垄断组织形式相继出现。给人类带来巨大灾难的第一次世界大战和第二次世界大战，促使交战各国纷纷把本国的国民经济转入军事化的轨道，注意和加强国家对经济的干预，对财政金融的干预。在生产遭受巨大破坏的情况下，生产的集中和垄断，银行的集中和垄断，不但没有被停滞被消灭，反而进一步发展起来。国家政权进一步从属于垄断组织，在更大的程度上实现了国家政权与垄断组织的结合。银行垄断组织的实力进一步增长和加强，资产和存款猛增；银行合并继续发展，不仅大银行吞并中、小银行，而且大银行之间也进行合并；金融机构呈现着多样化的趋势；对外扩张活动急剧加强，国外庞大的分支机构，形成了具有国际意义的跨国银行，进而由此发展更为庞大的"银团银行"和"集团银行"，如"欧洲联合银行有限公司"、"欧洲银行国际公司"。前者拥有资产 1300 亿美元 9000 多个分支机构，后者拥有资产 1100 亿美元，1 万个分支机构。银行垄断在世界范围内变成了一种真正的可怕的势力。

银行信用的变化。银行的垄断，引起了银行信用的巨大变化：

（1）信用集中于大银行。一方面表现为小的私营银行信用业务的衰退；另一方面则表现为几家大银行垄断了工商业信贷。

（2）信用规模扩大。借助"银团银行"，往往一笔贷款就能达到上十亿美元。

（3）由于资本有机构成的提高，引起信用期限的明显延长。企业中借入资本所占的比重不断增大，在有的国家甚至达到了 80% 以上。

金融资本的形成及银行新作用的产生。由于银行信用的巨大变化及银行的垄断，银行的作用发生了根本的变化，银行由简单的中介人变成了万能的垄断者。一方面，银行与企业的联系固定了。离开了固定的银行，企业就很难取得所需要的信用。企业对银行的依存性增强了。因为借入资金在它的资金总额中占有着重要的甚至是主要的部分。离开了银行，企业就无法生活下去。加之银行控制了全国大部分的货币资本和有价证券的发行与买卖，从而影响和控制着全国生产资料的分配，更增强了这种依赖性。银行进一步监督与控制企业的必要性也加强了。因为在贷款规模大、期限长的情况下，银行仅从保证其信贷资金安全和完整的角度，也有加强对企业监督与控制的必要。所以，银行不但能够通过信用活动了解、监督企业，并能决定企业的命运。另一方面，垄断的银行资本，通过购买工业企业的股票，发行与推销有价证券，参加创业活动等，积极参与工业企业的活动；而垄断的工业资本，也通过购买银行股票以及自己建立银行和投资公司等方式，积极参与银行金融活动。两者互相渗透，形成你中有我、我中有你的局面，从而在垄断的基础上融合起来，形成金融资本和金融寡头。一小撮金融寡头，以银行为中心，不仅控制着国家的经济命脉，而且主宰着全国的政治、文化和社会生活。银行变成了现代全部经济生活的中心，资本主义国民经济体系的神经中枢，万能的垄断者。

殖民地、半殖民地银行业。金融资本、金融寡头的触角伸向世界的各个角落。把为数众多的国家和地区，全都变成了自己的原料产地、销售市场和投资场所。如英国的殖民地银行，1904 年有 50 家，分支机构 2297

个，到 1933 年，分支机构即达到 7209 个。

帝国主义银行一方面对殖民地、半殖民地人民进行剥削和掠夺，另一方面，不可避免地将先进的生产力、先进的生产方式带进了这些国家和地区，从而促进了这些国家和地区人民的觉醒。

在第一次和第二次世界大战期间，殖民地、半殖民地的民族资本主义工商业和银行业都得到了不同程度的发展。第二次世界大战以后，不少被压迫国家摆脱了殖民枷锁，在国内建立了自己的银行，也组织了一些区域性国际金融组织，如"阿拉伯经济和社会发展基金会"、"非洲经济发展阿拉伯银行"等。在我国，1928～1937 年，全国的银行数达到了 137 个，银行资本的数量也有了很大的增长。1912 年为 100 个，1925 年则达到了593 个。但是正像中国的民族资本主义工商业一样，中国的民族资本主义金融业也没有最终发展成为左右中国金融市场的一支主要力量。直到 40年代末，垄断中国金融市场的却是帝国主义在华银行和外国垄断资本在华代理人——四大家族的官僚资本银行。

帝国主义时期银行业的特点：①发展迅速，急剧膨胀。②由简单的中介人变成了万能的垄断者。③中央银行对国民经济的干预加强。④业务、机构多样化。这一时期的业务，除原有的存款、放款、贴现、汇兑、证券、结算等传统业务外，又出现了信用卡、咨询、租赁等多种形式的业务。新的多种形式的信用业务的产生，又引起了专业银行机构的多样化。除原有的中央银行、商业银行、投资银行、储蓄银行等外，又出现了金融公司、财务公司、租赁公司、养老基金会等许多新的专门金融机构。⑤国际化。随着各国间经济往来的日渐频繁，银行业务进一步国际化，银行机构也出现国际化。不仅原有的殖民地金融机构继续存在且有发展，而且出现不少更为完善的具有多国籍联合经营的跨国金融机构和金融集团。⑥非生产性加强。⑦民族资本主义金融业有了一定程度的发展。

六、社会主义制度下的银行

随着社会主义革命的胜利，银行迈进了一个新的历史阶段，实现了自己发展史上的又一个巨大进步。这种进步，是通过无产阶级与资产阶级的激烈斗争，通过对私有银行的国有化而实现的。

马克思主义关于银行国有化的理论。马克思和恩格斯，概括自己对资本主义社会的科学分析和对社会主义制度的英明预见，早在 1848 年，就把银行国有化的问题，作为无产阶级革命的一个最重要和最迫切的问题提了出来。指出："通过拥有国家资本和独享垄断权的国家银行，把信贷集中在国家手里。"① 封闭一切私人银行和银行家事务所，乃是革命胜利后的无产阶级捍卫自己胜利成果，发展社会生产的最主要措施之一。列宁根据马克思的原理，分析了银行在帝国主义阶段的新作用，进一步明确指出，"没有大银行，社会主义是不能实现的。""大银行是我们实现社会主义所必需的'国家机构'，我们可以把它当作现成的机构，从资本主义那里夺取过来，而我们在这方面的任务只是砍掉使这个极好机构产生资本主义畸形发展的东西，使它成为更巨大、更民主、更包罗万象的机构，使它成为全国性的簿记机关，全国性的产品的生产和分配的计算和监督机关。"②

银行国有化的实现。列宁不但继承和发展了马克思主义银行国有化的理论，而且与斯大林一起，把这一理论变成了现实。十月革命后，苏维埃政权立即夺取了国家银行；并紧接着对私人银行实行了工人的监督；在银行家对工人监督的顽强抵抗的情况下，苏维埃政权果断地缩短了工人监督这种过渡性的形式，而采取了国有化的严厉措施，进行了私人银行的国有化及其与国家银行的合并；取消了因土地国有化而丧失了存在基础的抵押信用银行；大力保存和发展了信用合作社这一在社会主义条件下已变成社会主义性质的农民联合的信用形式，到 1918 年底，即基本上完成了银行国有化的工作。国有化的银行，大大地加强了新生的苏维埃政权的力量，极大地支援了卫国战争，沉重地打击了疯狂反抗的资产阶级，迅速地促进了生产的恢复和发展。银行国有化的理论，在实践中放射出灿烂的光辉。

随着第二次世界大战的胜利结束，在无产阶级革命取得胜利的一切国家里，也都无一例外地实行了银行的国有化，而在匈牙利、罗马尼亚，则是民主制度建立二三年之后，才实行银行国有化的。由于中国的革命，走着一条与苏联和东欧其他国家截然不同的由农村包围城市，最后夺取城市的道路，所以，我国的银行国有化，具有自己的突出的特点。早在第二次国内革命战争时期，党就提出银行国有化的政策，并且在农村根据地创立了自己的银行。所以，我国最初的社会主义性质的银行，不是首先通过无

---

① 《共产党宣言》，人民出版社 1971 年版。
② 《列宁选集》，人民出版社 1972 年版。

产阶级对垄断资产阶级的大银行实行剥夺，而是在长期的人民民主革命的过程中，依靠自己的力量，逐步建立和发展起来。随后，随着人民解放战争的胜利进军，在合并解放区银行、成立中国人民银行的基础上，每解放一个地区和城市后，对官僚资本银行采取了没收的政策，对帝国主义在华银行则是取缔其在华的特权，而对民族资本银行，采取了限制、利用、改造的政策。全面的社会主义改造开始之前，又严格管理，先走一步的方针，使得它们在恢复时期，就完成了全行业的社会主义改造。与此同时，在广大的农村，大力支持和组建了大量的信用合作社。从而，在全国建成了以中国人民银行为中心的社会主义金融体系。银行实现和完成了又一次质的飞跃。

社会主义制度下银行的职能和作用。银行的国有化，不仅是无产阶级摧毁旧的国家机器，对资产阶级的反抗进行无情镇压，以捍卫和巩固新生的革命政权的需要，而且是进行大规模的社会主义建设的需要。马克思主义认为，社会主义条件下的银行和信用，是从资本主义生产方式向社会主义生产方式过渡的有力杠杆。银行的国有化，在无产阶级革命实现后，比在革命时要获得更广泛的意义。列宁一再指出，对生产和产品的分配，实行最严密的计算和监督，是实现共产主义的最重要条件之一。而在帝国主义阶段所高度发展起来的、为无产阶级革命所彻底改造的国有化银行，则是整个国家的簿记，对整个国家的生产和分配，实行严密的计算和监督的现成机关。

社会主义制度下的银行，既是机关，又是企业，它作为国家的代表，执行金融行政管理。例如，执行和贯彻国家的货币发行政策，现金管理政策，有计划地调节货币流通量，进行信贷管理和金融市场管理，以及外汇管理、金银管理、结算管理等。它作为经营货币业务的特殊企业，其职能是：发行货币、办理现金出纳业务；组织存款，办理储蓄；发放贷款；办理结算；代理财政金库；买卖金银和外汇；办理国际结算和国际信贷；向国家和有关部门及企业，提供经济信息等。

上述职能的发挥，使得银行广泛地参与了社会再生产的各个环节，参与了对国民收入的分配和再分配。这就是说，国民收入通过初次分配之后，大部分都要由银行吸收和集中起来，然后，连同自己的自有信贷资金，按照国民经济计划和信贷计划，有选择地投入国民经济的各个部门，也就是对国民收入进行着有计划的再分配。在此过程中，银行就好像心脏，资金就好比是血液，不断地汇集到银行，又不断地由银行扩散到各个企业和部门中去，以维持企业和整个国民经济的正常运转。毫不夸张，社会主义银行可以有计划地广泛地动员和分配资金，变零钱为整钱，变死钱为活钱，变消费基金为生产基金，从而在国民收入一定的条件下，扩大了投入再生产过程中的资金总量，促进国民经济的发展；可以灵活地调节国民经济各部门中资金的余缺，充分发挥财力物力的作用，在不增加生产资金总量的情况下，保证社会再生产的顺利进行；可以根据需要，有计划地调节市场的货币流通量，使其与商品流通相适应，从而达到稳定币值，稳定市场之目的；可以按照国民经济有计划按比例发展规律的要求，在各部门之间，灵活地分配社会劳动，取长补短，保持国民经济的正常结构，从而使得国民经济各部门协调发展；可以通过信贷、结算等业务，对国民经济各部门进行监督，了解各企业和各部门经营活动的一举一动，成为国民经济的"寒暑表"。它受国家委托，执行全国的金融行政管理，对于国民经济的稳定和发展，发挥着重要的作用。可以联结国民经济各部门，是各部门相互沟通、互相促进的桥梁和纽带，所以它又是国民经济各部门的"联结器"；从而也对国民经济各部门、各方面大量的经济信息，了解得最及时，最清楚，最集中，及时地把这些经济信息介绍给企业，成为企业的顾问和参谋。一句话，它对国民经济的健康发展，又有着巨大的指导作用。可以说社会主义制度下的银行，不但从形式上，而且从内容上，第一次真正地变成了全社会范围的"公共簿记"，变成了对社会生产和产品的分配而进行计算和监督的"绝妙的机构"。优越的社会主义制度，为古老的银行业注入了新的活力，为它的职能和作用的更好发挥，提供了一个更加广阔的发展天地。

社会主义银行的优越性。社会主义的大银行及其信用制度，较以往任何时期的银行都有着无可比拟的巨大优越性和明显的特点：①集中统一性。这个特点使得银行成为全国唯一的货币发行机关，全国办理转账结算的总账房，全国现金的总出纳，从而大大加强了银行在国民经济中的地位。②计划性。这种计划性，不是就某一地区、某一银行而言，而是就整个银行系统而言，就整个国家、整个社会而言，是整个国民经济计划有机的不可或缺的组成部分。③稳定性。与资本主义私有制下的银行与信用相比，社会主义银行是较为稳定的银行与信用，是不断发展的银行与信用，它随着社会生产而不断发展。④生产性。社会主义条件下的银行与信用，把支持生产、发展商品流通，作为自己的一项根本任务。银行的信贷资金，基本上全部投向工农业生产部门和流通部门。它与资本主义条件下的银行，随着资本主义的垄断、寄生和腐朽性的不断增强，而把愈来愈多的信贷资金投向非生产领域，形成了鲜明的对照。而这也正是社会主义制度下的银行业生气勃勃，不断发展壮大的根本原因之所在。愈来愈巨大的信贷资金，已成为建设社会主义、发展国民经济的最重要的资金来源之一。⑤人民性。垄断的资本主义制度下银行业，一般地只是对垄断的大型的资本家提供信用，中小资产阶级则很难得到信用。而社会主义制度下的银行，是人民的银行，因而具有最广泛的人民性。特别是随着对内搞活经济政策的贯彻落实，一切国营的、集体的企业，乃至个体工商业劳动者和农民，都可以从国家银行和信用社取得信用，发展生产。信贷资金广泛地分布于生产、分配、交换和消费等社会再生产的所有环节和部门。也正因如此，它肩负着比资本主义条件下的银行，更为繁重的职责，起着更为巨大的作用。

七、历史的启示

综观银行业的产生和发展，我们可以得到以下几点启示：

（一）银行是一个历史的范畴，它是社会生产发展到一定阶段的产物

它是为适应商品流通和货币流通的需要而产生的，它是商品流通和货币流通的产儿，是商品内在矛盾不断斗争的结果。经营货币兑换，是银行业生命的起点；而专门以货币作为自己的经营对象，则是银行业最根本的质的特征。

（二）与世界上的其他事物一样，银行也走过了一个从低级到高级、由简单到复杂的发展历程

货币诸职能的产生、存在和发展，是银行诸职能产生、存在和发展的直接要求和质的内容，而银行诸职能的产生、存在和发展，则是货币诸职能的表现形式。

（三）货币形态的发展，大体上可以划分为实物形态和纸币形态两个阶段

银行对于流通手段和支付手段的创造，是货币形态由实物形态过渡到纸币形态的具体反映，也是银行由原始阶段走向成熟的根本标志，商品流通与货币流通矛盾运动的必然结果，也是货币流通一定要适应商品流通规

律的客观要求。所以，银行对于流通手段和支付手段的创造和运用，不是某一个人的发明，而是一种历史的必然。

（四）与国家的联系愈来愈密切

与货币的产生和发展一样，银行的产生，最初也完全是一种纯粹的客观的经济现象，但在其漫长的发展过程中，逐渐地与国家发生了愈来愈密切的联系，成为国家干预社会经济不可缺少的一种有力手段和工具，直至最后变成国家机器不可分割的一部分。

（五）大胆利用外资

随着现代科学技术的进步，交通、通信技术的飞速发展，世界各国之间的距离大大缩短了，彼此间的经济、文化和技术的交流日益频繁，跨国银行和世界区域性的金融组织不断出现。在维护国家主权、独立自主的原则下，大胆利用外资来发展本国经济，是各国共同的途径。在这个问题上所存在的种种顾虑，既是长期以来"左"的思想的表现，也是我们对银行、对外资缺乏科学认识的反映。

（六）没有使得银行职能和作用得到充分的发挥

如前文所述，优越的社会主义制度，为银行职能和作用的发挥开辟了一个无比广阔的新天地。但是，多年来，我们远远没有使得银行在社会主义制度下所应起和所能起的职能和作用，得到充分的最大限度的发挥。在某种程度上，可以说银行变成了一个纯粹的发行机构、统计账簿和出纳组织，至于银行对国民经济的监督和调节、引导作用，刚刚开始重视。一方面，同我们对社会主义制度下，银行的性质、职能、作用及其在国民经济中的地位的认识不足有关；另一方面，也与我们的科学技术和管理的落后有关。随着现代科学技术的飞跃发展，愈来愈多的先进的科技成果被应用于银行管理，银行管理正在日新月异地进步。如电子计算机的应用、信用卡的迅速推行等。迅速提高银行管理水平，充分发挥银行作用，是当今之世、国际国内政治经济发展的客观要求。为此，一方面，我们要通过对马克思主义银行理论的学习，不断地提高全党、全国人民，尤其是银行工作者对社会主义条件下银行在国民经济中的重要地位和作用的认识；另一方面，我们要大力加强银行建设。加强对银行职工的科学文化、专业知识和管理水平的教育、培训和提高，大力推广和运用最先进的科技成果，重视经济信息的搜集、整理、传递和运用，在银行内建立健全信息机构，在这个机构内，要有农、工、商各方面的专家，努力把银行建成一个各种门类专业人才荟萃，各种现代业务技术齐备的部门，以充分发挥其对国民经济的监督和指导作用。

我们深信，曾经为社会进步和人类文明起过重要作用的银行，在社会主义制度下，一定会发挥出自己更重要的作用和做出新的更大的贡献。

把资金与资本统一起来

背景说明

本文与李怡农同志合作完成，原载《经济问题》1987 年第 9 期。文章针对长期以来资金与资本这两个在内涵和外延上都相同的概念，在理论与实际工作中要区分不同社会制度当作两个根本不相同的概念使用，当作两个有"本质区别"的不同事物，给经济科学研究和实际工作带来极大的影响，使得实际工作中不敢强调资金的运动性和增值性的基本特点。明确社会主义制度下资金就是资本，理直气壮地强调资本的增值性，才能提高整个社会的经济效益。

资金与资本，到底是反映同一事物、描述同一过程的两个相同的概念，还是反映截然相反的两个事物、描述截然不同的两个过程的具有本质差别的不同概念？这是经济理论中的最基本、最普通的问题，也是弄不好极易犯常识性错误的问题。为了准确理解和搞清这一问题，在此愿提出不成熟的看法，与学术界同仁探讨。

一、资本的质的规定性

什么是资本？简言之，就是能够带来剩余价值的价值。"价值在这里已经成为一个过程的主体，在这个过程中，它不断地交替采取货币形式和商品形式，改变着自己的量，作为剩余价值同作为原价值的自身分出来，自行增值着。"[①] "它之所以获得创造价值的奇能，是因为它是价值。它会产仔，或者说，它至少会生金蛋。"[②] 这是货币资本之所以区别于货币、生产资本之所以区别于生产资料、商品资本之所以区别于商品的根本之所在。

资本是一种运动，"正是这种运动使价值转化为资本，"[③] 运动是资本的生命，$G-W-G'$ 是它运动的总公式。

从总公式可以看出，资本的运动具有以下特点：①同质性，即它的两极都是作为价值的独立形式的货币；②不等性，即量的不等性，$G-W-G'$ 之所以有内容，也正在于此；③循环性，它从价值的一极出发，最后又回到原来的出发点，其运动的轨迹是一个圆；④周转性，这由前两个特点所决定。正是由于同质性，所以 $G-G'$ 的运动才是没有止境的。正是由于它的不等量性，所以 G 和 G' 才具有相同的使命，即通过量的增大以接近绝对的富。确切地说，资本的运动轨迹不是一个圆圈，而是一个螺旋形。

二、资金定义质疑

什么是资金？一种解释是"国民经济中物资的货币表现"[④]；另一种解释是："广义地说，指社会主义再生产过程中，生产、分配、流通和消费（仅指社会消费）等环节中的社会主义公有财产的货币形态。狭义地说，指国家交由国营企业支配运用，以进行生产经营的那一部分社会主义全民所有的财产的货币形态。"[⑤] 这两种定义，虽然都很难说明社会主义条件下社会再生产的许多问题，但是通过它们，我们仍然可以看出，资金具有以下两个质的规定性：①资金是价值；②资金处于社会再生产过程之中，换言之，资金处于不断的运动中。

至于资金处在社会再生产的过程中干什么，这种运动会带来什么样的社会经济结果，即它的职能和作用是什么，这两种定义都没有说明。但是，常识使我们知道，是为了价值的增值，而绝不是为了价值的减少。也就是说，资金也能带来一个增值额。这个增值额到底应该叫作什么，姑且存而不论，仅仅就增值这一点来说，就决定了它和资本具有相同的质的规

---

① ② ③ 《马克思恩格斯全集》，人民出版社 1972 年版。
④ 《辞海》，上海辞书出版社 1980 年版。
⑤ 许涤新：《政治经济学辞典》（下册），人民出版社 1981 年版。

定性。

不仅如此，而且资本运动的一切特点，资金都完全具有。撇开它们所反映的生产关系的不同，对资本的一切叙述，都完全适用于对资金的描述。所以，我们不能不说，资金确实只不过是资本的别称而已。

三、马克思和恩格斯对二者的用法

在马克思主义的经典著作中可以看到，马克思和恩格斯对资本与资金的运用，不是十分严格地加以区别的，而是作为同一个词汇来混合使用的。

在恩格斯为马克思的《雇佣劳动与资本》1881 年单行本所写的导言中，当恩格斯谈到工人阶级是生产全部价值的唯一的阶级，但是这些价值却不属于工人，而是属于那些可能购买工人阶级劳动力的资本家时，恩格斯写道："但是，这些由工人所生产的价值不属于工人，而是属于那些占有原料、机器、工具和预付资金，因而有可能购买工人阶级的劳动力的那些所有者。"[1] 这里的"预付资金"，显然是"预付资本"的同义语。马克思也说："资本只要贷借出去，或投入到再生产过程中去（因为它也会对自有资本负担职责的资本家提供一个和企业利润有别的利息），那就无论它是睡着，还是醒着，是在国内，还是在国外，是在白天，还是在黑夜，都会有利息长到它身上来。"[2] 这里的资金，也显然是资本的同义词。

在著名的《共产党宣言》中，当谈到无产阶级如何利用自己的政治统治，一步一步地夺取资产阶级的全部资本，把一切生产工具集中在自己的手中，并且尽可能快地增加生产力的总量时，马克思和恩格斯指出，可以"通过拥有国家资本和独享垄断权的国家银行，把信贷集中在国家手里"[3]，以此作为达到以上目的的主要措施之一。在这里，显然，马克思和恩格斯把社会主义条件下的国家银行的信贷资金，称为信贷资本。

四、把二者统一起来的意义

科学研究的基本思维方式是形式思维。马克思指出："分析经济形式，既不能用显微镜，也不能用化学试剂，二者都必须用抽象力来代

---

① 《马克思恩格斯选集》，人民出版社 1974 年版。

②③ 《马克思恩格斯全集》，人民出版社 1972 年版。

替。"① 既然如此，那么把描述同一事物、同一过程、同一运动的资本与资金统一起来，这对于促进和繁荣经济科学的发展，就有着重要的意义。概念是形式思维的基本单位，是进行形式思维的出发点，是形式思维的最基本形式之一，是形成判断、推理的前提和基础。概念的混乱，必然带来思维的混乱，尤其是把两个在内涵和外延上都相同的概念，把不同社会制度下的同一事物，当作两个根本不相同的概念，当作两个具有本质区别的事物，将会对科学研究和实际工作带来极大的影响。

马克思对资本主义生产方式及与此相适应的生产关系和交换关系的分析，是一种逻辑的研究方式。因为这是唯一适用的方式。同时，这种方式又是一种历史的研究方式，只不过是摆脱了历史的形式以及起扰乱作用的偶然性而已。历史从哪里开始，思想进程也应当从哪里开始，而思想的进一步发展不过是历史过程在抽象的、理论上前后一贯的形式上的反映；这种反映是经过修正的，然而是按照历史过程本身的规律修正的，这时，每一个要素可以在它完全成熟而具有典范形式的发展点上加以考察。"逻辑的发展完全不必限于纯抽象的领域。相反，它需要历史的例证，需要不断接触现实。"②

像马克思对资本主义生产方式以及与此相适应的生产关系和交换关系的研究一样，对社会主义生产方式以及与此相适应的生产关系和交换关系的研究也应该采取逻辑的和历史的研究方式。然而，按照目前我们关于资金的定义，却很难对社会主义条件下社会再生产的情况加以圆满的、科学的说明和有力的指导，而按照资本的定义，却可以很好地说明和解决一系列的问题。如现行的关于资金的传统定义，不讲它在运动中的增值，只讲它是国民经济中物资的货币表现，这本身就把资金的质的规定性抽去了，留下了模棱两可的货币表现，既可以理解为使用价值，也可以理解为价值。如果我们肯定资金即资本，它的生命就在于运动，它的使命就是增值，那么我们就不会让企业的固定资本大量浪费，就不会让企业的流动资本长期呆滞，也不会让银行贷款过期不还，利率倒挂，经营活动不讲效益，不讲盈利。一句话，只有把二者统一起来，或者说，只有还资金以资本的本来面目，才有助于经济科学的发展，做到逻辑与历史的统一；才有助于对实际经济生活给以理论的说明和科学的指导，理直气壮地去强调资

---

① 《马克思恩格斯全集》，人民出版社 1972 年版。
② 《马克思恩格斯选集》，人民出版社 1974 年版。

本的增值，明确地告诉大家，资本只有在运动中才能增值，从而提高整个社会的经济效益。

五、应充分注意到在不同的社会制度下，资本所反映的生产关系的不同

资本反映着生产关系，这是因为资本是一种生产的要素。作为生产的要素，它参与社会再生产的全过程，所以它就不能不反映人们为进行生产所结成的一定的联系和所发生的一定的关系。因为只有在这种社会联系和社会关系的条件下，才会有生产的进行。所以，资本又是一种关系。

与商品、货币等商品经济的范畴一样，在不同的社会制度下，资本反映着不同的生产关系。在资本主义制度下，它反映着资本家对雇佣劳动的剥削，反映着资本家与无产阶级之间的根本对立。在社会主义制度下，它反映着国家、集体与生产者之间的新型关系。作为国家主人的生产者，以积极的态度从事于社会再生产各个环节的劳动，国家则根据积累与消费的合理比例，本着按劳分配的原则，进行国民收入的分配和再分配。作为积累起来的、过去的、物化的劳动，在资本主义条件下，它支配直接的、活的劳动，活劳动只是替积累起来的劳动充当保存自己并增加其交换价值的手段。而在社会主义社会里，"已经积累起来的劳动只是扩大、丰富和提高工人生活的一种手段"[①]，"因此，在资产阶级社会里是过去支配现在，在共产主义社会里是现在支配过去"[②]。这是资本主义条件下的资本与社会主义条件下的资本的根本区别，也是应引起我们予以充分注意的地方。

但是，这种区别又丝毫不会影响资本在不同的社会制度下具有同一的质的规定性这一点。既然在不同的社会制度下，商品、货币可以沿用同一概念，反映不同的生产关系，那么，同样作为商品经济范畴的资本，为什么就不能使用同一概念，体现不同的生产关系，而非要换成资金不可呢？

---

①② 《马克思恩格斯选集》，人民出版社 1974 年版。

银行资金运用的市场策略

背景说明

　　本文是20世纪80年代末在农业银行干部培训会议上的讲稿。1990年列入由中国农业银行总行教育部主编的《金融市场概论》第七章，中国金融出版社1991年出版。

　　金融机构是金融市场的主要参与者。作为在金融市场上从事货币信用经营活动的银行，必须按照市场的规律，运用市场的策略。本来，银行是买卖货币资金使用权的中介机构，是商品经济中统一市场的一部分。但是，30多年的高度集中的计划体制，使银行成了单纯的计划执行和监督机构，市场经营的思想在银行工作中失去了意义。中共十一届三中全会以来的经济体制改革和有计划商品经济的发展，正在将市场思想引入银行业务中，金融市场的发展，正在不知不觉地推动着我们前进。但是银行业务中的市场意识、市场策略并不是自觉的。如何在国家法律规定的范围内，依照金融市场上资金运动的规律，从事业务活动，既满足国民经济发展对货币资金提出的需要，又避免风险，更多盈利，是银行必须关心和研究的问题。这里将就银行如何科学地运用自己的资金，安排自己的头寸，如何在借贷市场上避免和预防企业风险给银行带来的损失，如何在证券投资中获取稳妥的利益进行探讨。这是金融市场开拓建立以后，不可回避的问题。

资金营运的市场策略与头寸的匡计

一、银行资金营运的策略

银行作为金融企业，必须以自己的资金，通过经营活动，获得利润，这是理所当然的。但是银行这个企业，与农、工、商企业是不同的。银行的主要盈利来源是各种生息资产的收益减去各种存款及负债利息支出和经营费用的差额，简单说即存放利差减费用。银行可以用于营运的资金，除了自己的信贷基金外，主要是外来资金，即社会各方面的存款。这些存款，有的可以较长时间存在银行，如定期存款；有的则只能短期存在银行，如活期存款，存款的人有随时提取的可能。那么银行为了较多的盈利，需要把自己的资金包括暂不提取的存款尽可能地用于贷款。但是，无论如何要保证存款人随时提取的需要，倘若银行一味贪图盈利而放款过多，客户不能提存，那么，银行将在公众中失去信誉，也就无人敢在这家银行存款了。所以，银行在金融市场上从事资金贷放和投资，应在保障安全的前提下，最大限度地盈利。然而由于社会经济活动不断变化，市场动荡不定，面对变化无常的市场环境，如何才能既获利又安全？这需要银行管理人员和全体职工的聪明才智、经验和能力。

在市场条件下，银行如何营运自己的资金？在策略上一般要注意安全性、流动性、收益性、公共性和分散性的最佳结合。

（一）安全性

银行在营运自己资金的过程中，由于受市场上资金价格的变化、借款能否按期如数归还、通货膨胀等因素的影响，会有一种遭受经济损失的可能性。这种经济损失的可能性就是银行经营中的风险。银行为了安全经营，最好的办法是保有最安全的资产，这就是把资产以现款形式放在自己的业务金库中，尽量少放款，但是这与银行的宗旨是相悖的，不能获得盈利，就不能满足企业对资金的需求。因而，银行为安全，必须保持自己适度的清偿能力，限制承担的风险。不过这会使获利减少。获利要多风险则大，不安全；安全虽无风险，却不能盈利，这是一个矛盾。解决这一矛盾的办法是充分估计各种资产的风险程度，把各种资产的风险差异与盈利差异相比较，力求既安全又盈利。

（二）流动性

银行必须适当营运自己的资产，保证随时可以应付客户提存。这种及时解决应支付款项的能力称为流动性。这就是持有适度的现金和随时可以变现的其他资产。一家银行如果注意了安全性，它的资产一定具有较大的流动性，但是却很难盈利。西方经济学家认为，如果只注意安全性、流动性，可能导致"缓慢地饿死"；如果只注意了收益性，不顾流动性，又可能导致"灾难"或"突然死亡"。但是，没有流动性，也就没有安全性，没有安全性存在，盈利也就失去了意义。

（三）收益性

收益性指获利能力，作为银行企业，必须以自己的收入抵偿支出，并且盈利。盈利多少是银行企业经营成果的重要标志之一，不盈利的企业是不可能长期存在的。但是银行企业的盈利，必须在保证自身安全的前提下进行。

（四）公共性

银行作为金融企业要盈利，但是不能唯利是图。银行活动，多数是中介活动，信用中介、支付中介，是社会上筹资人和投资人的桥梁，一定要站在公正的立场上，维护双方的正当权益，不能利用自己手中所掌握的资金、信息、结算的工具，为某些企业服务，而有害于另一些企业。如只为本地区企业服务而对其他地区企业不负责任，或只为与自己关系好的企业服务而不支持或打击另一些企业。这样做，将使其丧失信誉，就是将自己的客户推出门去。推走了客户，就是推走了存款，推走了业务，其结果自己的负债业务、资产业务都将相对缩小，那么安全性、流动性、收益性也就无法实现。

公共性还要求贷款一定要考虑社会效益，不能只考虑企业的效益，更不能仅仅考虑银行效益。有些贷款，就企业、地区说可能是可行的、有效益，就国家、社会说可能是没有效益的，这样的事情，银行是不应当支持的。因经济是金融的基础，银行支持了国民经济比例的失调，终将引起银行的危机，虽然眼前可以赚笔钱，但到头来将会形成重大损失。银行与企业一荣俱荣，银行与整个国民经济更是休戚与共。

（五）分散性

银行经营的安全性，在很大程度上决定于合理的资产运用。为此，银行的市场经营策略，常常需要有将危险分散的观念，对贴现、贷款或证券投资的面要适当放宽，不可将自己的资金集中用于对某一个或某几个企业的贴现、贷款和证券投资，而且放款期限长短要相互协调，长期放款与短期放款也要各自交错，即长短期交错、各项长期放款时间交错。否则遇到企业经营不景气，或者在竞争中处于困境，必累及银行，或长期贷款同时到期或同时不到期均会影响银行资产的流动性，不利于避免市场风险。因而，银行资产的分散性是银行经营中一个必不可少的市场策略。

二、银行资产的运用

为了兼顾银行资产的安全性、流动性、盈利性和社会性，并使之得到最好的配合，在资金运用中必须要科学地运用。

银行通过自己的宣传和提供优良的服务，吸引广大客户，吸收了大量存款以后，第一个面临的问题是如何运用好这些资金。通常的办法是：

（一）建立第一准备

银行吸收的资金，必须有一部分以现金形式或随时都可以变成现金的其他资产形式保存，建立客户提存的准备金。其准备形式可以有：

1. 库存现金

一个对外营业的银行，必须有足够数量的库存现金，以保证正常业务活动的需要。库存现金数量，应根据营业收支活动的规律来确定。由于业务库现金，每天都有新存款的存入，有旧存款的提取，一收一支，可以相互抵用。因而一年之内不同季度、月份和一月之内上中下三旬的现金收支规律及收支抵用率，是确定库存现金的依据。我国各专业银行的基层行均由上级行会同同级人民银行核定业务库存现金限额。

2. 交存中央银行存款准备金

各国银行法都有规定，商业银行吸收的存款必须按照中央银行规定的存款准备率交存中央银行，为法定存款准备金。这部分上存的准备金，根据存款增减额度，定期调整。不少西方国家的中央银行对存款准备金每天都按商业银行存款变化调整一次。我国存款准备金现在规定为 10 天调整一次，另外，还要交存备付金。不论准备金还是备付金，均对交存准备金银行的客户提款负责。交存存款准备金是中央银行制度产生后集中准备的产物，即各商业银行自留备付金（准备金），为了保证支付，各银行总得充分留足。准备金集中中央银行以后，准备金总量就可以适当减少，而将存款尽可能用于贷放，以便盈利，并满足社会对资金的需要。因为各商业银行客户提存不会是均衡的，一旦一家或几家银行发生支付困难，中央银行便可以用集中起来的准备金去支援这几家银行，保证全体商业银行的安全。

3. 同业存款

同业存款是一家银行在其他银行的存款，习惯上称同业往来，即在其他有经常往来的银行建立活期存款账户。同业存在本行者，称同业存款；存在同业者，称为存放同业。这种存放同业的资金可以随时支用，如同现款。

（二）第二准备

仅有第一准备，并不一定能够保证随时有足够的清偿能力，还要建立第二准备。第二准备采用随时可以变现的短期证券及超额准备金、拆借资金。因为这类资产形式，随时可以变现，安全而流动，同时又有一定的利息收入，可以有适当的盈利，兼顾安全性，流动性。第二准备一般是用来解决季节性需要及意外的大量客户提存。第二准备的形式可以有：①短期证券；②可转让的定期存款单；③银行承兑汇票；④存在中央银行的超额储备；⑤银行相互拆借资金，在本行资金不足时限同业拆借；自己资金运用一时没有贷放出去，暂时多余，也可以拆借给别的银行；⑥按再买合同购入证券。银行在资金多余时可以与证券公司订立合同，购入一定数量的证券，如果急需资金时，还可以在规定时间内按规定价格，把证券卖给证券公司。

商业银行在建立了第一准备以后，等于架设了第一条防线，保持了起码的流动性和安全性。建立第二准备以后，等于架设了第二条防线，保证了充分的流动性和安全性。在做出上述两个准备保证之后，其余资金就可以大胆地用在尽可能盈利的贷款和投资方面。

（三）贷款与投资

银行资金的运用，主要是在贷款方面，包括信用贷款和抵押贷款或者贴现，这是银行资产运用的大头，也是银行盈利的主要来源。在贷款、贴现以外，也可以作适量的证券投资。信用贷款和证券投资一般都会有较理想的利息收入，当然也要承担一定的风险。这种风险就是能否按期如数收回的问题，如果不能收回本息或不能按期收回本息，都对银行的安全性带来影响。一般而言，盈利越高的资产，风险越大，安全性越小。那么，防御或转移风险，并求得最大盈利就是银行经营必须掌握的艺术。这个问题我们在后边还会讨论。

三、资金头寸的匡计

上述银行营运资金的摆布，是在理论上的分析，而在实际的业务操作中最困难的是各类不同层次流动性资产的数量安排，这一点任何专家都无法做出一个统一的比例。那就需要各家银行根据自己营业所在地的具体业务活动，摸索规律，如本地区经济特点、产业结构、客户组成及其存款规律、用款规律等，做出一年之中各季度、各月份和月中各旬的信贷收支、现金收支的匡计来，这种匡计实际是信贷计划、现金计划的具体化，以便调度资金，安排信贷。但是实际的业务活动，即每天营业所发生的实际收支却必须保证既要充分运用资金，不得闲置积压，影响盈利，又要保证支付，绝对不能发生"打白条"现象。这就必须做好每天的头寸匡计和资金拆借拆放。

一个银行企业每天都必须对自己的营运资金做出匡计，头寸不足，及时拆入，头寸多余，及时拆出，避免闲置浪费资金，同时又不发生无法应付提款。

每天匡计资金头寸，决定拆进拆出时，需要注意的因素有：①存款准备法定比率的变化；②存户数量的增减和存款额与提取额相互抵用的比例关系；③定期存款和活期存款的比例关系；④市场银根松紧状况；⑤贷款发放和收回情况；⑥汇出汇入与在途资金；⑦季节性变化；⑧其他政治经济因素。

根据以上分析资金增减变化规律，匡计一天资金营运的数额与差额，从而做出在短期资金市场上的行动方案。

信用风险与信用评估

一、银行贷款的风险

所谓风险，是指一种损失的可能性。它可以表现为收益的减少，或者费用增加，也可以表现为资产的损失等。商业银行对企业发放信用贷款会遇到一定的风险，这就是企业不能按期如数归还贷款，称为信用风险。银行在借贷市场上遇到的这种信用风险，是由于企业在经营活动过程遇到的风险造成的。

企业在经营过程中的风险，第一是财产风险，即由于社会的、自然的、政治的或经济的原因，造成企业财产上的损失，从而使企业失去或削弱支付和偿债能力；第二是责任风险，即企业在生产经营活动中造成对他人的身体、财产的损伤或损害，负有赔偿的责任，这样也会使企业的经济力量受到损伤而降低其偿还债务的能力；第三是个人风险，即由于企业领导人限于能力和经验，在组织管理企业中也可能因经营失误，造成企业财力减弱，失去偿还能力。

企业经营活动中的这些风险，由于信贷关系，与银行在财务上发生了联系，把这种风险传递给了银行，会使得银行的贷款不能按期收回。同时，银行不仅贷款给企业，也贷款给个人，个人在其生产生活中也会有种种风险，这种风险也会波及银行，给银行信贷带来损失。

二、银行应对信用风险的方法

银行在借贷市场上如何应对信用风险？一般说来，风险是客观存在的，通常采取以下方法应对风险：

（一）转移风险

转移风险，是设法把信用风险的一部分或全部转移给第三者或借款人，其办法是要求借款人向保险公司投保。个人借款者，投人身保险和财产保险；企业借款人投财产保险。同时也可以由银行向保险公司投保信用保险。这笔保险费用，当然也要加在借款人身上，否则仍是银行的损失。这样做，就是把借款人可能无法偿还债务的风险转移给了借款人。

（二）控制风险

控制风险，是把信用风险控制在一定范围内，或者缩小到最低限度，以至达到完全防止它的发生。一般说来，控制风险的办法主要有：对借款人提出一定的借款条件，如规定借款人的流动资产与流动负债必须保持某种比率，否则不予贷款；限制借款企业的股利分配，或限制其再向别的企业借款，以保证借款人对本行的偿付能力；派人介入企业，了解企业生产经营状况，帮助企业改善经营管理，提高产品质量，降低成本，扩大销路，以提高经营成果，保证贷款按时归还。

（三）防预风险

预防风险的办法是尽量不用信用贷款，而改为抵押放款，以借款人的商品、证券或其他流动资产或不动产作抵押品，并经过公证处公证，然后按一定比例提供贷款。企业如果按期偿付，即以还款赎回抵押品，如果不能按期归还，即行没收拍卖，抵充借款。这就要求银行需要有自己的仓库和拍卖市场。

（四）避免风险

避免风险的办法只有一种，就是拒绝贷款。这种办法一般来说是不可以轻易使用的。因为银行的任务就是对企业提供信贷，满足社会生产和流通的需要。同时银行不贷款不仅没有利息收入，而且因其资金来源是客户存款，还要支付存款利息，这样银行的盈利目标就无法实现。所以，对于信用风险一般应在调查研究和分析的基础上，先行转移、防预、控制，在使用这些办法以后，如果还不行，风险大的银行仍然无法承受，才可以采取拒绝贷款的办法。这种情况一般是借款人毫无信用或是骗子，要不就是这个借款企业的借款运用毫无经济效益。否则不会达到如此大的风险的。这一措施需与可行性研究相配合。

那么，银行在什么情况下采取什么措施呢？首先取决于对企业信用的透彻的了解，如果对企业情况知之不多或毫无了解，是无法做出风险判断和应对风险的决策的。所以，对于企业的信用分析和评估，就成为借贷市场安全经营的必不可少的事情。

三、信用评估的目的和内容

（一）信用评估的目的和意义

信用评估，也称信用分析，或称征信。对于借款人信用评估的目的在于评价企业未来偿还贷款的能力和意愿，确定银行信贷业务上可能遇到多大的风险。对借款的信用评估的意义，需要从经济管理体制来观察。在实行高度计划经济条件下，企业生产什么，生产多少，是由国家计划确定的，因而原材料的供应、资金的来源由国家计划确定，当然产品的销售也由国家计划包了下来。在这样的经济管理体制下，银行发放贷款的计划是跟着国家物资分配计划走，称"钱随物走"，企业无须担心原材料供给、资金来源和产品销售，银行也无须担心企业风险和信贷资金的安全。信用贷款是对国营企业和集体企业，对个人基本上没有放款业务。在这种体制下，信用分析和评估是没有多大意义的。在有计划商品经济中，企业是独立的商品生产者，个体经济是社会主义经济的一个合法的经济形式，专业银行是金融企业，工商企业、个人和银行之间是通过市场机制以商品关系联结起来的。作为企业的银行要关心自己资金的安全，作为工商企业和个体经营者，负有经济责任，因而借款人的信用状况就成为借贷市场上的重要问题。可以说，对借款企业和个人进行信用评估，是有计划商品经济的客观要求，是企业成为独立的商品生产者的需要，也是银行企业化的必然产物，是加速信贷资金周转、提高资金使用效益的有效方法。

（二）信用评估的内容

由于借款人有企业和个人两种，那么信用评估需分别企业和个人来进行。对企业和个人的信用评估，由于这两种经济责任人情况不同，其评估内容和方法也是不同的。

对企业的信用评估，主要是评价企业偿还贷款的预期意愿和偿债能力两方面的内容。

从企业偿还债务的意愿看，主要考察企业过去偿还债务是否积极、自觉，考察企业主要负责人对偿还债务的一贯态度，并看其经营活动是否一向真诚可靠，能否恪守信用，在未来的日子里是否也能做到笃诚付款。

从企业偿债能力方面看，要考察企业过去的财务状况与经营成果；考察企业现在的财务状况和经营情况；考察企业在未来的日子里是否会遭遇什么风险，以及未来的经营和财务趋势，其具体分析和评价的内容如下：

1. 企业概况及其实力

（1）企业性质是工业、商业还是农业。

（2）企业的所有制形式和隶属关系。

（3）它的产品和劳务质量在同行中地位如何。

（4）它的正常购销条件是什么。

（5）它的买方和卖方有无季节性。

（6）企业设备、交通条件如何。

（7）企业领导与职工的关系怎样。

（8）企业对销售产品和劳务是否负责。

（9）它是否能按时支付购货应付的货款。

（10）它对银行借款是否能按时偿付。

2. 行业特点及其潜力

（1）该行业的产品需求趋势如何。

（2）该行业的产品需求受经济发展影响程度。

（3）该行业的市场状况如何。

（4）该行业产品的价格是否可以随成本升高而上涨并不影响其销路。

（5）该企业产品价格和成本的水平。

（6）该企业利润率趋势如何。

（7）技术改造与产品供求会有什么影响。

3. 领导班子及其成功能力

（1）企业领导班子的构成。

（2）企业领导人在企业界的声誉如何。

（3）领导人的年龄结构、知识结构。

（4）领导人的经验及判断能力。

（5）领导人的道德信义与为人。

（6）领导班子受外界的影响关系。

4. 财务状况和盈利能力。

（1）资产负债表分析。

（2）损益表分析。

（3）财务状况变动。

（4）固定资产折旧情况及保险情况。

（5）库存商品物资情况，商品库存数量与销售情况，是否会霉烂变质。

（6）应收账款是否能按期收回，有无坏账，应收款项有无抵押和追索条件。

（7）有哪些无形资产，诸如商业信誉、商标、版权、租赁权、专营权，价格等。

（8）有无持有股票、债券等在外投资凭证。

（9）负债情况如何。

5. 流动比率

流动比率 = 流动资产 ÷ 流动负债。

6. 获利能力

毛利比率 = （销货收入 - 销货成本）÷ 销货量；净利比率 = 净利润 ÷ 销

售量；资产利润率＝净利润÷（资产总数－无形资产）。

四、信用评估机构和评估方法

（一）企业信用评估机构

对企业信用评估，不仅是银行安全经营的需要，也是企业之间相互发生经济往来进行安全稳妥交易的需要。由于分析和评估企业信用有一定的专门技术，需要有一定数量的专家，要对被评估的企业负责，因而必须设立专门的机构。这种专门机构，要经常调查研究，对从事某种经济业务的个人或企业的信用、资力和商业信誉等情况，分别评定其信用等级，向委托的客户提供所得到的信用资料，并收取一定费用。这种机构，可以是一种独立的商业性专设机构，也可以由商业银行的信贷机构中的咨询部门来承办。但不论哪种形式，必须是一个合法组织，有一定的权威性，不得损害企业的利益。

（二）信用评估的方法

不论是商业性的专门征信机构，还是银行的征信部，其信用评估的方法大体是相同的。

1. 要组织一批调查人员

这些人员要熟习业务，通过实地调查、委托调查、书面调查，掌握企业的各种情况。

2. 要作评级结论

要有一批专家对企业的发展方向、财务流动情况、偿债能力、获利能力、未来潜力、资本结构等进行评估，并做出评级结论。

3. 建立企业档案

供客户咨询使用，也供银行自己信贷决策使用。

4. 不断完善信用档案

征信调查不能一劳永逸，要不断地收集新资料、新情况，建立历史资料搜集和管理办法，与企业相关部门建立报表报送联系或聘请专人提供资料，请他们充当征信部的兼职资料人员。

5. 评估的基本方法

评估的基本办法是计算各种比率，如流动比率、纯收益与纯销售比率、应收账款与信用销售比率、流动负债或负债总额与净值的比率、投入资本与借入资本的比率、固定资本与资本总额的比率等。对不同比率分项记分，按其比率在企业资信中的地位及重要程度确定权数，经加权平均汇总，得出总分，确定企业信用度等级。

总之，有了对企业信用程度的评估资料，对企业的信用度有了一定了解，就可以对不同信用度的企业采取不同的信贷政策。信用高的企业，可以优先贷款，并提供优惠条件；信用一般的企业，根据具体条件放款；信用差的企业则可以采取抵押放款或不作放款等。实施区别对待，择优扶植的方针，从而避免银行信贷风险。

证券投资风险与投资策略

一、证券投资与信贷的差别

专业银行的资金运用，除了在借贷市场的贷款以外，还可以在证券市场上投资证券，即直接经营有价证券，以取得证券收益。这些证券可包括政府的公债券、国库券、企业债券和股票。

银行投资证券与银行的信贷业务同属银行的资产业务，但是这两类银行资产或者说这两种资金运用形式是有区别的。其主要区别如下：

（一）期限长短不同

一般说银行信贷提供信用的期限短，是向企业提供短期周转资金，尤其是商业银行，多作短期贷放，很少将资金投放长期贷款；而银行的证券投资，期限一般较长。

（二）授受信用的主动性不同

银行信贷是由借款企业主动申请，经银行审查同意后，才能提供信用；而证券投资则是银行主动去购买企业的证券和政府债券，并提供资金。

（三）流动性不同

银行贷款，一般只能是到期后由企业归还，不到期银行无权违约而提前向企业收款，到期一般可以按时收回；证券投资虽系长期融资，但银行可以向金融市场出售，随时变成现款，如果卖不出去，银行就不能变现，因而这种资产变现的可能性不如银行信贷稳定。

（四）银企关系不同

在银行信贷中，银行授信于企业，银行就成了这家企业的主要债权人，即使银团贷款，也是几个债权人之一。但是证券投资虽然银行也是授信给企业，但企业用证券筹资往往有很多债权人，银行仅仅是其中之一。

（五）风险与盈利不同

银行信贷风险小，自然盈利也低一些；投资证券风险大，盈利高。

二、证券投资的风险

前面谈过银行贷款给企业，由于企业在经营过程中会受各种因素的影响遇到风险，从而也就给银行贷款的安全回收带来风险。同样道理，银行投资，也会遇到风险，这些风险主要来自以下几个方面：

（一）信用风险

银行投资证券以后，如果遇到了证券发行人的财务状况不好，不能按期清偿债务，或者是政府债券，遇到政治动乱或经济上的特殊原因不能按期偿还或拒绝偿还，就给投资证券的银行带来损失。这种不确定的因素，就是证券投资的信用风险。

一般来说，投资政府债券风险比较小，正常情况下不会发生拒付问题。不过地方政府发行的债券比国家发行的债券的信用风险要大一些。企业债券相对政府债券风险又大些。

投资证券的收入与证券的风险相反，风险越大，证券收入越高。如果证券发行者的信誉高，即企业的信用评估等级高，证券质量好，其能给证券投资人带来的收入要低一些；相反，证券质量低，则风险大，证券收入就会高，这种质量低的证券在市场上的价格波动较大，商业银行一般不宜把资金用于风险太大的证券投资。购买高质量（高等级）低收入的证券是比较稳妥的。

（二）市场风险

证券投资的第二个风险是市场风险，即由于国民经济发生震荡，引起市场上证券供求关系发生变化，银行所持证券不便出售而被迫降低价格造成经济损失。

银行的主要资金来源是自有资本和存款。其中存款的比重是较大的。存款在短期内可能提取，这给银行的资金运用造成较大的压力。但是投资证券的变现能力也不能不予注意，一定要做到需要销售证券时就能够按照比较合理的价格出售而变成现款才行。各种证券中，一般说政府债券变现较容易，而企业债券变现的可能性相对较差。

（三）利率风险

证券投资的利率风险是指证券发行者不能按规定利率支付利息。由于市场上利率随着资金供求状况可能上涨或下跌，出现高于或低于债券固定利率。市场利率高于债券利率，债券的市场价格必将下跌，必然给投资人造成损失。所以银行投资证券还会遇到利率变动的风险。

（四）通货膨胀的风险

银行作证券投资以后，在通货膨胀的条件下，其未来证券的收入与通货膨胀所造成的损失相比较，真实收入会有多少，这也是证券投资所要考虑的风险之一，这种风险叫通货膨胀风险。因而投资证券必须考虑该证券到期日内可能发生的币值变动，必须设法让证券收入在补偿通货膨胀损失之后还要有所盈利，而且不能低于保存其他形式的资产所带来的收入。

（五）税收的影响

很多国家对有价证券投资收入要征收所得税，有的国家对购买国债和地方政府债券所得收入有减免所得税的规定，这对银行投资证券是有利的。法律对这类税收的规定和变动，对投资证券也会产生一定影响。当投资证券发生亏损时税收法律对这种亏损是否可作减免处理，是投资证券需要注意的问题。

（六）期限风险

银行投资证券，该证券期限的长短，在到期之前会发生什么变化和意外，这些不可预测的因素对于投资证券构成了风险。期限越长风险越大，而风险大的证券自然收益会高，这也是投资证券需注意进行选择的。

三、证券投资决策

上面已经谈到，银行投资证券会遇到种种风险。一般来讲，风险越大，其收入越高，风险越小，则收入越低。银行投资证券，当然是为了盈利，不盈利的投资对一个企业来说是不可行的。在盈利和风险的矛盾中，如何做出决策，这是银行投资证券中的关键问题。银行运用自己的资金去投资证券时，究竟选择购买哪种证券？用什么条件来购买这种证券？由于各个银行规模有大小，所在地区和条件有差异，以及银行经营管理能力的不同，在选择投资政策并做出决策时是有区别的。然而，我们不可能对每个银行的策略做出描述。不过银行经营证券业务的基本策略，应当说是有共性的。一般来说，商业银行经营证券投资业务的基本策略有以下几方面：

（一）投资质量高、收益多的证券

银行投资证券首先应投向证券质量高、收益多的证券。证券的质量高主要是指证券信誉高，容易销售，投资安全。分析证券质量高低，主要是分析发行者的信用、财力、获利能力、证券发行条件、有无担保以及市场情况。对此，有专门机构制定证券质量标准，划分证券为若干等级，经过专门的评定机构确定证券的不同等级，以供投资人和经纪人参考。证券收益的多少有两方面内容：一是证券的利息收入，即发行者那里按息票利率收到的债券利息或股票股息；二是资本收益，即证券价格上升所带来的额外收入。但是，证券质量高与收益多往往是矛盾的，收益多则质量低，收益低则质量高。对此，银行决定投资证券时，首先要注意二者兼顾。力求既质量高又收益好。在实际业务中，如果只求质量，牺牲收益，遭受损失可能会小些；如果过于贪图收益而忽视质量，可能会得不偿失。这里要权衡轻重，不可过于死板。其次还要注意到市场利率波动对证券价格所带来的影响，如果市场利率是上升趋势，证券价格将会下跌，使资本收益减少，所以在投资质量高、收益多的证券时，要十分重视市场利率趋势所造成的收益变动。

（二）投资流动性强、易变现的证券

银行投资证券不仅要注意证券质量高、收益多的证券，还要注意流动性良好、容易变现的证券，即证券可以在公开市场立即出售变成现款。这样既能保证经营中对支付客户存款的要求，又可以在市场风险扩大时避开风险，以求变换资产形式，达到保值的目的。

这一要求与上述第一条是矛盾的，流动性好的证券，一般是质量好的证券，却不是收益高的证券，为了保证银行的安全，在流动性和收益性发生矛盾时，首先还是要考虑稳妥和安全。

（三）用"阶梯法"、"杠铃法"分散投资数额

为了分散风险，银行投资证券不可以把全部资金或大部分资金仅投资于某一种或某一类证券上，应力求分散投向不同证券。分散投资可以达到分散风险、限制风险甚至避免风险的目的。

分散投资于不同种类证券以减少风险的道理是比较清楚的。因为，证

券有的风险大、有的风险小，不一定会同时发生风险，若集中投资于一种证券，一旦该证券发生不能偿利，银行必然破产。同时特别要注意的是在证券的期限上即到期日一定前后错开，不可集中。这样做，一是可以保证经常有到期证券，收回资金，灵活运用，保持清偿能力；二是避免市场利率波动对证券收益的过大影响。错开证券到期日的方法有两种：一是阶梯法；二是杠铃法。

所谓阶梯法，就是把投资于证券的资金按相等数额分别投放于一定年限内的每个年份，每个年份都有到期债券。这样做的好处是计算简便，收益稳定，便于管理，缺点是不易在市场利率发生较大变动时调整到期日。如果需要调整到期日以避免利率变动造成的损失，可以进行买卖证券重新安排期限。

所谓杠铃法，就是保持一部分期限很短的证券（如一年以内），而把其他资金投入收益高而到期日长的证券上。这样做，其好处是可以使短期证券收益率随商业条件变化和借贷市场状况而波动，以抵消长期证券投资的收入结果。如未来利率上升，长期证券收入比计划减少。证券贬值，但却因短期证券已到期，把收入的资金再投入高收入的证券，以保证证券总收入不降低甚至可以升高。如果未来利益下降，短期收入减少，但长期证券的收入又可以抵消短期证券收入的损失。而且，这一方法还可以为银行提供更多的可以灵活运用的资金。

（四）套期保值，避免风险

证券市场有现货市场与期货市场之分。由于市场利率变化和价格的预期差异，同一证券的现货价格和期货价格是不一致的，这样就可以运用现货市场和期货市场作套期买卖，以求得保值，并避免风险。

（五）选择权交易，减少风险

金融市场的选择权交易方式为证券投资者提供了既盈利又避免或减少风险的条件，这是商业银行投资证券的常用方法。

城商行及其运营管理

背景说明

本文是 2010 年 12 月 18 日在晋商银行干部培训班上的讲稿。培训班多为业务骨干，共同讨论城市商业银行的运营管理。文章谈到商业银行面临挑战，必须加强营运管理，转变思想，创新业务，推进流程银行管理模式等业务。

一、银行业面临的形势

国内外经济金融的形势对城市商业银行有什么影响，需要我们思考。国际方面，美、欧、日银行系统在金融危机后恢复正常融资功能之前，量化宽松的货币政策不会退出，这对商业银行融资功能会有部分替代作用。2010 年 11 月，首尔 G20 峰会上《巴塞尔协议Ⅲ》获得正式批准，对商业银行的资本提出更高的要求，欧美银行有毒资产尚未完全消化，这会加大银行扩张的约束力。在美、欧、日的低利率条件下，热钱流向新兴市场国家不可避免。国内方面，12 月 10 日中央经济工作会议肯定了"十二五"期间的工作主线，就是要加快经济发展方式转变，促进经济长期平稳发展，同时在此基础上保持社会的和谐和稳定。会议明确了 2011 年经济工作的目标是："遏通胀、促转型、保民生"。将 2010 年"管理通胀预期"，替换成"抑制通胀压力"。这样控制货币，搞活金融就是今后一段时期金融政策的取向。

如何控制货币？如何搞活金融？控制货币，就是让货币政策回归稳健，即 M2 = △GDP + △CPI + 1 或 2 个百分点。2001 ~ 2005 年 M2 增速超过 GDP + CPI 增速 5.4 个百分点；2006 ~ 2007 年超过 2.8 个百分点；2008 年至 2010 年第三季度超过 9 个百分点。货币供应量超过 GDP + CPI 的增速过多，会加大通货膨胀的压力，催生资产泡沫（包括房地产泡沫）。

存款准备率、再贴现、窗口指导等货币政策工具不可能放松。

搞活金融，需要货币市场与资本市场更加灵活地为企业服务。商业银行当前面临着越来越激烈的竞争，且面临着实力雄厚、手段老练的外资银行的竞争，迫切要求国内银行业从业人员的职业化有一个质的飞跃。国内各商业银行都在苦练内功，改革创新，培训引进人才，提高自身竞争力——发展战略策划、银行品牌建设、银行市场营销、银行经营决策和实务、全面成本管理、人力资源管理等。可以说，中国银行业的生存空间正发生深刻改变，包括约束条件、外部环境、社会需求。那么，我们晋商银行必须看准经济金融变动趋势。

（一）约束条件变化

《巴塞尔协议Ⅲ》涉及几项核心指标：如资本充足率、动态拨备率、杠杆率、流动性比率。银行普通权益资本充足率的最低标准要达到 4.5%、一级资本充足率要达到 6%、总资本充足率要达到 8%，另外，资本留存要达到 2.5%、反周期缓冲为 0% ~ 2.5%、系统重要性银行要再加上 1%。

银监会正在研究梳理我国资本监管政策规划，统筹考虑 1988 年资本协议、新资本协议和监管新规划的要求，审慎设定资本充足率监管标准，对所有银行实施留存资本缓冲要求，并考虑对系统重要性银行设置附加资本要求，通过资本监管实现微观审慎和宏观审慎监管目标。所以，城商行的资本监管的压力将增大。

动态拨备率的问题，以前的要求是针对不良资产提取拨备，即要求贷款损失准备金占不良贷款的比例原则上不低于 150%；现在则增加了针对贷款余额提取拨备的要求，即商业银行贷款损失准备金占贷款余额的比例原则上应不低于 2.5%，按两者孰高的要求执行。从这种角度看，过去质量高的银行现在面临的挑战更大，而不良资产多的银行境况反而要好些。

目前，我国银行资产还是以贷款为主，风险资产占比较高，这和我们的经济发展模式是相一致的。但是上述监管环境的变化势在必行，对商业银行资本管理、盈利能力都将产生很大的冲击。

（二）外部环境变化

1. 利率市场化

目前中国只有存款准备金率及存贷款率没有放开，其他的同业拆借、票据贴现、转贴现、国债及公司债都放开了。中国的利差相对于西方发达国家是很大的，这是目前中国银行业盈利的重要基础。利率市场化要求银行制定出一定的应对之策。

2. 银行业正面临脱媒考验

包括资本性脱媒和技术性脱媒。资本性脱媒由直接融资市场发展引起。表现为银行面临资产、负债两个去中介化。资产方面，客户通过发行债券偿还银行贷款，不利于银行的信贷资产增长。如优质客户一旦被批准发行债券，就立即还掉银行贷款。负债方面，在流动性宽松、通货膨胀造成的负利率情况下，银行存款上不去，加上证券、保险、基金及私募基金的兴起，使储蓄失去了吸引力。同时，银行利差收入比重下降，若无非利差收入补充，利润水平将下降。技术性脱媒源于银行的支付中介功能。结算一直都是银行垄断。现在不同了，阿里巴巴的第三方支付迫使银行让出了部分支付平台。第三方支付增长率近四年年均增长100%，2009年第三方支付总额达5550亿元，2010年肯定能突破1万亿元，对银行业的传统职能是严峻挑战。

（三）社会金融需求变化

1. 财富管理业务快速增长

2009年中国个人财富增长超过英、德两国成为世界第三，仅次于美、日。近五年招商银行卖理财产品的中间收入年均增长150%。

2. 中小企业的业务需求增长

中共十七届五中全会做出转变经济发展方式和调整经济结构的决定，中国将不再单纯追求GDP和大项目拉动，转向结构调整。中小企业加快发展，金融需求大幅度增长。

概括起来，商业银行面临五大问题：一是约束条件，关乎《巴塞尔协议Ⅲ》；二是利率市场化趋势逐渐明朗；三是社会金融需求在急剧变化；四是中国经济正面临结构调整；五是银行业面临金融脱媒。

银监会王兆星副主席告诫银行五个不可持续：一是过度依赖贷款增长的粗放模式不可持续；二是过度依赖存贷利差的盈利模式不可持续；三是

过度依赖大企业、大项目和政府背景项目贷款增长和盈利不可持续；四是单纯或过多地寄希望于未来跨越式经营和业务雷同的同业恶性竞争不可持续；五是快速的信贷扩张和资产扩张依靠频繁的融资进行支撑的模式不可持续。

这就是商业银行面临的形势。

二、提高运营管理水平

提高商业银行运营管理水平，关键在于改变经营模式，加快转型发展：要转变观念；要不断创新；要提升管理。

（一）转变思想

1. 规模速度与业务创新

商业银行应将规模扩张、速度冲刺的传统观念转变为业务创新的内涵发展。晋商银行初创，既要规模速度，也要业务创新。外延发展与内涵发展并重。机构、网点布局，增资重组。

2. 融资中介与服务中介

改变以存贷款为主导的经营模式，从传统的融资中介向服务中介转变，推进银行业务多样化和盈利来源多元化。商业银行是服务行业，业务最终应回归于服务本质。为此，银行要大力拓展以提供支付、结算、汇划、现金管理、理财和财富管理、基金托管、代理业务、顾问咨询等服务为核心的中间业务，重视零售业务、中小企业业务和中间业务。

3. 优化投向与转型发展

信贷投向应当支持产业升级与经济结构调整。按照国家经济发展方式转型和山西转型跨越发展的要求，合理配置信贷资源的行业布局。信贷资金主要用于传统产业技术改造、战略性新兴产业、现代服务业、节能减排及污染防治等国家重点支持领域，同时优化自身的信贷结构。积极扶持战略性新兴产业发展，加大对自主创新和科技进步的支持力度，推动我国经济走上创新驱动的发展轨道。

思想转变上，我们可以学习山西票号。当年票号曾经对异地汇兑、存款放款，实行"北存南放"的战略，没有分支机构的地方通过当地钱庄。

（二）业务创新

1. 历史经验

不断的金融创新是历史上晋商的银行的核心竞争力，成功的金融创新是它的商业伦理与处世哲学。票号的金融创新有三四十项。有金融工具创新、金融机构创新、金融业务创新、金融技术创新、金融制度创新等方面，如逆汇、代办捐纳印结。

2. 现代银行业务创新

适应新形势、新变化、新需求推出新业务。如年轻人重理想化、科幻化，羊群效应，常常是有钱就投资，没钱就透支，喜欢信用卡。建议重视银行卡与网上银行业务。

3. 中小企业金融

长期以来各银行都不想贷款给中小企业，因为这类企业管理不规范，资质差。必须研究新办法，通过创新融资制度与方法来解决。

（三）提升管理

1. 学习

学习并制定知识型银行的经营战略与营销策略。学习并建立银行、员工、顾客三赢的目标理念，运营成败的关键在于领导成员的知识、能力和相互合作；学习商业银行运营知识，学会分析和诊断所在支行存在的问题，找到改进方向；学会评价经营业绩的基本财务指标和衡量企业市场价值的方法。

2. 不断完善总分行制的经营框架

根据客户的特点重新塑造适应于晋商银行发展的对外组织体系，打破传统的分支机构的行政性设置方式，由过去按行政区域设置改为按经济发展的水平设置，按客户需要设置，压缩不必要的分支机构和管理层次，节省行政管理费用，抢占市场。

3. 把经营放在第一位，调整部门结构

根据"精简、效能"的原则，合并缩小非业务性机构，加强资产负债管理、风险管理、内部稽核及财务管理和信息管理等部门。把业务经营放在第一位，减少带有行政色彩的"官本位"机构。

4. 确立一切活动必须以获得客户的最大满意为目标

尤其是对待大客户、重要客户更要加强服务，重点支持，防止客户流失。如实行前台业务柜员制，根据"兼职负责，一人多岗"的原则，将前台业务由传统的多项业务、多人操作转变为由一人单独经办，实现综合业务一体化。由传统的复核制改为柜员制，提高办事效率，减少客户等待时间。

5. 提升管理还包括资本管理、风险定价管理、成本管理等

资本管理在于降低资本消耗，扩大创利资产；提高风险定价能力，在于做到风险可控、最终提高资本回报率；成本管理在于通过资源整合、流程改造、人工效能的充分发挥等手段降低成本。为此需要做到以下几点：

（1）努力在业务发展中实现资本节约。资本是银行经营和抵御风险的最核心资源，在业务发展中实现资本节约，是商业银行可持续发展的必然要求。所以商业银行要立足于内部挖潜，尽可能减少业务发展对资本的占用，从对资本的高消耗转变为对资本的合理使用，努力提高资本使用效率。

（2）调整优化客户结构和业务结构。在不断扩大客户基础的前提下，努力提升有效客户占比，改善客户的规模结构。改变授信客户主要集中于第二产业的状况，引导信贷资金流向第一、第三产业，推动产业结构调整和升级，促进产业协调发展。对私业务要客户细分，在不减少一般客户的前提下，努力增加高端客户的占比。

（3）整合优化服务渠道，提升服务手段。一是加快推进传统网点渠道的转型，使网点由交易型、操作性向营销型、服务型功能转变，充分发挥网点在客户营销和业务拓展中的作用。二是把网上银行、电话银行、手机银行等电子银行作为提升银行核心竞争力的战略措施，借助信息技术，延伸银行服务触角，使银行服务走进千家万户。

（4）推进银行流程整合与组织架构调整。建立面向市场、以客户为中心的流程化管理模式。构建扁平化、集中化、垂直化、专业化的组织架构。实施战略业务单元的经营模式，整合客户关系部门和产品部门，前台对客户统一营销，中后台实现业务集中处理和风险监控。

三、构建流程银行模式

晋商银行组建运营部，是构建现代商业银行组织架构、集约化业务运营管理体系和加快流程银行建设的最大措施。这有利于明晰全行经营管理的前中后台职能，优化业务流程，为客户提供更便捷优质的金融服务，而且有利于提高全行风险控制的专业性和前瞻性，有效防范操作风险。

流程银行的概念，是刘明康主席于 2005 年 10 月在"上海银行业首届合规年会上"提出来的。他认为，目前我国银行业存在很多弊端，合规失效的问题严重，有章不循、长期不执行内部管理规章制度和操作流程，

内部相互制衡机制难以有效发挥作用，给银行业造成了严重的资金损失等。他认为弊端之所以存在，是因为合规化管理仍建立在"部门银行"基础上，导致针对客户需求的服务、创新和风险防范等受到人为地限制，出了问题相互推诿，难以查处。所以，他提出了将"部门银行模式"改造为"流程银行"，创新一种全新的银行模式。

"流程银行"是一种以客户为中心的商业银行管理模式，是通过重新构造银行的业务流程、组织流程、管理流程以及文化理念，颠覆性地改造传统的银行模式，并使其彻底地脱胎换骨，由此形成以流程为核心的全新的银行模式。

近年，我国商业银行纷纷由传统的"部门银行"向现代化"流程银行"转型。建立规范化、流程化的管理体系。"流程银行"以客户为中心，以市场为导向，强调内部主要业务条线的系统管理和统一核算，其核心是根据客户类别，将业务分设成一系列能快速反映和满足客户需求的业务流程，并将经营决策点直接定位于业务流程执行的地方。

（一）从价值链分析入手，突出核心业务流程

构建流程银行，应着眼于业务活动流程与客户价值贡献的大小。对银行来说，任何一个对产品或服务没有贡献的流程，都是不增值的流程；对业务流程来讲，任何一个提高成本而对流程输出没有贡献的活动，都是不增值的活动。业务流程再造，必须突出有利于形成核心竞争能力的核心业务流程，而把一些低附加值的、不再能体现领先优势的业务流程，如非金融业务、后勤、员工培训、科技开发等业务流程进行外包。银行的核心能力，主要是银行的融资能力、产品创新能力、销售能力以及特有的服务手段等。

（二）研究流程间的逻辑关系，简化业务流程

执行流程过程，插手的人越少越好；在客户看来，流程越简便越好。所以，一是将分开的、重复的多道工序进行合并。如信贷业务流程，可以采用客户评价取代受理审查、贷前调查、项目评估、风险审查等多道工序环节等。二是减少不必要的审查环节。信贷可推行一级审批制，将过去的支行、分行、总行层层审核，变为"一级审批"。三是将分产品的业务流程，改为"一揽子"业务流程。推行客户经理制，培养客户综合服务专员——客户经理，将银行传统的存款、贷款、中间业务、国际业务等统一交由客户经理负责，向客户提供一体化营销和全面的金融服务。四是将串

行流程改造成并行流程。通过网络以及数据库技术，将新产品开发、信用评估、文件阅示等，转化为同步方式，提高流程的效率。

（三）以客户为中心，实现业务流程多样化

流程银行业务管理体系应当是扁平化的适度分权。在重设分支机构的基础上，前台直接为客户提供一站式、全方位服务；后台为全行提供后勤支援和中央化操作服务。组织结构设置上，以客户分类为中心，按照市场定位设置客户部门，如为中小客户服务的零售银行部、为高收入阶层服务的私人银行部、为中小企业服务的商业银行部、为大型企业公司服务的机构银行部等。高管人员分工，以特定客户群进行界定，减少内部协调，降低决策成本；同时建立系统的独立的风险管理部门和内部监察审计部门。在设计业务流程时，应当区分不同客户群以及不同的场合，设计不同的流程版本。业务处理应有灵活性，如受理贷款申请，可设计出低、中、高三个风险类别流程小组。经过初步信用审核后：对低风险客户，交由低风险流程小组以更为简化迅速的办法处理；对中风险客户，按例行的标准化程序办理；对高风险客户，须由高风险流程小组附加特殊的处理机制来分析和研究。

（四）应用标杆瞄准技术进行业务流程改造

标杆瞄准就是以同业优秀企业的做法为标杆，创造性地加以改进，并依据优秀企业的业绩指标相应设置自己的业绩目标。在借鉴的基础上实现跨越式发展。实现业务流程的数量化和自动化，要以满足客户需要和加强风险分析为出发点，把业务管理与市场营销结合起来，建立健全业务的电子网络系统，倡导以网上银行、自助银行为主要内容的直接服务，大力开拓网络市场。逐步建立能够自动处理的数量化风险分析和金融产品定价模型，建立内部计价和成本核算机制，运用数量化的专门技术对各种业务运营风险进行全面监测管理，完善风险防范责任制度。把岗位制约、责任制约、程序制约等机制有机结合，逐步实现风险和收益的均衡。

（五）应用信息技术进行规范化、集成化的系统改造

建立起基于信息集成的流程架构，任何数据，由一个部门、一位员工负责输入，其他部门、其他人员不再需要重复输入，减少重复劳动、提高效率、避免差错。输入的数据，按照一定的规则运算或处理的结果，必须存储在规定的数据库中，能够立即为所有授权人员共享。如某个客户经理把贷款情况录入系统以后，会计部门在进行账务处理时无须再根据有关单

据重复录入。加强客户信息管理，实现客户管理信息的标准化和开放性，并对客户信息集成进行数据挖掘和分析，确定客户价值和风险度，对于不同价值和风险的客户进行等级管理。各级分支机构需要配备专门人才从事客户信息调研分析工作。

（六）处理好中长期规划和分步推进的关系

推行业务流程为主导的管理模式，不是以部门为中心的管理模式，而是以客户为中心、条线垂直运作管理和考核为主、后台业务集中处理、前中后台分离与制约、以流程落实内控的便利化、信息化、自动化、智能化和标准化。所以要有规划，还要有分步推进的安排。

总之，构建流程银行的关键，就是要遵循以客户为中心的原则，最有效地满足市场和客户需要、最有效地促进业务和管理发展的要求，设计完整灵活的业务和管理流程，重塑银行业运营的组织架构。

中央银行

中央银行制度的演变

背景说明

　　1982 年前后，建立中国独立的中央银行机构成为理论界议论的热点。作者和慕福明计划合著《中央银行概论》一书，作者编写中央银行的历史演变与基本理论方面内容，慕福明编写中央银行的组织管理方面内容。1985 年完成初稿，1986 年由中国金融出版社出版。这本书得到了时任人民银行总行金融研究所所长崔启仪和上海金融研究所研究员盛慕杰两位老先生的支持，成书后盛老评价其是"我国第一部系统地专门论述社会主义中央银行的著作"。该书获山西省第一届社会科学研究优秀成果一等奖。文章是该书第一章的一部分，曾发表在《山西金融研究》1983 年第 12 期和 1994 年第 1 期。后被甘培根、林志琦收录于《外国银行制度与业务参考资料》，中央广播电视大学出版社 1987 年出版。

　　银行，作为经营货币这种特殊商品的组织，迄今已有四五千年的历史，早在公元前 2000 年的古巴比伦的寺庙里已经开始了这种活动。但是与近代产业资本相结合的银行，则是 1694 年在英格兰开始的。英格兰银行的创始，标志着资本主义银行的产生。英格兰银行的诞生到现在整整经历了 3 个世纪，可是中央银行度过的岁月并不长，尽管中央银行也是以英格兰银行为最早，但毕竟是英格兰银行度过了自己的 150 岁生日以后的事。1844 年，中央银行不声不响地来到了人间，人们对它都很陌生，直到第一次世界大战以后，它的作用才逐渐被认识，方知中央银行在稳定币值、安定金融市场方面有着不可忽视的作用。第一次世界大战以后，特别是第二次世界大战以来，中央银行昂首走在各类银行前列，成为天之骄子，独享货币发行权，充当最后贷款人，手执政府授予的尚方宝剑，执行金融纠察，举世瞩目，人们不再感到陌生。但是中央银行理论仍很年轻，不论是当代资本主义国家，还是社会主义国家，都未能建立起完整的中央银行理论体系，非但名称不一，组织各异，就连中央银行的定义也不统一。甚至在一些经济落后的国家和地区，或长期喜欢使用行政权力指挥经济而不习惯于用经济办法管理经济的国家，至今仍有不少人不相信中央银行的才干与威力。我们要建立具有中国特色的社会主义经济体系，必然要求建立具有中国特色的中央银行，那么研究中央银行的产生、发展及规律性，当然就成了不可回避的事情了。

一、中央银行产生的客观经济基础

18 世纪后期到 19 世纪前期，"资产阶级在它的不到一百年的阶级统治中，所创造的生产力，比过去一切世纪所创造的生产力还要多、还要大。自然力的征服，机器的采用，化学在工业与农业上的应用，整个大陆的开垦，河川的通航"，[①] 推动了社会生产力的迅速发展和商品流通的迅速扩大，也带来了货币信用业务的迅速扩大。资本主义银行业也随着资本主义工业的发展迅速地建立了起来，在资本主义发展最早的英国，1776 年有银行 150 家，到 1814 年则发展到 940 家，增加 6 倍多。与此同时，私人银行限于资力，在竞争中不断地衰落、改组，而股份银行却在一天天扩大。这种此消彼长的趋势，在 19 世纪初期随着工业发展和经济危机的刺激而迅速地发展，1827～1842 年，股份银行由 6 家发展到 118 家，私人银行从 1826 年的 554 家减少到 1842 年的 310 家。

股份银行的增多、资本的扩大、小银行破产倒闭以及引起信用纠葛，给银行券的流通和金融市场带来了许多麻烦。出现了一系列新问题，其中最主要的问题有以下几个方面：

（一）银行券发行问题

最初每个银行都有发行银行券的权力，保证所发银行券随时兑现。但事情的发展并不那么顺利，随着银行数的增多、生产与流通的发展以及市

---

① 《马克思恩格斯选集》，人民出版社 1972 年。

场的扩大，银行券的流通一天比一天复杂化，明显地出现了两个问题，成为生产与流通的障碍：一方面，由于资本主义竞争的加剧，经济危机的震荡，破产银行无法保证自己所发银行券的兑现，诉讼不断，引起社会混乱；另一方面，一般银行限于资力、信用和分支机构等问题，所发银行券只能在当地和较近地区流通，在较远的地区则信用未著，难以行使，给生产和流通造成了困难，从而在客观上要求有一个资力雄厚的银行发行一种能在全国流通的货币，这只有有一定权威的银行机构才能做到。

（二）票据交换问题

随着银行业务的扩大，收受票据数量也一天天扩大，各银行之间的债权债务关系复杂化了，由各行自行轧差当日清理已成了问题，不仅异地结算矛盾突出，即便是同城结算也很困难，客观上要求有一个统一的票据交换和债务的清算机构。虽然当时在一些城市已经建立票据交换所，但多数被大银行把持，不能为小银行利用。因此，建立全国统一的有权威的公正的清算中心，已成为金融事业的一个必然趋势。

（三）最后贷款人问题

随着资本主义生产和流通的扩大，对贷款的要求不仅是数量的扩大，而且期限延长。商业银行如果仅以自己吸收的存款进行放款，远远不能满足社会经济发展的需要，而自己的发行又受到地区和信用的限制，且存款用于贷款过多，还会发生偿付能力不足的问题。那么补充新的资金来源就显得很有必要。同业透支、拆借都只能解决小量的暂时困难，要适应集中各家银行的一部分现金准备，当某家银行发生支付困难时，给予贷款支持，以免其在信用危机中遭遇破产的厄运。

（四）金融管理问题

随着银行业的发展，货币信用市场需要政府进行必要的管理。资产阶级政府对金融事业管理，不能不依靠专门机关进行，以便对全国的银行、货币、金融市场做必要管理和监督。中央银行就是在这样的历史条件下应运而生的。

但是，中央银行的产生，并非一下子就成为发行的银行、清算的银行、银行的银行、政府的银行。正如一个新生儿对社会一无所知一样，它是在不断的实践中逐渐成长起来的。

二、中央银行的发展

自1844年英格兰银行开始集中货币发行权以来，迄今一个半世纪了，中央银行的发展大体上可以分为三个阶段：

（一）第一阶段：从 19 世纪中叶到第一次世界大战以前（1844～1913 年）

这一时期设立中央银行的必要性，只是在个别国家的部分地区为人们所意识，并未成为世界人们所注目的事物。它是在 1844 年英国货币发行金准备的大争论中，悄悄地降临到英国的伦敦。

人们不会忘记资本主义周期性经济危机最早是在英国的土地上发生的。1825 年和 1837 年爆发了历史上两次最早的周期性经济危机，并冲击了整个英国的国民经济。这两次危机本质上是生产过剩危机，但危机爆发点却是从货币信用领域突破的。自拿破仑战争以后，英国的工业发展很快，1821～1825 年棉纺织和冶金工业生产增长了 50%，使信用跟着扩大，同时，英国对拉丁美洲的投资扩大，特别是矿业公司股票虚幻的看涨，促成了股票交易和投机狂热，这种没有生产基础的交易和投机的盲目增长，超过了市场容量，于 1825 年夏首先出现了证券交易所危机，股票行市下跌 40%～70%。接着而来的是支付手段的缺乏、货币不足、信用中断、存款逼提、贷款被迫冻结。1825～1826 年就有 140 家银行倒闭，并且发生了国际收支逆差，黄金外流，存款人和银行券持有者对银行失去了信心。事过之后，痛定思痛，资产阶级认为货币信用问题是危机的根源，便从货币信用方面寻求防止危机的办法。从而酿成了 19 世纪上半叶的一场关于银行券发行保证的大争论。1844 年英国首相比尔主持通过了《英格兰银行条例》（亦称《比尔条例》），认为英国货币最低限度的流通量为 1400 万英镑，这一数额的银行券不会要求兑现，可用于政府借款保证，无须黄金准备，超过此数额银行券发行必须要有百分之百的资金准备。当时全国有 200 多家银行享有发行权，《比尔条例》规定，新增银行和旧有银行改组合并，就失去了发行权，这些银行停止发行时，英格兰银行可以增发停发银行券，银行发行减少 2/3。随着资本主义竞争和银行集中化趋势的发展，地方私人银行逐渐被股份银行所吞并，丧失了银行券发行权，相反英格兰银行的发行数额却增加了。1844 年在英格兰银行之外尚有 279 家银行拥有发行权，可发行 800 万英镑，到 1910 年剩下 60 家银行只能发行 100 万英镑，而英格兰银行发行增加到 3000 万英镑。它就这样一步步垄断了全国货币发行权。

随着英格兰银行发行权力的扩大，地位日益提高，许多商业银行便把自己的一部分现金准备存入发行银行，他们之间的债权债务关系，便通过英格兰银行来划拨冲销，而票据交换所的最后清偿也通过英格兰银行来进行。在后来几次经济危机的打击下，英格兰银行居然能岿然不动，商业银行便围拢过来，犹如百鸟朝凤。英格兰银行取得清算银行的地位，开始于1854年，到1876年英格兰银行半数以上的存款，就已经是各商业银行的活期存款账户上的存款了。早在1825年和1837年两次经济危机中，英格兰银行曾经对普通银行提供贷款，在后来的1847年、1857年、1866年的周期性的经济危机中，国会不得不批准英格兰银行的货币发行暂时突破1400万英镑的限制，用它的银行券支持一般银行，充当了"最后贷款人"角色。在经济繁荣时期，商业银行更得大量直接或间接对工业家和商人们办理票据贴现，可是他们资力毕竟是有限的，只能在其资本和所吸收的存款范围之内，向发行银行要求重贴现。英格兰银行作为"银行的银行"就这样确立了。

在英国，自19世纪后半期，随着科学技术的进步，电报的使用，各地金融中心连成一体，英国的海外银行在伦敦设立分行，使英格兰银行不仅成为全英的金融中心，而且也成为世界金融的中心，伦敦就成了世界的黄金市场和国际贷款者，于是英格兰银行的资产及负债均迅速扩大。为了适应国内外负债的提存需要，英格兰银行经过长期的摸索，终于形成了有伸缩性的再贴现政策和公开市场活动等调节措施，这是近代中央银行理论和业务形成的基础。

在法国，中央银行的产生又有自己的情况。1789年法国资产阶级革命强烈地刺激了法国资本主义的发展，为适应工业资本发展的需要，1800年组成了法兰西银行并发行银行券，1808年法案给了法兰西银行在全国开设分支行的权力，1848年又有9个省的发行银行与之联合起来，从而整个银行券的发行就由它集中起来了。这个银行最初国家就给了3000万法郎的投资，后来增加到18250万法郎，总经理与副总经理由国家元首任命，从而使法兰西银行与政府的关系一开始就很密切。19世纪30年代，它曾给君主政体的政府以帮助，1848年二月革命它又站在反对革命的一边，力图使共和国失去威信和引起金融危机，不过后果却是打击了自己——银行券的大量挤兑，濒临破产。后来小资产阶级的临时政府给了它帮助。1871年巴黎公社革命，它又是反革命的金融支柱，供给凡尔赛反革命集团以25800万法郎的货币。在普法战争中，法兰西银行又成了向普鲁士投降的反动派的金融后盾。很明显，它一开始就在政府的银行方面迈出了较大的步伐。这是法国中央银行的特点。而作为银行的银行它比格兰银行显然是慢得多。但在19世纪70年代以后开始起步了，这与股份银行成立较晚是有关系的。

美国中央银行走的是另一条道路。1782年成立的北美洲银行是美国具有现代意义的第一家银行，到1861年美国的银行有2500家，然而都不稳定。1791年国会批准建立第一所国民银行——第一美洲银行，联邦政府掌握股权20%，掌管政府存款，为全国各地转拨资金，并通过拒收过度发行钞票的州立银行的银行券或拿这些银行券去要求发行银行兑现黄金，借以管理州立银行，从而受到各州立银行的攻击，仅过20年到1811年就短命夭折了。1816年政府批准第二美洲银行开业，亦落得同样的命运。1833~1863年出现一段自由银行制度时期，货币流通和信用都很混乱。1861~1865年的美国国内战争，给美国资本主义的发展以有力的刺激，从而也提出了对于货币信用的要求。1863年美国国会通过了全国货币法案，建立国民银行制度，在财政部下设立"货币流通监理官"，监理国民银行的活动。要求发行规格统一的、安全可靠的银行券，凡在政府注册的国民银行，每发行90美元的银行券，就要在货币总监存入100美元的公债，如发行的银行倒闭，货币总监便将其公债出售，代偿银行券持有人。州立银行发行钞票，须交面值10%（年率）的税款，借以限制滥发，从此美国有了一种按面值流通的统一钞票。但是这个法案，并没有解决统一的清算问题，对于存款准备金也定得过死，货币供应量仍没有一个统一的调节机关。所以在1907年的经济危机中，在对国民银行普遍不满的情况下，才着手成立货币委员会，拟建立新的联邦储备制度，可是长期难产。

在日本，情况是另一种样子。1864年日本发生了资产阶级革命——明治维新，1870年日本派人专门考察了美国的货币银行制度，回国后颁布了《国立银行条例》。初期的国立银行仅4家，享有货币发行权，但限于资本无多，信用不佳，4年之后又做了一些改革，学习英国金融经验，国立银行得以继续发展，1879年末达到150家之多，1880年前政府利用银行发行不兑现纸币，造成通货膨胀，物价暴涨，贸易入超，硬币外流，于是1882年正式成立旨在整顿货币，调节金融的日本银行，其他国立银行一律于期满解散，或改为普通商业银行。日本银行就成为日本的中央银行了，到 1899 年独占全国货币发行权。

我国中央银行萌芽于 20 世纪初。由于当时钱币紊乱，银元、铜元、制钱、钱钞、银票、私贴以及外国银元同时流通，平色折合十分繁杂。为整理币制，于光绪三十年（1904 年）由户部奏准，三十一年设立户部银行，额定资本 400 万两，由国内各界认股。但认股者并不踊跃，结果由政府拨款 20 万两，先行开业。光绪三十四年（1908）年，户部更名为度支部，户部银行改为大清银行，经理国库，发行纸币，但未能真正起到管理金融的作用。户部银行成立未几，邮传部借口户部银行管不了外汇，发生了镑亏（清末中国借外债很多，帝国主义国家在我国还债时，有意提高汇价，使我国吃亏甚大，因多数借款是以英镑计算，故称镑亏）。要求成立交通银行，经清政府批准于 1908 年 3 月 4 日开业，发行纸币，经理铁路、轮船、电报、邮政四个单位的一切款项收支，出现了两个"中央银行"。"国无二君"，实际上都不称其为真正的中央银行。

总之，这一时期的中央银行，多是因各国的不同情况和形势要求，意识到货币发行需要统一管理，而开始组设，但限于各国经济发展水平和金融业发达程度的高低，致使对于中央银行的认识和建立的目的都不太相同、差异较大，可以说中央银行在这个时期尚属幼稚，作用也极简单。

（二）第二阶段：从第一次世界大战到第二次世界大战结束（1914～1915 年）

第一次世界大战中，实行金本位制度的国家大多停止了兑现，战后基于资本主义国家发生了恶性通货膨胀，一些国家在战后曾企图恢复金本位，但结果并不成功，银行券的稳定性从根本上受到了动摇，从而给整个金融市场带来了不安定，各个受战争影响的国家，为了改善货币金融状况，在各国纷纷重建币制的同时，开始意识到作为发行银行券的中央银行，应当加强，因而出现了设立和改组中央银行的热潮。1920 年在布鲁塞尔举行的国际会议上，曾有一个倡议，要求未建立中央银行制度的各国，都应从速建立。尤其在 1929～1933 年的世界性的资本主义经济危机和货币信用危机的打击下，未设立中央银行的国家纷纷设立中央银行，已经设有中央银行的国家也采取措施，加强其职能，强化其组织，力图使之成为唯一的稳定货币和控制信用供给的机构。1930 年在瑞士巴塞尔成立的国际清算银行，旨在谋求各国的中央银行作为本国金融机构的代表，加强国际合作，使中央银行的地位和作用又向前推进了一步。

在英国，第一次世界大战以后通货继续膨胀，1920 年达到了最高峰，纸币流通量为 55500 万英镑，比 1913 年的 4600 万英镑，增加 11 倍，从而引起货币购买力和外汇行市的猛烈下跌，英镑购买力仅为战前的 1/3，国内经济混乱，阶级矛盾尖锐。资产阶级为了维护本身的利益，不得不采取相应措施，1925 年 5 月颁布了所谓恢复金本位的条例，1928 年 11 月又通过了银行券条例，使英格兰银行独占了发行权，最高发行额规定为 26000 万英镑，且经财政部同意后，可作超额的信用发行。但 1929～1931 年的世界性资本主义经济大危机，使英国的金本位制未能真正恢复，1931 年 9 月，宣布放弃金本位制，英格兰银行停止对所发银行券负责兑付，并强化其作为发行银行的权力。这个时期，英国政府制定货币政策目标，不论是为了保护外汇储备，还是纠正国际逆差，稳定汇率等，都由英格兰银行提供咨询。决策既定，交由英格兰银行执行。

在美国，真正的中央银行制度是 1914 年正式成立的联邦储备制度。当时美国已经有了相当发达的各种金融机构体系，国会通过联邦储备法的目的是建立一个凌驾于现存银行之上的中央银行。为了不致遭到一般银行的反对，不致被华尔街势力所控制，又不致完全受政府的支配，同时也尽力照顾各州经济发展的不同特点，所以这个法案小心谨慎地对联邦储备制度的权力、职能做了有限的规定，虽然要建立一个监督和控制系统，但政府授予它的工具仍然是有限的。到 1917 年虽做过若干修改，但到 1929～1933 年的经济危机中，则完全暴露了它的软弱，在危机面前，无能为力。1933 年一年之内有 4000 家银行倒闭。当年 3 月 6 日全国银行停业，迫使国会在 3 月 9 日通过新的银行法案，3 月 10 日方得复业。这个银行法案，加强了联邦储备制度对银行的控制。1934 年放弃金本位制，1935 年又通过了一个银行法案，对联邦储备制度做了重大改革，给了联邦储备理事会以更大的权力。一步步加强了中央银行在金融以至整个经济活动中的地位和作用。

在法国，第一次世界大战中法兰西银行用扩大发行向政府提供贷款，到 1926 年放款达 375 亿法郎。在 1928 年的货币改革中，这些政府放款虽基本偿还，但新的放款又迅速增长了。到 1938 年 9 月，超过了 500 亿法郎，为政府提供现金，仍然是法兰西银行突出的特点。1936 年以前，法兰西银行理事会还是由股东选举的，1936 年的银行法案则改变了这种管理制度，20 名理事只有 2 名由股东选举，其余则由国家任命或由工业资本家派遣。由此可见，政府对法兰西银行的影响越来越大。

在日本，作为中央银行的日本银行，原来是私人资本和国家垄断资本合营的，为了适应国家对银行资本的控制，1942 年政府制定了《日本银行法》，对日本银行进行了改组，由政府出资 55%，扩大了政府权力。

在中国，这个时期开始是中国银行、交通银行两行并存，都部分地承担了中央银行的职责。北洋政府时期，由于交通系"梁财神"——梁士诒当了袁世凯的秘书长，交通银行的中央银行职能进一步发展，不仅交通银行纸币作为法币流通，且交通银行可以代理国债收支。1924 年孙中山曾组织设立过中央银行，1927 年又成立过中央银行，但都未能持续下来。1927 年蒋介石背叛革命以后，仍然没有放弃利用中国银行和交通银行，且于 1928 年 11 月又成立了一个中央银行，名曰中央银行，实行的是三行并峙，均享有中央银行特权。以后国民党政府为了适应其对井冈山革命根据地实行反革命"围剿"的政治、经济需要，将其"剿共总司令部"下属"农村金融救济总署"改为"豫鄂皖赣四省农民银行"，以后又演变为"中国农民银行"，中、中、交、农都享有货币发行权，以四大家族为后台，各依其主，明争暗斗，所以在 1937 年 7 月于上海又生下一个"怪胎"——四联总处，即中央银行、中国银行、交通银行、中国农民银行联合办事处的简称，对四行联合承作的业务和联合贴现、放款等进行监督，直到 1942 年 7 月 1 日才将全国货币发行权归于中央银行。当时，国民党政府又建立了公库制，中央银行也开始了外汇的审核工作，集中黄金外汇储备。但由于四大家族内部矛盾，"中央银行"未能真正执行中央银行的职能。尽管如此，这种统一发行、统一外汇管理等措施，已经表明中国需要中央银行。

在这个时期，最重大的事件是俄国十月革命后诞生了新的货币金融制度，这种建立在新型的生产关系——社会主义公有制基础上的货币、信用和银行制度究竟应当建立一个什么样的模式，却没有任何先例。资本主义国家的中央银行制度只能建立在资本主义政治经济的基础上，社会主义的中央银行不得不开始新的摸索。

十月革命时，无产阶级政权没收了 1860 年沙皇俄国建立的俄罗斯银行，曾成立一个人民银行，由于内战没有能够充分发挥作用，1920 年将其并入了人民财政委员会，并决定工业、农牧业生产所需要的资金由国家预算拨给，有取消货币发行和货币体系的意图，后来发现是行不通的。

1921 年 10 月 12 日决定成立俄罗斯国家银行，发行切尔文，随着切尔文流通范围扩大到各加盟共和国，1923 年改称苏联国家银行，接着又成立专业银行，如外贸银行、商业银行、农业银行、电力银行等。1934 年开始把经济各部门短期资金需要划归国家银行解决，其他银行分专业办理长期信贷，苏联的国家银行就成了一个既是中央银行，又是全国短期信贷中心的一身二任的银行。虽然走了一段曲折的路程，但实践证明，社会主义经济不能没有中央银行。

（三）第三阶段：第二次世界大战之后（1946 年以来）

第二次世界大战以后，中央银行获得了迅速发展。出于中央银行在战争中、经济活动中做了大量有益于政府、有益于经济发展的事情，人们对中央银行的感情一天天升温了。更重要的是，自从 1936 年凯恩斯的《就业、利息与货币通论》发表以后，凯恩斯学派风靡一时，由国家干预经济，用赤字预算和通货膨胀来反经济危机成了西方国家管理经济的理论基础，而国家干预是通过中央银行来进行的，中央银行的作用又大大迈进了一步。老的中央银行大多实行了资本国有化，新建的中央银行一开始就是由国家投资而设立的，各国大多通过立法，授权中央银行调节国民经济的任务，不但要稳定通货，调节金融，还要以充分就业、保持经济稳定增长和国际收支平衡为目标。为了达到这个目的，中央银行领导班子多由国家任命，对中央政府负责，成为国家机器的组成部分。中央银行便成了政府的经济顾问，又是国家金融货币政策的决策参谋和执行人。

在资本主义国家的中央银行地位迅速提高的同时，社会主义各国对中央银行的认识也有了发展，社会主义国家也利用中央银行管理全国金融活动，监督和调节国家计划的贯彻和执行，促进国民经济健康的发展。

在英国，"二战"刚刚结束，就通过了 1946 年英格兰银行国有化法。英国财政部用政府公债券，收兑了原来银行股东的股票，由英国国王任命了它的领导成员，于是英格兰银行就由一个财界的领袖变成了政府的附属机构。对它的地位和职责，一名英国学者做了这样的归纳："它是一个政府机构，它承担着政府的主要财务活动，通过这些活动和运用其他手段来影响金融机构的行为，以便支持政府的经济政策。"

美国的变化更突出，1956 年国会通过《银行持股公司法》，以后又加以修正，授权中央银行——联邦储备体系加以管理；1960 年通过《银行合并法》，授权联邦储备管理在州注册的银行的合并以防止垄断；1968 年通过《消费信贷保护法》，授权联邦储备要求消费信贷机构公布利率真实情况，以供消费者选择等。联邦储备职责一天天扩大，1964 年美国《就业法》规定，全国中央银行肩负的责任应当是"促进最大程度的生产、就业和购买力"。即通过联邦储备货币信用手段，达到充分就业、稳定物价、经济稳定增长和国际收支平衡四大经济目标。"二战"以来，联邦储备对经济调节的工具，也发生了变化，由用传统的利率控制转向了控制国内清偿力，即货币供应总量控制。

第二次世界大战中和战后，从资本主义世界又冲杀出一批以生产资料公有制为基础的、实行计划经济的社会主义国家，我们以苏联和东欧社会主义国家为代表，看一看中央银行制度的情况。

"二战"以后，苏联的银行体制基本变化不大，50 年代后期才有一些改革，如国家银行增加了长期贷款、利用利率等杠杆调节国民经济等。而在 40 年代末新建立的捷克斯洛伐克、匈牙利、波兰、罗马尼亚、保加利亚等东欧国家，在苏联的帮助下，建立了苏联模式的社会经济体制，实行计划经济，自然在金融管理上也是苏联模式。各国先后建立了自己的国家银行，都是一身二任，既是中央银行，又是商业银行。到 40 年代末，苏联和东欧国家的国家银行一般都肩负着发行货币、调节货币流通、协同财政部和对外贸易部管理黄金外汇、办理外汇业务、对工商企业提供短期信贷、对各单位办理转账结算、经理国库收支、承办公债的发行和还本付息等职能，一切业务活动包括货币信贷均按国家经济计划进行。1963～1974年，东欧国家先后实行了经济改革，多数国家在改革中，都根据自己国内的经济发展程度，民族传统，做了若干变革。民主德国的改革比较引人注目，它于 1968 年初，撤销了过去的发行银行和投资银行，代之以国家银行和工商银行。国家银行作为发行银行，对其他银行提供和接受资金，工商银行办理农业以外的产业部门的金融业务。接着又将农业银行改为农业食品工业银行，走出了苏联模式的框框。

在社会主义的南斯拉夫，60 年代的经济改革后，银行的建立和经营比较自由。有企业内部银行、有从事商业银行业务的基础银行、有基础银行联合组成的联合银行等。国家银行不是单一的中央银行体制，除南斯拉夫国家银行外，还有 6 个共和国和 2 个自治省的 8 个地方银行，共同组成中央银行体系，通过行长会议，制定和执行统一的金融政策，中央银行体系通过法定存款准备金、票据再贴现、买卖短期证券和外汇、利率等手段，来调节全国货币流通和国民经济，这种改革与南斯拉夫工人自治制度——中央计划经济与市场经济相结合的体制是相一致的。

在我国，1949 年中华人民共和国成立之前，我们就在东北解放区开始学习苏联经验，新中国成立后，我们基本上照搬了苏联金融模式，作为国家银行的中国人民银行，既是中央银行，又是短期信贷中心和结算中心。30 年来，由于一身多任，事实上中国人民银行作为中央银行却未能充分发挥其应有的作用。

综观计划经济国家的中央银行，都参加国家计划的制定，对国民经济的增长和资金的融通都肩负着重要任务，没有私人金融机构，没有金融市场，银行的调节是通过中央银行的统一计划。60 年代以来，通过大量的改革使之具有一定本国的特色，这方面的改革并不能说已经完成，仍在继续探索之中。

（四）其他发展中国家的发展

前面我们讲到的中央银行，都是工业发达的市场经济国家和计划经济国家的情况。工业发达国家的中央银行多是从商业银行的发展中成长起来的。计划经济国家大部分都是借鉴苏联的经验办起来的，但是我们不应当视而不见那些从帝国主义枷锁里挣脱出来的殖民地国家在独立以后的银行制度。旧中国的银行制度就是半殖民地半封建的银行制度，今天，我们是一个发展中国家，要建设社会主义的金融，关心一下我们周围的发展中国家的银行制度并非没有意义。发展中国家无不渴望建立一个能负起重大责任、影响国民经济的中央银行，然而它们多数是由一个老的中央银行来帮助或作技术指导，或作模式来仿建，这就必然带有那些老的中央银行的特色。当代发展中国家的中央银行，大体有以下几种情况：

1. 过渡式的中央银行

多数发展中国家在未独立前，都有一个通货局，发行国内通货，以交换外汇，并对商业银行提供有限的贷款。它不是最后贷款人，受外国帝国主义的支配。随着发展中国家在政治经济上的独立，这种情况也在发生变化，摆脱帝国主义束缚的国家正在努力将通货局向中央银行过渡。如新加坡，就有两家不同的中央银行机构——通货委员会和货币当局，前者负责发行通货，和过去一样，外汇准备金至少 100%；后者负责新加坡的金融管理和监督，并拥有贴现政策，公开市场业务等货币政策的工具。而马尔代夫的货币当局，则只履行有限的中央银行职能。有些国家的中央银行甚至还不能真正独立自由，如利比里亚1974年已将国民银行改为中央银行，但它的通货发行仍限于铸币，法偿货币仍然是美元，它负责供应美元，它们的货币发行的利益与原来的殖民者分享，因而这类中央银行无法去影响国内货币情况和经济发展。

2. 跨国的联合式中央银行

它是与一定的货币联盟相联系，不是单个国家的中央银行，是参加货币联盟的所有国家的中央银行。参加国把自己的管理货币政策的自主权交给了跨国银行，虽然对自己来说是组织机构上的节约，但却带来了政府不能正确执行货币政策的风险，如西非货币联盟，就是贝宁、象牙海岸、尼日里、塞内加尔、多哥和上沃尔特等国的共同的中央银行。它设总部于达卡，在各国设立代理机构，执行统一政策及外汇制度，发行共同货币，监督各国金融制度，是各国共同的政府的银行、银行的银行和发行的银行。类似这种中央银行的有中非货币联盟、东加勒比海通货管理局。

3. 独立建立全面发展的中央银行

即根据自己国家的特点建立的中央银行。这一类中央银行在国民经济中的地位和作用在各国有一定差别。这些国家的中央银行，比发达国家的中央银行更注意调节货币流通和稳定金融市场，对国民经济的调节作用相对地讲，力量要弱得多。这只是由于经济发展程度决定的，并非这些国家不需要独立的拥有更多功能的中央银行。

总之，当代中央银行由于各国经济发展水平的差异，政治经济制度的不同，有着很大的差别，不过各国都考虑了自己的国情和民族传统习惯，这却是共同的。

三、中国人民银行专门行使中央银行职能的必要性

中国人民银行从成立起，就担当着中央银行的职责。30多年过去了，为什么今天要强调中央银行的作用？要人民银行专门行使中央银行的职能？

（一）中国人民银行专门行使中央银行职能是经济发展的客观要求

一定的组织形式是为了保证一定的任务的实现。列宁说："没有大银行，社会主义是不能实现的。"所谓"大银行"，是与社会化大生产相联系的银行，它负有调节和发展整个国民经济的重任，"调节全国按社会主义方式组织起来的经济生活"。从前述中央银行的产生和发展看，它是社

会化大生产和经济高度发展的产物，是银行体系发展的产物。当今世界各国凡是经济发达的国家，中央银行的地位都比较高，作用都比较大。相反，经济越落后，中央银行的作用似乎都不是很突出的。社会主义的生产是现代化的大生产，它要求比资本主义经济有更快的发展速度、要求更集中统一的计划和科学管理。因此，我国银行对于调节整个社会经济生活有义不容辞的重任，而各个专业银行又受其地位、职能、业务活动范围的限制，不可能对全国国民经济活动情况和货币流通状况进行全面的了解、分析、研究，只能在各自的专业上有所侧重。这从客观上要求在银行体系中，在组织上有一个能高瞻远瞩、统筹兼顾、坚强有力、调度灵活，并享有权威的调度机关；在经济实力上，这个机关还必须拥有雄厚的经济力量；在管理方法上，拥有经济手段和行政手段，有经济立法，能依法管理，对整个社会生产和流通发挥调节作用。这样的一个机构只有中央银行才能负担。当然，社会主义国家的经济调节机构可以有国家计委和财政部，但是计委不可能拥有强大的经济手段，财政部又不可能灵活地调节资金余缺，与每个工、商、农企业和个人发生经济往来，逐时逐日地把握国民经济的脉搏，而中央银行通过它的灵活的经济手段与行政手段对宏观经济，并通过各种金融机构对微观经济进行干预。社会主义中央银行比资本主义中央银行肩负的责任更艰巨。

（二）中国人民银行专门行使中央银行的职能，是加强宏观经济决策的需要

人民银行兼办工商信贷和储蓄业务，势必分散精力去处理具体事务，去注意信贷的微观经济效益，从而影响了把注意力集中到整个国民经济的宏观效益方面。特别是在我国进行经济体制改革以来，出现了两个新的情况：一是扩大企业自主权，财权下放，由过去过于集中，管得太死，转向分散、灵活。搞活了经济，企业钱多了，个人钱多了，整个社会资金总量增大了，怎样把这些资金集中起来，统筹安排，合理使用，既保证重点建设，又满足生产和流通的正常需要。二是实行计划调节为主、市场调节为辅的原则以后，中央银行的注意力应集中在哪里的问题就更突出。在社会再生产过程中，包括生产、分配、交换、消费各环节，都实行指令性计划，把全国所有的工商业和乡镇生产单位的经济活动用指令性计划统统管理起来，事实上是不可能的，这样很难把国民经济搞活，特别是不能把微观经济搞活。国民经济计划只能把再生产过程中的主要环节和主要计划加

以控制。这一控制也不完全可能准确地控制（使用价值）只通过货币（价值）的有计划分配达到国民经济有计划按比例发展。对那些有关国计民生的商品生产则实行指导性计划。这自然在资金分配上，除了国家计划之外，也需要有一定的市场调节。这样就要求银行调节上需要更大的准确性和灵活性，那么人民银行一身二任，既为宏观经济决策服务，又充当微观经济的参谋和监督人，二者很难兼顾，这对于既坚持计划经济，又把市场搞活是有一定困难的。人民银行专门行使中央银行职能，集中精力于宏观经济方面，另设工商银行为专门从事微观经济的管理和调节，各有分工，各司其职，互相配合，对于迅速发展我国社会主义经济是十分重要的。

（三）中国人民银行专门行使中央银行职能，是健全我国银行体系，解决"多头领导"、"四龙治水"的需要

目前，我国金融机构有人民银行、农业银行、建设银行、中国银行等，这些金融机构的建立，是为了适应对外开放、对内搞活经济的需要，如果人民银行一身二任，在执行中央银行任务和协调专业银行的业务时，就很难一碗水端平，势必削弱它的地位，影响它的威信；而且各专业又分别受业务部门的领导，农委、进出口委、建委都管银行，使各行之间步调很难一致、相互抵消力量，出现了信贷资金管理多头，使用分散。对部分交叉的业务，在某些地区有时几行都忽视、有时又竞相贷款，致使一些业务互相扯皮，使一些贷款的社会经济效果不佳，助长了盲目建设，盲目生产，不利于综合平衡，影响对信贷、货币发行的控制。这种情况与统一管理全国货币、信用的要求是不相适应的。中国人民银行发挥中央银行的作用、地位比较超然一点，有利于健全金融体系，使中国人民银行成为其他一切金融机构之上的代表中央政府的金融总管家，调整各金融机构之间的业务，仲裁纠纷，使金融体系的活动真正做到统一计划、统一政策、统一资金调拨，改变"四龙治水"的状况。

（四）中国人民银行专门行使中央银行职能也是发展对外经济与金融活动的需要

随着我国对外经济活动的开放，我国与世界各国的经济、金融往来迅速扩大，我们信守平等互利的原则，采取独立自主的方针，但必须注意复杂的国际环境和金融活动的变化。国际上的跨国银行、跨国企业、联合性金融货币组织一天天扩大，我国已经参加了国际货币基金组织和世界银

行，这两个机构与各成员国的中央银行打交道，我国也应当有一个代表国家的金融权威机构出面，同时又能考虑到国内金融的力量，这就要求有一个独立的中央银行，中国银行只是我国的外汇专业银行，具体办理我国的外汇业务、国际结算业务，它代表国家参加世界性的经济、金融活动是有一定困难的。

（五）中国人民银行专门行使中央银行的职能是控制货币发行、调节信用供应、稳定市场物价的需要

社会主义经济既然是有计划的商品经济，就要求一个有计划的稳定的价值尺度和流通手段。银行货币和信用的供应量直接关系市场货币流通和物价的稳定。这就必须对全国的货币与信用供应有一个高度集中统一的调节机构，根据生产和流通的发展有计划地供应流通手段和支付手段，从而要求有一个专门研究货币信用的流向和流量，并能在各专业银行之上统一管理和调节货币流通，能对各专业银行信用活动进行调节，从而达到既满足生产和流通所需要的资金供应，又不致发生信用危机和通货膨胀等问题的调节机构。否则，货币供应量将难以集中控制，市场物价也将难以平稳，国民经济有计划按比例的发展也将成为空谈。过去，人民银行一方面发行货币，另一方面又具体办理信贷业务，直接对用款单位发放贷款，往往形成用货币发行弥补信贷收支差额，很难控制货币供应总量，人民银行也就不可能真正发挥中央银行的作用。

中央银行的组织机构与经营原则

背景说明

本文与慕福明同志合作完成，原载山西财经学院《科研资料》1984 年第 2 期。文章讨论中央银行的资本来源、组织机构、性质与经营原则。中央银行是国家管理金融的机关，其具有不以盈利为目标、应有相对的独立性、不经营一般银行业务、对存款不支付利息等特点。慕福明现任山西省保监局局长。

中央银行所走过的路程，在各个国家是不相同的，不仅工业发达国家与发展中国家的中央银行的建立不同，就是工业发达国家的中央银行的发生和发展也不相同，从而反映在中央银行的资本金来源、组织机构以及名称上当然也就各有千秋。尽管如此，不过总能找出若干共同之处。

一、中央银行的资本金来源

当代会计学的发展，使各国中央银行的资产负债表所反映出来的营业资本金的来源大体上由三个部分组成：一是流通中货币；二是各项存款；三是自有资本金。流通中货币，包括流通在银行外的铸币和钞票。各项存款，包括各专业银行的存款，如存款准备金、义务准备金、结算准备金等。社会主义国家专业银行转存在中央银行的信贷资金；非金融机构存款、定期存款、外汇存款、国外负债、政府存款等。自有资本金包括中央银行实收资本金和在经常活动过程中所得利润进行分红和上缴财政税金后剩余的公积金。国有化中央银行还包括财政增拨的信贷基金。

以上三项，前两项，在各国大体是一致的，而第三项就大不相同了。有全部是国家投资的、有公私混合的、有全部私人股份投资的……按照资本金来源大体可归纳为以下几种情况：

（一）全部资本全属于国家所有的

即由国家拨款建立，或商业银行经国家拨款收买了私人股份改组成立的，都称国有化的中央银行。这样的中央银行目前在世界上占绝大多数，历史久远的中央银行最初多非国家投资，为了加强国家对经济的干预、排除私人股东更适宜，所以逐渐实行了国有化。新成立的中央银行，借鉴了别国银行的经验，一开始就由国家投资而建立。属于国家所有的中央银行有法国、西德、荷兰、挪威、西班牙、英国、巴哈马、印度、肯尼亚、加拿大、埃及、阿曼、尼日利亚、瑞士、瑞典、坦桑尼亚、丹麦、印度尼西亚等。而社会主义国家苏联、匈牙利、罗马尼亚、南斯拉夫等国中央银行的自有资金来源则全部是国家财政投资的。

（二）公私两种股份混合开办的，亦可以称半国家性质的

其资本一部分属于国家，一般占资本总额的50%以上，另一部分属于私人资本家。如日本银行，共有资本1亿日元，分作100万股，每股的出资金额为100日元：由政府认购资本的55%，其余45%由私人认购。私股持有者唯一的权利是按法律规定每年领取5%的红利。又如比利时的中央银行，国家资本占资本总额的50%；墨西哥的中央银行，国家资本占资本总额的51%；等等。属于这类的中央银行还有奥地利、土耳其、委内瑞拉等国。

（三）属于私人股份资本的中央银行

其资本全部是由私人股东投入，经政府授权，执行中央银行的职能，如意大利的中央银行，就是由股份公司组织转变为按公法管理的机构，其资本分成30万股，每股面值1000里拉，只能由储蓄银行、全国性银行、公营信贷机构等所特有。

（四）既不属于国家，也不属于私人资本家

如美国联邦储备银行，其资本属于参加联邦储备系统的各会员银行。即各会员银行认购其所参加的联邦储备银行的股票，数额等于本身实收资本和公积金的6%（实际上缴纳的股款只达3%）。

中央银行的资本不论是属于国有、半国有，还是私人所有，它都不失为政府的银行，受国家的直接控制，管理权属于国家，完成国家赋予的任

务。私人无管理权，持股者也只有分红权。资本主义中央银行实行国有化，也不会改变它是为垄断资产阶级服务的工具。

二、中央银行的组织机构

大多数国家的中央银行的最高领导机构是董事会。不论是国有化的中央银行，还是半国家性质的中央银行，董事会常是由政府任命的。董事会包括总裁和董事。

中央银行的总裁由政府任命，即使是私人股份组成的中央银行，股东也不能过问。这一点说明它是国家机构里的重要人物。这样的人选要保证两个基本条件：首先他必须响应政府的政策，在政治上与政府保持一致；其次他必须精通金融业务，在金融领域里享有较高的威望。总裁的任期，2～7年不等，大多是在5年左右。不过任命总裁的程序各国并不一样，在瑞士、澳大利亚、比利时等是由财政部提名，经国家首脑任命。在德国，总统根据政府提名任命。法国是由总统与内阁磋商后任命。但在日本、土耳其，中央银行总裁则由内阁任命，墨西哥和瑞典等则是在理事会中选举总裁，但提名须经部长会议、总统的同意。

董事会的董事人选，也必须经过挑选，许多中央银行都很重视董事的代表性，须考虑各主要经济部门的利益，除金融界的代表外，还包括农业、工业或工会的代表，这些代表都精于本部门的经济问题，并了解货币政策在特定条件下的运用以及如何影响本部门的经济。有的国家也注意地区的代表，如美国、澳大利亚、印度、加拿大等国，由于本国地理上的原因，各地经济结构存在差异，所以定有地区性的代表。董事会成员的任期2～14年不等，5年左右者为多。

在中央银行的董事会中，是不是必须有政府的代表，应是讨论此问题的重点，这一点我们将在中央银行与财政的关系中研究。

下面我们剖析几个典型中央银行的组织机构。

英格兰银行最高领导机关是理事会，由总裁、副总裁和16名理事组成。理事会中，有一个高级委员会——国库委员会，负责有关政府的政策问题。其他常委理事处理中央银行内部行政事务。理事之外，设立副理事、助理理事和顾问等，日常行政工作，由这些人负责组织。

美国的中央银行是联邦储备系统。其最高权力机构是联邦储备委员会，委员7名，由总统任命，参议院认可，任期固定为14年（任期可以错开，不得连任）。每两年改派 1 人。委员按地区选举产生，其中主席、副主席国家总统有权指派，任期 4 年，在 14 年内可以连任。在联邦一级，还有一个公开市场委员会，其委员有 12 人，除联储委员 7 人外，加纽约联邦储备银行行长和其他联储银行轮流出任的 4 名行长或副行长，这后 4 名委员由各该行理事会每年选举 1 次，但须是行长或副行长，负责公开市场政策。另一个机构是咨询委员会，12 家联邦储备银行理事会各选 1 人充任，供联邦储备委员会咨询。12 个联邦储备银行的权力机关是各自的理事会，理事会有会员银行代表 3 人，农、工、商业代表 3 人，此 6 人由会员银行选出，另由联邦储备委员会任命 3 人，理事会之下设行长、副行长。最基层是会员银行。美国的银行管理实行"双轨制"，可以在州注册，也可以到首都在联邦政府注册，在首都注册的为国民银行，必须参加联储，在州注册的州银行则可自由参加联储。联储的会员银行达到五六千家，都必须向联储缴纳储备金，不计利息，只付 6% 的股息。国家对整个银行的管理是通过财政部的货币监理官（主管国民银行的注册立案）、联邦储备委员会（制定货币政策、发行货币、管理调节信用活动）、联邦存款保险公司（负责银行存款保险）3 个平行的机构来进行的。从而美国在存款机构和行政管理当局之间在管理和监督上存在一些混乱。

日本的中央银行是日本银行：最高权力机关是由理事组成的 7 人政策委员会，这 7 人包括总裁、副总裁各 1 人，政府代表 2 人（大藏大臣、经济企划厅大臣），富有经验的城市银行、地方银行、工业、农业代表各 1 人。由内阁任命，任期 5 年。这个委员会决定银行业务的方针、利率变更、放款条件、种类、公开市场政策、存款准备率的变更等。总行设有 18 个局室，分管具体业务。这 18 个局室是：政策委员会、秘书室、金融研究局、人事局、总务局、检查局、业务管理局、电子计算情报局、发行局、营业局、国库局、国债局、外国局、考查局、调查统计局、文书局、财产管理局、储蓄推进局。

法国的中央银行是法兰西中央银行，它的管理全权归总裁承担，总裁由总统签署委状，内阁会议通过任命。其一般金融法令，由信贷委员会讨论制定。这个委员会的主席是经济财政部长，副主席是中央银行总裁，共有委员 45 名，其中经济部门的代表 13 名，工会代表 9 名，政府机构代表 8 名，官方或半官方金融机构代表 7 名，金融专家 8 名。这个委员会是法国金融政策的决策机构。该委员会下设 6 个专门委员会，分别负责存款，短、中、长期借贷，外贸，银行和金融机构以及海外省和海外领地等各方面的工作。其下是银行管理委员会，中央银行总裁即主席，其他4个委员是国家法制委员会所属财政委员会主任、国库局长、银行公会和银行工会代表各1人。负责监督银行执行各项金融法令和法规，拥有管理、发布规定和执行纪律的权力。中央银行的总理事会除总裁、副总裁外，有12名理事，其中4名为法定理事，他们是存款与信托金库董事长、法国地产信贷银行行长、网民信贷银行行长和农业信贷银行董事长。另7名理事是工、商、农业等方面的代表，出任经济财政的任命。还有1名理事则从法兰西银行工作人员中选举产生。总行的机构设置有8局1厅：发行总局、信贷总局、贴现总局、国外业务总局、印刷总局、管理总局、研究总局、人事总局、总秘书厅。另外，中央银行还设立一个包括银行以外的人士的咨询协商委员会，负责向总裁提供工作意见和资料报告。从表面看，金融货币决策的最高权力在信贷委员会，但由于中央银行总裁担任这个委员会的副主席和管理委员会主席、多数重大政策措施往往是法兰西银行提出，信贷委员会讨论通过，并以信贷委员会名义发布。这种"三驾马车"的设置，即信贷委员会是"小议会"，管理委员会是监察或司法机构，中央银行是执行金融政策、法令的机构，保证了它的金融管理的完整性和统一性。

实行中央计划经济国家的中央银行的组织领导机构与西方不大相同，如苏联和东欧。由于它既是中央银行，又是信贷和清算中心，所以它的分支行、附属机构和代理处遍布全国。

苏联中央银行的最高领导机关是总行的理事会。

各国中央银行组织机构上的差异，我们很难用几个固定的模式把它们进行精确的分类，正如各国中央银行的名称一样五花八门：有的以国家的名称命名，如英格兰银行、法兰西银行、日本银行、挪威银行；有的用"国家银行"来命名，如德意志国家银行、比利时国家银行、澳大利亚国家银行、丹麦国家银行、苏联国家银行；有的则用"储备银行"来命名，如美国联邦储备体系、印度储备银行；还有的直接冠以"中央银行"字样，如土耳其中央银行、智利中央银行、巴基斯坦中央银行，等等。然而不论其在组织管理上有什么差异，名称上有多少不同，它们都根据各国自己的国情、各国历史上的传统习惯、各国社会政治经济制度以及经济发展状况的不同，建立了自己的组织原则和机构。

我国中国人民银行专门行使中央银行职能以后，在组织机构上，可以参考借鉴国外的成功经验，但不能照搬某个国家的办法。根据我国的国情，中国人民银行的决策机构是理事会，理事会由下列人员组成：人民银行行长、副行长和少数顾问、专家，财政部一位副部长，国家计委和国家经委各一位副主任，专业银行行长，保险公司总经理。理事长由人民银行行长担任，副理事长从理事中选任；理事会秘书长由理事兼任。如果理事会发生意见分歧，理事长有权裁决，重大问题请示国务院决定。在总行设立1厅8司2室2局和6个事业单位。中国人民银行的分支机构原则上是按经济区划设置。其主要任务是，在人民银行总行领导下，根据国家规定的金融方针政策和国家信贷计划，在本辖区调节信贷资金和货币流通，协调、指导、监督、检查专业银行和其他金融机构的业务活动，承办上级人民银行交办的其他事项。

三、中央银行的性质

中央银行究竟是国家的金融管理机关，还是办理信用业务的经济组织（或称企业）？搞清这一问题的意义就在于明确它的经营原则和正确执行它的职能。如果肯定中央银行是金融管理机关，那么中央银行就不应以盈利为目标，而应集中精力于研究和做好全国金融的宏观决策，理直气壮地运用"尚方宝剑"，代表国家行使金融管理和监督权，有计划地控制信用、调节货币流通，促进国民经济有计划按比例地发展。如果中央银行是一个办理货币信用业务的经济组织，它则要考虑自己的经济利益，并应在微观经济活动方面下大力气，讲求信用活动的社会经济效益，完成国民经济计划。

过去我们一提到资本主义银行，总是说它是特殊的资本主义企业，因为它所经营的对象与一般企业不同，一般企业经营的只是普通的、以使用价值形态存在的商品；银行经营的则是货币、借贷资本这种特殊商品。普通商品销售后，即发生所有权的转移，商品不再为生产者所有，而银行将货币资本贷出后，并不改变所有权关系，只是资本使用权的暂时让渡，到一定期限后，货币资本不仅要回到其所有者手中，而且会带来一定的利息。说它是资本主义企业，是因为它和其他资本主义企业一样，以剥削雇佣劳动和盈利为目的。这里，实际上是指资本主义银行的主要形式——商业银行而言的。至于中央银行则应当具体分析，不能一概而论。让我们简单回顾一下银行业的发展，一定会是饶有兴趣的。①中央银行主要是代表国家制定和推行统一的货币金融政策，监督金融机构的活动。②它不是普通的法人，而是高居于商业银行和其他金融机构之上，和它们是调节、控制、管理、协调、监督的关系。③它的业务活动对象主要是对政府和专业银行，不同工商企业、商社、人民群众直接往来，它既不创造价值，也不直接为实现价值服务。④它所吸收的存款，如商业银行和金融机构的准备金存款，是依靠国家法律强制进行的。

资本主义国家的中央银行对于国民经济各部门、各单位，尚且如此，我国社会主义中央银行理应具有更强的力量。

我国社会主义经济是建立在生产资料公有制基础上的计划经济，国家从其政权建立的第一天起，就不仅具有政治职能，而且肩负着组织管理经济的重要使命。无产阶级革命的任务，不仅要破坏旧制度，而且还要组织社会主义经济的新制度，要"把全部国家经济机构变成一架大机器，变成一个使所有人都遵照一个计划工作的经济机体"①，国家必须实行对整个国民经济的计划领导，必须对生产、分配、交换、消费各个环节实行统计、监督和管理工作，这是任何剥削阶级国家都无法比拟的极其繁重的经济工作。随着社会主义经济的发展，从客观上要求加强这一职能，对经济的发展逐步实行全面的计划管理，国家管理经济的职能进入更高的阶段，即计划管理阶段。国家利用银行这个精巧的现成机构来管理经济，赋予中央银行管理金融的职能，使其成为国家管理金融的重要机关。这一点，革命导师列宁曾有过多次的论述："大银行是我们实现社会主义所必需的国家机构"，②"银行在社会主义制度下，它将完全是国家机构"③，"把银行变为统一的核算机构和调节机构，调节全国按社会主义方式组织起来的经济生活"④，银行是"全国性的簿记机关、全国性的产品的生产和分配的统计机关"⑤。

我国中央银行是国家金融管理的机关，其管理方法却既不同于一般政府的行政机关，也不同于资本主义中央银行。一般政府行政机关的管理，主要靠行政手段管理，靠发号施令、政策、制度的管理。由于中央银行代表国家制定金融政策，垄断货币发行，成为全国清算中心，其活动涉及国民经济各部门、各企业，影响千家万户，这些特殊性决定了中央银行不仅

①④⑤　《列宁全集》，人民出版社 1968 年。
②③　《列宁选集》，人民出版社 1972 年。

具有行政管理手段，还有强大的经济管理手段、信息手段。这是中央银行与一般行政机关的区别。资本主义国家由于商业银行以及其他金融机构是以私有制为基础的，其经营活动受赚取利润的多少所支配，中央银行对金融的管理主要依靠经济手段、法律手段。尽管如此，中央银行执行国家管理经济的职能并未能如愿以偿。我国各专业银行都是国家银行，由国家统一经营，执行统一的计划，不存在对抗性的利害关系的矛盾，这就为自觉地执行国家金融政策提供了前提条件。中央银行对金融管理的手段主要采取经济手段和行政手段并用，当然要建立我国的银行法，要依法管理。

过去曾有一个传统的提法，中国人民银行"既是金融管理的机关，又是办理信用业务的经济组织"，那是指人民银行既行使中央银行的职能，又是全国短期信贷中心而言的。现在人民银行专门行使中央银行职能，如果还这样认识，难免有失偏颇。那么，我国各专业银行就是社会主义的金融企业（或称经济实体）了。当然它们也可能会代理一部分人民银行的管理和监督工作，但这些工作是受托于人民银行的，不是其本身固有的任务。

还有人认为，所谓机关，没有具体实务，仅仅是发布和执行命令的行政管理机构，因此得出结论，中央银行如果抽象掉企业性质，就只剩下一个无论如何也不能称之为银行的机构了。其实，这是对机关概念的误解。机关可以有两种：一是单纯的行政机关；二是有具体实务的机关。我们既要看到中央银行经营货币，不经营货币即不称其为银行，还要看到中央银行经营货币的实质性内容发生了根本的变化。作为金融企业，经营货币的活动要直接参与或渗透到社会再生产过程，创造使用价值和价值，或者为实现价值服务，要带来经济效益，这些是一个金融企业所不可缺少的。而中央银行经营货币主要是控制货币发行和信贷，通过控制货币发行达到管理、控制、调节信用与货币流通，稳定通货的目的。可见，中央银行作为金融管理机关的性质是明显的。

四、中央银行的经营原则

这里，我们还应当谈一下中央银行的经营原则。由中央银行的机关性质所决定，中央银行的经营原则与其他金融机构也有为人注目的区别。中央银行在其经营活动中遵循如下原则：

（一）中央银行不以盈利为目的

在资本主义国家，商业银行和其他金融机构与其他工商企业一样，是为其股东谋利益的，它必然以盈利为目的。中央银行不问其股东是谁，只以维护国家的货币信用活动的正常运行为目标。我国社会主义的中央银行更不能以利润为目标，只能以宏观经济调节为己任。

（二）中央银行一般应有相对的独立性

中央银行虽然拥有货币发行权，是政府的银行，代理国库，为政府筹募公债，对政府作临时性垫支，但必须保持一定的自主权和超然地位，即处于对政府提供公正建议的地位。否则，财政上的一切问题势必影响中央银行的发行，以致中央银行不能达到其稳定金融币值的目的，使自己的行为与目的相背离，最后失去了其本身的作用。

（三）中央银行原则上不经营一般银行业务

因为它享有一般银行所不能享有的特权，让它也经营一般银行业务，与一般银行竞争，不仅是不合理的，而且也不易在一般银行中建立起自己的威信，从而使其监督全国银行的任务不能完成。

（四）中央银行对存款不支付利息

它的存款来源主要是其他银行交来的存款准备金和政府存款，均属保管、调节性质，不是营业性质，因为它不以盈利为目的，所以可以不支付利息。

（五）中央银行的资产具有较大的流动性

不应大量投放于长期资产方面，否则它将失去调节功能的手段。

（六）中央银行应当定期公布业务情况

这样做，有利于国内和国外了解其业务情况和金融政策，从而分析这些政策会影响哪些国民经济部门，以便专业银行和工、商、农企业拟定自己的业务计划和作未来的经济预测。

论人民银行通过货币政策
对宏观经济的调节

背景说明

　　本文与慕福明同志合作完成，原载《经济问题》1984 年第
8 期。1984 年中国人民银行开始专门行使中央银行职能，主要任
务是对国民经济进行宏观调控，调控路径主要通过货币政策。但
是，人民银行如何操作货币政策调控宏观经济，当时在理论与业
务上都比较陌生。文章是在此情况下通过货币政策对宏观经济调
控的初步探讨。

　　1984 年初，中国人民银行开始专门行使中央银行的职能。人民银行
应当怎样通过货币政策来实现其对宏观经济的调节呢？本文拟在评价资本
主义国家中央银行通过货币政策干预经济生活做法的同时，探讨我国人民
银行通过货币政策对宏观经济的调节方式和方法。

一

　　货币政策，是指国家通过中央银行组织和调节全国的货币供应，以保
证信贷在数量和利率方面适应国家经济发展目标的要求。它包括货币政策
的目标、手段和调节过程等内容。货币政策与宏观经济目标之间存在着密
切的联系。货币政策的变化，会引起多方面的变化：价格的变化、资金流
动和投向的变化、整个经济结构的变化、经济发展速度的变化等。所以，
货币政策在宏观经济中的作用是不容忽视的。西方国家货币政策的一般目

标是价格稳定、国际收支平衡、经济增长和充分就业四方面。这四个方面同时也是宏观经济目标。此外，货币政策还有一些专门性的目的，如稳定利率、减少银行破产和防止金融紊乱等，从根本上讲，它们和宏观经济目标也是一致的。

在资本主义条件下，上述货币政策的四个目标之间常常发生矛盾，同时实现是很困难的，经济增长和通货稳定往往无法兼顾。中央银行只好采用通货膨胀和紧缩信用两手交替、轮番突击的办法，即在通货膨胀超过一定比率时，就抽紧银根，暂时限制经济的发展；当经济衰退严重时，则扩张信用，刺激经济的发展，暂时放弃物价的稳定。因此，稳定通货和发展经济，双方往往是以牺牲对方作为自身得以实现的条件。在我国社会主义条件下，稳定通货和发展经济是中央银行的总体目标，它们是互为条件的，是一致的。当然，在一定条件下，稳定通货与发展经济之间也会发生矛盾，但在经济政策和经济计划的引导下，一方面可以使生产增长和稳定通货的统一性得以充分发挥，另一方面可以正确处理二者之间产生的矛盾，使稳定通货、发展经济的目标同时实现，这是社会主义货币政策手段优越性的必然反映。就连西方著名经济学家弗里德曼也十分赞赏中国"在制止通货膨胀方面相当成功"。

二

中央银行调节宏观经济采取的一系列调节货币信用措施，通常称作货币政策手段。货币政策手段在不同时期、不同社会经济结构的条件下是不同的，即使是同一时期的各个国家或同一国家的不同时期也不尽相同。从纵向观察，货币政策手段一般是由简到繁、由粗放到细密方向发展。

目前，资本主义国家调节货币信用的手段很多，有的国家以此为主，有的国家以彼为先，有的国家同时运用多种手段，各有差异。这些手段从不同角度可以划分为许多种。从手段的性质可以分为：①市场干预：公开市场活动、贴现率；②业务限制：法定存款准备金率、总额上限、利率管制；③其他工具：进口预存款、道义说服。

按照手段的使用方法和范围可以分为：①常规手段：法定存款准备金率、贴现率、公开市场活动；②选择性手段：股票市场信用管制、房地产信用管制、消费信用管制、规定定期存款利率的最高限额、规定贴现限额、多种存款准备率；③补充性手段：道义说服。

西方国家中央银行的货币政策手段是资本主义性质的，在总体上对我们是不适用的，但一些具体做法值得我们借鉴。由于中国人民银行刚刚开始专门行使中央银行职能，在这方面尚无成熟的经验。就目前情况，人民银行调节货币信用的手段，可以归纳为以下几个方面：

（一）规定存款上存比率

各专业银行所吸收的存款，不能全部自行掌握贷款，须按一定比率上交人民银行存储和使用。1984 年专业银行交存人民银行的存款比率是：企业存款上存 20%、储蓄存款上存 40%、农村存款（包括信用社转存款）上存 25%，如果专业银行没有按规定交足，每月按万分之二罚款。

我国存款上存比率的规定，虽然在形式上和控制方式上与西方国家大体相同，但在本质上不同。它不是为了保证客户提存和防止商业银行的倒闭，而是为了：第一，使中央银行能够从资金的供给方面影响、调节专业银行的信贷活动；第二，有利于控制信用扩张的规模，通过有计划地调整这个比率，可以把信用供应量控制在经济发展的适量要求范围之内，避免信用和通货膨胀；第三，通过存款准备的上交，便于了解、分析信贷资金的动向，有利于人民银行信贷计划的综合平衡。

（二）计划管理和综合平衡

我国各专业银行的信贷收支，必须全部纳入国家信贷计划。专业银行按年度编制信贷计划，上报由人民银行综合平衡，汇编国家综合信贷计划，经国家批准后，人民银行据以核定各专业银行的信贷计划，然后交由专业银行进行分配和组织执行。

信贷计划指标分两类，即指令性计划指标和指导性计划指标。前者有存贷款差额计划、固定资产贷款计划（包括年末余额和年内放款额）。后者有各项工商企业流动资金贷款计划、各项存款计划。它可以在存贷差额计划内实行多存多贷，贷款项目之间可以互相调剂。

另外还有周转指标，以解决专业银行在计划执行中的临时贷款。这项指标由人民银行分行掌握调剂，外汇贷款计划和外汇投资计划以及相应的配套人民币资金，由发放外汇贷款的专业银行和中国国际信托投资公司编报外汇管理局，经人民银行总行综合平衡和批准后执行。

现金投放和回笼计划由各专业银行分行编制，人民银行分行汇总，上报人民银行总行。人民银行根据国家确定的现金投放和回笼指标，与各专业银行商定后核定各省、市、自治区的现金收支计划，下达给人民银行分行和专业银行分行，由人民银行组织和协助各专业银行实施现金的投放和回笼计划。

我国人民银行这一手段在某种程度上与西方国家的贷款总额上限有某些相似之处，但计划管理的严密程度和计划的严肃性是西方国家中央银行无法比拟的，它经过纵向方面和横向方面的反复汇总，并且同国家物资计划、财政计划、外汇计划实现综合平衡。更重要的是我国各专业银行都是国营经济，它和中央银行及全国各企业的经济利益是一致的，这种计划管理是建立在一个共同的经济利益基础上的，因而它精确而且可行。而西方国家的贷款总额上限则是建立在代表国家利益的中央银行和分散的私人银行不同利益基础上的，由于它们的利害关系，决定了它们的贷款总额难以控制。

（三）利率管理

我国各专业银行的存款利率、放款利率及储蓄存款的利率、档次，均由人民银行统一制定。放款的部分项目实行浮动利率制度，但浮动利率的上限、下限和标准利率都由人民银行统一制定公布，以防备专业银行争存款、抢业务，浪费信贷资金和盲目投放。

在计划经济中，实行统一利率管制的意义无须赘述，而需要强调的是浮动利率。我国实行的是计划经济，但是计划的制定不可能做到"天衣无缝"，或由于主观的认识，或由于客观经济情况的变化，计划可能发生局部失误。因此贷款按计划发放往往会出现经济效益不佳的问题。因而在计划调节的原则下，我们又辅之以市场调节，专业银行可以根据企业资金销售率，确定自己对企业的贷款额度和利率，"择优扶植"；根据资金销售率的升降变化设置不同档次的浮动利率，促使其提高经济效益。这样，我们就可以把信贷计划的执行与以销定贷统一起来，把计划择优，物资保证、按期归还、区别计息的信贷原则具体化，把计划指导下的市场调节具体化，同时也把国家计划管理部门与企业对信贷和货币流通的影响纳入中央银行调节和控制的范围，有效地控制信贷总额和信贷结构，真正按照国民经济的发展需要发行货币。

（四）选择性管制

我国还可以根据国民经济发展和金融货币活动中出现的情况和具体问题，采取一些临时的选择性管制，对以下几方面进行控制和调节：

第一，对基本建设贷款和设备贷款的控制。在市场出现信用和通货供应偏大时，可以压缩基建贷款，削减设备贷款指标或上浮利率。

第二，对长线工业品和积压商品贷款的控制。对这类贷款可采取不贷或加收罚息的措施。

第三，对乡镇工业和个体工商户贷款的控制。这部分贷款的计划性差，流动性强，有一定的投机性，可以随时根据市场情况采取放松和管紧贷款的措施，进行灵活的调节。

第四，对企业专用基金存款账户的管理。对此要限定用途、监督使用。

第五，冻结部分结算户存款，减缩企业单位的支付手段，以减轻市场压力。

三

当前西方国家中央银行流行的控制货币供应量的模式是：

$$M_0 = \frac{c+1}{c+rd+rt+re} \; (NFA + NDCG + DCB + OIN)$$

式中：c 是通货与活期存款比率；rd、rt、re 分别是商业银行的超额储备、活期存款准备金、定期存款准备金与活期存款的比率；NFA 是国外资产和负债净额；NDCG 是政府在中央银行的借款和存款净额；DCB 是商业银行信贷；OIN 是其他净项目，即上述项目未能包括的项目的资产与负债的合并。

这个公式，由于资本主义的内在矛盾的限制，资本主义国家的中央银行是难以自觉运用的。但是，社会主义中央银行却为这个公式一般原则的贯彻开辟了现实的前景。现实表明，它同我国社会主义计划经济并无根本冲突，而且可以作为我国中央银行调节信用的一般方法。

首先，从 M_0 的确定上看，规定 M_0 的需求函数只是马克思货币流通规律公式的变形，按照马克思货币流通规律的原理，货币流通量：

$$M_0 = \frac{商品价格（P \times Q）}{货币流通速度（v）}$$

由于货币流通量与商品价格总额成正比，在其他影响货币因素不变的情况下，我们可以在二者之间建立一个函数关系式：

$$M_0 = f（P \times Q）$$

由于 $\dfrac{1}{V} = \dfrac{M_0}{P \times Q}$

那么也就是说货币需求函数就是货币流通速度的倒数。因此，用货币需求函数来确定货币需要量，与我国 30 年来的货币流通次数和商品的比例即所谓的"1∶8"在理论上是相吻合的。

其次，从公式的各个因素看，与我国"四平"内容也相似。它也没有超越我国调节货币流通理论和实践经验的范围，只是把这些理论公式化了。但是我们必须看到：

第一，公式右边 8 个因素中，西方可以完全控制的仅有 3 个，即 rt、re、DCB，其他均系不可控因素。在我国，外汇实行统一管理，NFA 就完全可由中央银行控制，rt、re 由中央银行直接掌握，其他如 NDCG 和 c 虽不完全决定于中央银行，但基本上还是可以加以管理的，可控因素多于资本主义中央银行。

第二，西方国家的国内银行信贷总额中，长期贷款和短期贷款是不易划分的，而长期贷款和短期贷款对于货币流通的影响是不同的。长期贷款不仅短期内不能收回，而且也没有相应的商品投入市场；而短期贷款则相反。所以对国内银行贷款总额的笼统控制也会造成货币供应量的误差。在我国，长期贷款和短期贷款较容易区分，可以根据长期信贷资金来源的多少确定长期贷款的数量，能比较精确地控制国内信贷总额。

第三，在西方市场经济条件下，金融市场上的证券交易和投机，商品市场上的商业信用，都会给信贷控制造成预测上的困难。我国没有证券市场，商业信用又受到了严格控制，信用集中于银行，这就为中央银行的信用控制提供了更多的有利条件。

借鉴资本主义国家中央银行对宏观经济调节的技术措施，结合我国经济的实际情况和成功的经验，我们认为中国人民银行控制和调节货币信用的程序可以作如下安排：

第一步，确定我国社会商品销售总额的货币需求函数。

如果我们用 x 来表示社会商品销售总额，那么它与货币需要量之间可以建立如下关系：

$M_0 = f(x)$

根据历史经验和数据，先求出社会商品销售总额和货币供应量之间的理想函数值 f。

需要指出的是，当前 M_0 应包括流通中的现金和能够开出转社会支票的银行存款，即存款总额减去金库存款、储蓄存款。社会商品销售总额包括社会消费资料零售额、物资部门计划调拨的商品价格总额、工业企业自销额、农副产品采购额、集市贸易成交额、劳务供应额。

第二步，根据计划年度的社会商品销售总额计划和货币需求函数，结合计划期经济政策对货币流通的影响，确定计划年度的货币需要量。

计划年度货币需要量＝社会商品销售总额×理想的货币函数＋新因素影响的货币量

第三步，根据人民银行原资金平衡表和已经计算出的计划年度货币需要量，代入公式：

$$M_0 = \frac{c+1}{c+rd+rt+re} (NFA + NDCG + DCB + OIN)$$ 进行试算和平衡。

试算和平衡的方法是：

（1）财政贷款（NDCG），根据"财政收支平衡，略有节余"，不搞赤字预算的原则，按零来计算，但由于财政先收后支，或先支后收，或节余，或赤字，实际上难以按零计算，应按人民银行资产负债表中财政存款净额填列。

（2）净外国资产（NFA），是资金平衡表中的资产方的黄金、外汇占款、国际货币、基金组织资产和负债方的国际金融机构往来净额。

这一项目，要求按照外贸计划和非贸易国际收支确定我国外汇储备的合理程度。按照一般规律，一国外汇储备的合理数量是一个季度的贸易外汇支出额。

如果储备过多，会引起国内人民币投放过量；如果储备不足，会影响国际收支的平衡。同时，还要考虑外汇支出所引起的配套人民币数量。按历年规律，要计算出百元外汇人民币需要国内配套人民币贷款的数量，据以确定计划年度配套人民币需要量。

（3）国内银行贷款（DCB），是在计算出的货币需要量（M_0）的基础上，根据历年规律，求出现金量与存款货币的比率（c），连同专业银行存款上交比率（r）、净外国资产（NFA）、财政贷款（NDCG）及其他净项目（OIN），代入公式中，便可求出银行信贷总额（DCB）。

这里的信贷总额包括了外汇贷款的配套人民币贷款，将它扣除后，即是农业、工商业贷款的控制总额，再与各专业银行编报的信贷收支计划进行统一平衡，从而确定各种贷款的具体指标。

（4）在确定各专业银行的贷款指标时，用公式推导的结果会与实际上各行编报的计划有一定出入，这就需要运用存款上存比率这一调节手段来调整。

（5）在确定 DCB 时，只考虑总量是不够的，还要具体考虑它的内部构成。

1）当银行贷款（DCB）投放后，在实际中会由于种种原因，有部分贷款仅仅面对流通，而不是现实地进入流通形成对商品的需求，对这部分资金可以称为潜在的购买手段和支付手段，设它与 DCB 的比为 h，这样，相应地就会有一部分物资的闲置，不利于经济的发展。那么中央银行可以扩大 DCB 的供应量，以充分利用这部分物资，货币供应量就成为 DCB × $(1 + h)$。

2）各专业银行在其信贷活动中，尽管力求贷款有物资保证，但并不能排除在全部贷款中可能有一部分贷款没有可供的物资保证，这部分贷款就是投向流通的过多的货币，应当从 DCB 中扣除。若它与 DCB 的比是 L，那么 DCB 总量应是 DCB × $(1 + h)$ – DCB × L。

3）DCB 是银行贷款的总量，其中包括短期贷款（DCB_1）和长期贷款（DCB_2），那么：

$$DCB_1 + DCB_2 \leqslant DCB \times (1 + h) - DCB \times L$$

这就是说 DCB_1 数量增加，DCB_2 数量就应减少，二者表现为此消彼长的关系。由于 M_0 是按国民经济年度计划确定的，一般说，短期贷款在一年以内能收到效益，并且可收回贷款。长期贷款却不同，它的期限均在一年或三年以上，在计划年度内投放货币，却在计划年底内没有相应的商品产出，这样等于扩大了计划年度没有相应的物资的货币投放，本质上是属于多的货币。因此对长期贷款数量的控制应当考虑其来源（DCB_2），长期贷款资金来源充足，表示用于长期贷款的物资充足，否则就不能用于长期投放。长期贷款数量的确定方法应作如下修订：

$$\overline{(DCB_2)} \geqslant DCB_2 \leqslant DCB \times (1 + h) - DCB \times L - DCB$$

所以，我们在讨论 DCB 的控制时，不仅需要注意其总额上限，还要考虑其构成。其中主要应考虑外汇计划配套人民币数量、长期贷款数量、短期贷款数量的分配和农、工、商贷款的比例关系。

以上各项计划指标确定之后，在执行中要不断地根据信息反馈，通过存款上交比率、选择性控制、浮动利率、周转贷款指标等的运用，随时进行必要的微调，不断纠正计划中的误差和执行中出现的其他干扰，确保通货的稳定和经济的增长。

中央银行与政府的关系

背景说明

本文是《中央银行通论》一书中的第三章"中央银行与政府的关系"，已在 2000 年、2002 年、2009 年由中国金融出版社再版三次，这一章均未作大改动。参与初版和二版、三版修改者还有慕福明、王永亮。总的来说，中央银行在各个国家都具有相对的独立性，但各国又有不同的具体情况。关于中国中央银行的独立性虽然有一定的争论，但它是国务院的直属机构没有疑义。对人民银行与财政部及国家其他金融管理部门之间的关系，以及与地方分支行和地方政府之间的关系文章也作了分析概括。十几年来，人们对中央银行与政府关系的认识及其理论概括，基本没有太大的变化。慕福明原为山西财经学院副教授，现任山西省保监局局长；王永亮原为山西财经大学副教授，现任晋商银行资产负债管理部总经理。

综观世界各国，尤其是第二次世界大战以后，中央银行与政府的关系是各个国家宏观经济管理议事日程上一个不可忽视的问题。实现国家宏观经济目标，需要财政政策与货币政策的配合，但中央银行担负的任务与工作的侧重点不一定在任何条件、任何时期都与政府所承担的任务和工作侧重点相一致。因此，就产生了如何正确、合理地协调二者之间关系的问题。这就是本章所要讨论的内容。

中央银行与政府关系的不同模式

一、中央银行相对独立性概述

资本主义国家古老的中央银行，最初都不是国有银行，但在建立时，无不与政府具有某种联系，而其重要业务活动之一就是为政府服务，特别是为政府筹款融资服务。因为政府财政收支不可能时时均衡，常出现先支后收甚至支大于收的情况，需要筹措资金，满足其正支出之所需。政府利用银行不仅可以在短期内迅速地筹措到所需资金，还可以降低筹措资金的成本；银行则可通过为政府服务，代理国库，利用政府财政资金，增强银行资金实力，以扩展其业务。在政府与银行建立这种联系和默契时，银行即相应地获得某些特权，如政府最终授权中央银行独享货币发行权，规定其发行的银行券为法偿货币，并委托银行经理国库等，于是产生了中央银行与政府的关系问题。是隶属于政府，归政府管辖，还是独立于政府，视政府为最大客户？传统的观念认为，中央银行应超然于政府之外，不受政府的影响。这是因为资本主义国家政府的秉性，是乐于在许诺中多支出，却又不敢多征税，以讨好选民，常在增发货币上找出路，所以中央银行隶属于政府会导致政府滥用权力，无节制地利用中央银行为政府筹措廉价资金，滥印钞票，造成通货膨胀，危及国家经济的稳定。中央银行的独立性问题即源于此，而所谓独立性，亦即与政府的关系的具体化的形态。

（一）中央银行独立性争论的演变

1. 中央银行产生后即存在与政府的关系问题

各国中央银行诞生之时，由于银行业务的经营，无一不与政府发生某种业务联系。英格兰银行筹建的目的，即为政府垫款。法兰西银行一开始即由国家供给一部分资本，接受政府的控制。德意志国家银行虽由普鲁士银行改组，归还政府资本，但总裁则由帝国任命。日本银行成立的目的是担负整饬货币之责。中国的户部——大清银行与交通银行，即由清政府户部（即财政部）与邮传部所设立。美国联邦储备体系，是解决中央银行制度方面矛盾的产物。与政府发生某种业务联系，实际上即潜伏着与政府的关系的问题。亚当·斯密总结英格兰银行与政府的关系时说："英政府稳定，英格兰银行亦随之稳定，"[1] 为了支持财政需要，"即使主事者明察，但由于国家的职责，亦不免发行逾量的纸币。"[2]

当时中央银行与政府的关系约有五个方面：一是争取政府支持，独享货币发行权；二是承办政府财政收支，建立资金往来关系；三是处理政府借垫与公债募集；四是政府解救货币经济危机；五是由政府任命总裁。除第五项外，其余四项都可视为业务关系。亚当·斯密虽然看到了英格兰银行与政府的紧密性，但当时犹未产生独立性问题的争议。

2. 第一次世界大战后开始了独立性的争议

第一次世界大战以前，若干国家公认中央银行为私人企业，正如其他私人所有的银行一样。当时虽承认中央银行与社会福利关系甚大，应对社会负责，但中央银行不受政府控制，力求最大限度的自由，几乎成为一条重大原则。第一次世界大战期间，由于战时财政问题，中央银行的独立性和自由原则受到严重冲击。各交战国除英国由政府自行发行 1 英镑与 10 先令的国库券以抵充军费外，其他国家无不利用中央银行增发钞票，以供军费开支。中央银行当时虽不愿通货膨胀，但为时势所屈服，深恐反对增发钞票，被认为是反对供给国防的最高需要。因此，中央银行的自由原则和独立性，已因为战争而放弃。就英格兰银行而论，战时虽坚持充分准备金而发行钞票的规定，但直至 1928 年英格兰银行不得不以本行钞票收回国库券，并接受政府证券作为发行准备金，其受战时通货膨胀的影响，与其他国家中央银行在战争中不能保持独立性而增发钞票，并无本质上的区别。

第一次世界大战以后，多数交战国经济困难，继续利用战时获得的权力，以增发钞票作为筹款的捷径。中央银行几乎无拒绝的能力和方法，以致在第一次世界大战后大多数国家都发生了严重的通货膨胀，加深了经济金融的困难。因此，1920 年在布鲁塞尔和 1922 年在日内瓦召开的两次国际金融会议上，一再强调中央银行应脱离政府控制而独立。当时英格兰银行总裁诺曼（Montagn Norman）、德国国家银行总裁薛德（Schacht）、美国联邦储备委员会主席司脱朗（StuoBng）都提倡中央银行的独立。欧洲各国为战后稳定金融，复兴经济，在国际联盟的支持下，都纷纷组建独立的中央银行，有些国家的中央银行法中列有与政府关系维持独立性的条

---

① ② 亚当·斯密：《国民财富的性质和原因的研究》（上卷），商务印书馆 1972 年。

文，如奥地利、匈牙利、德意志、保加利亚、希腊、爱沙尼亚等国都如此。

20世纪30年代，资本主义国家发生了世界性经济、金融危机。面对经济大萧条和大规模的失业，中央银行束手无策。一些经济学家认识到，要保持经济与金融的稳定，仅靠中央银行的力量是不够的，还必须与国家的经济、金融政策相配合，中央银行独立于政府的浪潮有所平息。当金融危机发生后，中央银行保持独立性事实上已不可能。1931年9月21日英国放弃金本位制后，英格兰银行即听命于英政府，任英镑贬值至自然水准，荷兰与希腊两银行总裁因结存英镑受贬值损失而丢职，法兰西银行总裁马兰（Clement Moret）因拒绝国库券贴现而被迫辞职。德国国家银行总裁薛德原为主张中央银行独立论者之一，因国家社会党执政重订国家银行法，一变而为推行中央银行成为政府政策之工具。由此可见，中央银行的独立，只能维持于经济平稳之时。当战争爆发，或货币危机、经济危机降临之时，政府从国家安危出发，采取干预经济、控制金融手段，必然与中央银行的独立性发生矛盾，而中央银行无法抗拒政府的压力，因此中央银行的独立性也就无法坚持了。

3. 第二次世界大战后独立性思潮再起

战后各国为恢复经济，政府普遍承担充分就业、提高社会福利和经济增长的义务，并实行国家干预，企图通过宏观经济政策实现这些目标。货币政策是宏观经济政策的重要组成部分，中央银行作为货币政策的制定者和执行者，有责任合理运用货币政策，与财政政策相配合，实现宏观经济目标。也就是说，中央银行既按照宏观经济目标满足财政筹措资金的需要，又要实现货币政策目标。中央银行执行货币政策，应受到政府的控制和监督，成为政府干预经济的工具。

20世纪70年代，西方国家出现"滞胀"局面。于是，中央银行与政府的关系微妙起来，一些经济与金融界人士再次推崇中央银行独立性思潮。其理由主要有：

第一，政治家往往从政治需要出发，缺乏经济远见。过分偏重关心大选，讨好选民。中央银行是负有社会性责任的机构，它的货币政策对社会经济的发展有重大影响，应具有稳定性和连贯性，不受党派、政治的干扰。

第二，政府往往为满足短期的利益需要，扩大财政赤字，推行通货膨胀政策，导致中央银行行为短期化。中央银行独立于政府，保持超然地位，以稳定币值为首要任务，可以对政府的通货膨胀政策起制约作用。

第三，中央银行与政府的工作侧重点可能不一致。在某些特定的时期，总统可能侧重关心就业问题，经济政策重点是通过推行赤字财政政策，刺激有效需求，增加就业，其结果是造成通货膨胀。财政部长则关心为政府筹措廉价资金，以维持政府机构的正常运转，故要求市场利率维持低水平并且稳定。中央银行为稳定币值，需要采取紧缩银根的措施，提高市场利率，以制止通货膨胀。

第四，中央银行不是一个纯政府的服务机构，而是一个社会化的服务机构。因此，中央银行应具有独立性。

（二）中央银行与政府关系的实质

中央银行的独立性，是与政府的关系的具体形态，而这种关系自中央银行制度产生以来，实际上即已存在。随着政治、经济形势的发展，人们对中央银行制度认识的逐步深化，中央银行与政府的关系微妙起来，人们对此产生了不同的见解。对这种客观存在的关系，即对独立性的理解，不仅要从过去已有的法律条文来考察，更多地还要从当前经济发展的客观要求来考察。

中央银行与政府的关系，已不同于第一次世界大战前的关系。20世纪30年代之后，西方国家债务迅速增加，债务占财政支出的比重也极为可观。因此，政府资金的筹集与管理日益重要。以美国为例：在30年代之前，公债有些年份发行，有些年份收回。30年代之后，基本上是连年增加发行，债务总额呈扩大的趋势，而且金融市场也更加敏感。在社会主义国家，虽不依靠发行债券支持财政，但财政支出浩大，往往不是财政收入所能完全解决的，财政上发生问题，最终还是要银行支持。中央银行既要为政府服务，又要作为政府控制宏观经济政策的有力工具，执行货币政策，保障货币金融稳定，实现国家的基本经济目标。而且中央银行业务技术之精细，活动之微妙，已不能单靠法律来规定。它必须与政府相互信任，密切合作，财政金融相互配合，不能视中央银行为一般政府机构。中央银行也不能完全独立于政府之外，不受政府约束，或凌驾于政府机构之上，而应在政府的监督和国家总体经济政策的指导下，独立地制定、执行货币政策。这就是当代中央银行的相对独立性。

所谓相对独立性，是指中央银行与政府的关系要遵循如下两条原则：

1. 经济发展目标是中央银行活动的基本点

任何国家中央银行的活动，都离不开该国经济、社会发展的目标，离开经济发展目标，就没有中央银行活动的基本点。在中央银行制度建立与扩展的过程中，已蕴含着这种关系。尤其是在第二次世界大战之后，中央银行货币政策是国家经济发展目标实现的重要工具，国家干预和调节经济，要通过货币供应量来实现。中央银行不以盈利为目的，对国家经济发展目标必须予以支持。否则，货币政策自行其是，会影响国家经济目标的实现。因此，中央银行对货币政策的制定和执行，不仅要考虑自身所担负的任务和承担的责任，还要重视国家的利益，不能独立于国家经济目标之外。

2. 中央银行货币政策要符合金融活动的规律

中央银行在具体制定货币政策及其措施的贯彻执行，要充分考虑国家资源、社会积累、货币信用规律，不能完全听命于政府，完全受政府所控制，而应保持一定的独立性。因为政府与中央银行所担负的任务不同，前者是政治实体，侧重于政治效益，往往引发超经济行为；后者是经济实体，侧重于经济效益，必须符合金融活动规律。中央银行在国家经济目标指引之下，通过货币政策及其措施保持相对独立性，可对政府的超经济行为起到一种制约作用，防止在特定的政治需要和脱离实际的计划条件下，不顾必要性和可能性，而牺牲货币政策，使其坠入短期化的陷阱，影响经济社会的正常发展，妨碍国民经济生活的稳定。因此，中央银行又必须坚持相对独立性。

（三）中央银行与政府关系的主要方面

货币政策的实施，往往要求财政政策的配合，财政政策也是实现国家经济发展目标的工具之一。因此，中央银行与政府的关系的主要方面即是与财政部的关系。具体说来，即货币政策与财政政策的相互配合。

1. 财政政策要求货币政策配合方面

因为财政收支具有季节性、强制性、固定性和突发性的特征。当收入不足，支出压不下来时，往往求助中央银行，通过发行债券或短期借款等方式予以支持。这是一种正常现象。但有些国家往往由于种种原因造成大量的财政赤字，结果有意识地采取直接或间接的手段，进行超经济的资金分配，迫使中央银行屈服于政治压力，搞超经济的货币发行。这是一种非正常现象。中央银行对前一种情况，理所当然应予以支持，而对后一种情况，从社会公众利益出发，理所当然应予以拒绝。不幸的是，在不少国家，即使中央银行总裁（或理事会主席）是一个高明的银行家，在政府的压力面前，也往往会或拂袖而去，或俯首听命。因此，如何摒除政治压力，防止超经济的货币发行，在中央银行与政府的关系上如何真正贯彻执行，仍然是一个重大课题。

2. 货币政策争取财政政策的配合

中央银行掌握货币政策工具，在控制货币供应量上有巨大的潜能。但为了更好地发挥作用，有必要争取财政政策的配合。如在经济发展不正常时，要求税率能作相应的调整；在固定资产投资超过国力许可时，要求大量削减投资；在国际收支不平衡时，要求提高关税以限制进口；等等。但在不少国家，财政政策的膨胀意向和赤字操作与货币政策的稳定意向和均衡期望往往不一致。货币政策争取财政政策的配合，在理论上是可行的，但在事实上往往是矛盾的。这也是中央银行与政府关系中的一个侧面，如何争取配合，有待中央银行自身的努力。

二、中央银行与政府关系的不同模式

各国政治经济情况不同，各有其发展的轨迹。立法和惯例也不同，这就决定了各国中央银行与政府的关系有不同的模式。

（一）中央银行与政府关系的一般分析

中央银行与政府的关系问题，可从以下方面进行分析，如资本所有权；总裁与理事的任命、任期及职权；法律赋予中央银行的任务、职责；中央银行与政府（包括财政部）的隶属关系；与财政部的资金关系；理事会中是否有政府的代表；中央银行向政府还是向议会报告工作等。

从中央银行的资本所有权来看，第二次世界大战以来，中央银行资本有逐渐走向完全归政府所有的趋势，即使是那些资本属私股的中央银行，股东也无任何权力干预中央银行货币政策和业务经营，无权施加影响。中央银行的管理监督权属于国家，因而资本所有权已成为无关紧要的问题。

从中央银行总裁与理事的任命、任期及职权来看，一般来说，总裁是中央银行行政的最高领导人，常兼任理事会或决策机构的主席，地位显赫。总裁的任命方式多数是由政府部门或议会提名，由国家元首任命，任期与政府任期接近。理事任期稍长于总裁，多数国家允许连任，和政府的任期错开。这样规定，在于避免政府通过理事施加影响而抑制中央银行的独立性。

从法律赋予中央银行的职责看，多数国家赋予中央银行以法定职责，明确在制定或执行货币政策上，中央银行享有相对独立性，要承担稳定货币金融、提高本国福利、实现政府经济目标的社会职责，同时作为政府在金融领域的代理人，要接受政府的控制与督导。

中央银行与政府的隶属关系、与财政部的资金关系是中央银行独立性的主要方面，实际是如何防止财政部直接或间接挤占银行资金。不管各国法律对中央银行与政府的隶属关系如何规定，当双方发生矛盾时则是通过磋商的办法解决的。中央银行与财政部的资金关系在多数国家是较为一致的，即中央银行在一定的限度内有支持财政的义务。一是为财政直接提供贷款融通资金；二是为财政筹集资金创造有利条件，如通过各种信用调节措施为公债发行创造有利的证券市场条件，或者中央银行劝募政府公债，代销债券。但为防止中央银行对政府过度融资造成通货膨胀，许多国家对融资的方式、额度与期限都从法律上加以严格限制，禁止财政部向中央银行透支。

至于理事会中是否应有政府的代表，不仅各国实践不同，而且在认识上也存在分歧。主张理事会中不应有政府的直接代表的认为，中央银行的职能与承担的责任毕竟与政府不同，理事会中无政府的代表可以避免政府直接干预理事会的决议和行为，保证中央银行不受政府压力和政府偏见的影响，客观地评价经济形势并向政府提出建议。主张理事会中应有政府代表的认为，理事会中有政府的代表有利于传达政府的意图，解释政府的政策，并及时地将理事会对经济形势的评价和展望反馈回政府，沟通和纠正双方观点与认识上的偏差，而且理事会中允许有各经济部门的代表，唯独排斥政府的代表是不合理的。

（二）独立性较大的模式

在这种模式中，中央银行直接对国会负责，可以独立地制定货币政策及采取相应的措施，政府不得直接对它发布命令、指示，不得干涉货币政策。如果中央银行与政府发生矛盾，通过协商解决。美国和德国都属于这一模式。

1. 美国模式

美国联邦储备体系享有较大的独立性，被誉为探讨中央银行独立性的典型。其独立性表现在：

（1）联邦储备体系受《联邦储备法》的制约，经国会授权采取独立行动，直接向国会报告工作，向国会负责。

（2）联邦储备体系理事会主席与副主席由总统从 7 名理事中指定 2 人担任，任期 4 年，可以连任。联邦储备体系理事会的 7 名理事须经参议院同意，由总统任命，任期 14 年，不得连任，每 2 年更换 1 人，并与总统任期错开，使总统在其任期内不能更换联邦储备体系理事会的绝大多数成员，从形式上制约了总统完全控制联邦储备体系理事会的可能性。

（3）联邦储备体系理事会经国会授权，无须总统批准，有权独立地制定货币政策，自行决定采取的措施和运用的政策工具。联储在法律上对总统与其他政府机构不存在任何隶属关系。总统未经国会授权不得对联储发布任何指令。自 1962 年 2 月起，财政部长和通货监理官不再出任联储理事会理事。财政部与联储无隶属关系，不得干涉联储的货币政策。联储与总统或财政部及其有关政府政策制定部门保持着经常接触与密切的合作关系，如果发生矛盾，则通过有特定人员参加的各种会议进行磋商。这些人员包括财政部国务秘书、经济顾问委员会主席和预算局局长。

（4）联储无长期支持财政融资（包括发行债券）的义务。财政筹款只能通过公开市场发行公债。在特殊情况下，财政部可以向联邦储备银行借短期款项，借款金额不得超过 50 亿美元（这一额度从 1973 年已终止）。实际上财政部只借过几次期限只有几天的款项，而且是以财政部发行的特别国库券作担保。

（5）联储的盈余较大，业务经费独立，无须财政拨款。

2. 德国模式

德意志联邦银行被认为是西方工业国中具有独立性和权威性的中央银行。1957 年颁布的《联邦银行法》从以下几方面保证联邦银行享有较大范围的自主权：立法赋予联邦银行保证币值稳定的基本职责；一般要求中央银行支持联邦政府采取的全盘经济政策，但只在与联邦银行履行其保证货币稳定的基本职责不发生矛盾时，才可以这样做；联邦银行独立于政府，以行使有关货币的职权。《联邦银行法》（1980 年 3 月修改本）规定：德意志联邦银行，利用本法授予的货币政策权限，调整货币流通和经济的资金融通，以达到保卫货币的目的。因此，联邦银行可以独立地制定、执行国家的有关金融政策，如对贴现、信贷、公开市场业务及最低储备要求等方面做出决定时，可以不受政府约束。当其他经济政策与稳定通货政策相矛盾时，联邦银行为实现自己所担负的任务，有权独立地运用货币政策手段，采取相应的措施。政府不得对联邦银行直接发布任何指令，联邦银行履行法定职责不受政府指令的约束。

联邦银行总裁、理事由联邦政府与中央银行理事会磋商后提名，由总统任命，任期8年，任期届满之前，政府不得罢免。

在与政府的资金关系方面，联邦银行法为有效地防止政府过分地求助于中央银行发行钞票和贷款，规定联邦银行独自享有发行钞票的权力，政府不得靠印制钞票来弥补其支出。而且只有联邦银行可在严格规定的最高限额内对政府机构、专门公共财产机构提供短期贷款（实际提供的贷款额低于规定的最高限额）。政府发行的债券通常可通过联邦银行销售。这些规定使货币政策受到保护，免受政治影响和政府过分筹资愿望的干扰。

为了使联邦银行与政府机构之间取得尽可能的相互信任与密切合作，联邦银行法还有要求政府和联邦银行共同工作、相互协商的条款，如联邦银行有权出席政府与财政经济政策有关机构的会议，政府成员有权出席中央银行理事会的所有会议，虽无表决权，但可以提出动议，要求中央银行理事会的决议推迟两周执行（实际上政府很少运用这种权力）。当讨论与货币政策关系重大的问题时，政府则邀请联邦银行总裁参加，进行磋商。

（三）独立性稍次的模式

所谓独立性稍次的模式，是指中央银行名义上隶属于政府，而实际上保持着较大的独立性。有些国家法律规定财政部直辖中央银行，可以发布指令，事实上并不使用这种权力。中央银行可以独立地制定、执行货币政策。英格兰银行、日本银行属于这一模式。

1. 英国模式

英格兰银行表面上隶属于财政部，实际上拥有相当的独立性。根据英国1946年国有化法案的规定，财政部为了公共利益，认为有必要时，在与英格兰银行总裁磋商后，有权向英格兰银行发布命令。这一规定与第二次世界大战后英国经济遭到严重破坏，不得不努力恢复经济有关。因此，国有化前已经独立于政府的英格兰银行，仍依法听命，但财政部的此项权力从未使用过。

英格兰银行向议会提交年度报告，议会一般不就此辩论。英格兰银行和政府始终保持着密切的合作，政府也一贯尊重该行的货币政策的意见，不参与理事会的评议，也不过问政策的制定。

由于政府授权，英格兰银行在货币金融政策方面实际上享有相当的独立性，比法律规定的要大得多。在与政府的资金关系方面，英格兰银行一般不给政府垫款，只提供少量的隔夜资金融通。它通过两个办法解决政府所需资金：一是每周对国库券招标；二是每日在证券市场上卖出国库券。

2. 日本模式

根据现行日本银行法，日本银行在很大范围内受到政府的监督。这种监督表现为：大藏大臣拥有对日本银行的一般业务命令权、监督命令权、官员解雇命令权等。

日本银行的总裁和副总裁由内阁任命，任期 5 年，可以连任。理事由大藏大臣任命，任期 4 年，可以连任。

日本银行政策委员会作为日本银行的最高决策机构，在存款准备金制度上，存款准备金率的设定、变更、废止要经过大藏大臣认可；对城市中利率最高限度的决定、变更和废止，也要听取大藏大臣的意见，并经利率调整审议会咨询后才能实行。

日本政府实际上并未使用过上述银行法规定的各种命令权，日本银行的独立性也相当大。决定货币政策的最高权力机构是日本银行政策委员会。在委员会中，作为政府的代表（大藏省与经济企划厅代表各一人）无表决权，日本银行可根据自己的职责独立地运用金融政策。在与政府的资金关系方面，按照规定，原则上禁止日本银行认购政府发行的长期公债和向政府提供长期贷款。因此，日本银行只对政府提供少量的短期贷款，但政府发行的短期债券大部分由日本银行认购。

日本银行的利润，扣除规定的比例后，全部上缴财政，如果发生亏损，可用国库款弥补。

（四）独立性较小的模式

这一模式的中央银行，接受政府的指令，货币政策的制定及采取的措施要经政府批准，政府有权停止、推迟中央银行决议的执行。这一模式的典型是意大利。

意大利银行是西方工业国中独立性较小的中央银行。意大利银行总裁由理事会提名，总统任命，任期不限。理事会 13 名理事由 13 个地区行的股东大会选任，任期 3 年，可以连任。意大利银行受财政部统辖，财政部代表出席理事会会议，并且认为会议决议与国家法令不符时，有权暂时停止决议的执行。有关的货币政策措施必须先经信用与储蓄部委员会批准，意大利银行才能执行。意大利银行如果与政府出现意见分歧，政府在与它磋商后仍不能解决，便可根据法定权限指示银行执行既定政策，同时向议会汇报。意大利银行向议会汇报工作，主要目的是提供情报。它向财政部提供有限额的短期贷款，金额不得超过年度财政预算支出的14%，其余款项通过认购债券、推销国库券等方式为政府筹集。

中国人民银行与政府的关系

一、中国人民银行是国务院的直属机构

（一）关于中国人民银行隶属关系的争论

中国人民银行作为中央银行，其隶属关系问题一直是一个分歧意见较大的问题。争议的焦点是中国人民银行应隶属于国务院还是隶属于全国人民代表大会以及如何从立法上保证它的独立性。主要有下列三种观点：

第一种观点认为，中国实行的是社会主义市场经济，国家具有组织、领导、管理经济的职能，国家经济发展的战略与总体目标由中央决定，全国经济工作的实施则由国务院统一组织和领导。在政府长远的总体经济目标与近期经济发展意图上，国务院和全国人民代表大会不会也不可能存在重大分歧，中国人民银行与政府的关系，除了具有一般中央银行充当政府的经济顾问、提供咨询、代理政府收支、管理金融等服务外，还要在国务院的直接领导和指示下，肩负对国务院的社会经济发展计划和政策的贯彻实施之责任。中国人民银行作为国务院的直属机构，有利于同政府其他经济部门协作配合，调节经济，控制货币供应，控制社会总需求。《中国人民银行法》规定中国人民银行作为中央银行是国务院的组成部分，同财政部是平行的，直接受国务院领导，这在组织形式上使中国人民银行有了独立地位。在中国社会主义制度下，不存在中央银行受不同党派和集团利益所左右的问题，中国人民银行没有必要脱离政府，直接对全国人民代表大会负责，直接受全国人民代表大会监督。

第二种观点认为，中国人民银行要对政府机构保持独立性，必须直接隶属于全国人民代表大会（常务委员会），接受其管理和监督，在其指导

下独立地制定和贯彻执行金融政策。这样会在某种程度上增强中国人民银行的相对独立性，可以使中国人民银行不受政府短期经济政策的局限，不随短期经济政策的摆动而摆动，减弱来自于外界对中央银行执行货币政策、控制货币供应和信贷规模的随意性，并在配合国务院的宏观经济调控活动中，对经济决策的某些随意性起到制约作用，可以使中国人民银行处于全国人民代表大会的直接监督之下，独立执行货币政策。

第三种观点认为，从中国国情出发，在政治体制未作相应改革的情况下，加强中国人民银行的独立性不在于中国人民银行是直接隶属于全国人民代表大会还是直接隶属于国务院，二者没有实质性的区别，而在于通过立法来保证中国人民银行能相对独立地制定和执行货币金融政策，能在不违背中央的既定战略目标和大政方针的前提下，独立地全权执行货币政策，确定货币政策措施，选择货币政策工具，进行金融管理。中国人民银行实施职能的依据是国家的经济总体目标。它从事活动的行为准则是法律，任何人不得超越法律程序对中央银行进行干预。因此，应通过完善立法和建立相应的制度来实现中国人民银行的这种相对独立性。

（二）中国人民银行是国务院的直属机构

《中国人民银行法》第二条规定："中国人民银行是中华人民共和国的中央银行。中国人民银行在国务院领导下，制定和执行货币政策，防范和化解金融风险，维护金融稳定。"第七条规定："中国人民银行在国务院领导下依法独立执行货币政策，履行职责，开展业务，不受地方政府、各级政府部门、社会团体和个人的干涉。"这些规定明确了中国人民银行的法律地位，并使其与国务院的关系通过法律形式确定下来。

中国人民银行是国务院的直属机构，是国务院的一个组成部分。国家通过中国人民银行对全国的金融业实施管理。中国人民银行虽然是国务院的直属机构，但仍有一定独立性。这主要表现在 3 个方面：①中国人民银行行长由全国人大决定，全国人大闭会期间，由全国人大常委会决定，由国家主席任免；②中国人民银行实行行长负责制，行长领导中国人民银行的工作；③在法定权限内，中国人民银行依法独立执行货币政策和履行其他职责。

关于中国人民银行同全国人大的关系，《中国人民银行法》也首次以立法的形式予以明确。《中国人民银行法》第六条规定："中国人民银行应当向全国人民代表大会常务委员会提出有关货币政策情况和金融业运行情况的工作报告。"也就是说，中国人民银行应当向全国人大或者全国人大常委会报告工作，并接受监督。中国人民银行作为我国的中央银行和最重要的宏观控制调节机构之一，其制定和执行的货币政策以及履行其他职责情况如何，对全国经济总体目标将产生重大影响。因此，一方面，作为全国最高权力机关的全国人大及其常委会有权利、有责任了解中国人民银行的工作情况，并进行监督；另一方面，这也使中国人民银行的独立性进一步增强，可以在不违背中央的战略目标和大政方针的前提下，独立地制定和执行货币政策，不受其他部门的干扰。

二、中国人民银行与财政部的关系

中国人民银行与财政部的关系，随着中国人民银行与政府的关系模式的变化而改变，经历了一个相当长的时期才发展到今天的状况。在高度集中的计划经济体制下，由于否定社会主义条件下商品货币的作用，在经济管理上重行政手段、轻经济手段；在资金分配上重财政、轻银行，因而在中国人民银行与财政部的关系上，集中体现了"大财政，小银行"的特点。在资金关系上，由于国民经济中的资金活动，基本都由财政包下来，实行统收统支，固定资产投资和企业的定额流动资金都由财政提供，银行只负责企业超定额部分流动资金的临时需要。这种状况即所谓"长期资金归财政、短期资金归银行，无偿资金归财政、有偿资金归银行"。中国人民银行的作用被限制在十分狭小的范围内。在政策方面，也是以财政政策为主，财政资金的分配成为调节国民经济资金需要的唯一手段。然而财政力不从心，出现赤字就靠挤银行发票子维持支出。在行政上，中国人民银行与财政部是平级关系，但由于财政部在资金、政策上都处于主要地位，中国人民银行实际上有职无权，处于从属于财政部的地位。在"文化大革命"期间，这类实际上的从属发展成为形式上也从属，中国人民银行被并入财政部。

经过这些年的经济体制改革，特别是《中国人民银行法》的颁布，中国人民银行与财政部的关系正在逐步理顺，具体表现在四个方面：

（一）在行政关系上

中国人民银行与财政部同属国务院直接领导，以平等独立的身份协调配合工作。它们之间既不存在行政隶属关系，也没有业务上的领导与被领导的关系，这在组织上保证了中国人民银行的独立地位。

（二）在业务关系上

中国人民银行与财政部历来是密切配合、相互支持的。这是因为国家财政收入有淡季旺季，不可能四季均衡，往往需要中国人民银行短期融通资金和代理财政金库。而且随着我国国家债务的增多，财政筹款措施更要考虑到对中国人民银行的影响，并且需要取得中国人民银行的合作与支持。中国人民银行通过代理财政金库和为财政提供服务，可以获得一定量稳定的资金来源，中国人民银行与财政部之间存在着财政金融相互支持的关系，构成国家聚集资金和分配资金的两条渠道、两种方法。

（三）在资金关系上

主要是资金的融通关系，尤其是解决财政向中国人民银行的透支问题。为防止财政用透支办法来弥补财政赤字，使货币发行被迫适应财政赤字的需要，影响经济长期稳定的发展，《中国人民银行法》第二十九条规定："中国人民银行不得对政府财政透支，不得直接认购、包销国债和其他政府债券。"这是解决中国人民银行与财政融通资金关系的法律依据。它可以使中国人民银行彻底摆脱作为财政附属物的地位，独立地执行国家金融政策，建立中国人民银行与财政部门分工明确、相互协作、相互制约的正常关系。

（四）在政策关系上

中国人民银行的货币政策和财政部的财政政策是国家的宏观经济政策，二者必须保持平行、相互配合、密切合作。

三、中央银行与国家其他金融管理部门之间的关系

目前，世界上几乎所有国家的中央银行都是本国金融业的主管机关。由于各国的经济和金融业发展水平和传统习惯不同，在对金融业具体管理上，各国又有体制上的差异，有些国家对金融业的管理全部由中央银行承担，而有些国家则由中央银行和另外的专门管理机构共同承担。除国家授权中央银行单独或中央银行与其他专门性金融管理机构共同承担金融业的监督管理之外，金融业的监督管理还包括金融机构的内部控制与管理、金融行业的自律管理，以及社会监督管理包括审计财政部门、存款保险机构、会计事务所、信用评估机构及社会公众等。在整个金融业监督管理体系中，不管属于什么类型，中央银行都是对金融业实施监督管理的核心机构，其他金融管理机构是根据国家的具体授权对特定的方面承担管理的

责任。

中国金融业的监督管理，目前实行分业监管的体制。中国人民银行负责制定和执行货币政策，防范和化解金融风险，维护金融稳定。同时，中国银行业监督管理委员会、中国证券监督管理委员会和中国保险监督管理委员会分别承担中国银行业、证券业和保险业的监督管理。

在具体的金融监督中，中国人民银行与三个监督管理委员会还有一定的业务交叉。如金融机构业务活动涉及的银行间同业拆借市场和银行间债券市场、外汇市场等，中国人民银行负责直接的监督管理；当银行业金融机构出现支付困难、可能引发金融风险时，中国人民银行经国务院批准，有权对这些机构检查监督。为了实现金融业的整体稳健运行和健康发展，中国人民银行与三个监督管理委员监管协调机制。

中国人民银行分支机构与地方政府的关系

一、问题的提出

中国人民银行要实现货币政策目标，管理与监督全国的金融活动、政策的实施和业务的活动，都不能脱离当地经济社会发展状况。

第一，中国人口众多，地域辽阔，由于种种自然的、历史的、人为的原因，经济发展极不平衡，以致形成了明显的经济带与经济块，其经济发展战略必然差异较大。中央银行分支机构，在服从全国宏观经济决策的前提下，结合当地经济发展战略，因地制宜为振兴地区经济服务，必然与政府发生密切联系。

第二，中央银行的货币政策的作用在传导过程中可能被削弱。中央银行分支机构，通过业务活动措施可迅速地将货币政策传导到微观经济活动中，并及时发现地区经济活动中存在的问题，在当地政府的支持下，及时采取相应的对策。

第三，随着金融体制的改革，金融机构的多元化，各银行间的业务分工、交叉和竞争，需要有权威的中央银行分支机构来协调、仲裁辖区内各金融机构之间业务方面的分歧，防止"群龙无首"的局面。这一工作除了中国人民银行总行的领导之外，也需要当地政府的支持。

第四，中央银行的具体业务，如钞票发行、代理国库、实施金融业务管理、金融市场管理等，都需要地方政府配备一定的力量予以维护和合作。

二、中国人民银行分支机构与地方政府的关系

中央银行分支机构与地方政府的关系，可说是中国的特殊问题。在资本主义国家都不存在这个问题，其原因在于其他国家地方政府的工作重点在于办社会，不直接管企业。中国各级地方政府都肩负着组织管理经济的重任，不仅办社会，而且重点在于办企业。尤其在中国人民银行紧缩银根的货币政策与扩大生产、追求生产增长速度硬性指标发生矛盾时，地方政府往往更注重后者，一些人甚至随意干预银行，命令银行提供贷款，造成银行对货币信贷失控的局面。长期以来，中国人民银行分支机构层层按行政区划设置，也在客观上为地方政府干预中国人民银行分支机构的行为提供了可能。1998年中国人民银行的机构改革，撤销了省级分行，建立了跨省（自治区、直辖市）的大区分行，这就使中国人民银行分支机构的独立性大大增强了。但无论如何，处理好中国人民银行分支机构与地方政府的关系，是关系到有效发挥中国人民银行系统宏观调节功能的大问题。

（一）中国人民银行分支机构受总行垂直领导

《中国人民银行法》第七条规定："中国人民银行在国务院领导下依法独立执行货币政策，履行职责，开展业务，不受地方政府、各级政府部门、社会团体和个人的干涉。"这条规定实质上明确了中国人民银行分支机构应当独立于地方政府。中国人民银行分支机构直接受总行垂直领导，在行政隶属关系（包括干部任免）、业务活动决策上与地方政府不发生直接关系。地方政府要监督和支持中国人民银行分支机构认真贯彻、执行国家的金融方针、政策，但不得干预中国人民银行分支机构的正常业务活动，不得侵犯它们的合法权益。这对于保证贯彻全国统一的货币政策，从宏观上加强对金融的管理和调控都是必要的，有利于维护中国人民银行分支机构业务经营活动的自主性，超脱地方利益的局限，减少地方政府干扰，真正贯彻执行国家的货币政策。从目前看，这方面改革的任务还很艰巨。

中国人民银行分支机构实行垂直领导，在行政上、业务上与地方政府

不发生直接关系，但中国人民银行分支机构有义务支持地方政府的经济决策，主动接受各级地方政府的支持与帮助，做出符合当地经济发展战略的金融决策和采取相应的措施，解决当地经济发展中的实际问题，在中央宏观决策指导下，积极地为地方经济发展服务，实现地区经济发展目标。

（二）中国人民银行分支机构与地方政府有关部门的关系

中国人民银行分支机构不仅要处理好与地方政府的关系，而且要正确处理与地方政府有关部门的关系。中国人民银行分支机构与它们既无任何行政隶属关系，也无任何业务从属关系，是相互平行且完全独立的关系。中国人民银行分支机构受总行垂直领导，贯彻执行国家的货币政策，在此原则基础上，兼听并考虑地方政府各部门的意见，协助它们解决实际困难，通报金融经济信息及金融政策要求，为其决策起参谋作用，同时要向总行及时反馈情况。

总之，中国人民银行分支机构作为总行的派出机构，必须坚决贯彻执行来自总行的各项政策、指令，不得为了地方的利益损害全局的利益。当总行的政策、指令与地方利益冲突时，应由地方政府与中央政府及总行协商解决，中国人民银行分支机构可及时向总行反映地方的实际情况，但在行动上必须坚决执行总行的命令。

总而言之，中央银行与政府的关系是多方面的，实质是中央银行的独立性问题。从各国的经验和实际情况看，中央银行应同政府保持相对的独立性。所谓相对独立性，是指中央银行与政府的关系应遵循两条原则：其一是国家经济发展目标是中央银行活动的基本点；其二是中央银行货币政策要符合金融活动的规律。在中央银行与政府的各种关系中，与财政部的关系是最为重要的。中央银行应独立于财政部，但又要同财政部在资金、业务上发生关系，二者之间的关系具体体现在货币政策与财政政策的相互协调、配合上。各国中央银行的政治、经济情况不同，与政府的关系也各不相同，独立性较大的有美国和德国，独立性稍次的有英国和日本，独立性较小的有意大利。中国人民银行是国务院的直属机构，国家通过其对全国金融业实施管理。中国人民银行应向全国人大或者人大常委会报告工作，并接受监督。为了适应我国社会主义市场经济体制的客观要求，进一步发挥中国人民银行的宏观调控作用，加强并保持其独立性是非常重要的。

中央银行区域调控机制研究

背景说明

本文与崔满红同志合作完成，原载《财金贸易》1993 年第
11 期。中央银行分支行的任务是什么，在国民经济的宏观调控
体系扮演什么角色，很长时间存在争论，文章主张承担区域调控
的任务，为此提出了一些见解。崔满红原为山西财经大学教授，
研究生学院院长，现任山西金融职业学院院长。

一、中央银行区域调控乏力的原因

40 多年来，我国的金融体制几经调整变化，但始终没有充分调动起
中央与地方两个积极性，尤其是地方这一头，长期表现为宏观调控鞭长莫
及，区域调控无所作为，管时统得过死，放时松而无序，如何解决这一矛
盾是这几年金融理论和实践工作者热衷的焦点，笔者认为问题主要出在以
下几个方面：

（一）宏观调控目标同一性与区域调控目标具体性、差异性的矛盾

金融宏观调控的目标是经济增长、充分就业、稳定物价、国际收支平
衡，这些目标的实现，长期依靠统一计划来实现使得全社会金融调控目标
和手段趋于同一性。而我国幅员辽阔，不同区域之间由于资源、产业、地
理位置以及经济发展的差异性和不平衡性，虽然金融区域调控终极目标都
要通过货币供应量这个中间目标来实现，但区域调控又表现出运行机制的
具体性，这种宏观与区域之间的矛盾是近年来区域调控乏力的首要原因。

（二）金融活动非效益性的制约

金融效益是由金融自身效益与金融社会效益两个因素决定的。

金融自身效益是指金融区域行为自身保证状况，即金融活动所形成的投入产出效果。金融区域行为的中心是存贷款的转换行为；获得较多的存款，并转化为更多的贷款；而且能够保证贷款的良性周转和增值。金融自身效益是金融活动正常进行的基本保证。

金融社会效益是指区域金融行为在其正常运行中获得最佳区域社会利益。包括社会政治利益和社会经济利益。社会政治利益是通过金融区域行为实现的就业、社会保障、科学、教育、文化、卫生等的发展程度，即实现区域社会环境和社会结构合理化的程度；社会经济利益是金融区域行为实现的区域经济发展程度和态势，如区域经济优势的确立、产业结构调整、产业区位选择以及产业优势的促进、区域内部经济行为偏好倾向的引导等。

在我国，多少年来很少谈金融利益机制，即使讲究它的时候也是偏顾时多而兼顾时少，尤其是常常以牺牲金融自身利益来实现一些既不是社会政治利益也非社会经济利益驱动的隐性目标，如倾向性的国营企业贷款发工资、贷款维持落后产业的恶性循环等。这几年我们国家出现的产业结构趋同，区域之间及区域内的重复建设，产品结构落后、质量低劣、企业三角债等问题从金融角度讲都可归结到金融活动非效益上来。

（三）区域内非政策因素的干扰

首先是"人治"直接影响金融行为"法治化"，直接阻碍按经济规律办事。金融活动是经济活动，必须遵循经济规律的制约，但是权大于法，拍脑门贷款，不进行项目可行性研究与论证的盲目贷款比比皆是。

其次，金融行为财政化倾向影响着区域金融行为的正常运行。银行贷款不仅用于发工资、发奖金，而且用于上缴利润和税金，甚至用于根本无贷款归还来源的福利性设施建设，如城市的建房、农村的盖庙。更普遍的是国营企业流动资金的短贷长用、金融资金长期滞流企业无法周转。内地很多省区为了维持企业生产周转逾期贷款不仅不能追回，不能转为逾期，还必须追加贷款。

总之，区域金融行为缺少相对的独立性，无法根据区域经济特点和价值规律的要求办事，严重制约着金融区域调控作用的充分发挥。

（四）区域中央银行无用武之地

近十多年来我们一直沿着"实贷实存"的路子往前走着，在这个体制下，区域中央银行由过去财政的出纳机关变成了专业银行的出纳机关，无能力也不必要做任何事情，应该由它们做的事情，中央银行总行与专业银行总行已代为行事，"条"上的各个方面都在"条"上完成，作为区域内货币政策的执行者——区域中央银行，却无法根据区域经济发展发挥因地制宜的调控作用。

二、中央银行区域调控运行机制的构想

研究这一问题，必须以市场经济为前提，以构造市场调节机制下的区域调控运行机制。在未来一定时期我国将形成"国家调控市场，市场引导企业"的经济运行模式，在这个模式中金融调控手段作为主导方面，必须建立符合新模式要求的运行机制，创造充分发挥金融调控作用的经济、社会条件。

（一）区域经济传导机制

区域经济运行是一个复杂的系统体系，它在自身目标的规范下，同时受许多调控手段的制约，而作为调控手段与经济正常发展之间又具有一种内在的联系，它在不同的侧面、不同的时点上制约、影响着经济发展的不同要素。

这个传导机制简单描述是：区域经济行为目标决定调控行为取向，影响生产流通行为取向，决定国民收入增长，国民收入增长分流影响国民收入分配实现区域经济行为目标。

从区域经济目标的提出到实现，调控手段在两个环节上发挥着自己的作用，第一个环节是：调控行为取向影响生产流通行为取向。在这个环节上区域调控行为取向是以生产流通行为作为影响目标，推动产业目标的实现，作为区域调控手段重要方面金融调控在这一调控过程中以控制区域货币供应量为目标，宏观地协调区域产业结构、部门结构、地区结构，推动产业目标的实现。在这个环节上更多地体现的是各种调节行为各自充分发挥作用，所以各种调节手段都应表现为良性效果，调节作用的发挥过程是调节部门之间权与责的结合与实现过程。第二个环节是：国民收入分配影响国民收入分流实现区域经济行为目标。在这个环节上各种调控手段以国民收入分割为调控目标，影响国民收入的部门、地区归属，决定区域经济行为目标实现的部门目标、地区目标的区域层次性和结构性。或者说在这个环节所要形成的是国民收入的分配结果。价格、计划、财政、金融对国

民收入的分配过程都具有重要的支配作用，尤其是金融活动，它以所有权与使用权相分离为条件，经常改变着不同地区、不同部门对社会财富的占有、使用机会，不断改变着区域资源的配置取向。在这个环节上金融调控的作用也是十分明显的。

（二）以区域中央银行为中心建立金融区域调控运行机制

我们应该清楚地看到，十多年来我们所建立的金融调控机制始终缺乏一个连接宏观调控与微观搞活的中间环节，这个中间环节应该是一定的区域性调控，通过区域调控来实现宏观调控目标。我们应该把宏观调控目标分解到不同特点的各个区域，这种有机分解，可以更好地弥补单从数量、规模控制货币供应量的缺点，使得金融宏观调控在区域调控中既表现出宏观调控的综合性、社会效益性和普遍性，又表现出金融调控的针对性、具体性。

金融宏观调控应该是中央银行根据金融形势作用于它的中层环节——区域中央银行，金融区域调控是区域中央银行作用于区域专业银行。所以金融区域传导机制从部门来讲应该是：中央银行总行控制区域中央银行，调控区域专业银行，影响区域经济部门，实现区域经济目标；从货币运动来讲传导机制则是：基础货币总量决定区域基础货币量，制约专业银行超额准备金，货币乘数效应区域货币供应量。

我们现在执行的"实贷实存"体制并不是上述传导机制，从部门角度讲现行体制是：中央银行总行—专业银行总行—区域专业银行；从货币运动角度讲现行体制是：基础货币全国总量—专业银行总行超额准备金—区域专业银行超额准备金—区域货币供应量。从现行体制上，我们就可以看出区域中央银行无能为力，也无所事事，成为虚设；中央银行总行鞭长莫及，各专业银行在区域调控上"五龙治水"、无所作为，根本原因就是在这个区域经济特征十分突出的国家中缺乏一种十分有效、有力的金融调控机制或环节。目前虽然有个省级中央银行分行，但不发挥作用或者说试图发挥作用而策略偏差未发挥作用也可视同没有。

（三）建立以区域中央银行为单位核定基础货币量的体制

把中央银行所掌握的基础货币分解到各区域中央银行，区域中央银行在此基础上以区域经济目标为中心引导和调节区域货币流通量，是建立金融区域调控机制的基础环节。

在我国，中央银行所掌握的基础货币包括专业银行的法定存款准备金、流通中的现金，同样以这样的内容确定区域中央银行的基础货币量，本身就可以体现区域经济发展水平，并推动区域之间资金的合理流动，如有人提出全国性再贷款指标拍卖制——把总行的再贷款指标纳入资金市场进行拍卖，也只能建立在区域性调控机制的基础上。通过确定区域中央银行的基础货币量就可以建立起区域优势性和竞争性并存的金融宏观调控机制。

与区域中央银行基础货币量的核定相伴而生的是区域信贷扩张能力问题。不同区域信贷规模在新机制下的扩张能力主要取决于以下因素：国家中央银行法定存款准备率和区域中央银行存款准备弹性，它应该是由中央银行确定的；区域内存款派生系数，不同区域之间其派生系数是不同的；超额准备率，也是由国家中央银行明确规定了的；区域专业银行信贷资金闲置系数，它是区域内信贷资金容纳量和区域内信贷资金运用能力决定的；现金漏损率，它是由区域内消费者的消费偏好决定的；区域之间货币流动系数，决定于区域产业结构，商品供求结构等因素。这些因素我们在后面将作不同程度的分析。

（四）确定区域内金融行为取向的选择度

区域内金融行为取向是不同区域的经济运行特殊性决定的，打破各种条条框框，放开金融行为取向，才能搞活区域调控，才能提高调控效果。放开金融行为取向的选择，势在必行，但是为了更好地落实宏观调控目标，必须确定不同区域的不同取向选择度。这种选择必须建立在发展区域经济，发挥区域优势上，选择度过宽会出现前几年已出现的只追求近期效益的产业结构趋同化，甚至会出现区域结构性通货膨胀，影响整个国民经济发展。我们建议把区域产业优势与区域经济增长作为确定区域内金融行为选择度的依据，明确规定可为与不可为的界限。如山西以能源重化工发展为目标增加适当货币供应量为可为，而增建区域性重复建设长线产业增加货币供应量为不可为等。

（五）建立干预性市场利率体制

市场经济使得利率与价格成为孪生兄弟。利率是资金的"价格"。在市场经济条件下，价格是社会经济变化的"晴雨表"，价格变化不仅反映商品供求关系，而且反映产业结构优劣。作为资金"价格"的利率，它同样是资金供求状况的指示器。在构造金融区域调控机制过程中我们应该放开利率，这里包括存贷款利率，也包括再贷款利率、存款准备率，再贴现与贴现率。对于后四者可以实行区域性弹性利率，而对于存贷款利率则应实行干预性市场利率。

形成市场利率虽然会促成资金走向的不平衡性，但是利率决定于平均利润率、资金供求状况、物价变动趋势以及政策因素，这些因素最终决定于区域经济发展水平，放开利率促进区域资金流动，引进区域竞争机制，是有利于区域经济发展的。

（六）实现金融活动的区域相对独立性

这里涉及的是区域性中央银行的独立性和专业银行的独立性问题。

区域中央银行是国家中央银行宏观调控政策的传导中介，宏观调控政策是其调控行为的准则，但是，区域内部的金融调控是区域中央银行的基本任务，它必须为发展区域经济服务，这就要求区域中央银行要在金融宏观调控目标约束下相对独立地执行自己的政策，发生自己的行为。中央银行干预过多则会削弱区域中央银行的有效调控；另外，区域中央银行虽然为区域经济发展服务，又必须相对独立于区域政府行为之外，以宏观调控目标为依据，协调区域内经济发展的速度与比例。区域中央银行调控行为与区域政府行为常常是一致的，有时又是有矛盾的，这种相对独立性是解决这一矛盾的最好途径。

专业银行企业化是金融调控目标政策实现的最重要基础，没有专业银行企业化就没有独立的金融行为，更谈不上金融效益，宏观调控、区域调控就是空谈。近几年我们在这方面做了很多工作，但成效甚微，建立新的金融调控机制，必须加快专业银行企业化的步伐。

三、对中央银行区域调控手段的分析

把金融调控主要环节放在区域调控上，建立以区域为中心的金融宏观调控机制，就是要充分发挥在区域内可以发挥作用的各种调控手段的有效功能。

（一）法定存款准备率

以区域确定基础货币，其中心是法定存款准备率，如何确定和调整存款准备率是至关重要的。

邓小平同志南方谈话后，明确了我们搞的是社会主义市场经济，市场经济就要用市场手段来调节。现在有一句流行话叫"把企业推向市场"，自然这里的企业包括专业银行，对于专业银行的调控单纯以计划及利率调节显然是不够的，必须把货币供应量的伸缩与法定存款准备金制度密切联系起来。从宏观上来讲，存款准备率理应成为中央银行的第一调控手段，应当成为宏观信贷规模变化的指示器。

对于区域中央银行来讲，由于它是金融调控的中间环节，又是决定性环节，法定存款准备率的高低直接影响或制约着区域内基础货币的规模，进而也就制约着区域中央银行的调控能力。所以，实行可控制性区域浮动存款准备金制度增强区域中央银行的调控能力，适应不同区域经济发展规模对货币供应量的需求是势在必行的。我们的思路是中央银行总行规定两种不同的存款准备率，首先规定全国范围的法定存款准备率，再以此为基础确定区域法定存款准备率的浮动区间，以适用于宏观调控与区域调控。

实行可控制性区域存款准备金制度，既可以保证中央银行宏观调控的需要，通过调整存款准备率以调节全国范围的货币供应量，又可以使区域中央银行根据区域内货币流通规模、结构，及时地在中央银行总行控制的区域存款准备率范围内随时调整区域存款准备率影响区域货币供应量，适应区域经济良性循环的客观要求。

为了避免区域性通货膨胀，必须同时建立中央银行监督审查制度以及区域法定存款准备率调整的区域经济综合指标依据，以强化宏观调控，避免区域调控的盲目性和虚假性。

（二）再贷款手段

再贷款是我国中央银行调节货币供应量的重要手段。现阶段，再贷款中的大部分都已列入专业银行年度计划内，资金若长期占用，中央银行在区域内可调控的余地很小。目前的传导机制是中央银行总行—专业银行总行—区域中央银行—区域专业银行。即专业银行总行提出年度计划，中央银行总行批准下达，区域中央银行按批准额度指定发放。在这种传导机制下，作为区域中央银行手中可以利用的也就只有短期贷款（季节性贷款、日拆性贷款和再贴现贷款）这一部分了。但这一部分 1991 年只占各专业银行贷款存量的 8.1%，数量小，调控能力有限，难以满足区域金融调控的要求。所以我们应当把再贷款规模分解到各区域中央银行，通过区域信贷计划的落实，增强区域中央银行的区域调控能力。

（三）信贷计划

为了打破过去条块分割的金融体制弊端，我们必须建立以区域信贷计划为中心的金融体制，改变以专业银行总行为对象核定贷款总规模的做法，建立以区域中央银行为对象确定贷款总量的体制，把中央银行信贷总规模分解到各区域中央银行，再通过区域中央银行分解到区域专业银行，实行贷款总规模中央银行总行和区域中央银行双重控制制度。

这一制度的建立，改变了过去以条为线分析经济形势的固定思维模式，中央银行总行可以根据区域经济发展的特点如速度、规模、产业结构等来确定不同区域的贷款总规模，参阅指标更加具体而清晰，确定的贷款规模更加适合经济发展的客观需要。这一模式可以解开条块分割的死结，充分调动中央与地方两个积极性。

从金融区域调控机制来讲，把贷款总规模分解到区域中央银行，区域中央银行可以更具体地应对区域内部门结构、地区结构、产业优势等特殊性，科学地在区域内各专业银行之间合理核定贷款规模，适时调整贷款结构和数量，同时它可以使区域中央银行把存款准备金制和公开市场业务、信贷计划、贷款规模紧密结合起来，有效调节区域货币供应量，最终实现金融宏观调控的政策目标。

（四）公开市场业务

开展区域中央银行的公开市场业务具有灵活、及时、高效的显著特点，根据西方国家的经验，作为短期、高效调控手段，公开市场业务是最可选择的手段之一。

在我国金融市场上开展公开市场业务，就目前来看主要是应做三方面的工作：

首先，创造可资利用的信用工具：一是中央银行总行或区域中央银行发行短期金融债券；二是转移部分政府短期债券。

其次，采取强有力的措施加速完善和健全我国的区域性金融市场，为公开市场业务的开展创造一个便捷、高效、灵敏的金融市场体系。

最后，以区域为中心开展公开市场业务，通过吞吐证券来直接增减区域基础货币，既可以调动区域中央银行调控区域货币流通量的主动性，又可以避免宏观调控的盲目性，所以，公开市场业务首先应当在区域中央银行发展起来。

中央银行地方分支行作用的几个问题

背景说明

　　本文与慕福明同志合作完成，原载《山西金融》1985 年第 4 期。文章专门讨论中央银行地方分支行的设置、地位和工作方法，认为地方分支行是实施中央银行宏观决策的具体执行人和监察人，合理地设置这些分支机构，正确地规定它们的职责，明确它们的工作方法，充分调动它们的积极性，是中央银行真正发挥作用的重要的环节。

　　在中央银行建设中，如果说中央银行是全国金融宏观调节的决策机构，那么，中央银行的地方分支机构就是实施这些宏观决策的具体执行人和监督人。这些分支机构与遍布城乡各个角落的各级各类金融机构联系密切，要是没有它们的密切配合协作，在我国这样一个土地辽阔、人口众多的国家，搞好全国金融活动的宏观调节，达到预期目的是不可想象的。因此，合理地设置这些分支机构，正确地规定它们的职责，明确它们的工作方法，充分调动它们的积极性，是中央银行真正发挥作用的十分重要的环节。

一、中央银行地方分支行的设置

　　世界各国中央银行分支机构的设置可分为两种类型：一是完全按经济区域设置；二是注意经济区域的同时，也考虑行政区域。其所设中央银行各级分支行一般机构简单，人员也较少。但也有不少国家的中央银行分行一级设有高级管理机构，并赋予相应的权限，具有一定的权威性。

中国人民银行基本上是以行政区域设立分支机构。从省一直设到地、市、县。在专门行使中央银行职能以后，实际就没有必要再设置那么多分支机构了。

随着我国经济体制改革，商品与资金由纵向流通改变为既有纵向流通，又有横向流通，纵横交错的运动必将促进一些中心城市进一步发展。这些商品物资的集散中心（即贸易中心），也是金融中心。无疑宏观金融调节应当通过金融中心来实现，按照我国长远规划和发展趋势，全国将形成若干个经济协作区，这些协作区也将产生大的金融中心，与此相应，需设立人民银行特级分行，各省、市、自治区省府基本都是各省经济、贸易、金融活动的中心城市，可设置一级分行。设有特级分行的省（市）不再设一级分行，这样能够兼顾我国经济管理体制和历史习惯、经济区域和行政区域诸因素。在个别不属于省府的经济发达的大城市与重要港口、码头、交通枢纽等城市可设置一级支行，在一个省、市、自治区内又可划分若干经济区，设置若干二级支行，不宜按行政区域划分下伸到每个县。支行以下是否设立办事处，可根据当地交通条件、经济发展水平和业务大小等具体情况进行。

按上述设想设置中央银行的分支机构有以下好处：第一，有利于银行活动同当地政府的经济活动相配合，以保证宏观上使各地经济发展计划与银行经济目标相衔接；第二，有利于简政放权，宏观管住，微观搞活，贯彻精简、节约、效能的原则；第三，有利于经济中心和金融中心的形成和发展；第四，有利于发挥专业银行分支机构的积极性和主动性。

如果人民银行分支机构过分下放，各种计划指标层层控制，可能要束缚专业银行手脚，还可能会因地区分割，影响资金的条块调度和跨地区横向融通。但是如果仅设分行，又会因我国幅员辽阔，而产生对一些大省内的经济区域的金融管理、协调、监督不够及时或者发生疏漏现象。

二、人民银行地方分支行的地位

人民银行对其下属分支行在业务和人事管理方面实行垂直领导，统一管理是 30 年来正反两方面经验教训的总结，是非常必要的。但同时我们还应当明确，它不仅仅是总行的派出机构，还应是一级管理行，这是不可忽视的。

第一，我国目前还是有计划的商品经济，各地经济发展不平衡，情况错综复杂。中央银行是国民经济的综合部门，具有参与经济管理的职能，明确中央银行分支行是一级管理行，有利于中央银行分支行结合当地、当时的具体情况和经济发展与变化管理专业银行，增强中央银行宏观调节的应变能力。

第二，我国目前实行"统一计划、划分资金、实贷实存、相互融通"的信贷资金管理体制，人民银行总行只是对专业银行总行实行计划管理，对专业银行分行以下部实行实贷实存，这就从客观上要求中央银行分支行名副其实地执行管理行的职能。

第三，我国各省和地（市）政府都有一定的经济职能，在国家经济战略目标下，又有各地经济发展战略，尤其是省一级党政经济职能部门都要求中央银行的分支行作为金融政策、法令的执行者、监督者和信贷资金管理者，"既讲京话，又讲地方话"，为实现当地经济发展战略做出贡献。

第四，随着对外开放、对内搞活方针的贯彻执行，地方金融事务必然会增多，二级、三级金融中心必将随着商品经济的发展而出现。金融市场活跃，需要中央银行分支机构实施必要的行政管理。

因此，明确中央银行在地位上是一级管理行，可以使中央银行分支行名正言顺地胜任统筹管理本辖区金融市场和金融活动的任务，在各个经济区域内，成为金融中心的核心，又可使专业银行分支机构在各自的业务活动中主动配合中央银行分支机构。这样，中央银行分支行，在各地区的经济活动中将成为地区经济发展的动力和支柱。

中央银行的分支行要真正成为一级管理行，还必须赋予相应的权力。从当前的实际情况看，中央银行分支行发挥作用困难颇大，专业银行条条管理很严，总行权力很大、人民银行也是条条管理，主要权力也在总行。两方总行横向联系，有资金的综合平衡权，分行一级横向联系少，只是一个联席会议。人民银行分行手中没有多少调节权力，只是对总行上报下达、对各专业银行同级分行召集联席会议商讨，又如人民银行分行和同级专业银行都是厅局级机构，它拥有的经济手段无几，行政上也无权力，缺少因地制宜的机动权、地区综合平衡权与可灵活运用的经济杠杆，对此还需积极探索和研究。可以考虑人民银行按厅级对待，专业银行分行降半格；可以考虑逐步削弱专业银行总行的部分权力，扩大专业银行省级分行的权力，提高人民银行分行的地位；可以考虑人民银行总行适当放一部分权力给分行，使其职权相符，如地区内资金综合平衡权与调剂权、监察制裁权。允许分行对基本利率、调节利率、优惠利率、惩罚利率有一定机动，再贴现、存项上缴制度等有一定的灵活性。从而使它能更好地发挥作用，从中观金融角度，为地方经济发展做出较多贡献，以适应我国各地生产水平和资源差异较大的实际情况。

三、人民银行地方分支行的工作方法

中央银行分支行确立自己的工作方法，需注意以下几个问题：

（一）建立联席会议制度，并使其具有权威性

中央银行分支行要执行自己的职责，必须正确处理与同级专业银行的关系。中央银行与专业银行各自实行垂直领导，行政上无隶属关系，并不列入地方政府系列，但中央对专业银行一般是领导关系，除了运用经济手段和依法管理外，要建立健全同级银行联席会议制度，作为协调辖区内金融活动的常设机构。联席会议应有一定的任务、权限和权威性。

联席会议的任务是：①讨论国家颁布的重要金融政策、法令和组织实施事项；②就银行工作贯彻总行、省（市）政府有关重要会议精神，沟通情况，统一认识，部署行动；③研究当地经济发展战略与相应的金融对策；④交流各行资金来源与运用情况，进行地区综合平衡；⑤协调各专业银行之间的业务活动，组织银团放款；⑥组织金融中心有关活动；⑦讨论其他有关事项。

联席会议的人选和组成，除了人民银行、各专业银行、保险公司和地方政府的有关负责人外，还应当有金融经济专家参加，使其真正具有权威性。联席会议的主席应当由人民银行行长担任。

（二）要发现人才，聚集人才，重用人才

中央银行是宏观金融的决策部门。美国联邦储备银行除了办理具体业务人员外，宏观经济的研究人员，包括博士、教授、专家占到1/4以上。我国人民银行应当拥有一大批精通金融经济理论和现代化技术，具有宏观金融管理才能的人才。要注重培养人才、发现人才、聚集人才、重用人才，建设好中央银行系统宏观经济调研、统计、信息，预测机构，使各级中央银行真正成为政府经济决策的参谋和顾问。

（三）加强调查研究和经济信息工作

调查研究和信息工作是中央银行的生命，不搞信息和搞不真实的、不

及时的信息,中央银行就会失去生机甚至贻误国家大事。人民银行的分支行,一定要建立调查研究机构,充实调研队伍,在支行一级,要有一批巡视员(或专员、稽核员)在其中工作。他们专门对辖区内各县(市、区)的专业银行和其他金融机构进行定期和不定期的巡回检查或专题调查。他们代表中央银行分支行有权查阅辖区内所有金融机构的账册,了解调查对象的资产负债情况和业务经营状况,调查其执行国家金融政策情况和采取的措施,并对检查结果提出意见,报告派出行行长,由行长裁决。目前,人民银行基层行有许多 50~60 岁、身体健康、退居二线的老同志,他们工作经验丰富,有一定业务水平和工作能力,可集中于支行充当专员或巡视员。这些专员或巡视员原则上应具有经济师(或助理经济师)职称并给予相应的权力与待遇。这不仅有利于检查质量的提高,也有利于充分发挥老同志的作用。

(四)要处理好与地方政府的关系

中央银行作为银行的银行实行垂直领导,业务上与地方政府不发生直接关系,但地方政府的经济决策和措施会影响中央银行分支行在辖区内执行其职责和有关金融活动的趋向。而且中央银行分支机构也有义务支持地方政府的经济决策,做出符合当地经济发展战略的金融决策与采取相应的措施。这就要求中央银行处理好宏观经济效益与微观经济效益的关系,在中央的宏观决策原则指导下,努力协助地方政府实现地方的经济目标。

(五)要有促进金融中心形成和发展的战略思想

我国社会主义建设的历史经验证明,社会主义经济必须坚持公有制下的商品经济,因此,商品生产和流通必然会因交通、地理、文化和科技等原因形成若干中心城市,而那些交通中心、贸易中心也必将是金融中心,所谓金融中心,它是一个多层次多功能的资金汇划和融通中心,在这里,有发达的金融市场,有纵向与横向的资金融通,对周围地区有一定的辐射力,有灵敏的经济信息,一般有较强的金融力量,如金融研究、金融教育、金融资料和金融专家,可以充当顾问和提供咨询。中央银行地方分支行所在地多是经济中心城市,目前尚不具备金融中心条件的,中央银行地方分支行应当将促进金融中心的形成和发展当作一个战略思想,以便尽快建立和健全多层次、多功能的金融中心,以适应商品经济发展的客观要求。只有金融中心的建立和健全,中央银行制度也才能日臻完善。

社会主义经济的宏观调节

背景说明

　　本文是 1985 年春由山西省委宣传部组织山西经济学界专家为干部理论学习编写的《政治经济学（社会主义部分)》的第十一章，山西人民出版社 1986 年出版。作者本不是研究政治经济学的，因为当时正是计划经济向有计划的市场经济转型，市场经济的宏观调控该怎样进行，大家都心中无数。此时作者的《中央银行概论》书稿已经完成（中国金融出版社 1986 年出版），其中对国家通过中央银行货币政策调控宏观经济的篇幅很大，是全国第一本专门研究社会主义中央银行的专著。于是编写组将这一章交由作者编写，是国内较早将货币政策调控宏观经济等观点和内容纳入了政治经济学体系的著作。

　　随着社会主义公有制的建立和生产社会化程度的提高，组织和管理国民经济成了社会主义国家的一项基本职能。社会主义有计划商品经济需要国家对宏观经济进行控制和调节，这是有计划按比例高速度发展社会主义经济的必然要求。本文就社会主义国家对宏观经济进行调节的重要性、宏观经济政策的目标、宏观经济调节的方法分别进行叙述。并结合我国国情，对社会主义宏观经济调节的基本理论和方法进行分析。

一、社会主义国家必须对宏观经济进行调节

（一）领导和组织经济建设是社会主义国家的一项基本职能

列宁说："国家是阶级统治的机关，是一个阶级压迫另一个阶级的机关。"[1] 就是说，在经济上占有着生产资料、在政治上占着统治地位的阶级，为了维护本阶级的政治经济利益，组成了军队、警察、法庭、监狱等暴力机器，以维护适合于自己利益的政治制度和经济制度。一切剥削阶级专政的国家，如奴隶制国家、封建制国家、资本主义国家都是如此，无产阶级专政的社会主义国家也是如此。但是，国家在组织和管理国民经济方面，历史上不同时期不同类型的国家，有着不同的态度和方法。

奴隶制、封建制国家，除了向劳动人民征调劳役，收取捐税和制定一些简单的经济法规以外，一般对于生产和流通过程不作过多干预。一直到了资本主义自由竞争时期，国家仍然很少出面组织和管理经济。自从资本主义自由竞争发展到垄断阶段，国家的职能有了新的发展，为了垄断资产阶级的利益，国家逐渐介入国民经济。特别是第二次世界大战以后，国家不再单纯从上层建筑的角度为资本主义再生产提供外部条件，而经常从经济基础内部，来控制和调节资本主义经济的运行。同时，资本主义经济活动也不再像过去那样仅仅依靠市场机制让其自然循环来实现社会再生产的运动。这就是国家职能在垄断资本主义时期的发展。垄断资产阶级往往直接以生产资料的占有者、巨额资本的投资者或者巨额贷款的提供者、大量商品和劳务的购买者、资本输出者的身份，参与再生产过程。为了保证资本主义经济的增长，资产阶级国家也就不能不通过财政政策、货币政策等手段，对整个国民经济进行宏观控制和调节。于是出现了所谓"经济计划化"，以此作为国家垄断资本主义干预、调节国民经济的综合形式。它们运用短期、中期和长期指示性计划，规定一些经济指标或某一时期的发展目标，运用现代化手段电子计算机进行分析和管理。诚如列宁说的，到了帝国主义阶段，"资本主义已经发展到具有高度计划性的形式"。[2]

社会主义经济是经过无产阶级革命从资本主义转变而来的。它所从事的再生产活动是更加社会化的大生产，应当比资本主义有更强的计划性。社会主义国家必须把组织和管理经济建设作为自己的一项基本职能，如同

---

[1] 《列宁选集》，人民出版社 1972 年。

[2] 《列宁全集》，人民出版社 1968 年。

列宁指出的，"在任何社会主义革命中，当无产阶级夺取政权的任务解决以后，随着剥夺者及镇压他们反抗的任务大体上和基本上解决，必须要把创造高于资本主义社会的社会经济制度的根本任务，提到首要地位；这个根本任务就是提高劳动生产率"。① 中国共产党十二届三中全会的决议更进一步强调，"社会主义的根本任务就是发展生产力，就是要使社会财富越来越多地涌现出来，不断地满足人民日益增长的物质和文化的需要。必须下定决心，以最大的毅力，集中力量进行经济建设，实现工业、农业、国防和科学技术的现代化，这是历史的必然和人民的愿望"。② 只有这样，才能保持政治上的安定团结，防止国内被推翻阶级的反抗，防御外部敌人的颠覆活动和可能发动的侵略，才能真正建立社会主义的物质文明和精神文明，为消除工农差别、城乡差别、脑体力劳动的差别，实现共产主义提供物质基础，完成社会主义国家的历史任务。

（二）社会主义国家必须对社会主义经济进行宏观调节

国家管理经济职能的发展，要求国家有一套健全的、系统的管理机制，对整个国民经济进行预测、计划、组织，监督、控制和调节。建立在公有制基础上的社会主义国家尤其需要对宏观经济进行控制和调节。

所谓宏观经济，是指社会经济生活的总体活动，包括国民经济的增长、国民生产总值、国民收入、投资总量、投资方向、社会消费、物价水平、货币流通量和流通速度、利率水平、储蓄、人口增长、就业人数以及财政、信用规模等之间的相互关系，并且能保持平衡和协调地运行。国家对宏观经济是否需要进行控制，能否进行控制，这是随着社会生产力发展水平而不断发展变化的。

社会经济发展的历史经验表明，"一切规模较大的直接社会劳动或共同劳动，都或多或少地需要指挥，以协调个人的活动，并执行生产总体的运动"。③ 对此，马克思做过生动的比喻："一个单独的提琴手是自己指挥自己，一个乐队就需要一个乐队指挥。"④ 在自然经济条件下。国家不需要也不可能来调节整个国民经济，因为每个小农，既是生产单位，又是消费单位。在资本主义自由竞争时期，资本家的企业规模狭小，而且分散，社会生产的无政府状态占统治地位，虽然经济发展已经显露出国家调节的

---

① 《列宁选集》，人民出版社 1972 年。
② 《中共中央关于经济体制改革的决定》。
③④ 《马克思恩格斯全集》，人民出版社 1979 年。

必要性，但却无法进行调节。在帝国主义时期，由于私人垄断和国家垄断的形成，使生产接近全面的社会化，从而产生了有计划发展国民经济的可能性，并由此产生了资产阶级的宏观经济理论和一套调节方法。国家通过市场网络和价格协调，运用货币政策和财政政策，还是可以把千百万个不同经济决策者的经济活动纳入大体协调的轨道。当然，出于生产资料的私人占有制，这种调节仍然是有局限性的。

社会主义经济有三种模式：一是高度集权的计划经济；二是含有市场机制的计划经济；三是以市场调节为主的社会主义经济。过去，我们采用第一种模式，经济决策权基本集中于中央，国家对积累和消费比例做出决定，通过五年计划和年度国民经济计划，直接分配生产资料的占用数额和主要原料供应，统一规定职工工资等级和升降，从而决定城市人口的收入水平，通过调节农产品收购价格，调整农民收入的比例。但是，人民群众对于消费品在质量上、花色品种上的不同要求，以及生产和消费的许多细节，国家不可能事事做出准确的合乎实际的决策，难以保证社会产品在款式上、数量上完全符合社会需求，也难以保证社会生产的最高效益。特别是如何管理社会主义公有制的企业，必须总结 30 多年来的经验教训，走出一条既能保证宏观上控制，又能实现微观上搞活的路子。

当然，社会主义国家执行经济管理的职能，就是要"执行由一切社会的性质产生的各种公共事务。"① 但是，国家机构担负组织和管理经济的职能，不等于也不应该直接去管理企业。企业是相对独立的商品生产和流通的经营者，应当是自主经营、独立核算、自负盈亏的法人，其经营活动，只能是在国家政策的指导下自行决策。国家和企业在国民经济中地位不同，职能不同，不能互相代替。过去那种把国家管理经济和企业经营活动两种不同职能相混淆的做法，实践证明是错误的。中共中央关于经济体制改革的决定要求将政企分开，改变那种政企职责不分的状况。政企职责不分，会使企业实际上成了行政机构的附属物，按行政机构条条、块块分割，使企业之间失去了合作和联系，各系统、各地区自成体系，互相扯皮，互相封锁，破坏了社会主义企业的协作，而且政府机关过多地不适当地使用指令性计划，无法适应国民经济复杂多变的情况，所以办事拖拉，官僚主义，瞎指挥，低效率就成为无法避免的问题。不改变这种状况，

---

① 《马克思恩格斯全集》，人民出版社 1979 年。

"就不可能发挥基层和企业的积极性，不可能有效地促进企业之间的合作、联合和竞争，不可能发展社会主义的统一市场，而且势必严重削弱政府机构管理经济的应有作用"。[1]

根据我国多年的实践经验，政府机构管理经济的主要职能应当是：制定经济和社会发展的战略、计划、方针和政策；制定资源开发、技术改造和智力开发的方案；协调地区、部门、企业之间的发展计划和经济关系；部署重点工程特别是资源、交通和原材料工业的建设；汇集和传播经济信息，掌握和运用经济调节手段；制定并监督执行经济法规；按规定的范围任免干部；管理对外经济技术交流和合作；等等。正确执行这些职能，必须遵循客观经济规律的要求，采用不同的手段，对国民经济进行计划、组织、调节和监督。"改革单纯依靠行政手段管理经济的做法，把经济手段和行政手段结合起来，注意运用经济杠杆、经济法规来管理经济。"[2] 这就是说，我们正在改变我国高度集中的计划经济模式为含有市场机制的计划经济模式，这一重大变革，已经引起并将继续推动我国国民经济发生剧烈变化。

1. 经济决策多层化

过去，国家直接掌握着宏观经济的决策权，也直接管理着大部分微观经济活动。现在，指令性计划减少，各地区、各部门、各企业和个体生产者的经济决策权扩大，呈现经济决策多层化的趋向。

2. 经济动力内在化

过去，由于经济决策权在中央，各地区、各部门、各单位和劳动者个人的积极性难以发挥，消极被动，吃"大锅饭"。现在，地区的、部门的、企业的、劳动者个人的经济利益与生产经营活动直接挂钩，经济发展的动力，由来自外部转化为直接组织生产的企业和劳动者内部，呈现经济动力内在化的趋向。

3. 经济联系市场化

过去，生产资料的交换通过计划调拨，只有消费资料通过市场，由消费者自由选购，对紧缺消费品实行批供或限量供应，至于资金、技术则完全是供给制的。现在，不仅消费品在市场上敞开，允许一部分消费品随行就市，自由调整价格；而且一部分生产资料也进入了市场，自由交易。除

---

① 《中共中央关于经济体制改革的决定》。
② 赵紫阳：《当前的经济形势和今后经济建设的方针》，人民出版社1981年。

了商品市场之外，又有劳务市场、资金市场、技术市场、信息市场等，呈现经济联系市场化的趋向。

4. 对外经济活动开放化

过去，我们基本实行闭关锁国政策，对外经济联系甚少。现在，实行对外开放政策，积极介入国际市场，对外贸易迅速发展，技术引进不断增加，对外信用活动日益扩展，外资、侨资、中外合资的工业、商业、金融业不断出现，对外经济活动向着开放化发展。

5. 经济管理复杂化

过去，在高度集权的计划经济下，国营企业生产资料的所有权和生产经营权统一掌握在国家手中，国营工业、商业、金融业职工及经济管理人员，都服从上级的命令，经济管理权高度集中，好像全国是一个大企业。现在，国营企业生产资料所有权和经营权相对分离，所有权属全民，经营权在企业，这些生产资料在企业手中，既是为全民谋利益的手段，又是为本企业职工谋利益的手段。同时，劳务市场的出现，使部分劳动力归劳动者个人所有。再加上以上四个变化所带来的一系列新情况，使整个国民经济呈现生产经营多形式，商品流通多渠道，经济利益多层次，整个经济活动的随机因素和自发倾向增加，国民经济成了一个不透明的玻璃缸，使经济管理和调节复杂化了。

上述变化，一方面给企业带来了活力，给整个国民经济带来了生机，是国家振兴的大好势头。另一方面也给国民经济的宏观调节带来了一定难度，如计划机制的不透明性；经济决策的分散性，容易出现地区攀比发展速度，企业追求近期利益，重复建设，盲目生产，使产业结构、技术结构的合理化不易把握，货币发行和信贷规模不易控制，总供给与总需求的平衡不易协调。传统的以纵向联系为调节对象的宏观调节机制，已经不能适应经济体制改革以后纵横交错、以横为主的经济联系。因而，建立一套与有计划的商品经济相适应的新的宏观调节体系，就成为摆在我们面前的一项重要课题。

二、社会主义宏观经济调节的目标

（一）宏观经济中几个主要的经济总量之间的关系

宏观经济调节，必须研究宏观经济政策的目标，宏观经济调节才能有的放矢。为了说明宏观经济调节的目标，需要分析一下社会主义宏观经济中几个主要的经济总量之间的关系。

1. 总供应与总需求的平衡

所谓总供应，是指一定时期内（如一年），物质生产部门向社会提供的产品价值总额，加上相应的流通费用。所谓总需求，是指一定时期内（如一年），社会购买力的总额。如果用 x 表示总需求，用 y 表示总供应，二者之间的关系可以用公式表示为：

$$x = y$$

总供应等于总需求，这是一切商品经济社会对宏观经济的总要求。如果总供应大于总需求，商品积压，生产停滞，就业减少；如果总需求大于总供应，在当今纸币制度下，商品供应紧张，通货膨胀，物价上涨，社会经济生活混乱。只有总供应等于总需求，社会经济生活才会正常运行。这一要求，在资本主义自由竞争时期，是通过价值规律的盲目作用自发地进行的。在资本主义垄断时期，虽然国家进行干预、控制和调节，但是生产资料私人占有制度，使经济活动中的不可控因素大量的存在，国家对很多经济活动只能根据大致的预测给予影响，完全做到精确计划和全面调节是困难的。社会主义公有制的建立，使国家、集体与个人的利益，可以在总的目标下统一起来，不可控因素大大减少，可控因素大大增加，总供应与总需求的平衡是可以通过国民经济计划和市场调节加以解决的。

总供应与总需求的平衡，主要包括两方面的含义：一是总供应与总需求在总额上的平衡；二是总供应与总需求在结构上的平衡。

（1）总供应与总需求的总额平衡。由于总供应是一定时期内生产部门向社会提供的产品价值及相应的流通费用，这些社会产品经过企业的初次分配和财政银行部门的再分配以后，在使用价值上构成补偿基金、消费基金、积累基金。补偿基金，是生产资料的消耗；消费基金，是个人消费（职工劳动报酬）和社会消费（国家管理基金、文教卫生基金、社会保险基金）等；积累基金，是用于扩大再生产的基本建设，增加企业流动资金和社会后备基金等。可以说，用于生产资料消耗、个人劳动报酬、国家管理基金、文教卫生基金、社会保险基金、基本建设，增拨流动基金及社会后备的总和，就形成这一时期的社会总需求。但是，直接形成社会购买力的因素是来自财政收支、银行信贷收支、企业财务收支三方面。一个企业的社会购买力的伸缩，在财政不拨款、银行不贷款，又不向社会要求信用的情况下，决定于该企业出售产品的收入，如果将财政信贷存而不论，那么企业是先向社会提供物质资料，而后获得社会购买力，只要这些产品是适销适用的，那么企业财务收支引起的社会购买力与社会产品供应量在总额上是平衡的。可见，影响总供应与总需求在总额上平衡的因素，在于财政收支和信贷收支。财政信贷收支，表面上是货币收支，实际上反映着物资运动，财政信贷收支平衡，反映通过财政信贷渠道分配的物资供求平衡；财政信贷收支不平衡，反映通过财政信贷渠道分配的物资供求是不平衡的，会使社会总供应与总需求失去平衡。此外，外汇收支反映物资的输出和输入情况，也反映国内市场可能供应的物资的增加或减少。所以，财政、信贷、物资和外汇的综合平衡，就成为总供应与总需求总额平衡中的至关重要的问题。

（2）总供应与总需求的结构平衡。只有总供应与总需求在总额上的平衡，是不能实现其真正平衡的，还必须坚持总供应与总需求在结构上的平衡。结构平衡，就是在总供应中，生产资料价值量和生活资料价值量及两类物资内部构成上，都必须与总需求中的生产资料需求量和生活资料需求量及两类物资需求的内部构成上相协调。这就要求生产资料的生产，必须首先满足两大部门简单再生产的需要，其次满足非生产部门的基建需要，最后满足扩大再生产的需要，同时还要协调生产资料进出口及储备等关系。生活资料的生产，必须首先满足全体居民劳动收入、救济金、助学金等形式的需求。这里，也要协调社会集团购买力、居民货币收入对劳务的支付、银行储蓄存款及生活资料进出口、储备等关系。

在纸币制度下，总供应与总需求失去平衡，会直接引起物价的波动，币值的升降，从而影响市场的稳定和人民生活水平的提高，进而影响政治上的安定团结。因而，市场供应，物价水平，就成为总供应与总需求是否平衡的一个灵敏的标志。

2. 积累和消费的比例

积累和消费的比例问题，是国民收入的合理分配问题。二者之间的比例关系，事实上依存于两大部类生产的结构。当然在需求结构既定的情况下，生产资料和生活资料可能发生一些替代，互相流用，但不根据生产情况，不根据人民生活的需要，主观地规定积累和消费的比例关系是不妥当的。只有二者的比例安排恰当，才能物尽其用，人尽其力，保证国民经济的协调发展，经济建设才能有高速度。因此，安排二者的比例时，一定要注意积累率的提高，必须保证人民生活水平不能降低，并能随着生产的发展不断提高；消费比例的提高不能超过生产发展的水平；不能对国民收入作超额分配，否则将带来需求膨胀，经济生活混乱。在积累和消费的比例关系问题上，新中国成立以来，多数年份都存在一种"投资饥渴症"，总想多搞点建设，多建厂，建大厂，不适当地扩大积累比例。尽管发展社会主义的心情是好的，但是却因基建材料不足，战线过长，使"胡子"工程增多，投资效益不佳，常常出现投资需求膨胀。近年随着经济体制改革，地方投资积极性更高，而且由于多年消费基金比例欠账，企业又急于增加职工收入，又出现了消费需求膨胀。这些现象，实际是超经济分配，这是宏观控制中的一个重要问题。

积累和消费的比例关系问题，直接影响人民群众的收入，影响劳动人民的生产积极性，同时也直接影响生产规模，进而影响经济增长速度。所以，生产增长速度和工资基金增长速度，也就成为积累和消费比例是否合理的反映。

3. 货币供应量与生产发展的关系

货币是商品流通的媒介。总供应与总需求的平衡、积累与消费的比例关系，都表现为一定的货币数量。所以，提供适度的货币数量，就成为经济活动中一个重要问题。适度的货币数量，只能按照生产发展的水平所造成的商品和劳务供应量来确定。但是，必须说明，商品流通环节、交易结算方式、人口增长、就业情况、交通邮政电信发达水平、人们的消费和储蓄心理等因素，都会影响货币的流通速度。如果用 V 表示货币流通速度，用 M 表示货币供应量，那么它与社会总需求和总供应的关系就可以表示如下：

$M \times V = X$

由于，$X = Y$

那么，$M \times V = Y$

所以，$M = Y \div V$

也就是说，社会总供应与货币流通速度的比率，决定货币供应量，才是适度的货币供应量。

4. 外汇储备与对外经济往来的关系

一个国家要能够在国际经济往来中处于主动地位，要维护国际收支平衡，而且还要保持一定数量的外汇储备。国际收支平衡，要求在一定时间内（如一年）与外国之间的全部收入和支出，包括贸易收支、劳务收支、投贷收支、利息利润收支、汇兑收支、捐赠收支等，保持平衡。若总收入大于总支出，为国际收支顺差；若总支出大于总收入，为国际收支逆差。一个国家的国际收支绝对平衡是不可能的，有一定的差额是正常的，但收支差额不能过大。如果一个国家的国际收支差额过大，不论是顺差还是逆差，对这个国家的经济发展都是不利的，应当争取国际收支的基本平衡。外汇储备，是国家经济后备的一种形式，是用于国际支付的准备，有时也可以用于紧急的商品输入，它包括黄金、外币和以外币表示的可以用于国际支付的有价证券。一个国家的外汇储备过多不好，过少也不行。因为，外汇储备首先可以支持本国货币对外汇价。一国货币在国际市场上价格的升降，不仅取决于其在国内价值的高低，也取决于该国国际收支的状况。

国际收支状况的好坏与外汇储备密切相关，外汇储备多，则国际收支状况好；外汇储备少，则国际收支状况不好。如果一国国际收支长期逆差，其货币在国际市场上则相对疲软；相反，该国有大量外汇储备，其货币在国际市场上则相对坚挺。同时，外汇储备又直接影响国内市场货币流通。因为，国家手中的外汇储备，是通过中央银行投放本国货币兑换回来的，外汇储备的增加，意味着国家对国内市场投放本国货币的增加，也意味着由于商品出口增加，减少了国内市场的商品供应，一反一正影响着国内货币流通量与商品供应的平衡。当然，用外汇储备进口商品补充国内市场，也可以调节国内市场供应，有利于本国物价和货币的稳定。总之，过多或过少的外汇储备都不利于国民经济的稳定增长。

适度的外汇储备应当是：

$$F = F_1 + F_2 + F_3$$

式中：F_1 为两个月进口商品付汇额，这是国际上通常所公认的适度储备；F_2 为在我国投资的外国资本两个月所需付出的股息和利润；F_3 为其他随机因素。

（二）宏观经济调节的目标

既然宏观经济是国民经济各主要经济总量之间的关系，那么宏观经济调节的目标，就应当是保证这些主要经济总量的协调和平衡发展。我国社会主义宏观经济调节的目标应当是，物价稳定、经济稳定增长和国际收支平衡。

稳定物价，指物价总水平的基本稳定。在一定时期内，各种商品的价格会有升有降，这是不可避免的，也是正常的。但是应当在动中求稳，使物价总水平保持基本稳定，绝不是冻结物价。物价的稳定，就是币值的稳定，它意味着没有货币贬值、通货膨胀。因此，这一目标要求货币供应总量与商品供应总量在数量和构成上都保持平衡，流通中没有过多的货币去冲击市场，也没有货币不足而使商品生产和流通发生困难，也不存在通过强制性的凭证限量供应而压抑物价变动。凭证限量供应是商品供应不足的表现，不是社会主义的优越性。

经济稳定地增长，是指整个国民经济能够保持一定的增长速度，既不能过慢，也不能过快，还不能是畸低畸高的"马鞍形"。因此，这一目标要求经济增长的速度，应根据我国社会主义经济建设的实际情况，保持在国力所允许的限度内。按照中国共产党第十二次代表大会提出的到 2000 年工农业年总产值翻两番的宏观目标，每年经济增长速度平均要达到 7% 左右，这是考虑了我国的具体情况提出来的。宏观经济调节应服从和服务于这一总的决策。这样的速度在世界上已经是高速度了。过低的速度不利于我国尽快赶上世界先进水平，无法保证 2000 年达到"小康水平"。但过高的速度，如不切实际地提出年增长 15% 或 20% 的超高速度，也是我国财力物力所不允许的，只会破坏国民经济的合理比例，甚至再次造成被迫大调整，从而降低经济增长速度。

国际收支平衡，是指国际收支的相对平衡，不是绝对平衡。这一目标要求我国国际收支基本平衡的同时，保有适度的外汇储备。也就是既没有长期的过量外汇储备，又不依靠讨饭过日子，要求人民币对外汇价相对稳定。

物价稳定、经济稳定增长和国际收支平衡，三者必须同时考虑，不能舍此求彼。由于它们之间存在着密切联系，但又有一定矛盾，因而宏观经济调节就应当在多重考虑下，做出适当的决策。对于社会主义经济建设，人们总希望搞得快些、多些，但财力、物力是有限的，为了经济建设的高速度，不合理地扩大积累比例，一方面会拉长基本建设战线，影响维持简单再生产所必需的原料供应，减少向市场提供商品；另一方面由于基本建设扩大向市场投放了较多的货币，扩大了对商品的需求，造成物价上涨。当这种情况出现以后，为了纠正积累和消费比例的失调，为了多增加一些工人和农民的收入，又往往出现消费基金增长过快，市场商品供应不足，影响经济增长速度。或者为了维持高速度，用奖金福利刺激生产，盲目扩大消费基金，造成对国民收入的超额分配，只得依靠发行货币和进口来维持超高速度，造成市场货币过多，外汇储备下降。这也就是说，为了维持超高速发展经济，增加投资，或者为了扩大就业，增加消费，调动群众积极性，都会遇到财政赤字、货币发行过度和外汇储备减少的问题。可见，稳定物价、经济增长和国际收支平衡之间存在矛盾，但是，它们之间又是统一的。经济要发展，生产要增长，客观上要求有一个相对稳定的价格尺度，有一个稳定的经济环境，只有物价稳定，人民生活安定，企业生产正常，才能保证生产增长，出口增加，汇价稳定，国际收支平衡。如果通货膨胀，物价上涨，人民生活水平下降，企业成本提高，商品出口困难，外汇储备减少，货币汇价下跌，经济稳定增长和国际收支平衡都是困难的。

可见，宏观经济的多重目标，给宏观经济的调节带来的任务是艰巨的。但是，社会主义公有制的建立，有计划按比例规律的作用，一方面使物价稳定和经济稳定增长、国际收支平衡的统一性获得了充分发展；另一方面通过计划和综合平衡又使它们之间的矛盾得到了缓解。所以，多重目标的统一，在社会主义经济制度下是完全可以实现的。

（三）宏观控制和微观搞活的关系

和宏观经济的目标不同，微观经济的目标要求以最小的成本取得最大的收益。因为，微观经济活动，基本内容是企业的经济活动，它是社会主义经济的细胞。细胞不活，国民经济就失去生机。如果说对宏观经济必须是管紧管住，那么对微观经济则必须是放开放活。对于宏观控制，就是要通过调节，控制物价，控制货币供应，以保持财政、信贷、物资和外汇的平衡，保持社会总供应和总需求的平衡。对于微观搞活，就是通过经济体制改革，使企业真正成为独立的经济单位，增强企业活力，积极从事生产经营活动，创造更多的财富。

宏观控制和微观搞活，二者之间是互为条件、相辅相成的。只有在宏观上管紧管住，使物价稳定，经济稳定增长和国际收支平衡，才能使企业的经济活动正常运行，把生产和流通搞活，使生产、分配、交换、消费整个再生产过程能够正常循环。只有把微观搞活搞好，企业生产和流通正常进行，整个国民经济才能稳定发展。简单地说，企业供、产、销协调发展，就是宏观经济正常运行的标志。所以，宏观控制和微观搞活是辩证的统一。

在现实生活中，往往一强调微观经济搞活，就容易出现宏观混乱；一强调宏观控制，就容易出现微观搞死。这种"一放就乱，一管就死"的问题，是由于我们旧的经济管理体制上的一些问题造成的。如果过多地依靠行政管理，企业没有独立经营的权力，或者给了企业独立经营的权力，宏观上没有强有力的经济调节手段，是不能把微观搞活的。微观上不活或者混乱，宏观上也不可能是正常的。只有加强经济调节手段的经济立法调整，形成一个无形的笼子，不愁放权之后宏观经济控制不住，也不愁宏观控制以后微观经济搞不活。

三、社会主义宏观经济调节的方法

（一）计划与综合平衡

含有市场机制的我国社会主义经济的宏观调节，需要改变单一行政手段的直接管理，更多地依靠经济手段的间接管理，并且把行政手段、法律手段和经济手段结合起来。因此，指导性计划为主的国民经济计划，财政货币和价格政策、完备的经济法规和必要的行政管理，就是我国社会主义宏观经济调节的基本方法。

应当肯定，计划和综合平衡仍然是我国有计划商品经济中期计划（五年计划），确定社会主义经济发展的战略目标、战略重点，规划生产结构、生产力布局、技术改造，掌握投资总规模、总方向和人民生活水平提高的幅度，并通过年度计划落实下来，用综合财政计划、信贷计划、综合投资计划、外汇收支计划等，把国家宏观经济活动的框架定下来，然后把这些计划指标，安排到国民经济各部门、各地区、各单位，把宏观经济活动和微观经济活动联结起来。

在确定这些计划时，运用综合平衡手段，做到财政资金、信贷资金自身平衡；财政资金与信贷资金综合平衡；财政资金、信贷资金与物资综合平衡；财政资金、信贷资金、外汇资金等内资与外资及物资综合平衡，形成一个协调的国民经济计划体系，作为社会主义宏观经济的金笼子，使具有活力的企业微观经济活动，都像金鸟一样，活跃在金笼子里。

宏观经济中计划调节的质量，首先在于对国民经济中各种经济因素之间内在联系的透彻认识和了解；其次是对于国民经济发展趋势的科学分析和预测；最后是对各种计划的协调与综合平衡。在进行计划和平衡中，可以充分运用必要的数学方法，建立经济数学模型，运用现代化计算方法，去把握国民经济中各个总量之间的协调和平衡。

（二）货币政策

货币政策是指国家通过中央银行组织和调节货币供应，以保证信贷在数量和结构上适应国家一定经济目标的措施。近代经济发展的经验表明，货币政策与国民经济的各种经济活动，诸如价格、资金运动、经济结构、生产增长速度、国民收入、国际收支等，都有着内在的联系。国家通过人民银行可以运用的货币政策手段主要有：

1. 存款上存制度

按照银行法规，专业银行吸收的存款，必须按照人民银行规定的比率，把一部分存款上存人民银行。人民银行可以随时根据国民经济发展的需要，调整这一比率，如果存款上存比率调高，专业银行用于贷放给企业的资金将减少；如果存款上存比率调低，专业银行可以贷放的资金则增加，从而控制全国的信贷规模。按照 1983 年末全国存款规模计算，人民银行每提高或降低存款上存比率 1%，将会向市场抽回或增加 18 亿元存款，如果货币流通速度是每年 6 次，那么这一措施，将收缩或增加全年社会购买力 108 亿元左右。这一手段的运用，一是可以集中一部分信贷资金于人民银行，增强中央银行手中可以在全国调度和支配的资金力量；二是可以限制信用规模的扩张，有效地控制社会购买力；三是可以借此了解、观察信贷资金的动向，有利于人民银行组织信贷计划的执行。

这一手段的运用，对于专业银行的影响是猛烈的，中央银行一旦调高存款上存比率，专业银行就得增加在中央银行的存款，或许就得耗尽自己库中的资金甚至抽回贷款。这样，自然经过专业银行传递到企业去的冲击力也是很猛烈的。这一手段的好处是行之有效，缺点是过于猛烈，所以存款上存比率不宜经常地频繁地变动。

2. 利率管理

按照金融法规，各专业银行的存款和贷款的利率、档次，均由人民银行统一制定，对部分放款实行浮动利率，浮动的上下限也由人民银行统一公布。对于企业发行债券利率的上限，也由人民银行统一规定。人民银行根据国民经济发展的需要，可以随时调整各种利率升降的幅度，用紧缩或放松银根的办法，调节信贷资金运用，防止信用膨胀和通货膨胀。如在社会经济生活中出现信贷资金需求过大，而信贷资金来源不足，但市场物资供应又很紧张，那么人民银行适当调高存款利率，就可以吸引存款，扩大信贷资金来源；适当提高放款利率，又可以限制一部分企业的贷款要求，借以调节资金供求，从而调节市场物资的供求。

这一手段的优点是比较主动，但也有一定缺陷。一是容易出现对专业银行的利率限制过死，不利于发挥专业银行的积极性，故中央银行对利率调节宜于规定浮动的上下限，不宜规定太死；二是利率调整过于频繁不利于企业的正常经济活动，故利率水平应当相对稳定。

3. 信贷总额限制

根据国民经济计划规定的生产增长幅度，确定银行信贷计划的总规模，作为信贷总额的控制对象，然后将此计划指标，分配给各专业银行，对各专业银行的放款总额做出最高额度的限制。由各专业银行总行再将自己的信贷指标层层下达到所属各基层行处。这种信贷计划指标，可以是指令性指标，如基本建设贷款指标、中短期设备贷款指标等；也可以是指导性指标，如工业生产贷款、商品流通贷款、农业生产贷款指标等。各级银行对贷款指标必须按计划执行，不能突破。

这一办法的好处是行之有效，可以控制全国信贷规模和货币供应量，防止信贷膨胀和通货膨胀。其缺点，首先是由于信贷计划指标分配的主观性和经济变动的客观性之间的差异，如果贷款指标限制过紧，低于经济发展的客观需要，会造成民间自由借贷利率上涨；如果信贷指标额度限制过松，又失去了控制信贷规模的作用。同时，在向各级专业银行划分信贷指标时，又容易出现信贷指标分配失当，以致造成一些信用活动离开金融机构到银行以外去进行，这样就失去了信贷监督的意义。此外，信贷总额控制过紧又会使一部分银行有可贷资金而不能贷放，于是出现不积极吸收存款，使国民经济中暂时闲置的货币资金不发能挥作用的现象。

4. 选择性管理

根据国民经济发展和金融货币活动中出现的情况和问题，在必要时采取一些选择性手段，如为了各种特定的目标而设立不同的信贷指标，目的在于左右信贷资金使用的方向，进行质量控制。又如限制基本建设贷款和设备贷款，以控制基本建设规模；限制某些长线工业贷款和积压商品贷款，以调整产品结构和产量，保证社会需求与供应的结构平衡；限制对个体户专业户贷款的数量和比例，以保证个体经济活动的生产性、合法性，防止投机和贷款不能按期归还等，必要时甚至还可以采取冻结结算户部分存款等手段，以调整供求关系。

此外，人民银行还可以运用公开市场业务和再贴现手段，来调节宏观经济。所谓公开市场业务，就是中央银行在市场上公开买卖有价证券（主要是国库券）。买进证券，向市场注入货币；卖出证券，由市场抽回货币，借以调节社会总需求。所谓再贴现，就是中央银行对专业银行提出贴现过的票据作抵押进行放款。中央银行调整这种放款的利率——再贴现率，会影响专业银行对企业放款的成本，从而影响整个银行系统对企业贷款的数量，起到扩张信用或收缩信用的作用，调节社会供求关系。

（三）财政政策

财政政策是指国家运用财政的收入和支出，以达到一定的经济目标的措施。随着经济体制的改革，国家对宏观经济调节中行政手段的减少，财政政策对宏观经济影响的范围和作用会发生一些变化。但是，不是说财政政策对宏观经济的调节失去了作用。国家财政通过税收杠杆和财政分配，对经济的影响和调节仍然是很重要的。

西方国家通过财政政策对宏观经济的调节，主要是通过赤字预算或盈余预算来对经济的增长进行调整。如赤字预算，会扩大社会需求，刺激生产发展。盈余预算，减少支出，会削减总需求，稳定物价。我们不否认财政赤字能够扩大社会购买力，在一定程度上会刺激生产和流通，促进经济发展。但是这种刺激毕竟是有限的，最终将把国民经济推向"滞胀"的困境。没有物资保证的社会购买力，必然要在市场上追逐物资，造成供应紧张，物价上涨，影响经济发展和社会安定。我国社会主义宏观经济运用财政政策进行调节，主要是通过以下几方面来实现：

1. 税收杠杆

税收，可以直接影响企业和个体劳动者的收入。征税环节、课税对象、税目、税率，直接关系着企业和个人支配的资金力量。国家运用税收杠杆，扩大或缩小征税范围，可以调节产业结构、产品结构，调整国民收入在各阶层的分配。如国家为了发展某一行业或某种产品的生产，可以免税或者减税；为了限制某一行业或某种产品的生产，可以加税；为了增加某个阶层的收入或限制某些阶层的收入，可以实行不同的课税办法，调整各阶层的收入，调动各方面的生产积极性。

2. 财政收入

国民收入在企业形成以后，在进行初次分配时财政就介入了。财政收入的数量和形式，影响和制约着企业和个人的收入水平，从而制约着再生产的进行。财政拿走多少，留给企业和生产者多少，是纳税还是上缴利润，利税比例如何确定，等等，直接关系着国家、企业和个人的经济利益。税收，硬性大，可以保证国家收入；利润，弹性大，不稳定，但盈利多则可以多收入，并且还涉及国家收利以后企业发展生产基金的返还问题。企业留利多少，又直接关系企业发展集体福利和增加职工工资水平，从而影响职工生产劳动的积极性。可见，国家财政收入直接介入了部分微观经济活动，也介入了国民经济的宏观经济活动。

3. 财政支出

财政支出的结构和数量，直接影响国民经济的结构、经济发展速度和人民群众的生产积极性。财政集中的国民收入用于积累部分的增长，会扩大基本建设，增加生产。财政对不同行业的投资数量和比例，影响着国民经济的结构。财政用于消费支出数量和结构，影响社会主义文化教育和劳动力的素质，影响人民群众的收入水平和劳动积极性，这都反映着财政对宏观经济调节的作用。

总之，我国社会主义财政政策对宏观经济的调节，主要通过收入和支出直接调节微观经济，也直接或间接调节宏观经济，不是依靠赤字预算或盈余预算来调节。这几年虽然连年财政赤字，这只是一个过渡性的权宜之计，社会主义经济只能坚持财政收支平衡、略有节余的政策，这是量力而行、量入为出的稳定可靠的平衡形态。当然，由于计划和实际的差异，有时也许会呈现略有赤字，这也是财政收支基本平衡。要求财政每年都能做到绝对平衡是不可能的。但是，财政收支大量赤字，这本身就是国民经济失调的表现，我们能搞赤字财政政策。

（四）价格政策

价格政策是指通过商品和劳务价格的调整，达到对生产单位、消费单位和国家的经济利益的调整，促进生产和流通的发展。我国实行"稳定市场，稳定物价"的方针，坚持"缩小剪刀差，等价交换或者近乎等价交换的政策"。由于商品价格会随着劳动生产率的不断提高和各种成本的不断变化而升降；价格变动是正常的。但是，为了调节国民经济，我们运用价值规律对一些商品价格进行必要调整，使一些商品的价格暂时背离价值，一是可以影响社会产品结构变化，使各种商品按照需求变化进行生产；二是可以影响商品生产者收入的增减，调动劳动者的生产积极性；三是可以调节社会需求的伸缩；四是可以影响国民收入在国家、企业和个人之间的分配，平衡国家财政收支。如提高某种商品价格，会刺激这种商品供应增加，需求减少，降低某种商品价格，会抑制这种商品的供应，扩大需求。所以，价格政策是调节宏观经济的有效手段。

（五）经济法律调整

经济法律是国民经济中各部门、各单位之间在经济活动中所发生的经济关系的行为规范，是国家管理国民经济的工具之一。建立健全各种经济法律规程，使整个国民经济事事有法可依，有法必依，执法必严，违法必究，保证宏观经济调节中各种经济手段的顺利运用，社会主义经济生活有秩序、有节奏地正常运行。

国家制定一系列经济法律，如《财产所有权法》、《国民经济计划法》、《企业法》、《银行法》、《税法》、《商法》、《合同法》、《专利法》以及其他有关经济活动的法律、条例、命令、决定、指示、规划、章程等法律法规，规定法人和自然人的行为，什么是合法的，可以去做；什么是非法的，禁止去做，维持社会主义经济建设中统一计划、统一领导、统一政策，分级管理原则的贯彻执行，保证社会主义经济建设的有计划按比例高速度地发展。如果国民经济中各部门、各地区、各单位各行其是，那么社会主义经济这架大机器，也就无法正常运转，宏观经济调节也就失去了作用。

（六）各种方法的综合运用和中间目标的设置

上述宏观经济调节方法中，计划和综合平衡是行政手段，货币政策、财政政策和价格政策是经济手段，经济法律调整是法律手段。各种手段各有优点，也各有不足之处。在运用这些手段时，必须讲究相互配合、相互补充，如同中草药配伍，以相克相生，趋利避害。行政方法的硬性、经济方法的弹性、法律方法的刚性，综合运用，会有刚有柔。计划手段的长期性、利率管理的及时性、价格手段的灵敏性，综合运用，会远近结合。

前面说过，宏观经济调节的总体目标是物价稳定、经济稳定增长和国际收支平衡，可以说是多重目标的统一。为了使各种调节方法能够条条针对多重目标，不致发生相互扯皮，抵消力量，保证各种手段的运用恰到好处，使物价稳定、经济稳定增长和国际收支平衡得到最佳结合，需要设置一个中间目标，作为宏观调节的行动准则，好像打靶一样，为了命中目标，在枪筒上装有准星、标尺。准星就是我们说的中间目标。

宏观经济调节中的中间目标是什么？这是宏观调节中的一个极为重要和严肃的问题。根据世界各国宏观调节的经验和联合国国际货币基金组织的研究，认为货币供应量和国内信贷总额都可以作为中间目标。按照我们在前文的分析，我国宏观经济调节的目标，应当是货币供应量（现金加上可以开出转账支出用于购买和支付的银行存款）。因为，宏观经济中的核心问题是总供应与总需求的平衡，我国多年来的经验教训，往往都是需求膨胀。其他社会主义国家也有同样问题。控制货币供应量，就可以控制总需求。而且，货币数量和物价稳定、经济稳定增长、国际收支平衡直接相关。虽然信贷总规模控制也可以达到这一目的，但它的突出缺点是不能保证社会财力、物力和人力的充分发挥，难以做到物尽其用，人尽其力，使经济尽快增长。

目标已经明确，准星已经选定，剩下的问题是标尺如何确立。经济增长要求货币供应量相应的增长，在经济环境相同的情况下，经济增长和货币供应量之间是可以建立一个比例关系的。根据计划年度的生产增长幅度就可以确定计划年度货币供应量的增长幅度。在此基础上确定计划年度的综合财政计划、信贷计划和外汇收支计划等作为标尺，价格、税收和利率等经济杠杆一律以标尺为中心，作为"微调"。其他行政手段、法律手段都得保证经济手段的严格操作，从而把经济手段、行政手段和法律手段对宏观经济的调节，统一到宏观调节的目标上来，保证我国社会主义经济能够持续、稳定、协调地向前发展。

中央银行的结构、性质与职能

背景说明

　　本文是《中央银行通论》中的第二章"中央银行的结构、性质与职能",已在 2000 年、2002 年、2009 年由中国金融出版社再版三次,这一章均改动不大。参与初版和二版、三版修改的还有慕福明、王永亮。文章对中央银行制度的形式、资本来源、机构设置、中央银行的功能演进与作用所做理论分析与概括,十多年来虽然一些提法略有变化,但是基本没有涉及理论上的歧义。

中央银行制度的形式

综观世界各国的中央银行制度,大体可归纳为以下四种类型:

一、复合的中央银行制

　　复合的中央银行制,是在一个国家内,没有单独设立中央银行,而是把中央银行的业务和职能与商业银行的业务和职能集于一家银行来执行。这种类型的中央银行又可分为一体式中央银行制和混合式中央银行制。

（一）一体式中央银行制

一体式中央银行制几乎集中央银行和商业银行的全部业务和职能于一身。根据列宁的理论，俄国十月革命胜利后，对银行实行了国有化，并采取了一体化的中央银行体制。受苏联的影响，东欧一些国家在 20 世纪 60 年代中期（南斯拉夫在 50 年代中期）实行经济改革之前，及中国从"一五"时期到 60 年代初期，都属于这种中央银行制度。

（二）混合式中央银行制

混合式中央银行制既设中央银行，又设专业银行，中央银行兼办一部分专业银行业务，另一部分业务由专业银行办理，如苏联。从这个意义上讲，这种中央银行不是银行的银行。因此，不是典型的中央银行。

二、单一的中央银行制

单一的中央银行制，就是在一个国家内单独设立中央银行，由中央银行作为发行的银行、政府的银行、银行的银行和执行金融政策的银行，全权发挥作用。单一的中央银行制又分为一元中央银行制与二元中央银行制。

（一）一元中央银行制

一元中央银行制是一国只设立独家中央银行和众多的分支机构执行其职能。它是由总、分行组成的高度集中的中央银行制。世界大多数国家都属于此类中央银行制，如法国、日本、意大利、瑞士等。日本的中央银行是日本银行，总行设在东京，目前在全国主要城市设有 33 个分行和 12 个事务所。为了与海外中央银行进行联系和调查了解海外情况，日本银行还在纽约、伦敦等地设有代表处。此外，在 3 个地方另设置了派驻人员。

（二）二元中央银行制

二元中央银行制的国家，在中央和地方设立两级中央银行机构。中央级机构是最高权力或管理机构，地方级机构也有其独立的权力。根据规定，中央和地方两级中央银行分别行使职权。属于这种类型的国家有美国、德国等。如美国的中央银行是美国联邦储备体系，它由联邦储备理事会、12 家联邦储备银行和联邦储备体系所属的分支机构组成。12 家联邦储备银行可独立行使职能。

三、跨国中央银行制

跨国中央银行制与一定的货币联盟相联系，是参加货币联盟的所有国家共同的中央银行，而不是某一个国家的中央银行。属于跨国中央银行制的国家，一般来说是经济不发达的发展中国家，参加国地域上相邻，在贸易方面与某一发达国家有紧密联系，希望本国货币能与该发达国家的货币保持固定平价，促进经济发展，防止本国通货膨胀，简化组织机构。如西非货币联盟，就是由贝宁、科特迪瓦、尼日尔、塞内加尔、多哥和布基纳法索等国组成。该联盟设有西非国家中央银行，总行设在达喀尔，各参加国设有代理机构，执行统一的政策及外汇制度，发行共同的货币，监督各国的金融制度，作为联盟各国共同的中央银行发挥作用。类似于这种中央银行制的还有中非货币联盟和东加勒比海通货管理局。中非货币联盟的6个成员国是：喀麦隆、乍得、刚果（布）、加蓬、赤道几内亚和中非共和国，设有中非中央银行。其特点是中非中央银行接受个别国家货币委员会制定的信用政策目标，银行立法因国家而异，由各国自己执行。东加勒比海通货管理局的6个成员国是：安提瓜、多米尼加、格林纳达、蒙得塞拉特、圣卢西亚和圣文森特。其特点是该通货管理局对各成员国的银行没有监督义务，不规定上缴存款准备金，不承担"最后贷款人"的义务，只执行中央银行的部分职能，事实上接近于跨国通货局。欧洲中央银行是最新出现，也是最强大的一家跨国中央银行，它是参加欧洲货币联盟的一些国家共同组建的中央银行，成立于1998年6月。2002年，欧洲中央银行发行了跨国货币——欧元，参加欧元区的各成员国原来的货币同时退出历史舞台。截至2008年12月底，欧元区包含奥地利、比利时、芬兰、法国、德国、爱尔兰、意大利、卢森堡、荷兰、葡萄牙、西班牙、希腊、斯洛文尼亚、塞浦路斯、马耳他和斯洛伐克16个成员国，今后欧元区的范围还会进一步扩大。与其他跨国中央银行不同的是，欧洲中央银行设立后，欧元区成员国中央银行并未撤销。欧洲中央银行制定和实施欧元区国家统一的货币政策。成员国中央银行是欧洲中央银行的投资者，参与欧洲中央银行的管理，但没有独立的货币政策决定权。成员国中央银行与欧洲中央银行的关系，近似于美国的12家联邦储备银行与联邦储备理事会、联邦公开市场委员会的关系。

四、类似中央银行的机构

有些发展中国家设置类似中央银行的机构，执行中央银行的部分职能。这种形式的机构或者是一个通货局（通货局的资产负债表上一般只有一种主要负债——流通中货币和一种主要资产——外汇储备。它不制定和不执行货币政策，也不要求商业银行上缴存款准备金），或者是介于通货局与中央银行之间的机构。具有这种类似中央银行的机构的国家有新加坡、斐济、伯利兹、马尔代夫、利比里亚和莱索托等。新加坡有两家类似中央银行的机构，即金融管理局与货币发行局。前者负责金融管理和监督，并拥有贴现政策、公开市场业务等货币政策工具，可对商业银行放款发布指示，规定必须维持的清偿能力的条件等。后者负责发行货币，外汇准备金要求为100%。又如利比里亚的中央银行则是另外一种情况。利比里亚原由美国纽约花旗银行的分行代行中央银行职权，1974年成立了国家银行，但它的发行权仅限于铸币，清偿货币是美元，负责供应美元。因此，它事实上无法制定独立的货币政策，也不可能通过货币调节影响国民经济。

从上述中央银行制度的四种类型可以看出，中央银行制度的抉择，一般至少受三个因素的影响：

第一，商品经济发展水平与信用发达程度。商品经济发展水平高，信用发达的国家，中央银行制度就比较健全完善，中央银行对外自主性较强。大多趋于单一的中央银行制。反之，商品经济与信用制度欠发达的国家，许多实行跨国中央银行制和类似中央银行的机构。

第二，经济运行机制。一般以市场经济为主的国家，多数是单一的中央银行制；以中央计划经济为主的国家，多数是复合的中央银行制。

第三，国家体制。实行联邦制的国家，地方自治权较大，地区性利益较强的国家，多数是二元中央银行制；反之，国家政治、经济、立法比较统一，国家权力较集中，多数是一元中央银行制。

一个国家建立什么样的中央银行制度，是根据各国的国情与实际需要决定的。研究中央银行制度必须结合该国的经济发展水平，分析该国的国情，看是否适应该国经济发展的需要，不能仅仅从中央银行制度本身出发，认为某种制度绝对的好，某种制度绝对的劣。一般来说，中央银行制度的建立及其完善程度，是一个国家货币信用制度和银行体系发展与完善的标志。

中央银行的资本来源和机构设置

一、中央银行的资本结构

由中央银行的资产负债表所反映出来的营业资本结构，大体上由三部分组成：流通中货币、各种存款和资本金。流通中货币是指在市场上流通的钞票和铸币。各种存款包括：各商业银行、专业银行及其他金融机构在中央银行的存款（如存款准备金、结算准备金等），非金融机构存款，国外负债，政府存款等。资本金包括中央银行实收资本、在经济活动过程中所得利润进行分配和上缴财政税金后剩余的公积金。有些国有化的中央银行还包括财政增拨信贷基金。

以上三项，前两项在各国是近似的，而第三项则大不相同，有全部国家投资的，有公私混合持股投资的，有全部私人股份投资的。按照资本金所有的形式可归纳为以下几种情况：

（一）全部资本金国家所有

全部资本金属于国家所有的，称为国有化的中央银行，即中央银行直接由国家拨款建立，或商业银行经国家收买了私人股份改组成立的。目前国有化的中央银行在世界上占绝大多数。历史久远的中央银行最初多为非国家投资，而由私营银行演变而来。国家为了加强对经济的干预，中央银行的活动要为国家的整体经济目标服务，认为排除私人股东更为适宜，所以逐渐实行了国有化。第二次世界大战以后，许多新成立的中央银行借鉴了老牌中央银行的经验，一开始就由国家直接投资创建中央银行。资本金属于国有的中央银行有：法国、英国、德国、荷兰、挪威、西班牙、巴哈马、印度、肯尼亚、加拿大、澳大利亚、埃及、阿曼、尼日利亚、瑞典、坦桑尼亚、丹麦、印度尼西亚、阿拉伯联合酋长国等。中央银行国有化已成为一种发展趋势。

（二）公私股份混合所有

公私两种股份混合所有的，也可以称为半国家性质的中央银行。其资本金一部分由国家持股，一般占资本金总额的 50% 以上；另一部分由私人资本家持股。如日本银行，其资本金最初为 1 亿日元，分为 100 万股，每股出资金额为 100 日元，由政府认购资本金的 55%，其余 45% 由民间认购。私股持有者唯一的权利是按法律规定每年领取最高为 5% 的股息，股票的转让也需征得银行同意。又如比利时的中央银行，国家资本占资本金总额的 50%；墨西哥的中央银行，国家资本占资本金总额的 51% 等。属于这类的中央银行还有奥地利、土耳其等的中央银行。

（三）全部股份私人所有

属于私人股份资本的中央银行，其资本金全部由私人股东投入，经政府授权，执行中央银行的职能。如意大利的中央银行就是由股份公司转变为按公法管理的机构。其资本金分成 30 万股，每股面值 1000 里拉，只能由储蓄银行、全国性银行、公营信贷机构等认购。

另外，还有一种中央银行的资本所有比较特殊。如美国联邦储备银行，其资本属于参加联邦储备银行的各会员银行，即各会员银行认购其所参加的联邦储备银行的股票，数额等于本身实收资本和公积金的 6%（实际上缴纳的股款为 3%）。这种中央银行实质上也是属于私人股份资本的中央银行。

（四）根本没有资本金

有的中央银行建立之初，根本没有资本金，而由国家授权执行中央银行职能。中央银行运用的资本金，主要是各金融机构的存款和流通中的货币，自有资本金只占很小部分。中央银行有无资本金，实际上并不重要，如韩国中央银行，即无资本金。

中央银行的资本所有制不论是属于国有、半国有，还是私人所有，都演化为推行国家货币政策的机构，受国家的直接控制和监督，中央银行的负责人由国家任命，完成国家赋予的任务。对私人持股的除在持股份额上规定有限制外，持股者在中央银行里既无决策权，也无经营管理权，只能按规定获得股息，其目的在于排除私人利益在中央银行占有任何特殊地位。因此，当今中央银行的资本金所有权问题已逐渐淡化，不为人们所关注了。

二、中央银行最高权力机构的组织形式

世界各国中央银行最高权力机构的组织形式与各国的国情相适应，各有千秋。

（一）中央银行最高权力机构组织形式的三种类型

就多数国家的情况而言，基本上可分为以下三种类型：

1. 金融政策决策和执行权集于一身

金融政策决策和执行权集于一身的中央银行，一般最高权力机构是理事会（或董事会），如英格兰银行理事会、美国联邦储备理事会等。属此类型的还有马来西亚、菲律宾等国的中央银行。

英格兰银行理事会包括总裁、副总裁各1人和16名理事，均由政府推荐，英皇任命。正副总裁任期5年，可以连任，理事任期4年，轮流离任，每年2月底离任4人。政府人员和下议院议员不能担任理事。在16名理事中，有4名为执行理事，有特定职责，全日到行办公，与总裁、副总裁和另10名理事组成常务委员会，每周开会一次。有12名理事是兼职的，包括私营银行行长、实业家和工会领袖。除理事之外，设助理理事和顾问。英格兰银行的日常工作由助理理事、4名主要顾问和部门负责人主持。

美国联邦储备理事会由7名理事组成。理事须经参议院同意后，由总统任命，任期14年，每2年改任1人。理事按地区选举产生。理事会主席、副主席，由总统任命，任期4年。联邦储备理事会负责制定并协调金融政策，对12家联邦储备银行和商业银行的活动进行管理和监督。在联邦储备体系中还有公开市场委员会，其委员有12人，除联储7名理事外，加上纽约联邦储备银行行长和其他联邦储备银行4名行长轮流出任。它是联邦储备体系在公开市场买卖证券、调节美国货币信用的一个很重要的决策机构。联邦储备理事会不超过2周开会一次，公开市场委员会每4~5周开会一次。

2. 最高权力机构分为金融政策决策机构和执行机构

有些国家中央银行的最高权力机构分为金融决策机构和执行机构，分别行使权力，属于这一类型的国家如日本、德国和意大利等。

日本银行的决策机构是政策委员会。它由7人组成，即日本银行总裁，大藏省代表，经济企划厅代表，城市银行、地方银行、工商业界和农业界各选任委员1人。成员须经参、众两院同意后，由内阁任命。委员长一般由日本银行总裁担任，政府代表无表决权。它的决策必须取得有表决权的半数委员通过方可生效。日本银行的执行机构是日本银行理事会。它由总裁、副总裁和7名理事组成，负责日本银行的日常工作。总裁代表日本银行按照政策委员会制定的政策执行一般任务，副总裁及理事辅助总裁工作。总裁、副总裁任期5年，理事任期4年。另设监事5人负责监督日本银行的业务，任期3年。参事8人，负责就有关日本银行业务的重要事项对总裁提供意见，任期3年。以上人员，均可连任。

德意志联邦银行的决策机构是中央委员会。它由总裁、副总裁、全体执行理事会的成员和11名州中央银行行长组成，负责与联邦政府共同制定金融政策，并领导联邦银行执行理事会和州中央银行。委员会主席由联邦银行总裁担任。中央委员会一般每周开会一次，会议决议由简单多数通过有效。执行机构是执行理事会。它由总裁、副总裁和8名理事组成，成员须经政府提名，由总统任命。理事任期8年。

意大利中央银行的决策机构是"部际信贷与储蓄委员会"，意大利银行为金融政策的执行机构。

3. 最高权力机构分为决策机构、执行机构和监督机构

有些国家中央银行的最高权力机构分为决策机构、执行机构和监督机构，如法国、比利时和瑞士等。

法国法兰西银行的金融政策决策机构是国家信贷委员会，可向政府提出关于货币、储蓄或信贷等方面的建议，是政府关于货币政策的咨询机构。政府对金融工作进行干预和改革银行体系时，要与该会磋商。委员会有委员47名，主席是财政经济部长，副主席是法兰西银行总裁。一般情况下，财政经济部长不参加会议。委员会的日常工作由法兰西银行总裁主持。其余45名委员由各金融机构、经济部门、工会、商会、政府的代表和金融专家组成。法兰西银行的执行机构是理事会，除总裁、副总裁外，有10名理事，其中4名法定理事是存款与信托金库董事长、法国房地产信贷银行行长、国民信贷银行行长和农业信贷银行董事长。其余理事是工、商、农经济方面的代表和法兰西银行工作人员的代表，由内阁会议任命，任期6年。法兰西银行的监督机构是银行管理委员会。它由5名委员组成，法兰西银行总裁是当然主席，其他委员由议会财政委员会主席、国库局长、银行公会与工会的代表组成。

瑞士国家银行的决策机构是理事会。它有40名理事，其中15名由股东大会产生，其余理事由联邦政府任命，人选包括各经济部门、主要金融机构和工商界的代表。在联邦政府任命的理事中，联邦政府、议会和州政府成员不得超过5名。瑞士国家银行的执行机构是执行理事会，成员由理

事会向联邦政府提出人选，其中有 3 名由联邦政府任命，任期 6 年。理会主席、副主席可以出席执行理事会，执行理事会要定期向银行委员会提供口头或书面报告。瑞士国家银行的监督机构是银行委员会。它有 10 名成员，由理事会主席、副主席和理事会任命的各州代表组成，每月召开一次会议，主要预审理事会将要处理的事项。

（二）各国中央银行的最高权力机构的组织形式

各国中央银行的最高权力机构的组织形式有如下特点：

1. 地位超然，权力较大

尤其是中央银行的决策机构，不仅可独立地对全国金融政策行使决策权，而且权力较大，其成员任期长，并由国会、总统或皇室任命，力求排除中央银行受某个党派和集团利益所左右。

2. 中央银行总裁是核心人物

不论最高权力机构属于上述哪种形式，中央银行总裁都是最高权力机构中的核心人物。总裁人选要求具备两个基本条件：首先，他必须同意国家的政策，在金融政策方面与政府保持一致，或至少保持超然立场而不是反对派。其次，他必须精通金融理论与业务，在金融领域享有较高威望，能胜任金融界领袖的重任。总裁只是国家的代表，并不代表任何部门或某一部分人。

3. 最高权力机构人选较具代表性

在中央银行的最高权力机构人选中，很注重具有较广泛的代表性，既有金融界的代表，也有政府有关部门和农、工、商经济部门的代表，有些国家还考虑银行工会（或公会）和地区的代表。

（三）中国人民银行的权力分配

中国人民银行在专门行使中央银行职能后，为加强中国人民银行的领导和决策地位，经国务院批准，1984 年 1 月成立了中国人民银行理事会。理事会的主要职责是：审议和讨论金融工作的重大问题；审议国家信贷计划、现金计划和外汇收支计划；讨论重大金融政策问题，包括利率、汇率的调整；确定金融机构的设置、撤并和各专业银行之间的业务分工原则等重要事项。理事会的组成人员包括：中国人民银行行长、副行长，少量顾问、专家，财政部 1 名副部长，国家计委和国家经委各 1 名副主任，专业银行行长，保险公司总经理。理事长由中国人民银行行长担任。但是，在计划经济体制尚未实现根本性转变之前，中国人民银行理事会还不具备独立做出金融决策的基本条件，理事会的权威不足，到 1987 年就停止活动。

1995 年 3 月 18 日，第八届全国人民代表大会第三次会议通过了《中国人民银行法》。《中国人民银行法》规定，中国人民银行在国务院领导下履行职责；中国人民银行就年度货币供应量、利率、汇率和国务院规定的其他重要事项做出的决定，报国务院批准后执行。中国人民银行就其他有关货币政策事项做出决定后，即予执行，并报国务院备案；中国人民银行实行行长负责制。行长领导中国人民银行的工作，副行长协助行长工作。

1995 年的《中国人民银行法》规定，中国人民银行设立货币政策委员会，作为中央银行的咨询议事机构。1997 年 4 月 15 日，国务院发布命令，颁布了《中国人民银行货币政策委员会条例》。货币政策委员会的职责是，在综合分析宏观经济形势的基础上，依据国家的宏观经济调控目标，讨论货币政策事项，并提出以下建议：货币政策的制定、调整；一定时期的货币政策控制目标；货币政策工具的运用；有关货币政策的重要措施，货币政策与其他宏观经济的协调。

根据《中国人民银行法》和《中国人民银行货币政策委员会条例》，货币政策委员会的组成单位由国务院决定和调整。目前，货币政策委员会由下列单位的人员组成：中国人民银行行长（担任货币政策委员会主席），国务院副秘书长 1 人，国家发展和改革委员会副主任 1 人，财政部副部长 1 人，中国人民银行副行长 2 人，国家统计局局长，国家外汇管理局局长，中国银行业监督管理委员会主席，中国证券监督管理委员会主席，中国保险监督管理委员会主席，中国银行业协会会长，金融专家 1 人。

货币政策委员会实行例会制，在每个季度的第一个月中旬召开例会。货币政策委员会主席或者 1/3 以上委员联名，可以提议召开临时会议。货币政策委员会会议有 2/3 以上委员出席，方可举行。货币政策委员会委员提出的货币政策议案，经出席会议的 2/3 以上委员表决通过，形成货币政策委员会建议书。

2003 年修订后的《中国人民银行法》不再将货币政策委员会作为中国人民银行制定实施货币政策的"咨询议事机构"，而是在第十二条要求"中国人民银行货币政策委员会应当在国家宏观调控、货币政策制定和调整中，发挥重要作用"。这可以看作是货币政策委员会地位的上升和作用的加强，但并不意味着其拥有法定决策权。

三、中央银行的机构设置

中央银行的机构设置分为总行职能机构的设置与分支机构的设置。

（一）中央银行总行职能机构的设置

中央银行总行职能机构的设置，各国都是为适应中央银行所担负的任务、职能、业务经营和金融监督管理的需要而设置的。一般而言，大多数国家都设有行政办公机构、业务操作机构、金融监督管理机构和经济金融调研机构。

1. 行政办公机构

行政办公机构是中央银行运转的综合性的非业务部门，负责日常的行政管理、秘书、人事、后勤等方面的工作。如英格兰银行有公司服务部；日本银行有秘书室、总务局、人事局等。

2. 业务操作机构

业务操作机构是中央银行为执行货币政策及有关业务活动而设的机构，主要负责办理货币发行、再贴现、再贷款、收受存款准备金、集中清算、发行债券等业务。如英格兰银行有印刷部、银行部、货币市场局；日本银行有发券局、营业局；法兰西银行有发行总局、贴现总局、信贷总局等。

3. 金融监督管理机构

金融监督管理机构是中央银行贯彻执行金融政策、采取行政措施的机构。它发挥了中央银行权威地位的作用。主要负责对金融机构的事前管理、事后检查以及业务经营活动的督导，并对金融市场进行领导。如英格兰银行有注册部、银行监督局；日本银行有管理局、检查局等。

4. 经济金融调研机构

经济金融调研机构对历史、理论、现实进行综合研究，是中央银行的情报、参谋、顾问机构，主要负责有关经济金融资料和情报的收集、整理、统计、分析，对国民经济和社会发展情况进行研究，从而就金融政策向决策部门提出建议。如英格兰银行有经济研究局、金融统计局；日本银行有金融研究所、调查统计局、电子计算情报局、史料调查室等。

尽管各国中央银行总行在设置职能机构的多少上不同，但多数国家具有以下特点：

第一，机构设置多，则对政策性强的工作的直接管理多。

第二，多数国家都设有经济、金融研究和政策理论方面的调研机构，如综合分析、调查研究、资料中心、审计、法律等部门，而且配备较强的人员专门负责调查、研究、分析国内外经济与金融情况，发布资料，提供信息，对未来做出预测。

第三，中央银行的主要业务活动与业务管理有专设机构。一般除秘书、行政管理和人事部门外，在特殊业务方面设有发行钞票、贵金属和外汇管理、债券发行、金融监督管理部门。在一般业务方面，设有贴现、放款、票据清算等服务部门。

（二）中国人民银行总行机构设置

2003 年，货币政策职能与银行业监管职能分离后，中国人民银行的内部机构设置也相应发生了变化。根据第十一届全国人民代表大会第一次会议批准的国务院机构改革方案和《国务院关于机构设置的通知》（国发〔2008〕11 号），经国务院批准，国务院办公厅印发了《中国人民银行主要职责内设机构和人员编制规定》（国办发〔2008〕83 号），对中国人民银行的内设机构又进行了调整。目前中国人民银行设 19 个内设机构，其具体名称和职责如下：

1. 办公厅（党委办公室）

负责文电、会务、机要、档案等机关日常运转工作以及信息综合、应急管理、安全保密、政务公开、来信来访、新闻发布等工作。承办人民银行党委办公室的日常工作。

2. 条法司

起草有关法律、行政法规草案；拟订或组织拟订、审核与履行职责有关的金融规章；负责中国人民银行金融法律事务、咨询服务和法制宣传工作；承担机关有关规范性文件合法性审核工作；办理行政复议和行政应诉工作。

3. 货币政策司

拟订货币政策中介目标并组织执行；提出货币政策工具选择建议并组织实施；拟订并组织实施存款准备金率及差别准备金率的调整；拟订本外币利率政策、管理办法、调整方案并组织实施；拟订本币公开市场操作方案并组织实施；承办中国人民银行货币政策委员会及宏观调控部门协调机制的有关工作。

4. 汇率司

拟订人民币汇率政策并组织实施；研究、制订并实施外汇市场调控方案，调控境内外汇市场供求；根据人民币国际化的进程发展人民币离岸市场；协助有关方面提出资本项目兑换政策建议；跟踪监测全球金融市场汇率变化；研究、监测国际资本流动，并提出政策建议。

5. 金融市场司

拟订金融市场发展规划，协调金融市场发展，推动金融产品创新；监督管理银行间同业拆借市场、银行间债券市场、银行间票据市场和黄金市场及上述市场的有关衍生产品交易；分析金融市场发展对货币政策和金融稳定的影响并提出政策建议；拟订宏观信贷指导政策，承办国务院决定的信贷结构调节管理工作。

6. 金融稳定局

综合分析和评估系统性金融风险，提出防范和化解系统性金融风险的政策建议；评估重大金融并购活动对国家金融安全的影响并提出政策建议；承担会同有关方面研究拟订金融控股公司的监管规则和交叉性金融业务的标准、规范的工作；负责金融控股公司和交叉性金融工具的监测；承办涉及运用中央银行最终支付手段的金融企业重组方案的论证和审查工作；管理中国人民银行与金融风险处置或金融重组有关的资产；承担对因化解金融风险而使中央银行资金机构的行为的检查监督工作，参与有关机构市场退出的清算或机构重组等工作。

7. 调查统计司

负责金融业的统计、调查、分析和预测。拟订金融业综合统计制度，编制金融业统计报表；负责有关货币政策和金融稳定的数据采集并按规定对外公布统计结果；按照规定提供金融信息咨询。

8. 会计财务司

协助有关部门完善中央银行和商业银行会计准则、制度、办法和会计科目；组织实施中国人民银行财务制度；编制并监督检查中国人民银行系统财务预决算；编制中国人民银行资产负债表和损益表等会计财务报表；承办中国人民银行系统会计、财务、基建、固定资产和政府采购项目管理工作。

9. 支付结算司

拟订全国支付体系发展规划；会同有关方面研究拟订支付结算政策和

规则，制定支付清算、票据交换和银行账户管理的规章制度并组织实施；维护支付清算系统的正常运行；组织建设和管理中国现代支付系统；拟订银行卡结算业务及其他电子支付业务管理制度；推进支付工具的创新；组织中国人民银行会计核算。

10. 科技司

拟订金融业信息化发展规划，承担金融标准化的组织管理协调工作；指导、协调金融业信息安全和信息化工作；承担中国人民银行信息化及应用系统的规划、建设、安全、标准化及运行维护等工作；承办中国人民银行系统的科技管理工作；拟订银行卡业务技术标准，协调银行卡联网通用工作。

11. 货币金银局

拟订有关货币发行和黄金管理办法并组织实施；承担人民币管理和反假货币工作；制定现钞、辅币和贵金属纪念币的生产计划，负责对人民币现钞、贵金属纪念币的调拨、发行库管理及流通中现金的更新和销毁；管理现金投放、回笼工作和库款安全；管理国家黄金储备；承办国务院反假货币联席工作会议的具体工作。

12. 国库局

组织拟订国库资金银行支付清算制度并组织实施，参与拟订国库管理制度、国库集中收付制度；为财政部门开设国库单一账户，办理预算资金的收纳、划分、留解和支拨业务；对国库资金收支进行统计分析；定期向同级财政部门提供国库单一账户的收支和现金情况，核对库存余额；按规定承担国库现金管理有关工作；按规定履行监督管理职责，维护国库资金的安全与完整；代理国务院财政部门向金融机构发行、兑付国债和其他政府债券。

13. 国际司（港澳台办公室）

承办金融业务开放的相关工作；承办中国人民银行与国际金融组织和各金融当局的交流与合作；承办对港澳台的金融交流与合作；承办中国人民银行外事管理工作；指导中国人民银行驻外机构的业务工作；协调国际金融合作；开展国际金融调研工作。

14. 内审司

拟订中国人民银行内审工作规章、制度和办法；监督检查中国人民银行各级机构及其工作人员执行金融政策、法规，依法履行公务和执行财务纪律的情况；承办主要负责人的离任审计工作，对违法违规人员的处理提出建议；指导、监督、检查中国人民银行系统内审工作。

15. 人事司（党委组织部）

拟订中国人民银行人事、教育、劳动工资管理制度、办法并组织实施；承办中国人民银行系统机构、编制和干部管理工作；承办中国人民银行系统社会保险管理工作；拟订人员培训规划，组织人员考试测评工作；负责中国人民银行系统统战工作。

16. 研究局

综合研究金融业改革、发展及跨行业的重大问题，协调拟订金融业改革发展战略规划，研究促进金融业对外开放的政策措施；围绕中央银行职责，研究分析宏观经济、金融运行状况，以及货币信贷、金融市场、金融法律法规等重大政策或制度的执行情况，并提出政策建议。

17. 征信管理局

组织拟订征信业发展规划、规章制度及行业标准；拟订征信机构、业务管理办法及有关信用风险评价准则；建设金融征信统一平台，推进社会信用体系建设。

18. 反洗钱局（保卫局）

承担反洗钱工作的组织协调和监督管理职责；会同有关部门拟订反洗钱政策和规章；监督、检查金融机构及非金融机构高风险行业履行反洗钱义务情况；收集、分析和监测相关部门提供的大额和可疑交易信息；对可疑交易开展反洗钱调查，协助公安司法机关调查涉嫌洗钱犯罪案件；负责中国人民银行系统安全保卫工作；承办反洗钱国际合作工作；承办反洗钱工作部际联席会议办公室的具体工作。

19. 党委宣传部（党委群工部）

负责中国人民银行系统党的思想建设和宣传工作；负责思想政治工作和精神文明建设；负责指导、协调本系统群众工作。

20. 其他

除上述职能机构外，中国人民银行还设有纪律检查委员会、机关党委、离退休干部局和参事室。纪律检查委员会负责中国人民银行系统纪律检查工作；机关党委负责中国人民银行机关和在京直属单位的党群工作；离退休干部局负责机关离退休干部工作，指导直属单位的离退休干部工作；参事室承担金融咨询等工作。此外，中国人民银行目前下设的直属单位有：中国外汇交易中心、中国反洗钱监测分析中心、清算总中心、中国金融电子化公司、中国印钞造币总公司、中国金币总公司、中国钱币博物馆、中国金融出版社、金融时报社等。

2005 年 8 月 10 日，为了围绕金融市场和金融中心加强中国人民银行的调节职能和服务职能，中国人民银行设立了上海总部，资金清算备份中心、征信管理局、金融稳定局部分处室、货币政策司部分处室等相关内部机构迁至上海总部办公。上海总部是总行的有机组成部分，在总行的领导和授权下开展工作，主要承担部分中央银行业务的具体操作职责，同时履行一定的管理职能。

设立中国人民银行上海总部，有利于进一步完善中央银行决策与操作体系，提高中央银行宏观调控水平；有利于发挥贴近金融市场一线的优势，提高中央银行宏观调控、金融服务，特别是金融市场服务的效率；有利于扩大上海金融市场的影响力，加快推进上海国际金融中心建设。

（三）中央银行分支机构的设置

1. 分支机构设置的类型

世界各国的中央银行对分支机构的设置都很重视，以便通过它实施其政策、方针。虽然由于各国政治体制与经济发展状况的差异，各国中央银行分支机构的设置多有不同之处，但总的来看，体现了按经济区域和业务发展的需要而设置的原则。它可分为两种类型：

（1）按经济区域设置。如美国，将全国 50 个行政区按经济发展需要，划分为 12 个联邦储备区，每个区在指定的中心城市设立 1 家联邦储备银行，多数储备银行又根据业务经营需要，在本区内设分行（1 ～ 5家）。1981 年全国有 25 家分行。

（2）在注意经济区域的同时，也考虑行政区域。如德国在各州设中央银行，州中央银行之下设分支机构。德国州中央银行有 11 家，拥有分支机构 230 个。更多的国家是在总行之下，直接设立分支行和事务所，如日本银行在全国主要城市设立分行 33 家，事务所 12 个，并根据业务量的大小，将分行分为大、中、小型 3 种，人员配备多少也不等，还在国外设有代表处和派驻人员。意大利银行在主要城市设有 17 家分行，为办理国库业务还在 91 个县专设分行。

中央银行分支机构的内部组织，相对于总行来说，机构较简单，人员较少。如日本银行分行只设有 4 个科（营业科、发行科、国库科和文书科）。

2. 分支机构的地位

中央银行分支机构的地位在有些国家相对高一些，具有一定的权力；有些国家相对低一些，仅仅是作为总行的派出机构，没有自己独立的权力。

（四）中国人民银行分支机构的设置

中国人民银行自建行以来一直按行政区划设立分支机构，这种模式在较长时期内发挥了一定的积极作用。但随着我国经济、金融体制改革的逐步深化，这种体制下的人民银行无法抵御地方干预，分支机构重叠、机构臃肿、监管力量分散、成本高、效率低等弊端突出，改革势在必行。事实上早在1993年11月，中共十四届三中全会《关于建立社会主义市场经济体制若干问题的决定》就明确指出："按照货币在全国范围流通和需要集中统一调节的要求，中国人民银行的分支机构作为总行的派出机构，应积极创造条件跨行政区设置。"1993年12月，国务院《关于金融体制改革的决定》又进一步重申了这个要求。1995年公布的《中国人民银行法》以法律形式明确规定："中国人民银行在国务院领导下依法独立执行货币政策，履行职责，开展业务，不受地方政府、各级政府部门、社会团体和个人的干涉。""中国人民银行根据履行职责的需要设立分支机构，作为中国人民银行的派出机构。"1997年11月，中共中央、国务院召开全国金融工作会议，把中国人民银行管理体制改革列为金融体制改革的重要任务。中共中央、国务院《关于深化金融改革，整顿金融秩序，防范金融风险的通知》指出："为了有效实施货币政策，切实加强对金融业的监督管理，要尽快改变中国人民银行分支机构按行政区划设置的状况，有计划、有步骤地撤销中国人民银行省级分行，在全国设置若干跨省、自治区、直辖市的一级分行，重点加强对辖区内金融业的监督管理。现有地、市分行基本保留，适当合并，将工作重点转到对金融业的监督管理。调整县（市）支行职能，重点加强对农村信用合作社的监管。"

改革中国人民银行的管理体制，撤销省级分行，设立跨省（自治区、直辖市）分行是提高中央银行效率，建立符合社会主义市场经济要求的中央银行体制的必然要求。

第一，撤销省级分行，有利于提高宏观调控的有效性。撤销省级分行后，金融调控权集中于总行，总行在国务院的领导下，独立执行货币政策，控制货币总量，合理使用利率杠杆，保证货币政策的权威性。同时各跨行政区分行根据各自辖区内经济和金融的实际情况，随时向总行提出货币政策建议，可以使总行的货币政策操作更具有针对性和灵活性。

第二，撤销省级分行，有利于加强金融监管的力度。各分行可以根据本辖区的具体情况、暴露的问题以及金融风险的状况，在跨行政区范围内统一调度监管力量，集中运用人力、物力、财力解决发生的金融问题，及时化解金融风险和防范隐患，确保一方平安。同时，在金融监管中对各种法律、法规的运用可以较好地把握力度，统一标准，统一行动，提高金融监管的水平和效率。

第三，撤销中国人民银行省级分行后，有利于增强中央银行金融监管的独立性和公正性。中央银行的金融监管工作涉及各方面的利益，从近年我国一些金融机构出现的支付风险和重大金融案件可以看出，地方和部门的干预和保护，严重阻碍了金融监管工作的独立性、公正性和严肃性。因此，撤销中国人民银行省级分行，跨行政区设置分行，有利于保证中央银行独立、公正地履行其金融监管的法定职责，有利于摆脱地方、部门的干预，严肃查处违法违规的金融机构和责任人，以法律为准绳，严格、公正执法，真正履行法律赋予中央银行的监管职责。

第四，现行中国人民银行系统分支机构庞大，人员众多，浪费现象严重，撤销中国人民银行省级分行，精简机构和人员，将进一步减少管理费用，提高效率。

根据国务院的指示精神和我国中央银行履行职责的客观需要，借鉴国外中央银行分支机构的设置办法，结合我国幅员辽阔，人口众多，经济、金融发展水平比较落后，我国中央银行分支机构设置中遵循以下原则：一是地域关联性、经济金融总量和金融监管的要求；二是精简、高效；三是根据工作量划分辖区，分行管辖范围的确定主要是依据金融监管工作量的多少，而不是地域面积的大小；四是机构不重复设置。据此，经过反复测算和比较，决定设立 9 个跨省区分行，并把分行行址设在各区域中心城市，分别管辖 2～5 个省（自治区、直辖市）的金融机构，是比较合理的。

1998 年 11 月，这项改革进入实施阶段。到 1998 年底，完成了跨行政区设立分行的改革，撤销了 31 个省级分行，在 9 个中心城市设立分行，在不设分行的省会城市设立金融监管办事处。根据需要，分行下设中心支行，中心支行下设县支行。9 个分行是：天津分行（管辖天津、河北、山西、内蒙古）；沈阳分行（管辖辽宁、吉林、黑龙江）；上海分行（管辖上海、浙江、福建）；南京分行（管辖江苏、安徽）；济南分行（管辖山东、河南）；武汉分行（管辖江西、湖北、湖南）；广州分行（管辖广东、广西、海南）；成都分行（管辖四川、贵州、云南、西藏）；西安分行（管辖陕西、甘肃、宁夏、青海、新疆）。中国人民银行总行在北京市和重庆市设营业管理部。

经过这次改革，中国人民银行新的管理体制框架基本确立：总行下设9 个分行（包括 20 个金融监管办事处），2 个营业管理部，326 个中心支行，1827 个县（市、旗）支行。在新的管理体制下，中国人民银行各级机构的职责分工进一步明确，货币政策权集中于总行，分行集中力量加强金融监管，金融服务面向基层。这次改革有利于加强中国人民银行的独立性、完善货币政策制定的科学性与实施的灵活性，强化金融监管，防范和化解金融风险，促进金融体系的稳定和国民经济的持续、健康发展。

2003 年，我国将人民银行总行原来承担监管职能的银行监管一司、银行监管二司、合作金融机构监管司、非银行金融机构监管司和分行负责金融监管的职能部门、分行下设的金融监管办事处从人民银行分离出来，成立了中国银监会。

中央银行的性质

中央银行的性质是什么？搞清楚这一实质问题的意义在于正确发挥它的职能，明确它的经营原则。

一、中央银行是特殊的金融机构

中央银行是代表国家进行金融控制与金融管理的特殊金融机构。为了认识中央银行的这一性质，不妨再回顾一下中央银行的发展史。

（一）中央银行是货币经济发展的产物

银行，当它还是以货币经营业的身份出现时，其业务范围很狭窄，仅仅从事货币的收付、兑换、结算业务，为商品流通提供方便。随着经济的发展、商品流通的扩大，银行的业务范围逐渐扩大，由主要从事货币的收付、兑换、结算业务转向主要从事存款、放款、汇兑、信托、投资等信用业务。随着业务范围的扩大，各种银行和非银行金融机构的出现，为了克服货币危机和经济危机，从银行群体中，产生了中央银行。但在它产生的初期，还谈不上成为国家干预经济的工具，这同自由资本主义时代资本主义国家对经济的发展采取自由主义政策是相适应的。

（二）中央银行地位的变化

由于英格兰银行的发展，学者们开始认识到中央银行是资本主义生产方式中最精巧和最发达的产物。第一次世界大战后，普遍出现通货膨胀，各国感到利用中央银行稳定金融的重要性。20世纪30年代以后，资本主义基本矛盾日趋尖锐，经济危机日益频繁和加深，国家为缓和和减少危机的发生，求助于运用货币政策对经济生活进行直接或间接的干预。这充分利用了第一次世界大战以前已经出现的管理货币发行以及稳定金融货币的中央银行，赋予它更多的特权，逐渐成为全国信用制度的枢纽和金融管理的最高当局。第二次世界大战后，加速了中央银行的国有化进程，使其成为干预经济的工具，要求它贯彻国家某些金融政策，体现国家的意图。可以说，中央银行开始作为国家干预经济生活的重要工具，是国家干预经济活动的新发展。既然国家干预经济，并通过中央银行来进行，中央银行自然就要执行一部分国家干预经济的职能，这些职能表明它负有公共责任，具有政府机构的地位。从这里可以看出，中央银行是货币经济发展的产物，经营货币和信用活动是银行固有的性质，管理机构的地位是附加的、外来的。中央银行具有国家管理机构的地位是随着国家干预经济的加强而不断深化的。这种变化的根本原因在于银行本身提供了一种社会化的形式。

二、近代中央银行的两个特点

中央银行成为唯一代表国家进行金融控制管理金融的机构，还是在中央银行名副其实地成为发行的银行、政府的银行、银行的银行之后的事，从而，中央银行具有两个明显的特点：第一，中央银行成为完成国家经济目标的重要机构。它利用货币政策工具，完成国家赋予的调节经济，干预、管理经济的任务，以稳定货币，发展经济。第二，中央银行管理金融机构的职能得到突出的发展，代表国家制定、执行金融政策，成为国家的重要金融行政管理机构。这样，中央银行与商业银行比较，有了显著的不同：中央银行的活动主要在宏观金融，基本上是国家干预经济、调节全国信用和管理金融的机构；商业银行及其他金融机构的活动主要在微观金融，局限于对企业和个人的往来，成为金融企业。

三、中央银行的地位掩盖了其固有性质

当代各国中央银行不管其资本构成如何，实际上都是国家机构的重要组成部分，处于该国金融活动的中心地位和金融体系的最高地位。它的活动及其任务是代表国家控制通货和信用活动，调整社会经济生活和经济关系，以保证经济正常稳定地发展。它已成为国家干预经济生活的不可缺少的组成部分。第一，中央银行主要是代表国家制定和推行统一的货币金融政策，监督全国金融机构的活动。其领导人由国家任命。第二，中央银行不是普通法人。它居于商业银行和其他金融机构之上，处于超然地位，具有一定特权，成为特殊的法人，有些国家中央银行甚至有部分立法行政权。第三，中央银行的业务活动对象主要是金融机构与政府。它原则上不经营普通银行业务，不以盈利为目的，盈余上缴国家。第四，中央银行所起的作用不再是中介人的作用，而是控制信用、调节货币流通的作用。第五，中央银行吸收存款不付利息，也不是为了营运周转，而是属于保管、调节性质。同时为金融机构及政府服务也不收费。有些存款，如商业银行准备金是根据金融活动规律，先后以法律形式固定下来的，并作为货币政策工具之一，发挥作用。第六，中央银行资产保持较大流动性，以便随时兑付存款，保持调节功能。

四、中央银行的地位是性质的升华

中央银行毕竟与一般政府管理机关不同。中央银行还是发行的银行、政府的银行、银行的银行。它还为政府和金融机构办理银行业务并提供服务，如对各银行和金融机构的存贷业务、清算业务、发行业务，对政府办理国库业务，对市场发行和买卖有价证券业务等，还有经营业务收入。中央银行不是单纯凭借政治权力行使职能，而是依据货币流通规律进行管理，不仅仅靠行政管理手段，还有强有力的经济手段，如货币供应量、利率、贷款等。这些手段具有自愿性、有偿性，是按信用原则发挥作用的。中央银行贯彻金融政策，实施金融管理和金融控制，主要是通过上述业务

活动和手段来实现的。可见中央银行的金融管理离开了业务经营是不可能的。正因如此，中央银行是代表国家进行金融控制、管理金融的特殊金融机构。它的这种地位是它的性质的升华。

中央银行的职能

中央银行的职能，从不同的角度观察，有多种分类。这里按其业务活动特征归纳为服务职能、调节职能与管理职能。

一、服务职能

服务职能是中央银行向政府和银行及其他金融机构提供资金融通、划拨清算、代理业务等方面的金融服务。从中央银行的产生发展史中可知，它首先开始于为政府和商业银行服务。

（一）为政府服务

自从中央银行成立以来，都与政府发生经济联系。因此，为政府服务是必然的，主要有下列四个方面：

1. 经理国库

国家财政收支一般不另设国库机构，而交由中央银行代理。为完成这一工作，中央银行就要专设机构，为政府开立各种账户，经办政府的财政预算收支划拨与清算业务，执行国库出纳职能，为政府代办国债券的发行、还本付息事宜。

2. 临时的财政垫支

中央银行原则上不应向财政垫支，但当国家财政收支出现暂时性收不抵支时，亦不能坐视危难，拒绝支持。因此，为政府融通资金，亦势在必行。一般融通资金的方式，一是提供无息或低息短期信贷，但此种借垫系暂时性质，并应有数额上的限制；二是从证券市场购买债券或以贴现方式间接购买政府有价证券，也有一定的时间上和数额上的限制。

3. 作为政府的国际金融活动的代表

一个国家的国际金融活动，一般均由中央银行作为政府的金融代理人代为处理，如保管金银、买卖黄金外汇、参加国际性金融组织、出席国际金融会议、与外国中央银行接触磋商等。

4. 作为政府的金融顾问和参谋

中央银行是一国的最高金融机构。它掌握与了解货币供应量情况，参与国民经济的调节。当政府制定和决定金融政策时，中央银行当然成为政府金融政策的顾问和参谋，为政府制定金融政策提供资料和可供选择的方案及建议。

（二）为银行与非银行金融机构服务

中央银行是全国各银行与非银行金融机构的银行，它们的资金往来都以中央银行为枢纽，客观上必然为所有金融机构服务。这种服务主要有两个方面：

1. 主持全国的清算事宜

各银行及金融机构，相互间应收应付的票据通过中央银行主持的票据交换所，进行票据的清算。由于各银行及金融机构均在中央银行开设往来存款账户，因此清算后的应收差额，即贷记应收行的账户，应付差额，即借记应付行的账户。各地中央银行分行主持该地区的清算事宜，全国各地区之间，则通过中央银行分行或由总行进行清算。

2. 成为银行的最后贷款者

中央银行是银行的银行，为银行和金融机构办理融通资金业务，成为银行的最后贷款者。当商业银行发生资金短缺，周转不灵时，可向中央银行请求贷款，商业银行向中央银行融通资金的方式主要是票据（包括国库券）、再贴现和再抵押放款，有时为配合政府的财经政策，中央银行主动采取降低再贴现率的措施，以低利向商业银行放款。

由于中央银行对政府与商业银行的业务具有服务性质，因此，一般对政府和商业银行在中央银行的存款不支付利息，对它们办理票据清算业务也不收取费用。

二、调节职能

调节职能是中央银行运用自己所拥有的金融手段，对货币与信用进行调节和控制，进而影响和干预整个社会经济进程，实现预期的货币政策目标。中央银行的调节职能主要表现在：

（一）调节货币供应量

中央银行垄断了货币发行权，流通中的货币都来自中央银行。中央银行发行的货币则成为基础货币，中央银行之外的各种货币无不受其影响。中央银行通过改变基础货币的供应量，起到收缩和扩张社会货币量的效用，从货币供应方面保障社会总需求与总供给在一定程度上的均衡。可以说，调节控制货币供应量是中央银行实施货币政策的核心。

（二）调整存款准备金率与贴现率

根据经济与金融情况，随时变动存款准备金率与再贴现率，是中央银行调控的重要手段，前者在控制信贷规模中具有乘数效用，后者对商业银行的信贷成本有重要影响。中央银行调整存款准备金率与再贴现率，可以迅速起到控制全国商业银行信用规模之功效。

（三）公开市场操作

中央银行依据货币政策的要求，通过购进和抛售有价证券的方式，控制金融市场的发展方向，或防止市场资金过剩，或避免市场资金短缺，从而保持国民经济的正常发展。

此外，中央银行还可通过金融政策的确定实现调节的目的。

三、管理职能

管理职能是中央银行作为一国金融管理的最高当局，以维护金融体系的健全与稳定，防止金融紊乱给社会经济发展造成困难。因此，必须对银行及金融机构的设置、业务活动及经营情况进行检查督导，对金融市场实施管理控制。

（一）有关金融政策、法令的制定

中央银行是国民经济的重要调节机构之一。为了进行宏观金融调控，除采取经济手段以外，还应采取法律手段，故必然要制定有关的金融管理法令、政策、基本制度，使金融机构与金融市场的活动有章可循，避免金融动荡。

（二）管理各银行和金融机构

中央银行根据政策和法令，对在本国境内设置、撤并、迁移的金融机构，进行审查批准，注册登记；通过法律和行政手段，对金融机构的活动进行预防性管理。

（三）检查监督银行及其他金融机构的活动

中央银行进行预防性管理属于事前管理。还应对银行及金融机构的业务活动范围、清偿能力、资产负债结构、存款准备金缴存等情况，进行定期或不定期的检查监督。通过各种业务账表、报告的查对、稽核，分析了解情况，发现问题，以督导银行及金融机构的业务经营活动，使其遵守有关金融法令和制度规定。

四、各职能之间的关系

中央银行的服务职能、调节职能与管理职能是由中央银行的性质决定的。作为银行，它需要提供业务服务；作为货币政策执行者，它需要对货币与信用进行调节；作为金融最高管理当局，它需要对全国的金融活动实行统一管理。中央银行的服务职能、调节职能与管理职能之间，存在相互依存、相互补充的关系。要将服务贯穿于调节、管理过程的始终，只有搞好服务，支持各家银行与金融机构提高经营管理水平，使之健全稳定，才能为中央银行实现货币政策的目标奠定金融基础。调节、管理既有约束，也有扶持。银行及金融机构的活跃与发展，是中央银行调节、管理的前提。如果银行及金融机构萎缩或都倒闭了，也就无须中央银行了。服务又要服从管理、调节，管理与调节是同一问题的两个方面。管理必然伴随调节，无调节的管理很难实现理想的管理。调节则可以促进实现有效的管理，管理对调节也有促进作用。扶持和调节本身就是一种积极的管理。中央银行只有正确处理服务、调节与管理职能之间的关系，才能真正发挥其作用。

五、中国人民银行的职能

根据 2003 年 12 月 27 日第十届全国人民代表大会常务委员会第六次会议修正后的《中国人民银行法》，中国人民银行的职责为"在国务院领导下，制定和执行货币政策，防范和化解金融风险，维护金融稳定"，具体有 13 个细项。根据《中国人民银行法》，除了该法列举的具体职责，国务院有权对中国人民银行的职责进行调整，赋予其新的职责。

2008 年 7 月，国务院依法对中国人民银行的职责作了进一步调整。根据国务院办公厅印发的《中国人民银行主要职责内设机构和人员编制规定》（国办发［2008］83 号），中国人民银行的主要职责为：

（1）拟订金融业改革和发展战略规划，承担综合研究并协调解决金融运行中的重大问题、促进金融业协调健康发展的责任，参与评估重大金融并购活动对国家金融安全的影响并提出政策建议，促进金融业有序开放。

（2）起草有关法律和行政法规草案，完善有关金融机构运行规则，发布与履行职责有关的命令和规章。

（3）依法制定和执行货币政策；制定和实施宏观信贷指导政策。

（4）完善金融宏观调控体系，负责防范、化解系统性金融风险，维护国家金融稳定与安全。

（5）负责制定和实施人民币汇率政策，不断完善汇率形成机制，维护国际收支平衡，实施外汇管理，负责对国际金融市场的跟踪监测和风险预警，监测和管理跨境资本流动，持有、管理和经营国家外汇储备和黄金储备。

（6）监督管理银行间同业拆借市场、银行间债券市场、银行间票据市场、银行间外汇市场和黄金市场及上述市场的有关衍生产品交易。

（7）负责会同金融监管部门制定金融控股公司的监管规则和交叉性金融业务的标准、规范，负责金融控股公司和交叉性金融工具的监测。

（8）承担最后贷款人的责任，负责对因化解金融风险而使用中央银行资金机构的行为进行检查监督。

（9）制定和组织实施金融业综合统计制度，负责数据汇总和宏观经济分析与预测，统一编制全国金融统计数据、报表，并按国家有关规定予以公布。

（10）组织制定金融业信息化发展规划，负责金融标准化的组织管理协调工作，指导金融业信息安全工作。

（11）发行人民币，管理人民币流通。

（12）制定全国支付体系发展规划，统筹协调全国支付体系建设，会同有关部门制定支付结算规则，负责全国支付、清算系统的正常运行。

（13）经理国库。

（14）承担全国反洗钱工作的组织协调和监督管理的责任，负责涉嫌洗钱及恐怖活动的资金监测。

（15）管理征信业，推动建立社会信用体系。

（16）从事与中国人民银行业务有关的国际金融活动。

（17）按照有关规定从事金融业务活动。

（18）承办国务院交办的其他事项。

六、中央银行制度变迁、功能演进与理论发展

服务、调节、管理是对中央银行职能的总体概括，但事实上，不同历史时期中央银行的职能范围和重心是不一样的。中央银行职能与中央银行制度是互动演进的，而这种演进既得益于中央银行理论创新的支持，也推动着中央银行理论的发展。只有用历史的、全局的观点去看问题，我们才能深刻理解中央银行制度和中央银行职能的变化。

（一）中央银行是社会公共机构

中央银行制度的产生与发展、中央银行功能的演进，我们不能认为都是欧美人的发明，货币政策也不都是欧美人的创造，它是世界各个国家和民族共同创造的社会公共机关，这种创造是在长期的经济社会发展中一步步发展的。中央银行最初的功能是政府融资功能、货币发行功能，发行货币本身就包含着调节经济的含义。所以。我们把早期的公共银行与后来的中央银行联系起来，应当是合乎逻辑的。这样看，中央银行是一个发展经济、稳定社会的公共机构。

（二）中央银行的功能是不断拓展的

从上文关于中央银行制度变迁的讨论中我们可以看出，中央银行的功能是在历史的发展中不断扩展、不断拓宽、不断深化的，它的功能在扩大、加强。但是我们还需要看到每一个功能的含义也是在不断变化的。同一个功能其具体内容在不同时期是不同的，如管理货币发行功能，最初是管理黄金准备和银行券兑现，后来是垄断纸币发行，现在是发行纸币和调控包括存款货币在内的货币供应量。因为货币发行能够获得铸币税的收益，于是中央银行垄断货币发行，所以有货币发行是国家的主权的理论。但是当代商业银行可以通过转账结算机制创造存款货币，企业可以通过商业票据创造支付手段，而且在电子技术条件下存款货币所占比例越来越大，加上外币或者外汇的支付，铸币税收入已经意义不大，这些年的一国一币的主权思想在淡化，出现了一国多币或者多国一币，如中国有人民币、港币、澳门币、新台币；如欧洲货币联盟、西非货币联盟等。

"二战"以来，在政府融资功能、货币发行功能、金融服务功能、金融监管功能之外，中央银行调控宏观经济的功能格外突出。近年又产生反洗钱功能、征信管理功能。图1展示了中央银行制度变迁不同阶段中央银行职能的变化。

图 1　中央银行功能的演进

（三）国家调控经济不是从凯恩斯开始的

公元前 7 世纪春秋前期的管仲（约公元前 723 ~ 公元前 645 年）说："五谷食米，民之司命于；黄金刀布，民之通施也。故善者执其通施，以御其司命，故民可得而尽也。"并且说，先王用货币可以"以守财物，以御民事，而平天下"①。唐朝白居易（772 ~ 846 年）说："谷帛者生于农也，器用者化于工也，财物者通广商也，钱刀者操于君也。君操其一，以节其三，三者和钧，非钱不可。"② 这些都讲的是政府要利用货币这一工具调节经济和社会。国家通过"看得见的手"调节经济至少有将近 4000 年。古巴比伦帝国的第六位国王汉穆拉比（公元前 1792 ~ 前 1750 年）制定的《汉穆拉比法典》，古中国的秦始皇、汉武帝、武则天等都用过"看得见的手"调控经济。利用货币金融政策调节经济社会古已有之。"二战"以后，国家通过中央银行的货币政策调控宏观经济在具体内容和方法上更科学、更频繁、更全面、更有力。

（四）中央银行的国际协调越来越重要

前面提到的 1920 年布鲁塞尔会议和 1922 年的日内瓦会议聚集各国政府和金融专家研究各国关心的货币问题，把中央银行的地位、作用和理论做了极大的动员和宣传。1922 年的会议决定搞一个国际性货币体系，各国要不实行金本位制，要不实行金块本位。没有金块来保证的国家，可以实行金汇兑本位制，这种制度的前提是加入国际汇兑体系，由其中央银行负责外汇的自由兑换。1933 年初，罗斯福、希特勒在经济大危机中分别就任美、德总统，两个人都置金本位规律于不顾，实行政府干预政策。"二战"期间，纳粹德国提出要在欧洲废除金本位，建立"新秩序"。为

① 《管子·国蓄》。
② 《白香山集》。

了回应德国提出的新问题，英国经济学家凯恩斯根据英国政府的要求，为盟国起草了"清算同盟"草案，凯恩斯的草案正好与罗斯福的主张相吻合。同时，美国凭借其拥有大量的黄金储备，为了提高美元地位，使美元成为世界权威性货币，起草了国际货币关系的计划。1942 年英美同时发表了它们的计划。1944 年英国和美国共同出面组织有关国家在美国布雷顿森林开会，会议提出不要机械主义，不要无政府主义，要求各国对汇兑市场上的本国货币负责，为此要有一种协调机构，于是产生了国际货币基金组织。为了解决货币汇率问题，1961 年 11 月美国、英国、法国等 10 个国家组成十国集团，设立备用信贷基金。1974 年末十国集团的中央银行行长们建立了银行法规与监管事务委员会（巴塞尔委员会）每年定期开会 3～4 次。1975 年产生了《巴塞尔协定》，后来在 1983 年、1990 年、1992 年、1996 年等几次修订补充。现在已经成为银行监管领域的重要国际组织，其文件成了发达国家和新兴市场国家银行监管当局共同遵守的准则。在金融全球化的背景下，中央银行是国家对外金融活动的总顾问和全权代表，是国家国际储备的管理者，国际金融活动的调节者和监管者。由于国际经济活动固有的溢出效应，为了国家金融安全，中央银行肩负国际金融协调的重任。

（五）中央银行制度变迁与功能演进、理论发展是互动的

中央银行制度的创新，会提升中央银行的功能，它需要理论的支持；国家要赋予中央银行新的职责和功能，必然修订、改革旧有的某些制度规定，也需要理论的支持；而理论的发展，也常常产生中央银行制度的调整、变革，进而提升中央银行功能。在中央银行发展史上，中央银行的制度变迁、功能演进和理论发展是互动的。

总的来看，世界各国的中央银行制度大体可分为 4 种类型：复合的中央银行制、单一的中央银行制、跨国中央银行制和类似于中央银行的机构。各国中央银行的资本组织形式不尽相同，但无论如何，它们都是国家干预经济的公共机构，是国家机器的重要组成部分。大多数国家中央银行都设有行政办公机构、业务操作机构、金融监督管理机构和经济金融调研机构。目前，中国人民银行内设 19 个职能司（局、厅），在上海设有第二总部。世界各国中央银行分支机构的设置，大多体现了按经济区域和业务发展的需要而设置的原则。中国人民银行 1998 年撤销省级分行，按经济区域设立了 9 个大区分行。中央银行的职能，从不同的角度有不同的分

类，按其业务活动的特征可归纳为服务职能、调节职能和管理职能。目前中国人民银行的主要职责有 18 项。中央银行职能与中央银行制度是互动演进的，不同历史时期中央银行的职能范围和重心是不一样的。

中央银行的对外金融关系

背景说明

本文是《中央银行通论》第二版中《中央银行的对外金融关系》的一章，中国金融出版社 2002 年 8 月出版，二版和 2009 年三版修改时，慕福明、王永亮参与了意见。因为中央银行是国家的国际金融活动的调节者和监督者，必须突出中央银行的特殊地位，包括中央银行对外金融关系中的任务、金融监管的国际合作与货币政策的国际协调。中央银行对外金融关系的观点，直到 2009 年出版第三版时没有大的改变，沿用下来。

当代世界经济发展趋势的一个突出特点是经济全球化、经济金融化。这个趋势使各国之间的经济金融联系越来越密切。中央银行作为一个国家的经济调控中心和金融监督管理者，一般都是国家进行对外金融联系的代表者。这一章我们讨论中央银行的对外金融关系。

中央银行在对外金融关系中的地位与任务

一、中央银行在对外金融关系中的地位

在经济全球化、区域经济集团化的发展中，相应地也出现了世界金融

的全球化。金融固有的渗透功能正在深刻、广泛地促使金融的国际溢出效应使其比以往任何时候都更加突出。借助于世界电讯技术的迅猛发展，金融业务能在全球范围内 24 小时连续不断地运转，在任何一个国家都可以参与全球的金融交易。国内金融市场与国际金融市场日益融合。在我国，随着加入世界贸易组织，外币和本币、外资和内资的转换越来越变成经常性的普通业务。在金融的国际舞台上，由于各国政府、企业、各种金融机构和中央银行的积极参与，与国际贸易和国际资本流动联系的国际支付结算、资金融通、资本流动调节控制和国际储备的调节、转换、保值以及各国货币政策的调整等，要求负责金融监管的中央银行必须随时关注国际金融形势的发展变化，并采取相应的措施，与国际金融机构和各国中央银行保持密切的联系与合作。所以，中央银行在对外经济金融交往中有着十分重要的地位。

（一）中央银行是国家对外经济活动的总顾问和全权代表

中央银行在一国经济和社会生活中的重要性和它在金融业务与技术方面的专业性，以及它丰富的国内外金融管理经验，决定了只有它才能充当各国政府在对外金融活动中的总顾问。各国中央银行主要负责人代表国家出席各种国际性金融会议，如代表国家出席国际货币基金组织会议，或者区域性金融组织的会议，代表国家在会议上发表意见，阐明立场，投票表决，或者代表国家签署条约、协议和文件。

（二）中央银行是国家国际储备的管理者

一个国家的国际储备包括黄金和外汇储备，是一个国家最基本的支付手段，是一个国家保持汇率稳定并从事国际经济活动的基础。中央银行作为黄金和外汇储备的管理者，负责保管黄金，负责调节外汇储备数量、货币结构和期限结构，保证外汇储备的安全，并且负责管理和调节由特别提款权、黄金和外汇组成的外汇平准基金。

（三）中央银行是国家的国际金融活动的调节者和监督者

中央银行要对本国金融机构对外国借款以及对外国贷款和投资进行监督管理，批准并检查本国金融机构在国外设立分支机构，收买或者持有当地银行股份，负责审批外国金融机构在本国设立分支机构、收购或持有本国金融机构股份等，监督和管理本国的国际金融活动。

二、中央银行在对外金融关系中的任务

（一）负责与各国中央银行进行官方结算

中央银行负责编制国家国际收支平衡表，负责对国际收支差额进行调

整。无论是采用改变官方负债的方法，或者是以黄金和特别提款权等储备资产进行最终清算，都由中央银行进行相应的操作。

（二）负责对国际资本流动的调节管理和对外负债的监测

中央银行通过汇率政策、外汇管理政策、规定国际借贷的条件或额度，管理银行对外借款、调整利率水平以及特别准备金的缴纳等手段，对资本的流入或流出进行控制和调节，同时对国家对外负债进行监测，建立相应的监测调控体系。

（三）负责外汇交易和管理

中央银行有权进行外汇交易，借此干预和管理外汇，以缓和由于外汇收支不平衡引起的短期资本流动，以避免外汇市场价格波动所带来的损失。中央银行的外汇交易一般是按中央银行之间签订的互换货币安排来进行。

（四）负责发展与各国中央银行和国际金融机构的关系

中央银行通过自己的对外金融活动，负责与各国中央银行、国际金融机构、区域性金融机构建立和发展友好合作关系，互通信息，交流经验，改进管理技术，促进本国与世界各国经济金融的发展和稳定。

（五）负责制定国家对外金融总体发展战略

一个国家的对外金融发展战略是一国经济和社会发展战略的重要内容之一，它必须适应和服务于本国经济和社会发展总体战略。中央银行必须结合本国情况为国家制定正确的对外金融总体发展战略和政策。

三、中央银行与国际金融机构的关系

（一）代表政府参与国际货币基金组织的活动

国际货币基金组织成立于 1945 年 12 月 27 日，是当今世界上最富全球性和影响力的政府间国际金融组织。其宗旨：一是为会员国提供一个机构，以便就国际货币问题进行商讨和合作；二是促进国际贸易的平衡发展、高水平的就业和实际收入以及生产能力的发展；三是稳定汇率，避免竞争性的货币贬值；四是鼓励经常性交易的多边支付和汇兑制度，消除妨碍国际贸易增长的汇率限制；五是向成员国提供临时贷款，以利于平衡国际收支的需要；六是设法缩短国际收支不平衡的时间，并减轻其程度。国际货币基金组织在世界经济金融方面发挥着重要作用，它和世界银行、世界贸易组织一起构成了支撑世界经济体系的三大支柱。国际货币基金组织

由各成员国的财政部长或中央银行行长担任该国理事出席该组织的年会或其他重要会议。各国中央银行行长除代表本国政府出席并阐述对世界经济和国际金融重大问题的立场外，还同基金组织沟通情况，交换看法，取得该组织的信用贷款和信托基金。该组织的成员国还可以得到各种形式的技术援助，如人员培训、技术指导、经济金融业务咨询等。

中国是该组织的成立发起国，1949 年以后由于美国等一些国家的干扰，中华人民共和国没有能够参加活动，直到 1980 年才正式恢复了我国的合法席位。1981 年和 1986 年，我国出现较大国际收支不平衡，曾经借用过国际货币基金组织的贷款。这对我国克服 20 世纪 80 年代出现的国际收支逆差，改善宏观经济状况，保持国民经济稳定增长起了一定作用。现在，我国在国际货币基金组织中的地位和影响正在不断提高和扩大。

（二）与世界银行的合作

世界银行成立于 1945 年 12 月 27 日，当时的正式名称是国际复兴开发银行，简称世界银行。后来随着国际经济形势的发展，又相继成立了国际开发协会、国际金融公司等机构，形成了现在的世界银行集团。目前的世界银行集团由国际复兴银行（IBR）、国际开发协会（IDA）、国际金融公司（IFC）和多边投资担保机构（MIGA）组成。其主要任务是向发展中国家提供低利率的中长期贷款，支持发展中国家的经济开发。其贷款期限较长，可以长达 30 年，而且利率低于市场利率，但贷款一般要求用于特定工程项目。中国参与世界银行活动的过程同参与国际货币基金组织的情况基本相同，于 1980 年恢复在世界银行的合法地位后，从 1981 年开始利用世界银行贷款。到 1994 年底，累计使用世界银行贷款逾百亿美元。世界银行已经成为我国对外借款的重要渠道。

（三）参与国际清算银行活动

国际清算银行于 1930 年在巴塞尔成立，它不是政府间的金融机构，也不是国际发展援助机构，其宗旨是增进各成员国中央银行间的合作，为成员国的国际金融业务提供必要的便利，它从事广泛的国际银行业务，接受各国中央银行、国际金融组织的黄金和货币存款，承担协助各国中央银行管理货币储备和投资方面的任务，它以各国中央银行存在该行的黄金和外汇为抵押向各国中央银行提供贷款，它还代各国中央银行买卖外汇和黄金，协助办理政府间贷款，充当国际金融清算的代理人。它对国际经济金融形势的分析具有权威性，是各中央银行和国际金融机构进行交流的场所和了解国际经济金融形势的窗口。它与各国政府或中央银行签订协议，与各国中央银行密切往来。

（四）参与区域性国际金融机构的活动

自第二次世界大战以来，陆续出现了一些区域性的国际金融合作组织，特别是发展中国家为了促进经济和社会发展，开展广泛的合作和信贷活动，如亚洲开发银行、非洲开发银行、加勒比开发银行、西非货币联盟等。这些区域性、地区性的国际金融机构都是有关国家中央银行交流联系、开展活动、协商讨论经济金融政策的重要场所。

（五）各国中央银行间的交流合作活动

为协调各国的经济金融政策和措施，促进各国之间的了解和信任，探讨或解决共同关心的世界经济金融问题，中央银行还不定期地举行对等级别的会议或商谈，如西方十国或七国集团中央银行行长和财政部长经常举行各种会议，讨论共同关心的问题，寻求共同的对策或协调彼此的行动。

（六）建立中央银行驻外代表处

按照国际公约，中央银行不能在国外设立分支机构，这是中央银行的性质决定的。但是，中央银行可以根据需要与可能，在国外经济金融中心设立代表处，以就地观察研究经济金融形势及本国银行在当地或相邻国家分支机构的活动情况，增进各国中央银行间的交流与合作。

中央银行金融监管的国际合作

一、金融监管国际合作的必要性

一个国家的金融监管本来是国家内部的事务。但是，当代的金融监管，必须加强国际间的合作。其主要原因有三：

（一）国际金融业经营风险增大

近年来国际金融市场的迅速发展，一方面加强了各国之间的经济和金融联系，加速了一些国家的经济发展，促进了世界贸易的扩大，缓和了一些国家的国际支付困难，大大提高了国际性融资效率，从而使资金在全球范围内得到了合理的分配。另一方面，由于各国经济发展的非均衡性及各国经济金融政策的差异，随着国际金融市场的发展，也带来一些消极影响，导致了国际金融业经营风险的增大和金融市场的动荡，需要各国中央银行加强合作、协调统一和加强国际金融市场的管理。具体说，国际金融业风险增大主要表现在以下方面：

（1）以扩大资产规模为战略重点的国际银行业为获取较高的资产收益和资产增长速度，压低价格和放宽条件提供贷款，从而使银行资金营运的风险程度加大。

（2）在激烈的国际金融竞争中，商业银行为了占领并扩大市场份额，各种金融新产品和新业务在银行资产负债表外迅速增生，由于这些表外业务风险的模糊性和特殊性，使商业银行在不知不觉中承担着各种潜在风险。

（3）长期以来，发展中国家债务问题困扰着国家银行业的稳定与发展，债务国违约的潜在风险，使国际银行业经营的潜在风险不断加大。

为了各国金融业发展的共同利益，确保世界金融体系的稳定性，必须加强金融业应对风险的能力。在当代金融业全球化、一体化日益发展的情况下，各国金融机构密切相关，互相依存，一家银行发生问题，立刻会引起整个金融体系周转不灵，以至发展为金融动荡或金融危机。各国中央银行加强合作，协调金融监管，就可以减轻国际金融业的经营风险。这项工作，是中央银行义不容辞的责任。

（二）各国金融监管制度的差异

由于历史的、经济的以及政治的等多方面的原因，各国金融监管当局的监管政策与态度存在着很大差异，导致国际金融监管的许多漏洞和矛盾，加大了国际金融业的风险，迫切需要统一协调国际金融市场的监督和管理，具体表现在以下几个方面：

（1）各国中央银行对金融业监督管理的原则、指标体系和技术口径不一致。如资本资产比率，各国规定在 1% ~6%，差别很大；对流动性比率和贷款集中程度的限制也很不统一，造成国际银行业的不平等竞争。

（2）离岸金融中心的商业银行几乎完全不在中央银行的监管之下，世界上的 10 多个离岸金融中心，如卢森堡、开曼和巴哈马等离岸金融中心的商业银行，都不在任何一国中央银行的有效监管之下，形成国际金融活动的避风港。

（3）发展中国家国际金融业的崛起是当代国际金融业的新发展，但是发展中国家的中央银行和金融监管体系的发展尚不完善，金融监管政策、监管工具、监管技术相对有限，对国际金融机构的监管还有不少困难。

（4）各国金融风险管理技术与水平程度差异较大。目前，对国际金融业及金融市场的监管远不是全面的、系统的、统一的和有效的。如各国对存款保险制度的规定很不一致，尤其是对本国和外国银行在外国或本国的分支机构的规定是很不一致的。这些银行一旦破产倒闭，赔偿责任的问题就难以说清楚。

（三）国际金融市场动荡日趋频繁

现在国际金融市场上的动荡越来越频繁，需要各国相互协调、统一加强对国际金融业的监督和管理。这是因为，国际金融市场是一个相对自由的市场，不受任何一国货币当局的约束，光靠自律是不够的，若不加强国际协调，会给金融体系的安全稳定带来隐患。特别是20世纪70年代以来，金融自由化、国际化的不断发展，金融创新不断翻新，表外业务不断增加，它虽然大大提高了金融效率，但是又加大了金融风险，使金融动荡不断出现。80年代美国有1086家商业银行倒闭，是1934～1980年46年中银行倒闭数的46倍。90年代以来，金融危机加深，经营环境复杂，金融业并购频繁。所以，加强协调各国对国际金融市场的统一监管显得十分必要和紧迫。

二、国际金融监管组织体系

目前，各国国际金融监管的协调和合作，已经逐步形成了一个大家比较公认的国际金融监管组织体系，这就是在库克委员会基础上经分化、重组而形成的巴塞尔银行监管委员会。

库克委员会的全称是"国际清算银行关于银行管理和监督活动常设委员会"，它在国际清算银行的支持下于1975年2月由西方十国集团成员国比利时、英国、加拿大、法国、荷兰、意大利、日本、瑞典、德国、美国，再加上瑞士和卢森堡12国中央银行的监督管理官员在巴塞尔开会正式成立，由于英国英格兰银行的银行业务监督处主任库克任第一任主席，故称"库克委员会"。该委员会每年例会3次，议程由各成员国中央银行商定，是一个中央银行监督国际银行活动的联系代表机构和协调机构，由国际清算银行提供秘书人员。1975年12月达成了一项监督管理国际银行的协议，叫"巴塞尔提议"，明确了"库克委员会"的宗旨是使各个国际银行受到充分的监督，为国际银行危机提供一个预警系统。并且确定了国际金融监管有关的原则、标准、技术等一系列规定，明确所有国际银行都必须毫无例外地接受监督。"巴塞尔提议"引起了各国的普遍重视，1979年该委员会在伦敦组织了有80个国家与地区参加的国际性银行监督会议，1987年又在华盛顿举行了类似的会议，有效地推动了各国国内金融监管和国际金融监管的合作和协调。1988年7月又在此基础上，产生了《关于统一国际银行资本衡量和资本标准的协议》，简称《巴塞尔协议》。现在，已经有130个国家采用。1999年6月，巴塞尔银行监管委员会又正式公布了《新的资本充足比率框架》（征求意见稿），后于2004年付诸实施。

由国际清算银行提供支持的、由十国集团中央银行建立的最初的库克委员会，现在已经发展成为促进全球金融稳定的三个委员会，即主要考虑金融机构稳健性的巴塞尔银行监管委员会、主要考虑有效市场运作的全球金融系统委员会和主要考虑金融系统基础设施重要组成的支付和清算系统委员会。国际清算银行一直通过组织定期的中央银行行长和高级官员会议及为向二十国集团中央银行行长会议提供报告的各委员会提供秘书服务等方式为中央银行合作做出了贡献。除了国际清算银行董事会每两个月一次的董事会议外，通过有关国家和地区的中央银行行长参加的三个组别的会议（十国集团中央银行会议、十国集团和具有系统重要性新兴市场中央银行行长会议以及国际清算银行全体股东中央银行行长会议），协商各国中央银行的国际银行监管、银行风险监测和建立稳健银行体系的国际合作问题。

中央银行货币政策的国际协调

一、国际货币体系及其历史演变

（一）国际货币体系概述

国际货币体系是指国际间的货币安排，也就是由国际间资本流动及货币往来而引起的货币兑换关系，以及相应的国际规则或惯例组成的有机整体。

国际货币体系的主要内容包括以下四个方面：①安排国际间的汇率；②确立国际储备货币；③解决国际收支不平衡问题；④协调各国的经济政策。

国际间的汇率安排即国际汇率体系是国际货币体系的核心部分，一个主权国家在对外经济活动中首要的问题是汇率安排问题，汇率的高低不仅表现了本国与外国货币购买力的强弱，而且涉及资源分配的公平问题。为了避免汇率战，维护共同的利益，各国往往就汇率的安排达成某种协议和共识，按照较为合理的原则在世界范围内规范汇率的变动，从而形成一种比较固定的、为各国共同接受和遵守的、在国际货币体系中占主导地位的汇率体系。确立国际储备货币，是为了给国际间的贸易提供必要的清偿手段，保证国际贸易的正常进行，促进各国间的经济交往和世界经济的增长。国际储备货币在汇率上应该相对稳定，不能频繁波动，在数量上应该充足，在结构上应该能够满足国际贸易的需要。

国际货币体系必须提供调节国际收支不平衡的原则和机制。这是因为一国出现国际收支不平衡是极为正常的现象，如果这种国际收支不平衡得不到及时的调整，必然对该国货币的汇率产生影响，而汇率的频繁波动会影响到国际货币体系的正常运转。国际收支不平衡的调节往往不是一个国家所能完成的，有时候国外因素是造成一国国际收支不平衡的主要原因，因此，解决国际收支不平衡需要多国共同协作，采取协调的经济政策尤其是货币政策，以避免造成国际货币体系的不稳定。

一般而言，国际货币体系的目标在于保障国际贸易和世界经济的稳定发展，使各国的资源在世界范围内达到帕累托配置。但在实际中，国际货币体系往往受发达大国的影响较大而更多地体现大国的利益，发展中小国的利益往往得不到保障。

（二）国际货币体系的演变

在历史上，国际货币体系先后经历了国际金本位体系、布雷顿森林体系以及牙买加体系三个历史阶段。

1. 国际金本位体系

国际金本位体系始于 1880 年，它是一种以一定成色及重量的黄金为本位货币的国际货币制度，包括金币本位、金块本位和金汇兑本位三种形式，并以金币本位制为其典型形式。

2. 布雷顿森林体系

第二次世界大战后，资本主义世界建立了一个以固定汇率为基本特征的国际货币体系，即布雷顿森林体系。布雷顿森林体系的核心内容主要有四个方面：①建立以美元为中心的汇兑平价体系。美元与黄金挂钩，其他货币与美元挂钩，这是布雷顿森林体系的两大支柱。②美元充当国际货币。③多渠道调节国际收支不平衡。在布雷顿森林体系下，解决国际收支不平衡可以采取以下三条途径：依靠国内经济政策；依靠 IMF（国际货币基金组织）的贷款；依靠汇率变动。④由IMF维护布雷顿森林体系。

3. 牙买加体系

布雷顿森林体系崩溃以后，IMF 国际货币制度临时委员会于 1976 年 3 月达成《牙买加协定》，同年 4 月，IMF 理事会通过《IMF 协定第二次修正案》，对国际货币体系做出了新的规定，国际货币关系从此进入牙买加体系的时代。牙买加体系的主要内容包括以下几个方面：①汇率安排多样化，浮动汇率合法化。②国际储备多元化。③依赖国际间政策协调和国际金融市场来解决国际收支不平衡问题。

（三）当前国际货币体系发展的特点

综观国际货币体系的历史发展过程，不难看出，推动国际货币体系发展的根本动力，一是清偿力，二是稳定性。以这两个标准来衡量，牙买加体系在稳定性上存在一定的问题。整个货币体系的稳定性实际上主要取决于美元、日元和马克三种货币，而这三种货币之间波动较大，这就使得整个货币体系失去了稳定的基础。此外，在牙买加体系下，小国的利益难以得到保障。由于小国往往实行钉住汇率制，大国往往只顾自身利益而独立或联合进行汇率的重新安排，这使得钉住他们货币的小国都不得不随之重新安排汇率，从而使小国的汇率失去了与国内经济政策的协调性，从而承受额外的外汇风险。1997 年的东南亚金融危机就是这方面的一个例子。

在这样的背景下，各国为追求汇率制度的稳定性付出了一定的努力，从而使得当前国际货币体系的发展呈现了一些新的特点。

1. 区域货币一体化

即在目标区域内实行固定汇率制度，或者实行单一货币，而对外则联合浮动。在这方面，欧盟显然走在了前列。随着 1999 年 5 月 1 日欧元的产生，目标汇率区域理论在西欧得到了真正实践。欧元的出现，一方面是欧洲经济一体化的产物，另一方面又对整个国际货币体系产生了巨大而深远的影响。

2. 国际间的货币政策协调得到了发展

在世界经济一体化发展的大背景下，金融一体化趋势必然得到发展，一国尤其是大国的货币政策必然会对他国产生影响，同样，一国也会受到他国货币政策的影响。为了避免这种货币政策的相互影响对国际货币体系造成不良的冲击，国际间的货币政策协调得到了空前的发展。国际间的货币政策协调并不是现在才出现的，但这种协调在当前的世界经济发展中频繁发生，并且对世界经济和金融的发展产生着越来越重要的作用。事实上，欧元的产生从某种程度上说也是国际间经济政策协调的产物。因此，研究国际间经济政策的协调，尤其是中央银行的货币政策协调，在当前国际金融形势下具有极为重要的意义。

二、国际货币政策协调的必要性

（一）在经济全球化中本外币政策的冲突

在经济全球化中，由于对外经济交往的频繁，货币政策不仅需要考虑经济的内部平衡，也要注重经济的外部平衡，即国际收支平衡。国际收支的不平衡，一般是通过两种形式来消化：一是汇率的波动，当国际收支顺差时，外汇供给大于需求，汇率下跌，使以外币表示的本国出口商品的价格上升，使以本币表示的进口商品的价格下降，抑制出口，增加进口，扭转经常项目不平衡。同时，汇率的下跌也抑制了外币的流入，有利于资本项目的平衡。二是外汇储备的变化，当国际收支顺差时，中央银行在外汇市场上收购供给大于需求的那部分外汇，以维持外汇的供求平衡，稳定汇率。由于汇率的频繁剧烈波动，使进出口贸易活动难以核算实际成本，增大了国际贸易和借贷活动的汇率风险，影响了正常对外经济交往的开展，同时又助长了国际金融市场的投机活动，增大了市场的不稳定性，所以从世界各国的实践来看，虽然从1973年布雷顿森林体系崩溃以后各国均采用了浮动汇率制，但并不是完全的浮动，而是有管理的自由浮动，即允许汇率在一定幅度内波动，超过这个幅度，国家就要运用外汇储备进行干预，所不同的只是对于发达国家，这种幅度比较宽，而发展中国家的幅度则较窄，基本上是相对稳定的汇率，也就是说，对于发达国家，其国家收支不平衡一般通过汇率的波动和外汇储备的变化两种形式来消化，而发展中国家则主要是采取增减外汇储备的形式来消化，只有在外汇储备不足以消化的情况下，才对汇率进行调整。

（二）在经济全球化中货币政策的独立性受到影响

在经济全球化的条件下，一国货币政策的"溢出效应"越来越大，即一国国内货币政策在作用于国内经济变量的同时，也对相关国家的经济变量产生影响；反过来，国外的货币政策会波及国内，使国内货币政策的效果产生扭曲，难以达到预期的政策效果。在金融自由化的浪潮中，许多国家放松了对资本流动的控制，促进了全球金融事业的发展。然而，浮动汇率多变性导致了国际金融市场更大的不稳定性和投机性，给国际贸易和国际投资造成了伤害。因此，缺乏国际货币政策的协调或国际货币政策协调失败或协调政策不能有效地执行，则难以达到预期的政策效果，从而使货币政策的独立性受到制约。同时，一项金融政策能否达到预期的效果，不仅依赖于国内的经济条件，而且还取决于其贸易伙伴国的相对经济政策。由此可见，为了更好地保持货币政策的独立性和更好地执行货币政策，必须在国际间建立起符合各方面利益的协调机制。

（三）在经济全球化中货币政策的作用机制产生变化

在一般情况下，货币政策的传导途径有三个：利率途径（及其他资产价格途径）、信贷配给途径和国际经济途径。这三种途径在整个政策传导中的作用大小，取决于经济全球化的发展和对外经济开放程度的变化，对外经济开放程度的提高，相应提高了国际经济途径在货币政策传导中的作用，从而使得货币当局在制定货币政策时不仅要从本国范围内考虑，也要从国际范围内进行综合考虑。同时，开放经济条件下，货币供应越来越内生于国民经济运行，中央银行除了能够在较大程度上控制贷款外，与对外经济活动相关的货币供应及其变动已经不能为中央银行所控制，而是取决于经济增长状况、进出口状况和资本流动状况。对外经济开放的程度越高，与对外经济活动相关的货币供应所占的比重越大，货币供应的内生性越强。

于是，中央银行控制货币供应量的主动性就越低，货币政策在控制货币供应方面的效率也就越低。同时，经济开放程度的提高，不仅从货币投放的渠道影响货币供应，还通过外资的配套资金等渠道影响国内资金供求，这些配套资金是保持外债使用率的前提，在某种程度上也成为中央银行货币供给不能减少的一部分，这又进一步削弱了中央银行控制货币供给量的主动性。货币供应的内生性的增强，还会对货币政策的时滞产生影响。

（四）在经济全球化中货币替代使货币政策中介目标发生变化

所谓货币替代，是指由于金融抑制、金融市场不发达和效率低下，以及经济政治等的不稳定，引发的国内公众对本国货币的躲避行为。国外金融界一般用外币存款占金融资产的份额来衡量货币替代的程度。货币替代的负面影响：一是增大了货币政策操作的难度，干预了货币政策的独立实施。如在政府试图通过扩张性货币政策刺激经济增长时，新增的货币供给中，有一部分能转移到国外。这样扩张性货币政策的某些目标（如刺激增长、减少失业等）就难以实现。二是具有内在的紧缩效应。由于货币替代过程中资金从本币向外币转移，本国居民将减少国内消费支出在国内收入中的比重，即将较多的本国购买力转移到相同数量的外币资产上。三是易诱发投机性活动。由于货币替代现象的存在，使得世界各国货币政策的中介目标逐步由总量性指标向价格性指标过渡。目前西方各国有的开始采用覆盖面更广的货币指标，更多的开始改用利率、汇率等价格性中介目标，有的国家甚至直接盯住货币政策的最终目标等。

（五）在经济全球化中外部经济因素对货币政策的影响增大

随着对外经济开放程度的不断提高，汇率、外汇储备和国际收支状况在货币政策中的地位是不断上升的，而这些与对外经济活动紧密相关的经济变量的变动一般是随机性的、非计划性的，是宏观当局难以在事先预料和决定的。这种随机性就加大了货币政策制定和执行的难度。特别是大规模的国际资本流动已经使货币当局越来越难以控制国内的货币总量。

综上所述，在经济金融全球化的条件下，国际货币政策的溢出效应及相互连动越来越突出，各国中央银行必须加强协调与合作，才能保证货币政策对宏观经济调控的有效性。

三、加强国际货币政策协调的内容和途径

近年来，国际社会越来越认识到国际货币政策协调的重要性。国际间政策协调和配合已经有了重大的进步。从宏观上说，国际货币政策协调的方式可以分两大类：一是通过特定的国际组织及共同认可的原则举行常规性的协调；二是各当事国之间举行的、临时性的政策磋商。前者称为规则协调，后者称为随机协调。

国际货币政策协调的核心内容，主要包括两个方面：一是汇率政策的协调；二是利率政策的协调。要求在货币政策的目标、内容和实施方式上顾全各国共同利益，加强磋商，实行国际合作来稳定金融，维持国际货币秩序。

各国货币政策国际协调的基本途径是：

（一）加强国际间货币政策有关信息的交换

两国或多国之间的信息交换是一种最低形式的协调，但它可以说是货币政策国际协调的基础。东南亚金融危机的爆发在某种程度上是由于国与国之间货币政策相关信息的不对称，导致货币政策制定上的失误。因此，加强国与国之间货币政策相关信息的交换是十分必要的。这些可交换的信息包括政府当局关于现今和将来的国内宏观经济政策、关于汇率政策及对外汇市场干预的意向、经济预测和经济政策的主要目标等方面。虽然信息交换本身不会导致货币政策的协调，只能代表一种低水平协调，但这种形式能导致更好地了解如何解决分歧，并找出不确定性的根源。

在货币政策相关信息交流的基础上，国家之间可以主动地实行积极的货币政策协调，在区域内或世界范围内采取一致的货币政策立场，这就需要各国在货币政策协调的基础上认真地调整对政策工具及其规模与作用时间的选择，以避免发生冲突，防范危机的发生。

（二）减少对货币总量指标的依赖

世界发达国家在20世纪80年代前曾把货币供应量作为货币政策的中介目标，但随着经济全球化和金融创新的不断发展，货币总量和现实经济活动的联系变得不稳定和难以预测，于是美国、日本等国纷纷放弃对货币供应量的依赖，转向对利率指标，特别是短期利率的关注，德国是目前西方国家中唯一仍把M3作为货币政策的首要中介目标的国家，这主要是由于德国独特的金融体制使得德国的货币需求函数相当稳定，以至于M3与总体经济活动水平仍有较稳定的相关性，即使如此，在德国货币政策的中介目标体系中利率的地位也大大地提高了。

由于公开市场操作是中央银行调节利率的重要手段，因而在中央银行更为依赖利率进行货币政策调控的同时，各国也越来越依赖于公开市场业务，通过影响商业银行的准备金规模和短期利率水平来增强中央银行干预的效能。与此同时，各国都大力开发新的货币政策工具来应付新的金融环境，如外汇互换协议的公开市场操作、期限更短的国库券贴现等，来提高货币政策的有效性。

（三）强调汇率在货币政策传导中的作用

在开放经济条件下，汇率已经成为许多国家货币政策的重要的中介目标。1999 年欧元的启动，使得各国在一定程度上放弃了独立的货币政策权力，在欧元体系内的货币之间恢复了固定汇率制度，这一措施使得欧元区内各国在国际金融动荡中和国际竞争中更加具有优势地位。近年来，西方国家加强了汇率政策的协调，提高了汇率在货币政策中的导向作用，即便是美国这样的大国经济中，汇率的影响也越来越为联储所重视，稳定美元汇率已成为联储货币政策中的一个重要内容。日本银行在外汇市场上的干预以及相对应的在国内货币市场上的冲销操作已经成为相当普遍的日常工作。此外，有一些经济规模较小，经济开放程度较高的国家（如爱尔兰、丹麦、新加坡等）将汇率视为货币政策的中心，并将汇率作为反通胀的工具，采取基于汇率的物价稳定方案。面对 90 年代频繁迭起的国际金融危机，特别是东南亚金融危机的爆发，促使世界各国越来越强调汇率在货币政策中的作用，以建立起能有效防范和抵御国际游资对国际金融秩序产生破坏性冲击的新机制。

（四）加强国际间金融货币合作

货币政策国际协调的主要障碍是世界各国经济发展不平衡，经济实力的不平衡是造成汇率变动、各国货币政策看法不一致和政策主张差异的主要原因。同时，由于世界经济相互依存和货币政策的溢出效应，以及强大的国际投机力量，使得各国必须努力采取货币政策合作的方法来保证国际金融体系的稳定性。为此，区域经济组织协调机制的建立与完善，为保障世界经济的有序发展做出了贡献。但是更重要的还是国际金融组织的努力。

令人欣喜的是，1999 年 9 月国际货币体系理事会临时委员会采纳了国际货币基金组织和国际清算银行合作并与代表中央银行、金融管理机构、其他有关国家和地区组织及部分学术专家的小组磋商制定的《关于货币与金融政策透明度的良好做法守则：原则宣言》和《关于中央银行货币政策的良好透明度做法》。该守则的重点：一是澄清中央银行和金融管理机构的作用、责任和目标；二是中央银行制定和报告货币政策的过程以及金融管理机构制定和报告金融政策的过程；三是公众尽可能容易地获得货币和金融政策信息；四是中央银行和金融管理机构的责任和诚信保证。同时，国际货币体系理事会临时委员会更名为国际货币基金理事会国际货币与金融委员会。目前，国际货币基金组织、国际清算银行等国际金融组织正在组织各国中央银行及有关方面努力实施，各国中央银行需要密切配合。

在经济全球化、区域经济集团化趋势下，中央银行必须随时关注国际金融形势的发展变化，并采取相应的措施，与国际金融机构和各国中央银行保持密切的联系与合作。中央银行在对外经济金融交往中有着十分重要的地位。它是国家对外金融活动的总顾问和全权代表，是国家国际储备的管理者，是国家的国际金融活动的调节者和监管者。中央银行代表政府参与国际货币基金组织的活动，与世界银行集团密切合作；参与国际清算银行活动；参与区域性国际金融机构的活动；与各国中央银行间的交流合作活动，积极参与协调各国的经济金融政策和措施，促进各国之间的了解和信任。金融监管国际合作的必要性，主要是由经济全球化使国际金融业经营风险增大，各国金融监管制度的差异，国际金融市场动荡日趋频繁等因素决定的。在经济全球化发展中，外部经济因素对货币政策的影响增大，因而中央银行必须加强货币政策的国际协调。

中央银行的产生与发展

背景说明

本文是《中央银行通论》中的第一章"中央银行的产生与发展",已在 2000 年、2002 年、2009 年由中国金融出版社再版三次,这一章均改动不大。参与初版和二版、三版修改者还有慕福明、王永亮。古代的公共银行是中央银行的先驱,负有管理金融的责任。中央银行产生的经济基础在于货币发行、票据交换、最后贷款人和金融管理等问题。中央银行制度的真正发展是在 1920 年以后特别是第二次世界大战以后。文章还对中国中央银行制度的发生发展做了历史回顾与分析。近十几年来,人们对中央银行制度的方式发展及其理论概括,基本没有太大的变化。

银行作为经营货币商品的特殊组织,迄今已有几千年的历史。在古代,早就有了银行业的雏形,如巴比伦和希腊的教堂当时就经营保管货币和贷款等业务。然而,中央银行的产生,则是 17 世纪的事,距今不过 300 多年的历史。在这 300 多年里,人们对中央银行的认识是逐步加深的。直到 20 世纪以后,人们才逐步从实践中认识到中央银行在稳定一国的货币及金融市场中的重要作用。特别是第二次世界大战以后,中央银行的作用才真正被人们所重视,并日益成为各国政府调节宏观经济、控制金融的重要工具。但是,中央银行的理论仍有待发展,那么,研究中央银行的产生和发展过程,从中探索其运动的规律性,是非常必要的。

中央银行的产生

一、中央银行制度的先驱：古代的公共银行

在中国，作为政府的金融机构，可以追溯到公元前 11 世纪的西周初年，《汉书》有"太公为周立九府环法"① 的记载，这是中国最早的政府金融机构和货币立法。后来的秦、汉、唐、宋、明、清政府常常出台干预货币金融的政策。清代大约康雍时期，民间金融活跃，出现了办理票据交换、承担货币金融监管的是金融行会组织，呼和浩特有"宝丰社"、包头有"裕丰社"、大同有"恒丰社"等。

在西亚和欧洲，金融业从寺庙借贷和摊桌钱币兑换商开始，政府"为了反对高利贷，也为了减轻雅典和德劳斯神殿带来的影响，古希腊的许多城市从公元前 4 世纪就决定成立公共银行，由政府官员掌管和监控。这些公共银行，除了充当银行本身的职能作用以外，还负责征收赋税和铸造货币。"② 公元前 3 世纪古埃及以古希腊的样板建立了皇家银行网，垄断了银行业务。后来古希腊和古埃及融入了古罗马。由于"各公共银行或摊桌兑换商都分散在外省，在古罗马城设有一个中央银行。他们的合作者被称为包税人"。③ 在 15 ~ 16 世纪欧洲文艺复兴时期，公共银行再度出现。1401 年巴塞罗那市政府创立"交换所"，延续了 3 个世纪；1407 年法国瓦朗斯成立第二家公共银行；1408 年第三家公共银行"圣乔治银行"在热那亚成立，它接受市政大量债务，进行整顿，改为存款，吸收存款，为政府融通资金。延续了 4 个世纪。意大利一些教会的典当，在省政府支持下变成了公共银行。④ 1619 年威尼斯共和国成立了一家转账银行——吉罗银行，促使国家的供应商接受延期付款，银行以流通票据购回供应商的票据。1637 年它兼并了另一家公共银行——理亚多银行（上一个世纪成立），成为威尼斯国家银行，印制流通票据，承兑国家债权、现金存款和商业债权，1797 年与共和国同时寿终正寝。1609 年阿姆斯特丹市成立一

---

① 《前汉书》。
②③④ 让·里瓦尔：《银行史》，商务印书馆 1997 年。

家外汇银行，垄断外汇结算和转账，与威尼斯银行一样发行流通票据。

1656 年立陶宛籍瑞典人约翰·帕尔莫斯塔奇在斯德哥尔摩成立威克塞尔银行，在用流通票据支付存款时，不计利息、手续费、没有期限，可以换取现金，但是需要交付一笔现金或者签署一个简单的债务认可书。这成为最早的纸币，该银行也就成为最早的贷款无须存款的银行。当然它在 1666 年还是陷入了支付困难。为了接替这家银行，1668 年瑞典组建王国国家银行。这就是人们所说的最早的中央银行。

其实，公共银行的出现和这 3000 多年的发展，只是告诉人们：中央银行的产生是货币信用出现、存在及其发展的必然要求。中央银行是经济社会发展中客观需要的公共机构，商品化、货币化、信用化和国际化程度越高越需要。公共银行在漫长的农业社会中只能缓慢地前进，但是它只能说是中央银行的先驱。

二、中央银行产生的客观经济基础

18 世纪后半叶到 19 世纪前半叶，"资产阶级在它的不到 100 年的阶级统治中所创造的生产力，比过去一切世代创造的全部生产力还要多、还要大。自然力的征服，机器的采用，化学在工业和农业中的应用，轮船的行驶，铁路的通行，电报的使用，整个大陆的开垦，河川的通航，仿佛用法术从地下呼唤出来的大量人口"[1]，推动了社会生产力的迅速发展和商品流通的迅速扩大，也带来了货币信用业务的迅速扩大。资本主义银行业随着资本主义工业的发展迅速地建立起来。在资本主义发展最早的英国，1776 年有银行 150 家，到 1814 年则发展到 940 家，增加了 5 倍多。与此同时，私人银行限于资力，在竞争中不断衰落改组，而股份银行却在一天天扩大。这种此消彼长的趋势，在 19 世纪初期随着工业发展和经济危机的刺激而迅速发展，1827～1842 年，英国的股份银行由 6 家发展到 118 家，私人银行从 1826 年的 554 家减少到 1842 年的 310 家。

随着股份银行的增多和资本的扩大，小银行破产倒闭以及信用纠葛，给银行券的流通和金融市场带来了一系列问题，其中最主要的是：

（一）银行券的发行问题

最初每家银行都有发行银行券的权力，只要自己能够保证所发行的银

---

[1] 《马克思恩格斯选集》，人民出版社 1972 年。

行券随时兑现，就能稳妥经营。但事情发展并不那么顺利，随着银行的增多、生产与流通的发展，以及市场的扩大，市场上流通的银行券一天比一天增多，"如果所有银行都理解而且注意本身的利益，流通界就不至于纸币过剩。不幸的是，所有银行未必都理解本身的利益。流通界纸币过剩的现象就常常发生了。"[①] 于是，明显地出现了两个问题，成为生产与流通的障碍：一方面，资本主义竞争的加剧，经济危机的震荡，银行经营的不慎，无法保证自己所发行的银行券的兑现，特别是银行林立，竞争者多，同业也会进行恶意的挤兑，因此，经常引起社会混乱；另一方面，一般银行限于资力、信用和分支机构等问题，所发行的银行券只能在当地和较近地区流通，在较远的地区信用未及，难以行使，给生产和流通造成了许多困难。这在客观上要求有一家资力雄厚并且有权威的银行，发行一种能在全国流通的货币。

（二）票据交换问题

随着银行业务的扩大，银行每天收受票据的数量也一天天扩大，各银行之间的债权债务关系复杂化了，由各行自行轧差当日清算已成了问题。不仅异地结算矛盾突出，即使是同城结算也很困难，客观上要求有一个统一的票据交换和债权债务的清算机构。虽然当时在一些城市已经建立票据交换所，但不能为一切银行所利用。如英国伦敦于 1770 年即成立了票据交换所，但 1854 年 6 月 8 日伦敦各私人银行才允许各股份银行参加票据清算所的组织，此后不久就由英格兰银行实行最后的票据交换。因此，建立全国统一而有权威的、公正的清算中心已成为金融事业的必然趋势。

（三）最后贷款人问题

随着资本主义生产的发展和流通的扩大，对贷款的要求不仅仅是数量扩大，而且期限延长。商业银行如果仅以自己吸收的存款进行放款，远远不能满足社会经济发展的需要。而自己的银行券发行又受到地区和信用的限制，且存款用于贷款过多，还会发生偿付力不足的问题，补充新的资金来源就显得很有必要。同业透支、拆借都只能解决少量的临时困难，常常由于支付能力不足发生挤兑和破产的现象。于是，有必要适当集中各家银行的一部分现金准备，在某家银行发生支付困难时，予以必要的支持。这

---

① 亚当·斯密：《国民财富的性质和原因的研究》，商务印书馆 1972 年。

在客观上要求有一个后台，能够在普通商业银行发生困难时给予贷款支持，以免在信用危机中遭遇破产的厄运。

（四）金融管理问题

随着银行事业和金融市场的发展，需要政府进行必要的管理，而政府对金融事业的管理，不能不依靠专门机关来进行，以便对全国的货币金融活动作必要管理和监督。由于其技术性很强，大体上都由中央银行代替政府进行。

然而，中央银行的产生与发展有一个过程，并非一下子就成为发行的银行、清算的银行、银行的银行、政府的银行。它经过 100 多年的曲折历程，在不断实践中逐渐成长起来，终于成为今天这样一个肌体健全，能够掌握和运用多种手段，对国民经济进行调节的机构。

三、中央银行制度的基本建立

中央银行制度的基本建立，经过了漫长的历程，从 1656 年瑞典银行到 1913 年美国联邦储备体系，经历了 260 年。在这期间，据不完整统计，世界上约有 29 家银行设立，其中欧洲 19 家，美洲 5 家，亚洲 4 家，非洲 1 家（见表 1）。

表 1　1656～1913 年设立的中央银行

欧洲 19 家			
瑞典银行	1656 年	比利时国家银行	1835 年
英格兰银行	1694 年	希腊国家银行	1840 年
法兰西银行	1800 年	意大利银行	1859 年
芬兰银行	1809 年	俄罗斯银行	1860 年
荷兰国家银行	1814 年	德国国家银行	1875 年
挪威银行	1817 年	保加利亚国家银行	1879 年
奥地利国家银行	1817 年	罗马尼亚国家银行	1883 年
丹麦国家银行	1818 年	塞尔维亚国家银行	1883 年
葡萄牙银行	1821 年	瑞士国家银行	1905 年
西班牙银行	1828 年		
美洲 5 家			
美国第一银行	1791 年	玻利维亚银行	1911 年
美国第二银行	1816 年	美国联邦储备体系	1913 年
乌拉圭银行	1896 年		

亚洲 4 家			
爪哇银行	1828 年	大清户部银行	1905 年
日本银行	1882 年	朝鲜银行	1909 年
非洲 1 家			
埃及国家银行	1898 年		

上述 29 家银行，成立于十七八世纪的有 3 家，成立于 19 世纪的有 21 家，成立于 20 世纪初的有 5 家。现就几家主要的中央银行形成的历史略述如下：

（一）瑞典银行

瑞典银行成立于 1656 年，原为商业银行，1661 年开始发行钞票。1830 年，其他无限责任银行相继成立，有 28 家银行拥有钞票发行权。其时各国钞票发行权有集中的趋势，瑞典政府于 1897 年通过法案将发行权集中于瑞典银行，成为法偿货币，其他银行发行的钞票，责令逐步收回，于是，瑞典银行逐渐演变为中央银行。该行成立虽早于英格兰银行，如以集中发行钞票作为衡量中央银行的标志，则远在英格兰银行之后。

（二）英格兰银行

英格兰银行在中央银行制度的发展史上是个重要的里程碑，世界上一般都认为它是中央银行的始祖。

17 世纪英国金匠有形成银行性质的趋势，一面收受存款，一面向高利贷商人和政府贷款。在 17 世纪最后 30 多年中，英国论述银行制度的一切著作中，"都可以看到反对高利贷的主张，看到使商业、工业和国家摆脱高利贷盘剥的要求"[1]，因此，当计划设立英格兰银行时，"一切金匠和典当业者都大肆咆哮"[2]，加以反对。

威廉三世时，财政困乏，需要大量款项。苏格兰人佩特森（William Paterson）主张募集 120 万英镑资本，组织银行，对政府垫款。英格兰银行遂于 1694 年 7 月 27 日由英国国会决议以敕令设立，并取得不超过资本总额的钞票发行权。"当时它借给政府的数目，共计 120 万英镑，每年可向政府支取 10 万英镑，其中 9.6 万英镑为利息（年利 8%），0.4 万英镑

---

①② 马克思：《资本论》，人民出版社 1975 年。

作为管理费。"① 截至 1746 年，银行已借给政府 1168.68 万英镑。"英格兰不能有第二家银行由国会决议设立"，"英政府稳定，英格兰银行亦随之稳定"。② 所以银行与政府的关系，已非一般借贷关系。

1797 年，英国因法军有可能入侵，私人银行发生挤兑风潮，纷纷向英格兰银行提取准备金，形势十分危急，乃由国会通过限制银行支付法案，规定英格兰银行除军事及政府命令必须支付金属货币外，其他一律支付钞票，于 2 月 26 日起英格兰银行钞票停兑。其时由于对法战争，加之商业贷款失控，结果造成通货膨胀，黄金价格上涨，对外汇率下跌。1814 年英政府与法国媾和，币值渐趋平稳。1821 年 5 月 1 日英格兰银行钞票重新兑现。

1826 年，英国国会通过法案，准许其他股份银行设立，并可发行钞票，但限制在伦敦 65 英里以外，以示有别于英格兰银行。1833 年国会准许股份银行在伦敦经营存款业务，规定只有英格兰银行钞票方具有无限法偿资格。

1825 年和 1837 年，英国爆发了两次历史上最早的周期性经济危机，它震荡了整个英国的国民经济。这两场危机本质上是生产过剩的危机，但危机爆发点却是从货币信用领域开始的。自拿破仑战争以后，英国工业发展很快，1821～1825 年棉纺织和冶金工业生产增长了 50%，信用随着扩大。同时，英国对拉丁美洲的投资扩大，特别是矿业公司股票虚幻地看涨，促成了股票交易所投机狂热。生产盲目增长超过了市场容量，于 1825 年夏首先出现了证券交易所危机，股票行市下跌 40%～70%。接踵而来的是支付手段缺乏，货币不足，信用中断，存款逼提，贷款被迫冻结。1825～1826 年间就有 140 家银行倒闭，并且发生了国际收支逆差，黄金外流，存款人和银行券持有者对银行失去了信心。事过之后，痛定思痛，人们认为货币信用问题是危机的根源，便从货币信用方面寻求防止危机的办法，从而酿成了一场关于银行券发行保证的大讨论。当时对发行方式争议颇大，银行学派认为钞票乃供应商业需要，应由银行处置，政府不得干涉；通货学派认为钞票是现金代用品，政府对准备金应加以规范。"人们对于 19 世纪最初 20 年即银行券停止兑现和银行券贬值时期的记忆的痕迹"③，致使通货学派的主张得以实施。1844 年 7 月 29 日，国会通过

---

① ② 亚当·斯密：《国民财富的性质和原因的研究》，商务印书馆 1972 年。
③ 《马克思恩格斯选集》，人民出版社 1972 年。

银行特许条例（由英国首相比尔主持通过，亦称《比尔条例》）。

银行特许条例规定英格兰银行自 1844 年 8 月 31 日以后，划分为发行部和银行部。前者以 1400 万英镑的证券（其中 1101.51 万英镑是政府对该银行的债务）及营业上不必要的金属贮藏的总和发行等额的银行券（包括流通中的银行券）。但用证券准备金发行的银行券不得超过 1400 万英镑，逾额应全额以金银为准备金。发行部保持的金银，无论何时，不得超过金属贮藏的 1/4。至 1844 年 5 月 6 日，已取得发行权的银行，其发行定额不得超过 1844 年 4 月 27 日前 12 年间的平均数；当时 207 家私人银行的发行定额为 5153417 英镑，72 家股份银行的发行定额为 2478230 英镑，共计 7631647 英镑。如有放弃发行权的、破产的、两家或两家以上合并的，都不得再发行。由英格兰银行按其发行定额的 2/3，增加没有准备金作保证的银行券发行额。同时规定，无论何人，可按 1 盎司折合 3 英镑 17 先令 9 便士的标准金，向发行部请求兑换银行券。

此后英国的私人银行和股份银行逐渐减少——1896 年，前者为 56 家，发行定额约 200 万英镑；后者为 35 家，发行定额约 100 万英镑。至 1926 年，仅剩股份银行两家，发行定额只有 27228 英镑。英格兰银行保证准备发行额已由 1400 万英镑增加为 1975 万英镑。第一次世界大战期间英财政部曾发行面额 1 英镑及 10 先令的政府纸币，战后政府收缩纸币，决定将余额移交英格兰银行。英格兰银行就这样一步步垄断了全国货币发行权，并于 1928 年成为英国唯一的发行银行。

随着英格兰银行发行权的扩大，地位日益提高，许多商业银行便把自己现金准备的一部分存入英格兰银行，商业银行之间的债权债务关系，通过英格兰银行来划拨冲销，而票据交换的最后清偿也通过英格兰银行来进行。在后来几次经济危机的打击下，英格兰银行居然能岿然不动，从而取得了商业银行的信任。1854 年，英格兰银行取得清算银行的地位。到 1876 年，英格兰银行吸收的半数以上存款，就已经是各商业银行的活期存款账户上的存款了。早在 1825 年和 1837 年两次经济危机中，英格兰银行曾经对普通银行提供贷款。在后来的 1847 年和 1857 年、1866 年的周期性经济危机中，英国国会不得不批准英格兰银行的货币发行暂时突破 1400 万英镑的限制，用它的银行券支持一般银行，充当了最后贷款人角色。在经济繁荣时期，商业银行大量直接或间接（通过贴现商人）对工业家和商人们办理票据贴现。可是，它们的资力毕竟是有限的，要受到自有资本和所吸收存款的限制。有时为了满足客户对资金的要求，便将手中的未到期票据向英格兰银行要求再贴现。英格兰银行作为"银行的银行"的地位就这样确立了。

在英国，自 19 世纪后半叶以来，随着科学技术的进步，电报的使用，各地金融中心逐渐连为一体，英国的殖民地银行也在伦敦设立分行，使伦敦不仅成为全英的金融中心，而且也成为世界的金融中心，于是英格兰银行的资产及负债均迅速扩大。为了适应国内外负债的提存需要，英格兰银行准备金就成了一个大问题，为此经过了长期的摸索，终于形成了有伸缩性的再贴现政策和公开市场活动等调节措施。这是近代中央银行理论和业务形成的基础。

（三）法兰西银行

法兰西银行成立于 1800 年 1 月 18 日，资本为 3000 万法郎，小部分由国家供给，大部分募集私资。其正副总裁由国家元首任命。该行一开始即代理国库，业务间接受政府控制。1803 年 4 月 14 日，享有巴黎境内钞票发行权，1808 年，法案赋予该行在全国开设分支机构和发行钞票的权利，1848 年，有分行 15 处。1835 年后，法国有 9 个省银行成立，亦享有钞票发行权。但由于各省银行间无汇兑及钞票兑现中心，而法兰西银行分行亦不愿代为兑付，于是在 1848 年春，政府将各省银行并入法兰西银行。法兰西银行的资本与业务范围进一步扩大。

法兰西银行与政府关系密切。19 世纪 30 年代，它曾给君主政体的政府以帮助；1848 年二月革命中，它又站在反对革命的一边，力图使共和国失去威信和引起金融危机。不过后果却是打击了自己——银行券的大量挤兑，濒临破产。后来是小资产阶级的临时政府给了它以帮助。1871 年巴黎公社革命时，法兰西银行供给凡尔赛反革命集团以 25800 万法郎。在普法战争中，法兰西银行又成了向普鲁士投降的金融后盾。很明显，它一开始就在作为政府的银行方面迈出了较大的一步。

法兰西银行作为中央银行，与英格兰银行不同。在时间上，前者形成银行的银行较后者为迟；在业务上，法兰西银行仍经营商业银行业务。这是因为法国资本主义发展落后于英国，股份银行较少，资金运送困难，为发展工商业，法兰西银行不得不普遍设立分支行处，兼营商业银行业务。其后法国新银行设立渐多，因此，到 19 世纪 70 年代才开始形成中央银行。

（四）德国国家银行

德国国家银行系由普鲁士银行于 1875 年改组而成。当时德国共有 33 家发行银行，普鲁士银行为最重要的银行。1871 年后，德国中央集权思想盛行，各发行银行乃共推普鲁士银行为中央银行，使其担负运用利率政策，稳定全国信用的职责。至于其他各发行银行，在规定限额之下，仍保留发行权。因限制过严，1900 年前，有 20 家发行银行将其发行权转让给中央银行。至 1906 年后，发行银行仅存 4 家，发行总额亦极有限，故德国国家银行已基本独享发行权。1912 年，德国国家银行与其他大商业银行商定，商业银行以最低限度的存款转存该行，实际上有收取存款准备金的意义。因此，德国国家银行此时已基本上成为中央银行了。

普鲁士银行改组为德国国家银行后，原属普鲁士政府的资本与公积金，全部退还，所有资本全为私有。最初资本为 1.2 亿马克，公积金为 3000 万马克；1899 年资本增至 1.8 亿马克，公积金增至 6000 万马克。资本虽属私有，但帝国政府对该行仍有权任命总裁。

（五）日本银行

1864 年，日本发生了资产阶级革命——明治维新。1870 年，日本派人专门考察了美国的货币银行制度，1872 年颁布了《国立银行条例》，并建立了国立银行。初期的国立银行仅 4 家，享有货币发行权。但由于资本不多，信用不佳，1876 年修改条例，各国立银行钞票改为不兑现。因此，新设银行如雨后春笋般出现。1880 年前，政府利用银行发行不兑现纸币，造成通货膨胀，物价暴涨，贸易入超。于是，1882 年 6 月通过了日本银行条例，正式成立了旨在整顿货币、调节金融的日本银行，其他国立银行一律于期满解散，或改为普通商业银行。日本银行就成为日本的中央银行了。

（六）美国联邦储备体系

美国于 1782 年成立的北美银行，是美国具有现代意义的第一家银行。1791 年，美国第一国民银行由国会批准设立，资本 1000 万美元，其中 200 万美元为联邦政府所有，规定营业年限为 20 年，代理国库，并在各主要城市开设 8 个分行。当时各州立法机关，均各自制定银行条例，允许申请注册经营银行业务，但大都不准设立分支行。第一国民银行收进各州银行的钞票后，要求兑换金银，这就妨碍各州银行的业务扩展，遭到各州银行的反对。农业部门对该行的信用政策也表示不满，1811 年原定营业年限到期时，未能重新申请注册。

第一国民银行停业后，各州银行滥发纸币，币值大跌。1811 年有 88 家州银行，到 1816 年增为 246 家，大多数银行都停止兑换它们的纸币。各州对银行业缺乏适当的管理，当时工商界一致要求重新建立国家银行。1816 年，美国国会决定设立美国第二国民银行，该行主要由私人组织，资本 3500 万美元，联邦政府拥有 20% 的股本。1825 年，它的分支机构共 25 个，持有全部银行资产总额的 1/3，银行业务经营稳健活跃。但又招来与第一国民银行一样的反对。1836 年，第二国民银行又未能注册，不得不改为州银行继续营业。

第一、第二国民银行在制度、业务及政策各方面均相当完善，但因政治上的原因，未能继续存在。假使这种银行不受营业年限所束缚，不受政治上的牵制，很可能演变为美国的中央银行。

1837～1863 年，美国出现一段自由银行制度时期，货币流通和信用都很混乱。1861～1865 年，美国国内战争，资产阶级的北方对奴隶主所有制的南方的胜利，给美国资本主义的发展以有力的刺激，从而也提出了对货币信用的新要求。1863 年，美国国会通过了全国货币法案，建立国民银行制度，在财政部下设立通货监理署，监理国民银行的活动。财政部印规格统一的银行券，在政府注册的每家国民银行每发行 90 美元的银行券要在通货监理署存入 100 美元的公债。如发行银行倒闭，通货监理署便将其公债出售，代偿银行券持有人。各国民银行发行额，依公债价格升降而伸缩：当公债价格提高时，保留公债以增发钞票；当公债价格跌落时，售出公债以收回钞票，以使通货数量适应经济发展的需要。同时，财政部继续推行独立国库制度，使银行系统的货币时而不足，时而泛滥。再加上存款准备金制度不完善，一遇紧急情况，乡村银行向城市银行提存，城市银行向金融中心的银行提存。

在这种银行制度不健全的情况下，美国每隔数年即发生一次金融危机，如 1873 年、1884 年、1890 年、1893 年、1901 年及 1907 年的危机。以 1907 年为例，当时纽约各国民银行的存款总额为 10 亿美元，其中 4.65 亿美元系其他各地银行存款。纽约一地国民银行因无力应付各地提存，唯有停付。各地银行亦被迫停付顾客存款，风潮逐渐波及全国。鉴于 1900 年金融大危机，美国政界与工商界人士感到有一家中央银行的必要。

1908 年 5 月，美国国会通过组织国家货币委员会，调查研究各国银行制度，于1910年发表十余巨册的报告书。由于美国为联邦政体，各州间的利害关系不一，1912年，从兼顾美国银行的传统、银行业又必须集中管理出发，制定一种折中的联邦储备制度。这不仅是银行制度史上划时代的发展，也是中央银行制度史上的一个创新。1913年12月23日，美国国会通过了联邦储备条例，这是解决美国政治矛盾的一种银行制度。它在中央管理与地方管理、自愿参加与强制参加、政府所有与私人所有、政府管理与私人管理之间，采取了巧妙的折中平衡办法。

联邦储备体系设有联邦储备委员会，有委员7人，包括财政部长和通货监理官在内，以后有较多变化，在后文中再行论述。联邦储备银行是联邦储备体系的业务机构，是区域性的中央银行，是这一体系的重要组成部分。美国全国分为12个储备区，每区设一联邦储备银行，共有25个分行。联邦储备银行的资本额最低为400万美元，由会员银行按其资本及公积金总数的6%认购股份。每一联邦储备银行都设有理事会，设理事9人，其中甲种3人，由该区会员银行选举产生；乙种3人，为该区农工商业代表人士；丙种3人，由联邦储备局任命，并指定1人为理事长。联邦储备银行以调节区内金融、为公众服务为准则，不以盈利为目的。它发行钞票、代理国库、主持清算、保管会员银行存款准备金、对会员银行贷款和再贴现，并进行公开市场活动，故具有中央银行职能。

作为联邦储备银行股东的会员银行，按规定所有国民银行一律参加，至于州银行可自由决定。会员银行的权利，仅为选举理事，获得6%的定息。作为股东，实际上有名无实。相反，会员银行要接受联邦储备银行业务管理。因此，后来有许多国民银行转为州银行，脱离联邦储备银行的控制。但新近规定所有国民银行与州银行都应为会员银行。

联邦公开市场委员会对公开市场政策发挥积极而有效的作用，体现了联邦储备体系最重要的职权之一。此外，该体系尚有联邦咨询委员会，由各储备银行推选1人组成，主要任务是商讨全国经济形势，提出建议。

四、中央银行产生的特点

从上述几家中央银行的产生可以看出，它们的共同特点是：

（一）由普通银行自然演进

早期的中央银行，如英格兰银行、法兰西银行都是国内经济、金融发展的必然结果。商品经济的发展，引起了银行业的发展；银行业的发展，产生了中央银行制度。一开始它们是普通的银行，在其发展和竞争中，实力最强的、与政府联系密切的、信用卓著的银行，成了群行之首，居于特殊地位。这种从商业银行中脱胎出来的中央银行具有自然发展的特点，可以称之为自然演进型的中央银行。这与19世纪末期以后，特别是20世纪以来一些国家吸收老牌中央银行制度的经验，结合本国特点设计创立的中央银行是有区别的，后者称为人工创设型的中央银行。

（二）逐步集中货币发行

在早期中央银行的发展中，由于政府财政方面的原因，都在融资方面为政府提供了便利。政府从其需要出发，授予这些银行一定的垄断性的权利，如代理国库、接受政府存款、办理政府借贷、垫借财政款项、垄断银行券的发行等，逐步集中了货币的发行。

（三）对一般银行提供服务

早期中央银行都有办理银行业清算的作用，为商业银行办理票据的交割和资金的转账划拨，成为银行清算中心。同时也对商业银行办理贷款、再贴现，在资金上充当商业银行的后盾，服务于商业银行，取得了商业银行的信任。这种服务性特点，使商业银行纷纷向其靠拢，成为中央银行的"卫星"。

中央银行制度的扩展

一、第一次世界大战后货币金融的混乱

19世纪末至20世纪初，中央银行制度的基本形式，一为英国式，二为美国式。它们在政治上无不与政府有密切关系，在业务上则由发行集中而使发行准备集中，并向"银行的银行"方向发展。第一次世界大战爆发后，各国金融均发生了巨大变化，中央银行纷纷停止或限制兑现，提高贴现率，外汇跌落，禁止黄金出口，各金融中心的交易所亦相继停市。由于应付战时财政需要，中央银行大量借垫，以供战费支出，引起通货膨胀，物价上升，并因战费不断支出，钞票不断增加发行，又形成通货与物

价的相互影响。战后，各国鉴于通货膨胀、经济混乱，认为必须稳定币值，以医治战争创伤，乃于1920年在比利时首都布鲁塞尔举行国际金融会议，形成决议12条。大意是：为稳定币值，首先应使各国财政收支平衡，以割断通货膨胀的根源。对于发行银行则应脱离各国政府政治上的控制，按照稳健的金融政策活动。这是战后建立中央银行制度最重要的理论基础。

第一次世界大战前，各国大多采用金本位制。战时停止兑现，禁止黄金出口。战后如何恢复，布鲁塞尔会议并无具体办法。1922年，在瑞士的日内瓦会议上，除重申财政收支平衡原则外，各国建议采取新平价，以稳定币值。至于中央银行政策，除强调发行银行应脱离政治控制而独立外，建议各国，包括新成立的国家设立中央银行。在币制上，因市场流通钞票而无金币，所以，稳定币值不得不依赖中央银行。

二、中央银行制度的推广

从1921年起至1942年止，世界各国改组或新设立的中央银行有43家，其中欧洲16家，美洲15家，亚洲8家，非洲与大洋洲各2家（见表2）。

上述43家银行，改组或成立于20世纪20年代的为27家，30年代的为9家，40年代的为7家，可以说20世纪20年代是中央银行制度积极发展的一个阶段。现就几种类型的中央银行情况略述如下：

表2　1921～1942年改组或新设的中央银行

欧洲16家			
苏联国家银行	1921年	阿尔巴尼亚国家银行	1925年
立陶宛银行	1922年	南斯拉夫国家银行	1925年
拉脱维亚银行	1922年	捷克斯拉夫国家银行	1926年
奥地利国家银行	1923年	爱沙尼亚国家银行	1927年
波兰国家银行	1924年	保加利亚国家银行	1927年
但泽银行	1924年	希腊银行	1928年
德国国家银行	1924年	冰岛银行	1942年
匈牙利国家银行	1924年	爱尔兰中央银行	1942年

美洲15家			
秘鲁储备银行	1922年	萨尔瓦多中央银行	1934年
哥伦比亚银行	1923年	阿根廷中央银行	1935年
乌拉圭中央银行	1924年	加拿大银行	1935年
墨西哥银行	1925年	巴拉圭中央银行	1936年
智利中央银行	1925年	哥斯达黎加中央银行	1937年
危地马拉中央银行	1926年	委内瑞拉中央银行	1940年
厄瓜多尔中央银行	1927年	尼加拉瓜中央银行	1940年
玻利维亚中央银行	1929年		
亚洲8家			
中国中央银行（广州）	1924年	印度储备银行	1935年
中国中央银行（上海）	1928年	土耳其中央银行	1937年
伊朗国民银行	1928年	阿富汗国民银行	1941年
中华苏维埃共和国国家银行	1932年	泰国银行	1942年
非洲2家			
南非联邦储备银行	1921年	埃塞俄比亚银行	1942年
大洋洲2家			
澳大利亚联邦银行	1924年	新西兰储备银行	1934年

（一）德国国家银行

第一次世界大战结束后，德国为战败国的魁首，政府改组，成立德意志共和国，仍以德国国家银行为中央银行。当时财政支出唯有依赖通货膨胀。1918年底，国家银行发行额为220亿马克，1922年12月为12801亿马克，至1923年11月15日已达9.28亿亿马克（92844720743000000），货币根本无价值可言，在国内普遍以外币或实物作为购买手段和支付手段。1922年，国家银行改组，该行业务方针决定权由总裁手中转移到理事会，但仍受政府影响，1923年的货币形势更加恶化。1924年，改组国家银行理事会，规定要有一半外国人参与，用意是使新的德国国家银行完全脱离政府的控制。发行准备金率规定为40%，其中3/4为现金，发行准备金不足时，则按不足的百分比，征收累进发行税：如准备金率在37%～40%，须纳发行税3%；准备金率在35%～37%，须纳发行税5%；准备金率在33.33%～35%，发行税为8%。准备金率降至33.33%以下，则每降1%，发行税递增1%。1930年，德国国家银行再度改组，所有理事全部由德国人担任。希特勒执政后，于1933年修改银行法，又将该行直接置于国社党领袖与国务总理指挥之下，总裁负责全行业务活动。

（二）奥地利国家银行

奥地利国家银行原成立于1817年。第一次世界大战后，奥匈帝国瓦解，奥地利成为共和国。但版图无几，经济穷困，一再求助于国际联盟。根据币制重建计划，1923年1月1日改组奥地利银行。1924年12月1日起采用新货币——奥地利先令。1先令兑换旧币1万克朗。外汇平价1先令合0.1407美元。规定该行独享发钞权25年，在此期间，任何银行不得发钞，政府亦不准发钞。规定该行钞票为法偿币，以现金与外汇为准备金，发行准备率初定20%，以后每5年增加为24%、28%，至33.33%为止。改组后该行为股份公司形式，完全脱离政府而独立，政府与银行间的关系有详细规定，严格限制向政府垫借。至1926年国际联盟对该行工作满意，始完全交予奥地利。

（三）匈牙利国家银行

匈牙利自奥匈帝国瓦解后而独立，至1921年始有货币发行机构。后因外汇狂跌，求助于国际联盟。根据金融改革方案，1924年5月24日，正式成立匈牙利国家银行，代替原有的货币发行机构。国家银行为独立机构，不得对中央与地方政府作财政垫借，独享发钞权，钞票为法偿币，期限至1943年止。在此期间，政府不得发行钞票。银行的发行准备金为现金、外汇、外钞，并采取逐年累进制，最初5年为20%，第二个5年为24%，第三个5年为28%，以后则为33.33%。1925年采用新货币单位班戈（Pengo）。1926年11月起，1班戈兑12500克朗，对外汇兑平价，1英镑兑27.82班戈，1美元兑5.717班戈。

（四）苏联国家银行

十月革命后，1918年成立了俄罗斯共和国人民银行，但在激烈的内乱中，不能发挥信用制度的作用。在1920年12月22~29日召开的全俄苏维埃第八次代表大会上，财政人民委员会提出的报告说，只有砸碎资产阶级秩序——即货币发行和货币体制——束缚财政机关的锁链，才有可能执行统一的经济计划，并为过渡到直接的商品交换铺平道路。当时，列宁也认为，用国家预算资金来为工业和贸易提供资金，就使得具有国家信贷机构职能的国家银行成为不必要了。于是在1921年1月19日取消了国家银行，由财政人民委员会接管。

随着战时共产主义时期向新经济政策时期过渡，1921年10月12日，全俄苏维埃中央执行委员会决定成立国家银行，11月开始营业。1922年10月，授予国家银行发行银行券切尔文茨的特权，每一切尔文茨等于过去的10卢布，规定含金量为0.774234克。11月27日，开始发行面额为1、2、3、5、10、25、50的新卢布，发行准备金中25%为黄金、白银，75%是商品和短期证券，随着新卢布的扩大流通，陆续收回了乌克兰、高加索、土库曼以及远东地区的专用货币。1923年7月6日改组为苏联国家银行。该行办理存放款、票据贴现、国家预算出纳、对外汇兑等业务，实际上是一个复合性的中央银行。

（五）智利中央银行

智利采用美国专家甘末尔的建议，于1925年9月16日设立中央银行，发行新货币比索（Peso），为法偿币，重定新平价，1比索等于0.12美元，独享发行权50年，发行准备金为50%，包括现金、金条和伦敦或纽约大银行的活期存款。如准备金不足，则按不足的百分比征收累进发行税。该行虽处于政府监督指导下，但对垫借有限制，须经理事6人以上的同意，期限不得超过两个月。

（六）厄瓜多尔中央银行

厄瓜多尔亦采用甘末尔的建议，于1927年3月19日成立中央银行，独享钞票发行权，其他银行的发行业务逐渐移交。新币制单位为苏克雷（Sucre），1苏克雷含纯金0.1777342克，合美元20分。发行准备金率为50%，包括现金和伦敦或纽约大银行的活期存款。

三、中央银行制度扩展的原因

1920年在比利时布鲁塞尔召开的国际金融会议及1922年在瑞士日内瓦召开的会议，推动了中央银行制度的扩展，已如前述。就这一阶段各国中央银行的新设和改组而言，有以下一些原因：

（一）新国家的产生

第一次世界大战后，欧洲各国政治结构发生变化，由于民族及地理原因，产生了一些新国家，如匈牙利、立陶宛、拉脱维亚、爱沙尼亚等。为解决国内经济金融的需要，自1922年起至1927年止，这些国家先后设立了中央银行。

（二）来自国外的支持

在新设中央银行的浪潮中，有许多国家都因经济困难，金融混乱，不得不依靠国外力量的支持。一是国际联盟的援助，如奥地利、匈牙利、希腊及中欧诸国等；二是经美国专家甘末尔的策划，如智利、秘鲁及南美诸国等。这些新设立的中央银行均相对地脱离本国政治的控制，这一精神体现在各国的中央银行法之中。

（三）重建币制的需要

第一次世界大战期间，参战各国为筹措战费，都停止了金本位制，增加纸币发行，战后又普遍发生了严重的或恶性的通货膨胀。为了稳定币值，重建币制，不得不强化、改组或新设中央银行，作为改革币制的枢纽。

（四）货币发行的制度化

货币发行在第一次世界大战前已有集中于中央银行的倾向，但仍有商业银行发行钞票或维持原有的发行。第一次世界大战期间，各国为筹划战费，财政部也发行货币。各国新设或改组中央银行后，为解决混乱的货币发行制度，钞票发行有了两大变化：一是统一发行权，规定财政部与商业银行不再发行钞票，由中央银行独享发行权；二是适应币制改革，恢复虚金本位制的需要，建立了比例准备金制，即发行总额中分为现金准备（包括金、银、外汇等）与保证准备金（包括政府债券、贴现票据等）两部分，前者应占的百分比，则根据各国情况而有大小，一般在30%～70%。

四、中央银行扩展时期的特点

从19世纪末20世纪初到第二次世界大战结束，是中央银行史上发展最快的一个时期，有以下特点：

（一）为适应客观需要而设立

这个时期新设立的中央银行，很多不是由商业银行自然演进为中央银行的，而是出于通货膨胀的压力，在国际联盟的推动下，由人工设计，然后运用政府力量创设的。在这些新的中央银行的创设过程中，老的中央银行发挥了积极作用，新的中央银行模仿老中央银行，少走了很多弯路。

（二）活动重心在于稳定货币

这个时期中央银行的业务活动，除了在第一阶段已经开始的集中办理票据交换、再贴现等以外，其中心任务在于解决第一次世界大战期间和战后的通货膨胀问题。因此，中央银行完全独享货币发行权，禁止对政府财政借垫，成为这个时期工作的重心。

（三）集中储备成为稳定金融的重要手段

如果说第一个阶段中央银行已经认识到并注意了集中货币发行的重要性的话，那么在这个时期，20 世纪 30 年代经济大危机中金融机构的倒闭、破产对社会经济造成的震荡，使人们认识到稳定金融机构需要采用集中储备的办法。因此，准备金制度的建立和严格管理，成为中央银行管理金融的重要手段。

中央银行制度的强化

一、国家开始控制中央银行

第二次世界大战前后，各国政治发生了重大变化。首先是第一次世界大战后新成立的国家中，有一些小国成为另一个国家的组成部分；其次是在反对德、意、日法西斯主义侵略战争后，若干国家取得民族解放的胜利，脱离了资本主义制度，走上社会主义道路，第一次世界大战末期，社会主义只有苏联一国，而第二次世界大战末期和战后数年中，全世界出现 10 多个社会主义国家；最后是在亚洲、非洲、美洲又陆续出现了一些新的国家。第二次世界大战期间，绝大多数交战国都受到严重的战争破坏，经济困难，通货膨胀；战后为了医治战争创伤，恢复本国经济，支付战争赔款，进行经济建设，加强贸易和外汇管制，不得不依赖第二次世界大战中的债权国美国提供援助。资本主义世界经济已失去均势，美国已居于领导地位。各国为了稳定货币筹集资金，不但金本位制无从恢复，建立虚金本位制亦感困难。因此，货币信用政策自然而然被用来作为干预再生产过程、调节国民经济生活的主要杠杆。中央银行是制定与执行货币信用政策的重要机构，这就使中央银行制度发生了新的变化。许多中央银行开始了国有化的进程，在资本主义国家即使维持私有或公私合营，也都在中央银行相对独立的情况下，加强了国家的控制，各国中央银行成为国家机构的一部分。尽管资本主义国家和社会主义国家操作的具体形式不同，但不管是计划经济、市场经济或市场与计划结合的经济，都企图通过控制货币供应量的方式去调节国民经济。中央银行的货币政策工具、中间目标都有所发展，力图达到经济目标。

二、当代中央银行的变化

为适应这个阶段政治经济形势的变化，自 1945 年起至 1971 年止，改组、重建和新建的中央银行共计 50 多家（见表 3）。

表 3　1945～1971 年改组、重建或新设的中央银行

欧洲 10 家			
波兰国家银行	1945 年	匈牙利国家银行	1948 年
南斯拉夫人民银行	1946 年	德意志国家银行	1948 年
保加利亚人民银行	1947 年	捷克斯洛伐克国家银行	1950 年
阿尔巴尼亚国家银行	1947 年	德意志联邦银行	1957 年
罗马尼亚国家银行	1948 年	马耳他银行	1968 年
美洲 7 家			
多米尼加银行	1947 年	牙买加银行	1960 年
古巴国家银行	1948 年	尼加拉瓜银行	1961 年
哥斯达黎加银行	1950 年	巴西中央银行	1965 年
洪都拉斯银行	1950 年		
亚洲 21 家			
朝鲜中央银行	1946 年	老挝银行	1955 年
缅甸联邦银行	1948 年	越南国家银行	1955 年
中国人民银行	1948 年	叙利亚中央银行	1956 年
巴基斯坦中央银行	1948 年	马来西亚银行	1959 年
菲律宾银行	1948 年	伊朗中央银行	1960 年
伊拉克银行	1949 年	苏丹银行	1960 年
韩国银行	1950 年	约旦银行	1963 年
锡兰（斯里兰卡）银行	1950 年	科威特银行	1966 年
沙特阿拉伯银行	1950 年	黎巴嫩银行	1966 年
印度尼西亚银行	1952 年	阿拉伯也门银行	1971 年
以色列银行	1954 年		

非洲 17 家			
埃及中央银行	1951 年	赞比亚银行	1964 年
刚果银行	1952 年	埃塞俄比亚银行	1964 年
利比里亚银行	1956 年	布隆迪银行	1964 年
加纳银行	1957 年	马拉维银行	1964 年
中非货币联盟中央银行	1957 年	乌干达银行	1966 年
尼日利亚银行	1958 年	坦桑尼亚银行	1966 年
突尼斯银行	1958 年	肯尼亚银行	1966 年
西非货币联盟中央银行	1958 年	毛里塔尼亚银行	1967 年
几内亚银行	1960 年		

中央银行制度的发展，前一阶段还侧重欧美两洲，而这一阶段已转向亚非两洲了。现就几个典型银行的变化发展情况略述如下。

（一）法兰西银行

法兰西银行原为私人资本银行，1945 年 12 月 2 日法国公布国有化法令，收归国有。原股东的股票，按照 1944 年 9 月 1 日至 1945 年 8 月 31 日的市场行市计算，换取利率为 3% 的政府债券。法兰西银行的最高权力机构是理事会，由总裁、副总裁 2 人和 10 名理事组成。总裁任主席。总裁和副总裁由总统提名经内阁会议通过后任命，9 名理事由财政部提名经内阁会议通过任命，另 1 名理事则从银行职员中选出。

由于国有化法令，法国三大商业银行，即巴黎国民银行、里昂信贷银行、法国兴业银行也实行国有化，因此设立了国家信贷委员会。同时，对 1941 年 6 月成立的银行管理委员会加以改组。法兰西银行总裁兼任银行管理委员会主席和国家信贷委员会副主席，实际上法兰西银行在制定和执行政策上是集中统一的。根据 1973 年 1 月 3 日的《法兰西银行法》规定，它在全国政治经济金融领域中承担有关监督货币与信贷的总任务。

在货币政策方面，1961 年规定各银行的现金对存款总额应保持一个最低比率。1967 年实行准备金制度以取代现金比率制度，法兰西银行根据市场情况决定准备金比率，各银行无息存入准备金。该行还采取贴现政策和公开市场业务操作手段，直接影响各银行的业务活动。

（二）英格兰银行

英格兰银行是继法兰西银行国有化之后，被英国政府于 1946 年收为国有的。当时规定：股东可用股票换取票面价值 4 倍的政府公债；为了公共利益，财政部门认为必要时，应在与英格兰银行总裁协商后，发出指令；英格兰银行对其他银行，无论何时均可要求其提出报告，并可向它们发出建议和劝告，直至发出指令。

在货币政策方面，1946 年英格兰银行确认了 8% 的现金准备率。1971 年规定商业银行必须按其合格负债的 12.5% 保持流动性资产。1980 年 3 月，为控制通货膨胀，规定商业银行必须将合格负债中的 0.5% 以现金形式无息存入英格兰银行。此外，伦敦清算银行还应按合格负债的 1.5% 无息存入英格兰银行。

英格兰银行的再贴现率通称银行利率，1932～1951 年一直维持在 2% 的水平。1952 年 3 月起，逐步提高。1972 年起改用最低贷款利率（即英格兰银行在货币市场上作为最后贷款人所用的利率），每月公布一次，1976 年这个利率提高为 15%，1979 年 11 月 16 日为 17%。1981 年 9 月取消公布最低贷款利率的做法。商业银行根据市场资金供求关系自由决定利率，但英格兰银行可以对利率提出建议并规定银行利率。

第二次世界大战后英国不断发生财政赤字，大量发行公债和国库券。英格兰银行为了控制货币供应量，公开市场活动成为主要的货币政策工具。但由于商业银行不愿买进政府债券而愿意放款，以致公开市场活动不得不求助于其他手段。

1960 年，英格兰银行规定商业银行按存款总额的 2% 以现金形式向该行存入特别存款。1962 年为应对经济危机而取消，1965 年和 1968 年又继续使用。1973 年 12 月 17 日规定，商业银行贷款增加率超过规定部分，视增加程度的不同，按不同比率无息交存补充性特别存款。这种特别存款制度，实际上是存款准备金制度与公开市场活动的综合运用。

（三）德意志联邦银行

联邦德国于 1957 年 7 月 26 日公布了《德意志联邦银行法》，将 10 个州的中央银行和柏林中央银行合并为德意志联邦银行，即联邦德国的中央银行。该法规定：联邦银行为完成本身使命，在执行授予的权力时，不受政府指示的干涉。理事会中的政府官员有建议权而无表决权。政府在讨论货币政策有关事项时，必须邀请联邦银行参加。

在货币政策的运用上，与传统做法有所不同。存款准备金制度比较复杂，根据地区远近、银行规模大小、存款种类等规定比率的高低。再贴现率与再贴现限额常配合运用。当商业银行再贴现额度已满，而临时周转有困难时，可以将证券、票据及贷款另作抵押贷款，利率比再贴现高 1 ~ 2 个百分点，时间很短，一度规定限额，以后因紧缩银根，曾一度停止使用。

德意志联邦银行在西方国家是较早采用控制货币供应增量的办法的，即根据生产发展潜力、货币流通速度、物价上涨程度等，决定下一年度的货币供应增量。

（四）美国联邦储备体系

美国联邦储备体系，如前所述，原来是各种政治经济势力、地方分权与中央集权之间的矛盾调和的产物。但自 1929 ~ 1933 年经济大危机以来，特别是第二次世界大战后，尽管形式上变化不大，实质上却有了很大的变化。

在与政府的关系上，1950 年前，名义上独立，事实上仍受到总统与财政部的牵制。1951 年联储与财政部签订协议，不再承担支持政府发行公债的义务，可以独立执行货币政策，与财政政策并列为国家"干预"、"调节"国民经济的两大工具。联储广泛参与财政、经济、金融问题的商讨，研究对策。联邦储备理事会每年必须向国会做两次政策报告，经常出席国会听证会。这里的所谓"独立"是指联储的决策不必经过总统或政府部门的批准，而是在政府确定的总的经济目标内，联储可以决定为完成目标所采取的手段。

在权力方面，联储原来存在地方与中央的矛盾，1935 年的银行法有使地方分权转向中央集权的倾向。联邦储备局改为联邦储备理事会，理事 7 人中不再包括财政部长和通货监理官，均由总统征得国会同意后任命，任期 14 年，每两年更换 1 个理事，在总统任期内不可能更换大部分理事，这就从制度上保证了理事会的独立性。公开市场委员会由联储理事会 7 人全部参加，其余 5 名由地区联邦储备银行轮流担任。但纽约联邦储备银行由于地位的特殊，则为常务委员。这样，地区联邦储备银行实际上已失去货币金融决策权。第二次世界大战后，权力进一步集中。如联邦储备银行在理论上可决定短期贴现率，但最后须经联邦储备理事会审批。联邦储备银行行长会议，曾是决策机构，现成为讨论业务、交换意见、改进工作的场所。联邦储备理事会事实上成为美国的中央银行，而各联邦储备银行已成为分行了。

由此可以看出，美国联邦储备体系的作用已明显发生了变化。最早的联邦储备法就规定它的目的是：提供一种具有弹性的货币，为商业票据提供再贴现的手段，建立对银行更有效的监督等。这一规定虽未作修改，但1935年联储改组后，国家已开始利用这一机构干预经济。货币政策的传导机制也由重视利率、货币市场情况，转向同时重视货币供应量的控制。联储已成为美国干预和调节国民经济的重要工具之一。

三、中央银行制度的重大发展

中央银行制度的发展，如果说第一阶段是自然发展型，第二阶段是人为发展型，那么，当代则是宏观发展型。在这一阶段，不但中央银行制度规范化，要完成的经济目标也同一化，国家对中央银行的认识深化，随之而来的是控制强化。这种新趋势具有以下几个特征：

（一）国有化成为设立中央银行的重要原则

在前两个阶段，中央银行有私人资本的，有国家资本的，有公私合股资本的。第二次世界大战前夕，中央银行属于国有者，只有瑞典、保加利亚、乌拉圭、加拿大、丹麦、智利、玻利维亚、中国和苏联等。第二次世界大战以后，法国首先将法兰西银行收归国有，英国随之将英格兰银行改为国有，其后印度、新西兰、爱尔兰、阿根廷、巴拉圭和危地马拉等相继效法。至于欧洲、亚洲新成立的国家，都立即宣布中央银行国有化。即使目前仍保持私有和公私共有形式的中央银行，实际上也都国有化了。

（二）实行国家控制是所有中央银行的共同变化

第二次世界大战前后，不管中央银行的所有权如何，实际上各国都采取不同形式对中央银行加以控制。无论中央银行是名义上隶属财政部，还是部长会议成员，或是对国会、议会负责，中央银行的最高首脑，都由国家任命，业务活动概不能脱离该国经济社会发展总目标。因此，过去强调中央银行应脱离政府的控制，成为独立的机构，长期争论的问题，已被相对独立意见所替代。过去学者所称道的美国联邦储备体系的"独立"，也不过是在政府规定的总的经济目标内的独立操作而已。不管独立的形态如何，国家实际上的控制则概莫能外。

（三）货币政策运用的发展

当代各国中央银行为了适应经济和社会的发展，无不充分运用其货币政策。货币政策三大工具，如存款准备金、再贴现、公开市场操作，不但法令化、制度化，而且在运用上联合化、交叉化。由于经济金融形势的发展，信用制度的变化，货币政策又出现了选择性的工具，如特别存款制、限额分配制、道义劝告和窗口指导。货币政策传导机制和有效性不断地发展并走向成熟。

（四）各国中央银行的国际合作

随着世界商品经济的发展，国际贸易差额日益扩大，金本位制的彻底崩溃，以及贸易战、汇兑战、关税战的交叉和配合使用，致使国际货币金融混乱动荡，影响各国经济和世界经济的稳定发展。第二次世界大战期间，美英两国各自提出重建国际货币体系的计划。1944 年 7 月 1 日，由 44 个国家在美国布雷顿森林召开联合国国际货币金融会议，经过协商，于 1945 年 12 月 17 日成立国际货币基金组织，并于 1947 年 3 月 1 日正式开展活动。它的任务是：通过国际货币金融的合作，稳定汇率，为会员国国际收支逆差提供资金融通，以促进国际贸易和世界经济的扩大和发展。与国际货币基金组织同时成立的是国际复兴开发银行，即世界银行。世界银行又于 1956 年 7 月成立国际金融公司，1960 年 9 月 24 日设立国际开发协会。大多数国家中央银行代表本国参加了这些机构。各国之所以同意成立国际货币基金组织等机构，当然各有其本国的目的，但由此开展全球性的中央银行合作，是具有一定作用的。如何做到真诚、平等、互利的合作，则有待于各国中央银行的共同努力。

中国中央银行的产生和发展

一、中国历史上的中央银行

世界上中央银行起于何时，一般认为是 1694 年（清康熙三十三年）的英格兰银行，一开始就有为政府筹款的作用，即"政府的银行"的职能，而真正垄断货币发行成为"银行的银行"是在 1844 年。其实，如果中央银行是"银行的银行"和"管理金融行政的银行"，那么在清康熙末年到乾隆初年，中国已经有了这样的金融机构。明清时代，大批在全国各地以至国外从事金融业务的金融企业，为了行业协调和管理，他们自发地创造了同业行会，而且发展到能够管理、监督、约束以及仲裁同行纠纷的组织，如包头有"裕丰社"，归化城（呼和浩特）有"宝丰社"，大同有"恒丰社"。《绥远通志稿》记载："清代归化城商贾有十二行，相传由都统丹津从山西、北京招致而来，成立市面商业……其时市面现银现钱充实流通，不穷于用，银钱两业遂占全市之重心，而操其计盈，总握其权，为百业周转之枢纽者，厥为宝丰社。社之组设起于何时，今无可考，在有清一代始终为商业金融之总汇。""社内执事，统称总领，各钱商轮流担任。"由于钱市活跃，转账结算通行，宝丰社作为钱业之行会，"大有辅佐各商之力"。"行商坐贾皆与之有密切关系，而不可须臾离者也。平日行市松紧，各商号毫无把握，遇有银钱涨落，宝丰社具有独霸行市之权。"宝丰社可以组织钱商，商定市场规程，监督执行，为了保证货币正常流通，它将市面流通的成色低劣、金量不足的"沙钱"一律收缴，熔销后铸成铜碑，昭示商民不得以不足价货币行使市面，确保商民利益等，尽管"宝丰社"没有垄断货币发行，代理财政款项收解，但它有类似"银行的银行"和管理金融行政的职能，可以说是中国早期中央银行制度的雏形。

（一）户部银行（中国银行的前身）和交通银行

20 世纪初，由于当时货币紊乱，银圆、铜钱、银票、私帖以及外国银圆同时流通，成色折合繁杂，为整理币制，于光绪三十年（1904 年）由户部奏准清政府设立户部银行，额定资本白银 400 万两，由国内各界认股。但认股者并不踊跃，结果由政府拨款 20 万两，1905 年 8 月在北京开业。光绪三十四年（1908 年），户部更名为度支部，户部银行改为大清银行，经理国库，发行纸币。户部银行成立不久，邮传部借口户部银行管不了外汇，发生了镑亏①，要求成立交通银行。经清政府批准，交通银行于 1908 年 3 月 4 日开业，发行纸币，经理铁路、轮船、电报、邮政 4 个系统的一切款项收支。户部（大清）银行、交通银行实际上都未真正起到中央银行的作用。

清政府垮台以后，大清银行改组为中国银行。中国银行和交通银行由北洋政府控制，都部分地承担了中央银行的职责。北洋政府时期，由于交通银行总办梁士诒当了袁世凯的秘书长，交通银行的中央银行职能有所发展，不仅交通银行纸币作为法偿货币流通，且可以代理国库收支。这个时

---

① 镑亏：清末中国借外债很多，在还债时，外国银行有意提高汇价，使我国吃亏甚大，因多数借款是以英镑计算，故称镑亏。

期，中国中央银行制度只是处于萌芽阶段。

（二）孙中山的广州中央银行

1924 年 8 月，孙中山在广州组成中央政府，曾设立中央银行。1926 年，北伐军攻下武汉，12 月又在武汉设中央银行。但是广州和汉口中央银行在很大程度上出于军事需要，随军事进退而伸缩。虽然采用了"中央银行"的名称，但不仅时间很短，事实上也没有真正全部行使中央银行的职能。

（三）国民政府的中央银行

1927 年，蒋介石破坏了国共合作，在南京成立国民政府，制定《中央银行条例》，于 1928 年 11 月 1 日成立中央银行，总行设在上海，额定资本 2000 万元，全数由政府拨款。该行被授予经理国库和发行钞票的特权，并在全国各地设立分支机构，行使中央银行职责。原来广州的中央银行，1929 年 3 月 1 日改为分行，1933 年 1 月 1 日改为广东省银行。同时又指定中国银行为"国际汇兑银行"，交通银行为"发展全国实业之银行"。但是，国民政府的中央银行成立以后，中国银行、交通银行事实上与中央银行并峙，三行均享有发钞权。以后国民党为了适应其进攻革命根据地的政治、经济需要，1933 年将其"剿共总司令部"下属"农村金融救济总署"改为"豫鄂皖赣四省农民银行"，1935 年改为"中国农民银行"。中央银行、中国银行、交通银行和中国农民银行都享有货币发行权。1937 年 7 月于上海又成立"四联总处"（即中央银行、中国银行、交通银行、中国农民银行联合办事总处的简称），对四行联合承接的业务和联合贴现、放款等进行监督。直到 1942 年 7 月 1 日才将全国货币发行权收归中央银行。当时，国民政府又建立了国库制，规定国税归中央银行存储，中央银行也集中了黄金外汇储备。虽然由于国民党蒋、宋、孔、陈四大家族内部的矛盾，中央银行并未真正完全执行中央银行的职能，然而这种统一货币发行、统一经理国库、统一外汇管理等措施已经表明，中国的中央银行制度已向前发展了。

（四）中华苏维埃共和国国家银行

中华苏维埃共和国国家银行是中国共产党领导下的最早的中央银行。1927 年 4 月 12 日蒋介石公开背叛革命以后，1927 年 8 月 7 日，中共中央在武汉召开紧急会议，确定了土地革命和武装反抗国民党的总方针。会后在党的领导下，发动了秋收起义、广州起义和左右江起义，建立了中央革命根据地及十几个边区革命根据地，并相继建立了银行。1931 年 11 月，中华苏维埃第一次代表大会在江西瑞金召开，成立了中华苏维埃共和国临时中央政府，并决定成立国家银行，由毛泽民筹建。1932 年 2 月中华苏维埃共和国国家银行正式营业，资本总额定为 140 万元，收到 20 万元时开始营业，毛泽民担任第一任行长。行址设在江西省瑞金县的叶坪，后来迁到沙洲坝和下陂子。该行由苏维埃政府授予发行钞票的特权，并代理国库，代理发行公债及还本付息。国家银行隶属财政部，最高权力机构是银行管理委员会。国家银行还设立放款贴现委员会，由银行管理委员会和财政、劳动、工农检查以及全国各种合作总社等部门的代表组成。各根据地银行随后逐渐变成了国家银行的省分行。国家银行作为发行的银行、政府的银行，在革命根据地建设中发挥了积极作用。后来由于"左"倾冒险主义的错误，国家银行与根据地受到了严重的挫折。1935 年 10 月到达陕北时，国家银行只剩下 8 人，同年 11 月改为国家银行西北分行。

二、新中国的中央银行

（一）1948 ~ 1978 年的中国人民银行

新中国的中央银行是中国人民银行，它是在革命根据地银行的基础上发展起来的。

20 世纪 40 年代后半期，随着人民解放战争的胜利，各解放区先后连成一片，逐步合并了原来各解放区的银行。如华北地区各解放区连成一片以后，原晋察冀边区、晋冀鲁豫边区的晋察冀边区银行和冀南银行合并为华北银行。1948 年 12 月 1 日又合并华北银行、西北农民银行（陕甘宁和晋绥解放区银行）、北海银行（山东解放区银行），在石家庄成立中国人民银行。1949 年 2 月，中国人民银行随军进入北京，将总行设在北京。其他各解放区银行合并改组成为各大区行，并按行政区，分省（市）、地（市）、县（市）设立分行、中心支行和支行（办事处），支行以下设营业所。对于旧中国的银行分别采取了不同的政策，接管了四大家族官僚资本银行，取缔了帝国主义在华银行的特权，整顿改造了民族资产阶级银行，将全国的农业、工业、商业短期信贷业务和城乡人民储蓄业务全部集中于中国人民银行。同时，中国人民银行又是政府的银行，代理财政金库；还是发行的银行，发行全国唯一合法的人民币；并管理金融行政，执行中央银行的职能，这就是所谓"大一统"的"一身二任"的"复合式"的中央银行体制。30 多年中，尽管中国农业银行等专业金融机构与中国人民银行时分时合，几上几下，但这些专业金融机构独立存在的时间都不长，实际上中国人民银行长期"一身二任"。

从历史唯物主义观点分析，这种"大一统"的"一身二任"的体制，适应并服务于指令性计划为主的高度集中的计划经济体制，在当时的历史条件下，发挥过积极的作用。它有利于国家集中有限的资金用于国民经济建设，有力地支持了社会主义工业体系的建立，奠定了我国工业化的基础。在 20 世纪 60 年代初 3 年调整时期，通过信贷和现金发行的高度集中统一的管理，严格信贷和发行，抽紧银根，促进了国民经济的调整和发展，使国家很快克服了困难。但是它却有着严重的缺陷，概括起来表现在以下几个方面：

1. 政企不分，不利于行使中央银行职能

中国人民银行既行使中央银行职责，又经办城市工商企业贷款和储蓄业务；既是国家机关的组成部分，又是经营货币信用的金融企业。这不仅使中国人民银行作为中央银行的权威受到影响，也使其陷入日常繁杂的业务之中，不能充分发挥中央银行运用金融手段管理和调节国民经济的职能。

2. 统一核算，吃大锅饭

中国人民银行系统上下统一核算盈亏，业务统存统贷。基层银行吸收存款全部上缴，贷款放多少，放给谁，则由上级行具体安排，制约了发展业务的积极性；在核算上，统收统支，全国金融系统吃一口"大锅饭"，使金融失去了生机。

3. 不利于对宏观经济的调控

中央银行的重要作用是强化对宏观经济的调控，而这种体制削弱了中央银行的"独立性"，将财政、信贷和货币发行三者捆在一起，使中央银行货币政策的意图无法顺利实施，往往处于"基本建设挤财政，财政挤银行，银行发票子"的被动地位。

（二）1979～1983 年的中国人民银行

中国共产党十一届三中全会以后，明确了我国工作的重心转移到以经济建设为中心的轨道上来。为贯彻改革开放的方针，努力发展社会主义商品经济，各专业银行和其他金融机构相继恢复和建立。1979 年 2 月，中国农业银行恢复营业，人民银行、农业银行再度划分业务范围；同年 3

月，中国银行从中国人民银行中独立出来，成为国家指定的外汇专业银行；1979 年 4 月，中国人民银行又扶持中国人民保险公司于次年 1 月 1 日恢复办理中断了 20 年之久的国内保险业务。同时，还巩固了农村信用合作制度和建立了一些城市信用合作社。

这种混合式的中央银行制度，虽对过去"大一统"的银行体制来说是个改良，但从根本上说，在中央银行的独立性、宏观调控能力和政企不分等方面并无实质性进展。同时，随着各专业银行的相继恢复和建立，"群龙无首"的问题也亟待解决。

（三）1983～1992 年的中国人民银行

1983 年 9 月 17 日，国务院发布 146 号文件，决定中国人民银行专门行使中央银行的职能，不再兼办工商信贷和储蓄业务，专门负责领导和管理全国的金融事业。文件指出：为了充分发挥银行的经济杠杆作用，集中社会资金，支持经济建设，改变资金多头、分散使用的状况，必须强化中央银行的职能。

1984 年 1 月 1 日，中国工商银行正式成立，承办原来由中国人民银行办理的城市工商信贷和储蓄业务，中国人民银行专门行使中央银行职能。至此，经过 30 多年的曲折历程，一个以中央银行为领导，以国家专业银行为主体的多种金融机构并存、分工协作的具有中国特色的金融体系已基本形成。

中国人民银行作为我国的中央银行，专门行使中央银行职能，这是中国金融体制的一项重大改革，其意义在于：

1. 集中资金进行重点建设

在经济体制改革过程中，一方面随着商品经济的发展，社会资金需求不断增加；另一方面往往出现经济生活中急需的资金使用分散的情况。切实解决这一矛盾，需要从财政和银行两大资金供应渠道入手。从银行渠道看，我国中央银行成立后，着重研究宏观调控国民经济问题，并用经济手段和必要的行政手段控制各专业银行信贷资金的使用，把握信贷资金的投向和投量，这是防止资金分散和盲目使用，从而确保重点建设十分有效的措施。

2. 加强对宏观经济的调节和控制

我国经济体制改革的不断深入，银行的地位和作用日益显著。为了使各专业银行的经营活动符合宏观经济发展的要求，客观上需要有一个超脱日常业务和银行自身利益，能够集中全力从国民经济整体利益考虑问题的中央银行，采用经济的、行政的和法律的手段，调节信贷资金和货币流通，并对各专业银行的经营活动进行协调、指导、监督和检查，以保持信贷资金运动和市场货币流通的正常。

3. 进一步搞活经济和稳定货币流通

如何处理好发展经济与稳定货币的关系，是宏观决策的一个重要课题。建立中央银行，专管货币发行，调控货币流通，使货币发行不再成为弥补信贷差额和财政赤字的手段，实现货币发行与财政收支、货币发行与信贷收支脱钩。这对保证商品量和货币需要量二者相适应，实现金融和物价的稳定是十分有利的。

4. 健全和完善社会主义金融体系

各专业银行相继恢复和建立是社会主义市场经济发展和对外开放的需要，但也往往产生金融管理多头和资金使用分散的问题。如果各金融机构各行其是，就会形成群龙无首的局面。为了切实实行对宏观经济的调控，提高信贷资金的社会经济效益，建立一个有权威的、超脱的、管理和协调全国金融机构的中央银行也是当务之急。

（四）1993～2002 年的中国人民银行

1992 年中共十四大明确了我国经济体制改革的目标是建立社会主义市场经济体制。1993 年 11 月十四届三中全会做出了《中共中央关于建立社会主义市场经济体制若干问题的决定》，随后明确的市场取向的各项经济体制改革全面启动。1993 年 12 月 25 日，国务院发布了《关于金融体制改革的决定》，确立了我国金融体制改革的目标，其中明确提出要"建立在国务院领导下独立执行货币政策的中央银行宏观调控体系"、要"把中国人民银行办成真正的中央银行"，并就中国人民银行各级机构的职责、改革和完善货币政策体系、健全金融法规与强化金融监管、改革中国人民银行财务制度等重要方面提出了系统的要求。

以国务院《关于金融体制改革的决定》为指导，以完善宏观调控、强化金融监管为重点，自 1993 年开始，我国逐步对中国人民银行的机构组织体系和职能操作体系进行了改革与调整：一是强化宏观调控职能，以保持货币信贷的集中管理，增强货币政策的统一性。中国人民银行总行上收了原来交由分支行分散执行的某些权力，集中了货币发行权、信贷总量调控权、基础货币管理权和基准利率调节权。二是全面转换其分支机构职能。分支行与其直接兴办的金融机构或有利益关系的经济实体脱钩，一律收回投资，实行独立法人制，依法经营，切断同中国人民银行的利益关系。总行内部组织机构也进行了相应的调整。三是拓展货币政策工具，逐步采用利率、再贴现、外汇公开市场操作、债券回购等调控手段，把货币供应量作为宏观监控的重要指标，并定期向社会公布。四是逐步改革金融监管体系，建立规范化的金融监管组织体系，分别对银行、非银行金融机构、信用社等建立了相应的监管部门。五是分别设立国家开发银行、中国进出口银行和中国农业发展银行。按照政策性金融与商业性金融分离的原则，国家专业银行所经营的政策性贷款业务分别移交给这三家政策性银行。同时，中国人民银行兼办的政策性贷款业务，也移交给有关的政策性银行；中国人民银行分支行附属的融资性经济实体也一律脱钩，使中国人民银行的职能更加专门化。

1995 年 3 月 18 日，第八届全国人民代表大会第三次会议通过了《中华人民共和国中国人民银行法》（以下简称《中国人民银行法》），从法律上确立了中国人民银行的地位和基本职权，并确立了按社会主义市场经济体制的要求，建立规范化的、现代化的中央银行组织体系和管理机构，标志着中国中央银行制度进入了法制化轨道。《中国人民银行法》对中国人民银行的性质、地位、职责、组织机构和货币政策与金融监管等做出了规定，中国人民银行在实施货币政策中不受政府部门和地方政府的干预，享有法律赋予的履行职责的独立性。

1997 年，中共中央、国务院召开了全国金融工作会议，确定了进一步深化金融体制改革的方针，要把中国人民银行办成真正的中央银行，充分体现发行的银行、银行的银行和国家的银行三大特征，全面发挥中国人民银行在金融宏观调控、金融监管与金融支付服务方面的基本职能，提高风险防范和化解金融风险的预测与监控能力。按照国务院关于机构改革的决定，1998 年中国人民银行进行了组织机构体系的改革。改革的重点是：强化中央银行的垂直领导，撤销了原来的 31 家省级分行，跨省区设立了9 家分行，对其他各级分支机构及其职能也作了调整，强化了中国人民银行实施货币政策的独立性；强化对商业银行、合作金融机构等各类金融机构的监管职能，并强调运用金融电子信息化手段，建立金融风险监测、预警体系；对全社会资金流量、流向和金融业务活动进行监控、分析，提高中国人民银行的管理水平，为金融系统和全社会提供更加准确、安全、快捷的支付清算的金融服务。这些改革标志着中国人民银行正在积极稳妥地朝着规范化、法制化的新型现代中央银行体制迈进。

（五）2003年以来的中国人民银行

为了进一步加强金融宏观调控和金融监管，根据第十届全国人民代表大会审议通过的国务院机构改革方案的规定，2003年我国将中国人民银行对银行、金融资产管理公司、信托投资公司及其他存款类金融机构的监管职能分离出来，并和中央金融工委的相关职能进行整合，于4月28日正式成立了中国银行业监督管理委员会。人民银行不再承担上述监管职能，有利于其在国务院领导下更好地制定和执行货币政策，更好地发挥货币政策在宏观调控和防范与化解金融风险中的作用，进一步改善金融服务。随着社会主义市场经济体制的不断完善，中国人民银行作为中央银行在宏观调控体系中的作用将更加突出。为适应职能调整，12月27日，十届全国人大常委会第六次会议通过了《中国人民银行法》的修改决定。修改后的《中国人民银行法》，将中国人民银行的职责调整为：制定和执行货币政策，防范和化解金融风险，维护金融稳定。

综上所述，古代的公共银行是中央银行制度的先驱。随着银行业的逐步发展，股份制银行的增多和资本的扩大，小银行破产倒闭以及信用纠葛，给银行券的流通和金融市场带来了一系列问题，这就使中央银行的产生成为必然。中央银行制度基本建立时期的主要特点是：由普通银行自然演进；逐步集中货币发行；对一般银行提供服务。中央银行制度扩展时期的主要特点是：为适应客观需要而设立；活动重心在于稳定货币；集中储备成为稳定金融的重要手段。在中央银行制度强化时期国有化成为设立中央银行的重要原则，各国均以不同形式对中央银行加以控制；更充分地运用货币政策调控经济，更重视各国中央银行间的合作。中国的中央银行制度经历了一个产生、发展、不断完善的过程。这些年的实践充分证明，中国人民银行专门行使中央银行职能是非常必要的，而且要在社会主义市场经济建设的过程中不断强化这一职能。

二、第一阶段（1694~1913 年）：中央银行制度的产生

17 世纪晚期，在英国的"商界和政界出现了这样一种意志：组建一个大型银行机构，同金银器商兼银行家竞争，并为私人和公共利益服务，同时这家银行不依附于任何一方。"①并且想以阿姆斯特丹银行为样板。1688 年在来自阿姆斯特丹的苏格兰的绅士威廉·佩特森带来了一份具体方案，经过国会长时间的辩论，1694 年 7 月 24 日通过成立股份制的英格兰银行的决议，向社会筹资 120 万英镑，拥有货币发行权。1696 年发生一场挤兑，国会出面干预，支持银行准许其资本扩大一倍，延长发行期，伪造英格兰银行钞票者为犯罪。

在工业革命中，银行业迅速发展，也带来了新的问题，其中最主要的是银行券的发行与流通的地域和信用问题、票据交换问题和发生危机之后对商业银行的救助问题，即最后贷款人问题，这些问题不解决，就会严重影响经济的正常运行。如 1825 年和 1837 年在英国爆发了历史上两次最早的周期性经济危机，并冲击了整个国民经济。这两次危机的爆发点都是从货币信用领域突破的，支付手段缺乏，货币不足，信用中断，存款挤提，贷款被迫冻结，1825~1826 年有 140 家银行倒闭，并且发生了国际收支逆差，黄金外流，存款人和银行券持有者对银行失去了信心。事过之后，痛定思痛，资产阶级认为货币信用问题是危机的根源，便从货币信用方面寻求防止危机的办法。从而酿成了 19 世纪上半叶的一场关于银行券发行保证的大争论。1844 年英国首相比尔主持通过了《英格兰银行条例》（亦称《比尔条例》），英格兰银行分设发行部和银行部，以国债担保发行不超过 1400 万英镑的银行券，超过此数额银行券发行必须要有百分之百的金准备。当时全国有 200 多家银行享有发行权，《比尔条例》规定，新增银行和旧有银行改组合并，就失去了发行权，这些银行停止发行时，英格兰银行可以增发停发银行券，就这样逐步垄断了全国货币发行权。

随着英格兰银行发行权的扩大，地位日益提高，许多商业银行便把自己的一部分现金准备存入发行银行，它们之间的债权债务关系，便通过英格兰银行来划拨冲销，而票据交换所的最后清偿也通过英格兰银行来进行了。在后来几次经济危机的打击下，英格兰银行居然能岿然不动，商业银

---

① 让·里瓦尔：《银行史》，商务印书馆 1997 年。

行便围拢过来，犹如百鸟朝凤，英格兰银行取得清算银行的地位。到1876 年英格兰银行半数以上的存款，就已经是各商业银行的活期存款账户上的存款了。早在 1825 年和 1837 年两次经济危机中，英格兰银行曾经对普通银行提供贷款，在后来的 1847 年、1857 年、1866 年的周期性经济危机中，国会不得不批准英格兰银行的货币发行暂时突破 1400 万英镑的限制，用它的银行券支持一般银行，充当了"最后贷款人"角色，在经济繁荣时期，商业银行更得大量直接或间接对工业家和商人们办理票据贴现，可是他们财力毕竟是有限的，只能在其资本和所吸收的存款范围内，向发行银行要求重贴现。英格兰银行作为"银行的银行"就这样确立了。

在法国，1789 年法国资产阶级革命强烈地刺激了法国资本主义的发展，为适应工业资本发展的需要，1800 年组成了法兰西银行并发行银行券，1808 年法案给了法兰西银行在全国开设分支行的权力，1848 年又有9 个省的发行银行与之联合起来，从而整个银行券由它集中发行。最初国家就给了 3000 万法郎的投资，后来增加到 18250 万法郎，总经理与副总经理由国家元首任命，从而使法兰西银行与政府的关系一开始就很密切。19 世纪 30 年代，法兰西银行曾给君主政体的政府以帮助，1848 年二月革命它又站在反对革命的一边，力图使共和国失去威信和引起金融危机。不过后果却是打击了自己——银行券的大量挤兑、濒临破产。后来是小资产阶级的临时政府给予它帮助。1871 年巴黎公社革命其又是反革命的金融支柱，供给凡尔赛反革命集团以 25800 万法郎的货币。在普法战争中，法兰西银行又成了向普鲁士投降的反动派的金融后盾。很明显，它一开始就在政府金融方面迈出了较大的步伐。

在美国，1782 年成立的北美洲银行是美国具有现代意义的第一家银行，到 1861 年美国的银行有 2500 家，然而都不很稳定。1791 年国会批准建立第一所国民银行——第一美洲银行，联邦政府掌握 20% 的股权，掌管政府存款，为全国各地转拨资金，并通过拒收过度发行钞票的州立银行的银行券或拿这些银行券去要求发行银行兑现黄金，借以管理州立银行，从而受到各州立银行的攻击，仅经历 20 年于 1811 年就短命夭折了。1816 年政府批准第二美洲银行开业，亦落得同样的命运。1833 ~ 1863 年出现一段自由银行制度时期，货币流通和信用都很混乱。1861 ~ 1865 年的美国国内战争，给美国资本主义的发展以有力的刺激，从而也提出了对于货币信用的要求。1863 年美国国会通过了全国货币法案，建立国民银行制度，在财政部之下设立"货币流通监理官"，监理国民银行的活动。要求发行规格统一的、安全可靠的银行券，凡在政府注册的国民银行，每发行90美元的银行券，就要在货币总监存入100美元的公债，如发行的银行倒闭，货币总监便将其公债出售，代偿银行券持有人。州立银行发行钞票，须交面值10%（年率）的税款，借以限制滥发，从此美国有了一种按面值流通的统一钞票。但是这个法案，并没有解决统一的清算问题，对于存款准备金也定得过死，货币供应量仍没有一个统一的调节机关。所以在1907年的经济危机中，才着手成立货币委员会，拟建新的联邦储备制度，可是长期"难产"。直至1913年，美国《联邦储备法》通过之后，才建立了自己的中央银行制度。

在日本，情况是另一个样子。1864年日本发生了资产阶级革命——明治维新，1870年日本派人专门考察了美国的货币银行制度，回国后颁布了《国立银行条例》。初期的国立银行仅4家，享有货币发行权，但限于资本不多，信用不佳，4年之后又做了一些改革，学习英国金融经验，国立银行得以继续发展，1879年末达到150家之多，1880年前政府利用银行发行不兑现纸币，调节金融的日本银行，其他国立银行一律于期满解散，或改为普通商业银行。日本银行就成为日本的中央银行了，到1899年独占全国货币发行权。

我国现代中央银行始于20世纪初，由于当时钱币紊乱，平色折合十分繁杂。为整理币制，光绪三十年（1904）年由户部奏准，次年设立户部银行，额定资本400万两，由国内各界认股。但认股者并不踊跃，结果由政府拨款20万两，先行开业。光绪三十四年（1908年），户部更名为度支部，户部银行改为大清银行，经理国库、发行纸币，但未能真正起到管理金融的作用。户部银行成立未几，邮传部借口户部银行管不了外汇，发生了镑亏（清末中国借外债很多，帝国主义国家在我国还债时，有意提高汇价。使我国吃亏甚大，因多数借款是英镑，故称镑亏）。要求成立交通银行，经清政府批准于1907年3月4日开业，发行纸币，经理铁路、轮船、电报、邮政四个单位的一切款向收支。出现了两个"中央银行"。"国无二君"，实际上都不称其为真正的中央银行。

总之，这一时期的中央银行，多是因各国的不同情况和形势要求，意识到货币发行需要统一管理，而开始组设，尚属幼稚，功能也极为简单。其特点是：①由经营存放款的普通银行自然演进；②逐渐集中货币发行；

③对一般银行提供服务。这个时期中央银行的功能只是：政府融资功能、货币发行功能、金融服务功能（集中准备金、贴现商业银行票据、转账结算）。

三、第二阶段（1914～1944年）：中央银行制度的扩展

在"一战"前，各国中央银行因为国际形势紧张，都千方百计集中黄金，在一年半中（1914年6月止）黄金产量70500万金元，其中35500万金元为德、法、俄吸收。世界金融中心交易停止，各国中央银行停止或者限制兑现，禁止黄金外流，各国国际债务宣布暂停清偿。战争开始，战费不足，就由中央银行借垫，或者央行对国库券贴现，钞票大增，通货膨胀。1920年39个国家在布鲁塞尔举行国际金融会议，决议16条，主要内容是：先使各国财政预算平衡，以断通货膨胀之源；同时确定发行银行的发行原则"发行银行应脱离政治压迫而自由，更应恪守金融谨慎的原则"。1922年又在日内瓦举行会议，重申"发行银行应脱离政治压迫而自由，更应恪守金融谨慎的原则"，又提出"各国未设中央银行者，应即设立"。会议认为，国家金融的稳定与调节，需要各国中央银行的合作。[①]会议以后，各国中央银行发展很快。一是"一战"后新产生的国家需要解决国内货币金融问题，先后设立了中央银行；二是许多国家为解决经济困难、金融混乱，依靠国际联盟或者美国的帮助设立了中央银行；三是为了重建币制，稳定币值，参战各国不得不改组或者新设中央银行；四是为了货币发行的制度化，各国都授权中央银行集中统一发行钞票，并建立了比例发行准备制度。

这个时期中央银行的特点是：①新设中央银行大多是人为创设型。②中央银行的重心在于稳定货币。③集中储备成为稳定金融的重要手段。④中央银行的金融监管被提到议事日程，但主要是准备金制度。所以，这个时期中央银行的功能，除了政府融资功能、货币发行功能、金融服务功能（集中准备金、贴现商业银行票据、转账结算），又产生了金融监管功能。

由于"一战"中各国财政发行过度，酿成通货膨胀，这一阶段特别强调中央银行要独立于政府。

① 崔晓岑：《中央银行论》，商务印书馆1936年。

四、第三阶段（1945 年以来）：中央银行制度的强化

两次世界大战一次世界性经济危机，金本位崩溃，各国实行管理通货制度，控制货币数量自然成为各国中央银行的重要职责，为此，1945～1971 年，改组、重建和新设的中央银行共有 50 多家。为了恢复经济，稳定金融，国家加强了对中央银行的控制，开始了中央银行国有化进程，中央银行成为国家机器的重要组成部分；各国在凯恩斯理论影响下，制定和实施货币政策成为中央银行最突出的职责。当然 40 年代后期到 60 年代末，以凯恩斯理论实施货币政策调控宏观经济，经济发展很好。但是到了70 年代初，出现了长期的滞胀，货币主义抬头，进而又出现供应学派等，货币政策在政策目标、政策工具、传导机制及其中介目标、操作目标等理论与方法问题上都有很大的发展。同时，近年经济犯罪在世界范围内呈上升趋势，政府不得不赋予中央银行一定的职责，令其承担反洗钱斗争的任务；另外，社会诚信问题的突出，使得金融系统征信及其资源共享也需要国家出面协调组织和管理，这项工作也只能由中央银行负责；伴随着交通电信高科技的进步，经济金融全球化、经济金融化的发展，国际间的金融联系、金融合作与金融协调的任务更得中央银行承担。所以，当代中央银行出现了许多新的特点：①国有化成为中央银行的重要准则；②国家控制中央银行，中央银行成为国家机构的一部分；③制定和实施货币政策成为中央银行的最重要职责；④中央银行的国际合作与协调能力日益加强。这个时期，中央银行的功能又一次得到发展，在政府融资功能、货币发行功能、金融服务功能、金融监管功能之外，调控宏观经济功能格外突出；而且近年又产生反洗钱功能、征信管理功能等（见图1）。

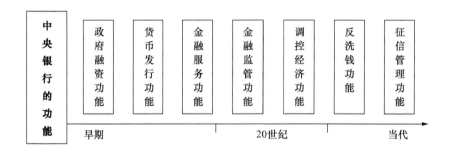

图 1 中央银行功能的演进

五、中央银行制度变迁、功能演进与理论发展

（一）中央银行是社会公共机构

中央银行制度的产生与发展、中央银行功能的演进，我们不能认为都是欧美人的发明，货币政策也不都是欧美人的创造，它是世界各个国家和民族共同创造的社会公共机关，这种创造是在长期的经济社会一步步发展的。中央银行最初的功能是政府融资功能、货币发行功能，发行货币本身就包含着调节经济的含义。所以，我们把早期的公共银行与后来的中央银行联系起来，应当是合乎逻辑的。这样看来，中央银行是一个发展经济、稳定社会的公共机构。

（二）中央银行的功能是不断拓展的

从前述中央银行制度变迁中可以看出，中央银行的功能是在历史的发展中不断扩展、不断拓宽、不断深化的，它的功能在扩大、加强。但是我们还需要看到每一个功能的含义也是在不断变化的，同一个功能其具体内容在不同时期是不同的，如管理货币发行功能，最初是管理黄金准备和银行券兑现，后来是垄断纸币发行，现在是发行纸币和调控包括存款货币在内的货币供应量。因为货币发行能够获得铸币税的收益，于是中央银行垄断货币发行，所以有货币发行是国家的主权的理论。但是当代商业银行可以通过转账结算机制创造存款货币，企业可以通过商业票据创造支付手段，而且在电子技术条件下存款货币所占比例越来越大，加上外币或者外汇的支付，铸币税收入已经意义不大，这些年一国一币的主权思想在淡化，出现了一国多币或者多国一币，如中国有人民币、港币、澳门币、台币；又如欧洲货币联盟、西非货币联盟等。

（三）国家调控经济不是从凯恩斯开始的

公元前 7 世纪春秋前期的管仲（约公元前 723 ~ 前 645 年）说："五谷食米，民之司命于；黄金刀布，民之通施也。故善者执其通施，以御其司命，故民可得而尽也。"并且说，先王用货币可以"以守财物，以御民事，而平天下。"[①]。唐朝白居易（772 ~ 846）说："谷帛者生于农也，器用者化于工也，财物者通广商也，钱刀者操于君也。君操其一，以节其三，三者和钧，非钱不可。"[②] 讲的都是政府要利用货币这个工具调节经

---

① 《管子·国蓄》。
② 《白香山集》。

济和社会。国家通过"看得见的手"调节经济至少有将近 4000 年。古巴比伦帝国的第六位国王汉谟拉比(约公元前 1792~前 1750 年)制定的《汉谟拉比法典》,古中国的秦始皇、汉武帝、武则天等都用过"看得见的手"调控经济。利用货币金融政策调节经济社会古已有之。"二战"以后,国家通过中央银行的货币政策调控宏观经济在具体内容和方法上更科学、更频繁、更全面、更有力。

(四) 中央银行的国际协调越来越重要

前面提到的 1920 年布鲁塞尔会议和 1922 年的日内瓦会议聚集各国政府和金融专家研究各国关心的货币问题,把中央银行的地位、作用和理论做了极大的动员和宣传。1922 年的会议决定制定一个国际性货币体系,各国要么实行金本位制,要么实行金块本位制。没有金块来保证的国家,可以实行金汇兑本位制,这种制度的前提是加入国际汇兑体系,由其中央银行负责外汇的自由兑换。1933 年初,罗斯福、希特勒在经济大危机中分别就任美、德总统,两个人都置金本位规律于不顾,实行政府干预政策。"二战"期间,纳粹德国提出要在欧洲废除金本位制,建立"新秩序"。为了回应德国提出的新问题,英国经济学家凯恩斯根据英国政府的要求,为盟国起草了"清算同盟"草案,凯恩斯的草案正好与罗斯福的主张相吻合。同时,美国凭借其拥有大量的黄金储备,为了提高美元地位,使美元成为世界权威性货币,起草了国际货币关系的计划。1942 年英美两国同时发表了它们的计划。1944 年英国和美国共同出面组织有关国家在美国布雷顿森林开会,会议提出不要机械主义,不要无政府主义,要求各国对汇兑市场上的本国货币负责,为此要有一种协调机构,于是产生了国际货币基金组织。为了解决货币汇率问题,1961 年 11 月美国、英国、法国等 10 个国家组成十国集团,设立备用信贷基金。1974 年末十国集团的中央银行行长们建立了银行法规与监管事务委员会(巴塞尔委员会)每年定期开会 3~4 次。1975 年产生了《巴塞尔协定》,后来经 1983年、1990 年、1992 年、1996 年等几次修订补充,现在已经成为银行监管领域的重要国际组织,其文件成了发达国家和新兴市场国家银行监管当局共同遵守的准则。在金融全球化的背景下,中央银行是国家对外金融活动的总顾问和全权代表,是国家国际储备的管理者,是国际金融活动的调节者和监管者。由于国际经济活动固有的溢出效应,为了国家金融安全,中央银行肩负着国际金融协调的重任。

（五）中央银行制度变迁与功能演进、理论发展是互动的

中央银行制度的创新，会提升中央银行的功能，它需要理论的支持；国家要赋予中央银行新的职责和功能，必然修订、改革旧有的某些制度规定，也需要理论的支持；而理论的发展，也常常产生中央银行制度的调整、变革，进而提升中央银行功能。在中央银行发展史上，中央银行的制度变迁、功能演进和理论发展是互动的。

金融学科

论金融与经济的关系

背景说明

　　本文是山西省会计学会培训会计师的内部教材《金融学概论》的第一章的部分内容。文章主要阐述什么是金融学，金融学研究的对象与内容，金融与经济的关系，集中反映了改革开放之初对金融学的认识。

　　在现实经济社会中，谁都知道，哪个人也不能没有钱，哪个家庭也不能没有货币的收入和支出，也难免因收入暂时不足而向别人借钱，或多余不用存入银行和借给别人使用；谁都知道，一个企业总是经常有货币的收入和支出，收入要存在银行账上，支出要请银行划拨，自己的资金周转不开时，还要向银行借款，以便通融。一个家庭是这样，一个企业是这样，一个国家也是这样。个人、企业、国家把暂时不用的钱存入银行，银行把大家存入的钱集中起来，贷放给那些需要用钱的单位和个人，就充当着存款人和借款人之间的中介，这个中介人自己还可以印发钞票，充作交易媒介。但是，真正通晓货币、借贷、银行原理与奥秘，却不是每个人都可以做到的。对于一般人来说这自然是一种苛求，然而对于一些经济师、会计师、统计师却是基本常识，即便是非银行部门的经济师、会计师、统计师，不弄清货币、借贷和银行的一般知识也是不行的。因为任何一个单位都不能不和银行打交道，如果不了解银行工作的一般理论和业务，有时不仅会使你很难堪，更重要的是会影响你的工作，影响你所在单位的经济管理和经济核算。很难想象，不了解什么是货币发行和现金管理，不了解什么是银行对国民经济调节的功能和方法，不了解银行信贷的形式和对国外的货币关系，就不可能成为一个出色的经济师、会计师、统计师，就不可能将本职工作做好。比如说你遇到了这样的场合：你已经感到市场票子过多，物价已经上涨，有通货膨胀的迹象，但同时你也会感到国家经济建设的资金太少，如果有资金，多建设几个工厂，多生产一些社会急需的产品不更好吗？这种货币过多、资金不足的现象是什么？这时你到底该如何决策？是多发票子，还是少发票子？在这样的场合，也许你会感到为难。假如你是一个工厂的会计师，你们的产品销路不畅，流动资金大部分被占用在产成品上，再生产无法进行，要求银行贷款，银行又因你的贷款物资保证不符合条件而不予贷款，那么你该如何解决这一难题？如果你们工厂想从国外进口一套先进设备，更新你们的生产工艺，你应当用什么方法向外国厂商购买，用什么货币计价结算对你们更为有利？诸如此类，举不胜举。因此，对非金融部门的同志，特别是希望成为经济师、会计师、统计师的经济管理人员，比较系统地介绍一些金融知识并不是多余的。本书从经济师、会计师、统计师所必备的知识结构出发，介绍了金融学的有关原理和实务，作为对非金融部门经济师、会计师、统计师进行基本训练的内容，希望它能帮助你成为一个真正的经济师，以便与金融机构打交道更为主动，与金融机构的配合更有积极性和自觉性，共同为我国社会主义经济建设做出应有的贡献。

当代银行业的发展正在走向更加专业化。专业银行和金融机构相继成立，金融战线的同志，大多数不是会计员、出纳员，便是信贷员、计划员，这个科（股）不一定熟悉别的科（股）的工作，这个专业银行不一定熟悉那个专业银行的工作，特别是保险、信托、投资等业务，还有中央银行问题，对于新同志自然是新事物，对于老同志亦是"老兵新传"。你们每天的工作都很繁忙，能够全面系统地学习金融理论和业务知识是比较困难的。这本书力图用较少的文字，比较全面系统地阐述金融工作主要的理论与业务，择取金融原理和业务各门学科的精华，为你提供了解其概貌的捷径，尤其是想为新入行的青年行员提供一个入门的向导。这就是本书的任务和目的。

金融学研究的对象

一、什么是金融

什么是金融？金融是商品货币经济条件下，社会经济活动中生产、分配、交换、消费的价值形式活动的反映，它是以货币为对象、以信用为形式，通过不同信用机构的不同业务方式来实现的资金收支、融通的总称。简单来说，金融就是资金的融通。

资金融通的方式有很多，个人之间的借贷，个人、企业在信用机构的存款、借款、贴现，以及银行发行货币，办理承付、汇兑、结算，以及买卖黄金、白银、外汇、有价证券，等等，这些活动都属于金融活动。

从历史上看，有了货币就逐渐有了金融活动，如货币的兑换、保管、汇兑以及货币的借贷等。有了金融活动，也就慢慢产生了金融机构。最初金融机构是由商业机构兼营的，随着商品货币经济的发展，逐渐产生了专门从事金融活动的金融机构。在中国，如质店、当铺、钱庄、账局、票号、银号、银行，在欧洲，如钱币兑换商、金匠、金库、储金局、银行。

金融机构所从事的金融活动，首先离不开货币，不论黄金、白银，或者是金银铸币，也不论是纸币、银行券和其他信用流通工具，如果没有货币，金融机构也就不存在了。同时，金融机构也离不开信用，包括各种形式的信用行为，如储蓄、存款、贷款、票据贴现等，可以说，货币、信用、金融机构是构成金融活动的三大要素。

金融的形式，从不同的角度观察，可以有多种不同的分类。如日常所说的国际金融、国内金融，在国内金融中又有城市金融、农村金融，这是从其活动范围来划分的。还有如长期金融和短期金融，这是从借贷货币资金期限来划分的。另外，也有从行业和形式来划分的，如工业金融、商业金融、农业金融、证券金融、不动产金融等。

二、金融学研究的对象和内容

世间任何事物，都有自己运动的规律性，世间任何事物也都无一例外地要与周围别的事物发生这样那样的联系，构成它们相互的复杂关系，不论自然界，也不论人类社会中，都是这样。金融，包括其构成要素的货币、信用和金融机构也毫无例外地与周围各种社会经济关系结成复杂的相互联系。在这种联系中发展进化，而且又有它自身运动的特点，并能动地对社会经济生活产生积极的影响。正如其他任何一门科学一样，金融学也是一门独立的科学。

那么金融学研究的对象是什么？

金融学是一种部门经济学，它是政治经济学在金融领域的延伸和扩展，它是研究商品货币经济条件下，社会再生产过程中货币、信用与银行活动的基本原理及其对社会生产、分配、交换、消费的影响，并研究不同商品生产条件下社会政治经济制度给货币、信用、银行活动带来的不同特点及其业务活动的规律性的一门科学。

作为社会科学的规律性，是无法从实验室中去寻找的，只能从它的发生、发展的历史长河中去探索。因此，研究货币、信用和金融机构运动的规律性，就不能离开历史的分析，不能不从它的发生和发展谈起。同时，金融学不仅要回答货币金融自身运动的规律性，也要回答与货币金融相关活动相关问题的理论依据，这样又不能不涉及金融业务活动。此外，当代任何一个国家的经济，都不是密封的，也不可能闭关自守。一个经济开放的国家，它的金融活动势必存在国内金融与国际金融相互交错，这也是不能回避的。所以，金融学所包括的内容，从纵向看，将始自货币、信用、银行的发生、发展，终至当前业务方式和方针政策；从横向看，它将立足于国内金融的理论与实务，也不能不放眼海外，去探求一下我国对外金融关系的有关问题。

金融学如此庞杂的内容如果详尽地拉开篇章节目，对于非金融部门的同志，特别是对于业务工作繁忙的基层业务领导干部，并不会有很好的效果，就是作为课堂教学的教材，也不一定是适宜的。如何解决这个矛盾呢？经编者再三考虑，做了这样的选择：我们将按金融学应有的结构，建筑我们的"大厦"，但是对于一些已有参考读物以及与非金融专业同志业务工作不太密切的问题，只做简单介绍，留下一些轨迹，由读者自己去思考和参阅其他书籍，而与非金融部门业务工作关系密切的问题，我们将比较详细地重点阐述，以便给读者留下一个较深的印象。我们相信这会是一种比较有效的方法。这也就是本书定名为《金融学概论》的缘由。

根据上述思想，本书在内容结构上做了如下安排：

第一部分是总论，阐述金融的概念，金融和经济的关系，金融体系和金融市场等，给读者以金融的概貌，使非金融部门的同志了解自己的工作与银行和其他金融机构的关系。

第二部分是分论，分别论述货币与货币流通，信用与信贷活动，银行与中央银行的调节，国际金融关系以及保险、信托、投资，使读者了解各种金融活动的基本原理和业务。

第三部分是综合平衡论。即信贷、财政、外汇和物资的综合平衡，使读者了解我国社会主义计划经济健康发展的关键是"四平"。"四平"工作搞得好，社会主义经济建设就前进，人民生活水平就提高，"四平"工作搞得不好，国民经济就会出问题，社会主义经济建设和人民生活就会受到影响。

金融与经济的关系

金融和以工业、农业、建筑业、交通运输业、国内外贸易等组成的国民经济总体是什么关系？这是金融学研究不能回避的问题。

马克思曾经指出："生产既支配着生产的对立规定上的自身，也支配着其他要素。过程总是从生产重新开始。交换和消费不能是起支配作用的东西，那是自明之理。分配，作为产品的分配，也是这样。而作为生产要素的分配，它本身就是生产的一个要素。因而，一定的生产决定一定的消费、分配、交换和这些不同要素相互间的一定关系。"[1] 马克思在做了生产决定分配、交换和消费的分析之后，紧接着又指出，当"交换范围扩大时，生产的规模也就增大……随着分配的变动，例如，随着资本的集中，随着城市人口的不同分配等等，生产也就发生变动。最后，消费的需要决定着生产"。[2] 马克思关于社会再生产中生产、分配、交换和消费的辩证关系的论述，为我们正确认识金融与经济的关系指明了方向。

金融，就其货币性能讲，它是交换的媒介，属于交换过程的组成部

---

[1][2]　马克思：《政治经济学批判》，人民出版社 1976 年。

分；就其信用活动讲，它吸收存款，发放贷款，尽管它贷放出去的货币资金是一种购买手段和支付手段，可是它贷款给哪个企业，就等于允许哪个企业得到更多的生产手段，事实上做了生产要素的分配，所以金融又是分配。然而，不论金融是交换还是分配，它首先是由生产决定的。但金融的活动也不是完全消极被动的，它又有着积极的反作用，在特定情况下，甚至还起着决定的作用。

一、经济决定金融

经济与金融的关系，从根本上讲是本和流的关系，经济是本，金融是流。经济对金融起决定作用。

（一）商品生产和交换引起金融活动

从历史发展看，构成金融活动要素的货币和信用，是因为有了商品生产和商品交换才发生的，货币本身就是商品交换的产物。没有商品生产和交换，货币就不会产生和存在，也不会有货币的借贷，自然也就不可能有金融活动。随着社会生产的发展和分工的扩大，商品交换的范围扩大了，货币活动也不断扩展和延伸，以至突破了商品流通领域，在劳务、赋税等方面发挥支付手段职能，信用也逐渐由个人之间的借贷，发展为通过信用中介机构的借贷，借贷的形式也趋向多样化。这是商品货币经济发展的必然趋势。

（二）经济发展规模决定金融活动规模

生产规模扩大以后，交换随着扩大，企业收入增加，存入银行的企业存款增加；居民因为向生产企业和流通过程提供了劳务，货币收入增加，储蓄也会增加；同时国家征集的税款和利润增加，财政存款也增加。一句话，随着生产规模的扩大，引起了银行信贷资金来源的扩大。另外，由于生产规模和流通的扩大，要求银行提供的贷款也相应扩大。那么银行将随着生产发展，把自己集中的各方面的存款提供给企业，或增加货币发行，以适应经济发展的需要，从而造成了银行信贷收支规模和货币发行规模的扩大。相反，如果生产规模萎缩，商品数量减少，企业存款、个人储蓄、财政存款也将萎缩，工业企业贷款减少，商业库存下降，商业贷款减少，银行货币信用活动规模也因之大为逊色。其原因就在于货币信用的伸缩，不过是产业循环变化的反映，也就是生产过程所创造的使用价值的价值表现而已。尽管在资本主义制度下，信用规模的增长会超过真实资本的增长，但从根本上说，经济发展的规模决定着金融发展的规模。

（三）经济结构决定金融结构

所谓经济结构，马克思曾经说："人们在自己生活的社会生产中发生一定的、必然的、不以他们意志为转移的关系，即同他们的物质生产力的一定发展阶段相结合的生产关系。这些生产关系的总和构成社会的经济结构。"[①] 这种关系应当表现在生产、分配、交换、消费的各个方面，并与生产力发展和技术进步相联系，包括产业结构、产品结构、技术结构、劳动力结构以及地区经济结构等内容。其中最主要的是产业结构。所谓金融结构，则是指构成金融活动的各要素之间的比例关系，包括金融机构、业务构成等。经济结构对于金融结构起着决定作用。

1. 经济结构决定金融机构的组成

当代世界各国金融机构日趋多样化，有各种不同的专业金融机构，如工商专业银行、农业专业银行、长期建设和投资银行、外汇和外贸银行、保险公司、信托公司等。这是当代社会生产力和经济技术发展所造成的社会分工日趋细密引起的。早在封建社会末期和资本主义社会初期，金融机构的名称虽然不少，但机构和业务都比较简单，这是与当时较为简单的经济结构相适应的。

2. 经济结构决定金融机构资金来源的构成

国民经济中各部门的比例关系，构成了银行吸收各类存款的比例。国民经济中国民收入的分配结构，决定着银行吸收的财政存款、企业存款、个人储蓄的比例。不同部门的不同存款，都是与本部门的生产和商品流通活动相对应，从而也就决定了所吸收的资金中可以长期占用和短期占用的比例。

3. 经济结构决定金融机构信贷资金投向的构成和规模

由于经济结构决定着银行信贷资金的来源，从而在一定程度上决定着银行信贷投放的方向和规模。当然银行可以根据生产需要，通过发行货币、创造派生存款，向企业提供信用，但毕竟要受到市场商品的制约。另外，经济结构，如农、轻、重的比例关系，产品的市场供求状况和商品的适销对路情况，也决定着银行信贷的投向。从总量上讲，自然会因某个生产部门比重大而造成信贷投放量大，但因价值规律的作用，生产薄弱环节

----

① 《马克思恩格斯选集》，人民出版社 1974 年。

和产品供应不足的行业也会因有利可图，而要求增加贷款，扩大投资，扩展生产规模。在社会主义国家，国家在制定国民经济计划时，更要主动地根据现实经济结构与社会需要的适应状况，慎重地决定银行信贷的投放方向。通过信贷投向的控制使经济结构合理化，以适应社会需要。这种信贷投向的决策，是由产业结构和产品结构的现状引起的，不论是私有制下的自发行为，还是社会主义制度下的有计划进行，引起信贷投向变化的动因，都在于经济结构。

（四）经济的特征决定金融的特征

经济的性质是由生产关系的性质决定的，而经济性质和特征又决定着金融的性质和特征。在生产资料私有制下，生产和流通都表现为生产者个人的私事，是无计划自发地进行的，都是在经济规律的作用下盲目地活动。从而周期性的经济危机就成了商品经济高度发达的资本主义国家的通病。而建立在生产资料公有制基础上的社会主义社会，国家通过各种经济计划的制定、执行，使生产流通过程与经济规律相适应，做到有计划按比例的发展，避免了经济危机。资本主义和社会主义经济发展的这种不同性质和特征，决定着金融活动的不同性质和特征。私有制下的金融活动盲目无计划进行，必然伴随着周期性经济危机而发生货币信用危机。而社会主义的有计划经济，则完全可以避免金融活动的动荡和危机，使货币信用活动有计划地进行，并与经济活动相适应。资本主义的周期性货币金融危机是周期性生产过剩危机的必然产物。社会主义计划化的货币流通和信贷活动是计划经济的必然要求和结果。所以资本主义的通货膨胀成为不治之症，社会主义国家的货币流通却能够保持稳定。

二、金融影响经济

经济决定金融，金融反过来又反作用于经济。金融对于经济的反作用，是积极的、能动的。因为，"在这里互相影响的，生产过程的发展促进信用扩大，而信用又引起工商业的增长"。[1] 银行通过自己手中拥有的货币、信用、结算、利率等经济手段作用于国民经济各个方面，其影响面之广，影响度之深，是不能低估的，特别是在现代化生产和细密的社会分工的情况下，金融甚至能够决定企业的命运。

---

① 马克思：《资本论》，人民出版社1975年。

（一）金融对经济影响的广度

1. 金融不仅影响企业流动资金，也影响企业固定资金

银行通过对企业提供短期信贷资金，满足企业流动资金周转的需要，也可以通过对企业提供设备贷款和其他中长期贷款、小水电贷款、外汇贷款、基本建设贷款，满足企业改造旧有设备，扩大、引进新的技术装备，这样就使企业的整个资金都与银行有着或强或弱的关系。银行是继续注入还是抽走这些资金，对企业的生产是至关重要的。

2. 金融不仅影响国营工商业，也影响集体工商业和个体工商业户、专业户

银行通过信贷、结算和现金管理介入了国营和集体工商企业的经济活动。它通过对城乡个体工商业户和专业户提供临时性短期资金，也介入了个体工商业户的经济活动。就是对于非个体工商业者的广大城乡居民和职工，银行通过储蓄业务，联系着千家万户，储蓄利率的高低，币值的升降，也影响和调节着居民的货币收入。

3. 金融不仅影响着作为各级经济中心的城市经济，也影响着广大山村水乡的农村经济

以工商企业经济活动为主要对象的城市金融，调节着城市工商企业资金的流向和流量；而以农村社队的农业生产和社队企业为主要对象的农村金融，调节着农、林、牧、渔业生产和农副产品加工工业的资金活动。不论工业经济、商业经济还是农业经济，无不受到金融的影响。

4. 金融不仅影响生产企业，也影响服务和文化娱乐业

工农业生产的资金与金融机构的关系固然是密切的，对于社会劳动服务业，如饮食、旅馆、理发、洗澡、照相、修理等服务部门以及影剧院、旅游基地建设等，也无不与金融有关。这些劳务和文化娱乐业是构成国民经济的不可分割的组成部分，它们的经济活动所需要的资金，一般是由财政拨付的，但在一定情况下，银行也可以用有借有还的形式提供资金。

5. 金融不仅影响国内资金，也影响对外经济活动

金融对国内经济影响之广，诚如前述。除此之外，它还直接影响国家的对外经济活动，如进出口贸易的外汇收支和结算，引进国外先进技术和处理国际收支差额的国际借贷活动以及国际商情信息、外国厂商资信调研、汇价涨落、保险和国际分保业务等，这些活动直接影响对外贸易活动和国家外汇储备与国际收支情况。

（二）金融影响经济结构

金融活动可以影响和调节经济结构。由于银行信贷的分配，实际上是物资的分配，银行为哪个部门提供多少信贷资金，就是给哪个部门在自有资金之外又增加了一笔货币资金，给了这个部门以补充生产资料的购买手段和支付手段，等于允许这个部门在已经占有的生产资料之外，再增加一批生产资料，这个部门就可以利用这些多占有的生产资料，从事更大规模的生产。银行把自己集中的信贷资金投向哪个部门，哪个部门就会发展。那些得不到或少得到银行贷款的部门则相对发展缓慢。据此，金融机构对于它的信贷资金的投向和投量的安排，可以用来调节国民经济结构，使国民经济各部门的比例关系得到协调发展。

1. 金融活动可以调节产业结构

国民经济中产业结构的核心是农、轻、重比例关系。农业是基础，工业是主导，重工业的优先增长，是农业和轻工业发展的技术力量，但重工业又不能"一马奔腾"，孤立发展，它最终要受到农业、轻工业所能提供的消费资料的制约。农业不发展，轻工业的发展也会因原料紧张而无法前进。农、轻、重之间在任何社会，在一定生产力水平的条件下，都有客观的比例。这种比例的调节，在私有制为基础的资本主义社会，会在价值规律和平均利润率的驱使下，自发地利用信用活动来完成。在生产资料公有制的社会主义社会，会通过国家计划的综合平衡，自觉地利用银行信贷资金的分配进行有计划的调节。如"十年动乱"中受"左"的路线干扰，造成重工业偏重，轻工业偏轻，农业落后。近年国家利用银行信用等经济杠杆，优先支持轻工业和农业生产，调整了产业结构，迅速改变了市场的紧张状况。

2. 金融活动可以调节产品结构

国民经济的协调发展不仅表现为农、轻、重的比例协调，也表现为各种产品结构的协调。在农业内部和工业内部，各种产品的生产比例也要合理。银行信用可以通过对短线产品的优惠贷款促进其迅速发展；对于长线产品，可以通过管紧管严信贷，使其稳步前进或原地踏步。因此，金融活动对于产品结构具有取长补短的作用。

3. 金融活动可以调节企业组织结构

企业组织结构是"小而全"、"大而洋"，还是一不贪大求洋，二不小而全，"万事不求人"，而坚持搞适合我国和各地区具体情况的专业化分工？正确方向确定之后，银行就可以大显身手，促使企业组织结构按照既定方向发展。其手段无非是通过便利或阻难信贷和结算等业务活动而操作。

4. 金融活动可以调节技术结构

银行运用自己手中掌握的货币资金和外汇资金，发放设备贷款、技术措施贷款、外汇贷款，引进外资，改造企业技术设备，调节经济技术结构。这方面更大的任务当然是由财政来支持，但银行根据其资金力量对国际金融市场的广泛联系，在改造我国企业的技术结构中，也可做出积极贡献。

（三）金融影响经济发展速度

金融活动可以影响和调节国民经济的发展速度。国民经济的发展速度，表现为在生产协调发展下的工农业产值、产量以及国民收入的增长幅度。金融对于经济发展速度的影响和调节作用主要表现在以下三方面：

1. 金融活动协调国民经济

通过金融活动促进国民经济各种比例的协调，建立合理的国民经济结构。经济结构的合理，必然带来经济发展速度的增长。

2. 金融活动可以调整积累和消费的关系

在不影响生产和人民生活的条件下，变消费基金为积累基金，扩大用于生产领域的国民收入的比例，从而加快建设速度。例如，居民储蓄存款，这是生活消费基金，在储户未提存前，也是暂时可以利用的资金。银行把这类存款提供给企业，不论是用于短期周转的流动资金需要，还是用于中短期设备贷款进行扩大再生产，都是把消费基金变成了生产基金，它扩大了原有国民收入中用于生产和积累部分的比例，是扩大生产规模的因素，从而起到了调节经济发展速度的作用。

3. 金融机构也是国家积累资金的杠杆

银行和保险公司、信托公司、投资公司等金融机构，作为企业，都会有一定的经营利润，都为国家提供积累资金。斯大林同志说得好："我们国有化的银行系统这样的积累杠杆，它提供一定的利润，并尽力滋润我国的工业。①"

（四）金融影响生产关系

金融活动可以影响和调节生产关系。其对生产关系的影响和调节作

---

① 《斯大林全集》，人民出版社1954年。

用，是通过以下几方面进行的：

首先，在多层次、多成分的商品经济关系中，金融活动对于哪种经济成分给予信贷优惠和结算方便，就是对哪种经济成分的支持；相反，对哪种经济成分以信贷阻难和结算限制，必定是对哪种经济成分的限制和打击。例如，在新中国成立初期，银行发放贷款在数量、期限、利率上实行国营优于私营，工业优于商业的信贷政策，支持了国营经济的发展和壮大，这对于迅速完成过渡时期的"一化三改"起到了积极的作用。又如近年来国家为了搞活经济，解决城市就业问题，发展农业生产，繁荣城乡经济，在保证国营经济占绝对优势的情况下，银行开放了对农村专业户、重点户和城乡个体工商业户的贷款。实践证明，这项贷款对于搞活城乡经济，活跃市场，使农民尽快富起来，解决城市青年就业问题，起到了积极的作用。

其次，金融活动通过调节货币流通和利率，保证"按劳分配"原则的实现。银行，也只有银行可以通过货币的投放和回笼，控制和调节市场货币流通量，使之与国家可能提供的物资相适应，保持币值和物价的稳定。这样，劳动人民根据"按劳分配"原则所得货币工资，就可以按稳定的价格购买到适用适量的消费品，从而保护劳动人民生产劳动的积极性。不然，通货膨胀，物价上涨，利率失当，便会引起国民收入在国家、集体和个人之间的不适当的再分配，就会影响到各方面的利益关系。

正如马克思所预言的那样："毫无疑问，在由资本主义生产方式向联合起来劳动的生产方式过渡时，信用会作为有力的杠杆来发挥作用；但是它仅仅是和生产方式本身的其他重大有机变革相联系的一个要素。"[1] 斯大林同志根据苏联的实践，总结说国家银行"是在我们整个经济生活中具有重大意义的最重要的信用机关。你们知道信贷的力量，这是一种可以用来（只要发放优惠贷款就行）使任何一个居民阶层破产和上升的力量。"[2]

总之，金融对于经济的影响，是能动的、巨大的，世界各国的历史经验证明：金融活泼，则工商业发达，经济繁荣；金融呆滞，则工商业衰败，经济低落。如果将经济比作人身的躯干，那么金融则是人体的血脉，血脉畅通，则身体健康，血脉受阻，必然发生疾病。金融机构通过其业务

---

[1] 马克思：《资本论》，人民出版社 1975 年。

[2] 《斯大林全集》，人民出版社 1954 年。

活动支持生产发展，而生产发展又会带来金融业的发展，好像滚雪球，周而复始，越滚越大，从而使整个国家经济欣欣向荣，这就是金融对经济的能动作用。

三、金融影响和调节经济的途径

实现金融对经济的影响和调节，如上所述是通过它的机构，运用其业务手段参与社会各部门、各单位的经济活动进行的。其主要途径是：

1. 信贷活动

即吸收存款，发放贷款，与国民经济各部门、各单位建立信用关系，通过其手中信贷资金的投向和投量的控制和调节影响生产和流通。

2. 创造货币

银行在对企业发放贷款时，首先是运用它吸收的各种存款和自有资金，支持企业生产和流通的需要。当生产发展、商品增加，流通中货币数量不足时，银行还可以根据经济发展的需要，增加货币发行，创造信用流通工具，补充购买手段和支付手段。

3. 充当社会总会计

各单位把自己的货币和资金存在银行，银行替企业和单位办理货币收付业务和债权债务的划拨转账，办理结算业务，充当社会的总会计、总出纳，通过结算、出纳服务，缩短企业之间货币收付的时间，加速商品流转。

4. 提供信息和咨询服务

金融部门不仅和全国各部门各单位以至居民建立有经济联系，也和国外有一定的经济联系，而且金融部门通过它的"垂直"管理系统，建立了全国的金融网，了解各方面的经济情况，通过对经济信息的搜集、整理、传递、运用，对信贷投向和投量进行有效的决策，并对企业提供咨询服务，引导社会生产协调发展。

5. 承担意外灾害保险

作为金融业组成部分的保险机构，通过办理国内外保险业务，对社会生产和商品流通的安全运行提供保障，使各部门、各单位和个人在发生意外事故时，不至于因经济上的损失而中断生产和流通。

6. 管理监督

银行通过自己的业务活动，与社会各方面，包括各部门、各企业、各单位建立经济往来关系，各单位的一切经济活动都被反映到银行账户上来，使银行获得了为国家管理和监督国民经济的职能，监督国民经济各部门、各单位按照党和国家的方针政策，国家的各种经济计划、财经纪律，从事生产和流通及各种经营活动，保证国民经济有计划按比例地正常运行。

论金融经济学的研究对象

背景说明

　　本文原载《金融经济》1987 年（试刊号）第 1 期。当时社会热议金融经济学，作者提出了自己的见解，认为货币金融作为社会生产要素的黏合剂、作为促进潜在生产力转化为现实生产力的启动器，是商品生产发展不可缺少的要素，其发展演变可分为实物经济时代、货币经济时代、信用经济时代和金融经济时代。实物经济时代和货币经济时代可以是简单商品经济，信用经济时代和金融经济时代服务于社会化的商品经济。文章还简要论述了金融经济时代产生金融经济学，并对其研究对象、内容等提出了一些看法。

　　近年来，在我国经济理论界，金融经济学已引起经济学家们的极大兴趣，将其视为一门新兴学科进行研究。本文试就金融经济学的研究对象问题谈些看法。

一、金融时代产生金融经济学

　　人类科学发展的历史告诉我们，任何一门学科的创立与发展，都是与社会生产力发展水平和社会经济发展阶段相适应的，是人们对社会经济发展规律的科学总结，并在此基础上进行新的有益探索，使其发展。金融经济学作为一门新兴的学科自然也不例外。

　　货币金融作为社会生产要素的黏合剂、作为促进潜在生产力转化为现实生产力的启动器，它与材料、能源一样，是社会商品生产发展过程不可缺少的要素，是与社会商品生产和交换活动伴随始终的。在社会经济发展的不同阶段，货币金融在整个社会经济活动中运行的方式不同，必然占据不同的地位，并发挥不同的作用。基于这种认识，对于社会经济发展阶段的考察，笔者认为可以将其划分为实物经济时代、货币经济时代、信用经济时代和金融经济时代。实物经济时代和货币经济时代可以称为简单商品经济，信用经济时代和金融经济时代可以称为社会化的商品经济。

对于各个经济时代的主要特点，人们从不同的角度出发，可以做出不同的理论概括。如果从商品交换和经济运行的角度考察，笔者认为，在实物经济时代，经济运行的方式主要是以物易物，商品生产者交换商品的目的，仅仅是为了维持生计和满足直接的初级消费。在货币经济时代，经济运行是以货币为媒介，社会经济活动的参与者是为买而卖，其目的在于保证生活和生产的正常进行，以获得更多的使用价值。由于实物经济时代和货币经济时代都是简单的商品经济，活动范围狭小，货币金融的运行机制和结构比较简单，它在经济活动中的重要性不可能得到充分的显现。在信用经济时代，商品生产者不再是为买而卖，而是为卖而买，他们从事经济活动的目的，是以实现价值的增值为出发点和归宿点。为了实现价值增值，商品生产者都力图使自己的资金能随时由价低利小的产品或部门转移到那些价高利大的产品或部门，此时的货币已不仅仅是商品交换的媒介，它大量地通过各种信用形式，聚集社会资本，并且把单个商品生产者联结在一起，通过资本的转移，服务于生产要素的合理配置。信用关系与市场关系密切地交织在一起，渗透到社会再生产的各个环节和国民经济的各个领域。竞争形成的外在压力和追求利润的内在动力使商品生产者依赖于信用活动而展开他们的全部经济活动，使这种信用活动开始渗透到国家与社会公众的经济关系之中。进入金融经济时代，资本主义生产的社会化引起生产关系的复杂化，商品生产者追求的目标是价值的长期增值，需要有成本较低、长期稳定的资本来源。资本所有者要为资本寻找增值出路，要求突破信用经济以借贷形式动员从产业资本和商业资本中游离出来的闲置资本为主的局限性，要求以多种融资形式充分、广泛地利用社会所有的资本。金融不仅活跃于商品生产者之间，成为商品经济存在和发展的要素，而且也进入了人们的整个生活中，不仅资本所有者追求价值增值，而且社会成员也普遍具有了参与金融经济为自己获得利益的意识。由于国家干预经济，使金融活动由以单纯的价值为目标转为以维持经济长期稳定发展为目标，世界经济也越来越成为一个相互依存的整体。世界经济发展的不平衡性要求资源的合理配置突破国界，在国际范围内重新组合配置。当今世界之发达国家已经或正在由信用经济时代转变为金融经济时代。

金融经济时代与信用经济时代虽然同属社会化的商品经济，但金融经济时代与信用经济时代相比较，具有明显的不同特征：

（一）多种形式的金融交易，使金融交易数量大大扩张

借助科学技术的发展和电子计算机的运用，又加速了金融交易行为，使金融交易量超过了商品交易量。1985 年以美元计的国际金融交易总量超过了 30 万亿美元，相当于以美元计的国际贸易总量的 15 倍。

（二）越来越多的人介入金融交易活动

无论是巨额资本的所有者，还是小额货币收入的人，都可以把自己的货币投入到金融活动中，从中获得利益。如美国人口的 3/4 在基础广泛、极有效率的证券市场中享受着越来越多的利益。这些投资者以大量的资金支持着国家经济的增长。

（三）金融业成为独立的现代产业

在信用经济时代，一个国家介入国际金融市场，主要是为了避免风险，以求保值。在金融经济时代，由于现代技术的运用使信息传递速度加快，介入世界金融市场活动主要是为了获得收入。当今世界，利用金融保险业进行创汇，已不再是秘诀，金融业已成为国民经济中独立的现代产业。

（四）金融活动的全球化，影响着世界人类的关系

现代金融业的发展，国际贷款减少，国际债券增加，在国际信用关系债券化趋势中，发达国家与发展中国家均获其利，双方的经济利益关系正改变着人的关系，它有助于减少冲突，和平沟通资金与资源的充分利用和合理配置，有利于世界的进步与发展。

可见，金融经济不是对货币经济和信用经济的否定，而是货币经济、信用经济合乎逻辑的必然发展。那么在金融经济时代，如何更好地利用金融手段引导资源重新合理配置，降低金融成本，提高效益，促进经济发展就成为一门新的学问。在此情况下，金融经济学应运而生。

二、金融经济学的研究对象和任务

金融经济学是从社会经济学的角度研究商品经济条件下金融运行作用

于社会经济发展规律的科学。其研究对象和任务是：从经济与金融的相互关系中，揭示金融运行对经济发展的制约与关联的本质与规律性，以解决商品经济时代，如何从金融运行方面把握经济的繁荣和发展，据以推动社会进步的问题？

笔者认为，金融经济学主要应研究以下问题：

（一）金融运行与社会经济发展的关系

如生产启动、持续推动力作用、制约生产和流通程度等。

（二）金融要素与社会经济体制的选择配合

如货币职能的变化与经济体制，融资机构与经济体制，融资形式与经济体制，融资工具与经济体制，资金价格与经济体制等。

（三）金融活动与微观经济活动的交融

如企业资金转换规律，企业融资增值途径，企业融资方法与选择，生产投资与金融投资等。

（四）金融调节与宏观协调

如金融调节与经济结构，金融调节与经济增长，金融调节与物价稳定，金融调节与国际收支，金融产业与对内调节等。

（五）金融决策与经济环境

如货币政策目标与经济目标，金融决策的传递机制与经济条件、经济环境，金融决策调整与经济变化指标等。

笔者认为，金融经济学一定要从国民经济总量上研究资金供应与社会总需求的平衡，但是金融经济学也要研究微观经济活动中的金融血管是否通畅、如何通畅等问题。因而宏观经济中资金的运行轨迹与微观经济中资金的流向、流量与流速的最优选择，也是金融经济学不可或缺的内容。

笔者认为，金融经济学要研究资金，但不仅仅是研究静态资金，更主要是研究资金运行与经济运行的关联，从动态上揭示其变化规律，以供经济决策之参考。

必须肯定，金融经济学立论的基础，是列宁关于"银行是万能的垄断者"和"金融寡头"理论，列宁在《帝国主义论》一书中已经为金融经济学的建立埋下了种子，它将萌发为社会主义金融经济学的参天大树。凯恩斯的《就业、利息和货币通论》，从经济发展的角度考察金融机制的功能，找到了一条用金融手段调节经济的小船，虽然在资本主义经济的大海中已被经济危机的惊涛骇浪打沉，但是他研究问题的思路还是给我们以启迪，这就是从经济学的角度去考察金融运行对经济发展促进与制约的运动规律，从发展社会主义商品经济的需要出发，探索社会主义金融经济运行的相关因素及其量的关系，为经济的宏观决策提供依据，使社会主义经济在良性循环的基础上快速发展。

关于金融学科建设几个问题的探讨

背景说明

本文是 1997 年 9 月《金融时报》杂志社理论部与西南财大金融学院、汇通银行在成都联合举办的中国金融学科建设与发展研讨会的发言提纲。收录入由西南财经大学中国金融研究中心编辑的《金融学科建设研究》一书西南财经大学出版社 1997 年 5 月出版。

随着我国社会主义市场经济体制的建立，金融在国民经济和社会发展中的地位越来越重要，因而金融学科的建设和发展也就成为高等教育中一个很突出的问题。但目前理论界、教育界对金融学科的有关问题在认识上尚存在不少分歧，这里仅谈几点看法，以就教于同行。

一、金融学是一个学科群组，不是一门课程

无论从中外经济学对金融一词给出的定义，也无论我们现实生活中的实践，金融一词的含义是比较宽泛的，不仅包括货币理论、货币政策和货币市场运行，也包括信用与资本理论、资本流动和资本市场运营，还包括银行和金融机构及其经营、风险、管理和金融业务创新，还有企业财务与金融管理等。涉及货币、银行、资本、会计、统计、国际金融、金融史等内容，因此，金融学科是一个涉及金融理论与实务的一个科学体系，即金融科学是一个群组，而非一门课程所能容纳。这个群组具体构成了金融科学体系。

金融学科，笔者认为在基础理论方面，应有货币银行学、国际金融学、金融史，在业务方面，包括中央银行学、商业银行经营管理学、金融市场与投资学、保险学、金融会计学、金融统计学、金融法学、国际投资学、外汇管理学等。

二、金融学科既是理论经济学，又是实用经济学

在传统的学科分类中，经济学是研究理论的，研究宏观经济问题，培养国家公务员；而商科或称工商管理，是研究经营管理的，研究微观经济管理，培养企业家。银行被列入工商管理。我国在计划经济时期，政企不分，企业管理人员也属国家干部，无公务员和企业家之分，对经济学与工商管理不加区别，统属财经类。随着市场经济体制建立，政企分开，公务员与企业家也区别开来，经济学与工商管理也分别设立，而金融归属于哪一部分便成了争论的问题，有人认为应为工商管理，培养银行家；有人认为应属经济学，列入应用经济学；还有人提出它也有经济理论问题，应属理论经济学，众说纷纭。笔者认为金融学科既是理论经济学，又是应用经济学，还是管理学。由于当代经济社会发展必须有国家的干预，且更多地运用货币理论和货币政策，它是理论经济学的组成部分，但它又有很多应用理论和业务技术问题，故也是应用经济学。笔者觉得我们只需实事求是分析问题，无须硬套理论经济或应用经济的框框，理论必须能应用，应用需要有理论，应用更需要有具体业务，否则是无法成为科学的。其实把经济学截然划分成理论经济学和应用经济学两大类，也是不必要的。世上没有不联系实际的应用理论，也没有无理论应用科学，二者是统一的。

三、金融学科可以有不同的多种研究方向

金融学科既然是一个群组，在这个群组里，必然有相对独立、各有特点的研究范围和方向，也就是金融学科可以细化为若干研究方向。笔者认为目前研究的方向有：金融理论、中央银行与货币政策、商业银行、金融市场、保险、国际金融、金融会计、金融统计、金融信息、信托、租赁、合作金融等不同方向。

四、金融学科可分中等、高等和研究几个层次

金融学科既是理论经济学，又是应用经济学，所以它的建设需要根据

经济金融发展对金融人才的不同需要，划分为几个层次，如中等金融教育、高等金融教育和研究生教育，前者培养业务员，中者培养管理者，后者培养高层管理者和研究开发者。根据人才不同层次的需求，设计不同层次金融学科人才培养方案。对专科生、本科生、研究生在金融专业的不同层次上提出不同的要求，给予不同内容。对前者给予一定的基础理论，更多地给予业务技术、技能训练；中间层次理论与实务并重，培养其分析问题和解决问题的能力；最高层次更多的是培养能从实践中提出问题，研究问题，开发新的金融产品，创新金融业务的高级专门人才。依此目标，设计不同的理论与业务课程，采用不同的方法组织教学。

五、金融学科应随着经济和社会的发展而发展

金融学科与其他任何一个学科一样，都是不断发展和前进的，通过金融史和金融思想史的教育和研究，了解金融理论和业务的发展演变过程，从中认识金融创新的动力和创新的方法，并主动地调整金融学科的课程组合、内容更新和方向开拓，以满足经济需要，适应社会发展。根据目前我国经济和社会发展的水平和需要，我们必须在金融学科的基础理论研究方面，加强对社会主义货币运行机理研究，社会主义资本理论和营运研究，金融市场和金融中介研究，并将最新研究成果充实于教材之中，发展货币银行学理论；在金融学科的业务技术研究方面，加强对国内国际资本流动分析研究，国内外金融市场连接交叉及相互影响的研究，金融风险理论与防范的研究等，构筑社会主义货币运行理论、社会主义资本理论、社会主义金融风险理论，丰富和发展金融学科，使金融学科永远根植于实际经济活动之中，并永远对现实经济生活发挥指导作用。

《国际金融概论》序

背景说明

本文应李慧芬要求，为其《国际金融概论》一书所写的序言，中国金融出版社 1998 年 8 月出版。这本书是按照国家教委审定的高等财经学校财经类专业核心课程之一的国际金融教学大纲编写的。李慧芬现任山西财经大学金融学院教授、研究生导师。

在经济与金融全球化和一体化进程中，各国国内金融业自由化改革的速度日益超越经济的增长，国内金融与国际金融的界限在急剧缩小，国内金融逐步汇入充满动荡、充满竞争的世界金融潮流。当今世界一方面呈现出经济区域化、集团化特征，另一方面则表现为资本流动的多极化和多样化。发展中国家新兴证券市场的形成，使国际资本的来源和流向出现分流的态势，亚太尤其是东亚和东盟发展中国家和地区凭借相对经济优势，成为外国直接投资和证券投资的中心。发达国家银行业为争夺和占有信贷市场份额而加紧实施兼并，金融机构倒闭风和市场投机风，一波未平，一波又起。风险与竞争并存，导致了更大规模的金融创新，这使得以汇率和储备两大目标为中心的国际货币制度改革行动更加迟缓。当前发生在东亚和东南亚地区的金融危机给各国带来的不仅仅是震荡，更多的是调整的机遇。放松外汇管制，开放金融服务业和资本市场，仍将是未来世界经济的主旋律，国际区域合作以及南北、南南合作变得更为紧迫，国际金融机构的国际协调和监管作用亦将日益突出。国际金融所发生的上述种种变化，为当代国际金融理论研究和学科建设提供了丰富的内涵。

中国金融业的改革与开放在继续向纵深推进，这既是迫于国际市场变幻莫测的外部压力和挑战，同时又是来自国内经济改革与开放的内在需求与动力。1987 年，我国有近 3000 亿美元的对外贸易总值，占到国民收入的 40% 以上，贸易收支平衡问题对经济的稳定与发展至关重要。我国实际利用外资累计额已达 3600 多亿美元，外债管理与外资使用问题对促进经济结构的调整和企业转轨意义尤为深远。人民币实现经常账户下的可兑换和人民币市场汇率机制的建立，加快了国内经济与国际经济的接轨，国内外商品市场和资金市场的联系更加紧密。中国资本市场的开放，使外资金融机构不断涌入，股票、基金以及债券等多种形式的海内外融资初具规模。随着信贷、外汇及利率等风险的进一步加大，建立和完善中央银行宏观政策监管下的国际收支、外汇及外债体系更加刻不容缓。

《国际金融概论》一书在传统学科体系的基础上，对所述内容进行了必要的调整和更新，既体现了该学科体系的综合性和系统性，又注重了内容的广泛性和适度性，主次得当，深入浅出，对掌握国际金融基本理论和基本原理大有裨益。该书吸收了同类著作的有关观点和资料，取各家之长，反映了国际收支、外汇、国际货币制度、国际金融市场等领域的国内外最新成果，进一步拓宽了本学科的研究视野。该书在联系我国对外经济金融的新进展、新动态方面亦有独到之处，符合培养理论与实用两用型人才的目的，在体系设置和结构安排上也更趋合理，便于初学者学习，是一本较好的教材。

如何学习与研究金融理论

背景说明

本文原是和周升业教授主编的《中国金融理论》一书的导论。该书原名《中国社会主义金融理论》，1987 年受中国人民银行总行教育司委托编写，1988 年出版发行，1991 年 2 月在第二次全国高等院校金融类优秀教材评选中荣获二等奖。1993 年 9 月修改出版第二版。后来根据教学需要，决定将《中国社会主义金融理论》更名为《中国金融理论》并出版第三版，作为研究生教材。2004 年 12 月作者们再一次聚集北京，但因人事关系变动，未能按期出版。作为该书的导论，由作者起草，经周升业教授修订。在这里向周升业老师致敬。

一、金融与金融学内涵的争论

（一）问题的提出

随着中国经济体制改革的发展和计划经济向市场经济的转轨，财经类人才培养提出了新问题。首先，经济改革中的政企分开，使得政府部门的公务员与企业家分开，从而使原来财经类人才分为两部分，一部分是公务员中从事宏观经济管理的人才，他们需要学习宏观经济学理论，另一部分是从事企业经营管理的企业家，他们需要学习微观经济理论与工商企业管理，所以，原来的财经类人才培养，就理所当然地分解为经济学和管理学两部分。其次，在市场经济条件下，劳动者实行自由择业，用人单位自主选择，国家对大学生不再统包分配，于是，专业设置过窄，不利于大学生就业，大学的专业设置就必须"宽口径，厚基础"，需要根据市场需要培养人才。1996年国务院学位委员会公布了新的研究生专业目录，把"货币银行学（含'保险学'）"与"国际金融"合并为"金融学"，列"应用经济学"类之下。接着公布本科专业目录，把"货币银行学"、"国际金融"、"保险学"和"投资学"四个专业合并为"金融学"，列经济学学科之下。

有趣的是，20世纪90年代以来，获得诺贝尔经济学奖的项目，大部分属于金融领域的研究成果，金融成了经济学的热点。在国内，由于市场经济的发展，经济的商品化、货币化、信用化程度提高，金融体制改革，金融工具多样化、金融机构多元化，金融产业吸纳的劳动者特别是大学生数量增加，加上国内金融机构一分再分，证券市场发展，金融企业工资高、待遇好、提拔快，不仅财经类大学、综合大学办金融学专业，就连理工、农林、语言类大学也纷纷开设金融学专业，利用数学、外语优势直接引进"金融工程"、"金融资产定价理论"等。金融学成了大学热门专业。

1997年夏，中国金融理论界的专家在成都举行"走向21世纪的中国金融学科"研讨会。对于金融学专业的培养目标、知识结构、课程设置等，提出了许多不同的看法。[①] 那么，什么是金融？什么是金融学？金融学是经济学还是管理学？金融学是宏观理论还是微观理论？金融学是应用经济学还是理论经济学？金融学与货币银行学是什么关系？

（二）金融的含义

1992年经济科学出版社出版了美国《新帕尔格雷夫经济学大辞典》（中文版），该书给金融（Finance）的定义是："金融以其不同的中心点和方法论而成为经济学的一个分支，其基本的中心点是资本市场的营运、资本资产的供给与定价。其方法论是使用相近的替代物给金融契约和工具定价。"[②] 并且将金融的基本内容概括为四方面：一是有效率的市场；二是风险与收益；三是替代与套利：期权定价；四是公司金融。这种表述，显然与我们对金融的理解是不同的。

在中国，长期以来我们一直认为金融就是"资金的融通"，它包括货币、信用和金融机构。我们认为，货币源于商品流通中的交易行为，信用

[①] 曾康霖、徐永健：《金融学科建设与人才培养》，西南财经大学出版社1998年。

[②] 《新帕尔格雷夫经济学大辞典》，经济科学出版社1992年。

融资则是一种资金借贷活动，最初，二者是相互独立的。但是，随着商品货币经济的发展，货币活动与信用活动逐渐融合，比如信用货币代替了金属货币，货币收付一般都要通过金融机构进行等，于是，货币的形成与收付日益与信用资金收支、银行资金收付相互渗透，构成一个统一的过程。所以，研究金融不能撇开货币，否则就不得要领；研究货币运行不能不涉及融资活动，否则无法把握货币供求的调控。因此，金融不仅不可能把资金融通与货币完全分开，金融更不能离开信用与金融机构，否则就谈不上资金融通。资金融通的对象是货币资金，资金融通的主体是金融机构，资金融通的过程是信用。金融，必须包括货币、信用与金融机构，这就是金融的基本内涵。

但是，国家财政、企业理财也涉及货币、货币资金和信用，是不是也是金融？从 Finance 的外延去界定金融，应当涵盖国家财政和企业理财。

那么，我们可以给金融以广义和狭义的理解，广义的金融包括国家财政，包括货币、信用、信用机构及其市场交易活动，也包括企业理财。狭义的金融就是货币、信用、信用机构及其市场交易活动。中国长期的习惯用法是狭义的金融。那种把金融理解为资本市场的运作机制、市场的有效性、风险、收益和定价过程，是西方人的一种理解，并不是所有人的看法，按照中国人的习惯，似乎口径过窄了一些。这样，金融（Finance）可以有三种口径：宽口径、中口径、窄口径，我国传统的中口径的理解不宜改变。

（三）金融学的范畴

顾名思义，金融学是研究金融理论的科学。由于人们对金融的理解不同，对金融学的范畴也就有不同的理解，基本上分为宽、中、窄三种不同的口径。但是有一点是很一致的，就是金融学是一门不断发展的科学，在不同经济发展阶段和不同的经济体制下，金融学所涵盖的内容是不同的。黄达教授认为："当货币的运动与信用的活动虽有密切联系却终归各自独立发展时，这是两个范畴。而当两者不可分解地联结在一起时，则产生了一个由这两个原来独立的范畴相互渗透所形成的新范畴——金融。当然，金融范畴的形成并不意味货币与信用这两个范畴已不复存在。"[①] 在金属货币流通的条件下，"由于货币流通与信用活动还不能脱离金属货币这一

[①] 黄达：《货币银行学》（修订本），四川人民出版社 1992 年。

基础，金融活动在广度和深度上都受到贵金属生产规模的限制，金融这一范畴在经济生活和经济理论中还不具有特别的重要性和普遍的意义，它的实际使用也不广泛。现代生活中，各种信用货币的流通逐步取代了金属铸币的流通，货币流通与银行信用的内在联系有了质的变化……货币流通与银行信用活动已完全融为一体而不可分割。这样，把货币流通与银行信用活动作为整体加以研究显然更加必要，金融这一范畴也就具有了普遍意义。"①

这里需要指出的是，"金融这一范畴没有出现或没有被广泛使用，并不意味着金融活动没有产生和形成，在金融范围出现之前的货币流通和信用活动本身就是金融活动。之所以在货币交易和信用交易产生后的一个漫长的时间里，未能从具体的金融交易中抽象出金融这一范畴，是因为这一时期的金融活动对经济运行的主导作用并没有显现，只是'被动性'和'适应性'的作用，在这一条件下不可能形成完整的金融理论和独立的金融范畴"。②

在商品经济尚未充分发展的条件下，金融活动的内容与范围是比较小的，一般只有货币、借贷、借贷机构以及简单的金融工具、金融交易活动。此时的金融学理论也只能是简单的、浅层次的。随着商品经济的充分发展以至过渡到发达的市场经济阶段，金融渗透到了国民经济的各个方面，金融在经济中的核心地位日益突出，金融的内涵和外延得到了空前的丰富和发展，简单的"货币、信用和银行"或者"金融工具、金融机构与金融市场"无法描述金融的丰富内涵，金融学的范畴向相关学科渗透，逐渐向综合化方向发展，已经涉及宏观的和微观的、国际的和国内的、传统的和现代的，还有通过金融创新衍生的等方面的经济问题。所以，"现代金融学主要是在现代市场经济高度发展的基础上，在传统货币学、银行学、金融市场学和保险学等的基础上，以市场为中心融合发展的学科。它是以国内外金融市场为中心，以各种金融活动、金融关系、金融体系、金融运行及其相关的经济活动，经济关系的规律、特点、作用和实际运行为研究对象的科学，是金融理论与实践活动具有规律性认识的总和"。③

（四）金融学的学科属性

明确了金融学的范畴，我们就可以回答前面提出的涉及金融学学科属

---

① 胡关金：《金融经济学》，浙江人民出版社1989年。
②③ 张亦春：《金融学专业教育改革研究报告》，高等教育出版社2000年。

性的几个问题了。

1. 金融学是经济学还是管理学？

我们认为，由于金融体系具有一定的公共性，其产品是公共产品，其机构也具有一定的公共性质，金融的高度渗透力，把金融活动渗透到了社会各个方面，渗透到了相关的经济部门、经济主体以至个人。研究金融，必须研究相关的经济、社会、文化，把金融放在整个经济社会范围内分析研究；还必须研究相关经济部门、经济主体以及人们的行为等方面的问题，把金融问题的分析研究与经济部门、企业与个人经济关系与活动分析研究相结合。可以说金融学研究对象和范围具有很大的综合性，金融领域的一切理念、政策、制度、机制、机构、操作技术，在理论上，它属于经济科学，在职能上它又属于经济管理科学。所以，我们说金融学是经济学，但是它又有管理学的特点，现代金融学在经济学和管理学方面的交叉越来越多。

2. 金融学是理论经济学还是应用经济学？

长期以来，人们把金融业作为国民经济运行中的一个局部，金融学属于"部门经济学"，是经济学的一个分支。现在经济学划分为理论经济学和应用经济学，"理论经济学和应用经济学主要区别在于：理论经济学主要侧重对其研究对象的性质、范围的认识和界定上，抽象思维的成分较多；应用经济学则侧重对研究对象的实际操作、实用功能、运用程序设计上。西方国家通常习惯把金融学中货币银行学归属于理论经济学，而把金融学中的投资学、理财学以及对金融中介机构的研究等部分归属为应用经济学，前者更侧重宏观研究，后者则侧重微观主体行为的研究"。[①] 当然，理论经济学与应用经济学的划分是相对的，任何一门应用学科都有自己的理论基础；而任何一门理论学科都有自己的应用领域。不应用的经济理论和没有理论的经济应用是不存在的，只是强弱不同、侧重点不同而已。我们认为，金融学是一门应用性较强的理论经济学科，也是一门理论性较强的应用经济学科。因为金融学的主要内容，一般都涉及高深的经济理论，如货币的属性及本质、货币的供求与均衡、利率的确定、货币政策的传导等；同时又必须对现实经济金融问题和微观经济行为做出解释，并直接为实践服务，如直接融资与间接融资、金融投资与信托、银行存款与贷

---

① 张亦春：《金融学专业教育改革研究报告》，高等教育出版社 2000 年。

款等。

3. 金融学是社会科学还是自然科学？

传统金融学认为，金融是货币信用关系的总称，货币信用关系就是人们相互关系即生产关系中的分配和交换关系。所以，金融学就应该是社会科学。在当代市场经济条件下，货币借贷资本是特殊商品，它具有使用价值与价值两重属性，资金融通过程既有人与人之间的关系，也涉及生产力的配置或生产要素的配置，即涉及人与自然的关系。现在看来，金融学不仅具有社会科学属性，也呈现出向自然科学渗透的特征。如金融资产的组合与定价、保险产品的开发、金融风险的防范、金融工程等，不仅需要运用数学模型，也需要借助计算机技术来实现。同时，金融学与法学的联系也十分密切。金融学正表现出与其他一些学科相互交叉与渗透的特点，金融学已经不再是纯粹的社会科学。

4. 金融学与货币银行学是什么关系？

近年，在中国出现了两种"金融学"：一是从"货币银行学"演化来的"金融学"；二是19世纪末从国外商学院引进的其原名为"Finance"的"金融学"。

我们认为，第一种金融学，正是以自己百余年发展所形成的体系结构，结合宏观、微观层面，对金融领域的理论、体系、经营管理、运行机制等进行系统的、基本理论研究的金融学。它有历史的积淀，视野中知今知古，有厚度，是货币银行学的自然发展。第二种金融学，讲的内容是资本市场运行、操作的微观分析，按照前面所述观点，其逻辑结论称为《资本市场理论与实务》更符合中国的现实与习惯。但是无论如何，不能认为"货币银行学不是金融学"。事实上在20世纪的大部分时间里，货币银行学大部分内容是讲银行业务，讲金融的微观分析。改革开放后我们看到的西方货币银行学，金融的宏观分析占了统率地位，但依然有很大分量讲金融的微观分析。货币银行学的金融宏观分析比较宏观经济学里面对金融的分析，在接近生活、具体深入方面等具有不可代替意义，否定货币银行学是不合适的。

5. 金融学有没有可能成为一门独立的学科？

由于金融学的发展出现了与诸多学科，包括与理论经济学、管理学、数学、法学等学科的交叉，所以就有了金融学应当成为一门独立的一级学科的建议。这一想法不仅仅是近一两年的事，而在20世纪80年代初期，因为有人提出了几十种经济学，什么政治经济学、生产力经济学、人口经济学、工业经济学、土地经济学、生态经济学、农业经济学、发展经济学、劳动经济学等，著名科学家钱学森提出，经济学只有三种，就是主要研究生产关系的政治经济学、主要研究生产力的生产力经济学和主要研究资金问题的金融经济学。当代金融学的发展，确实正在向其他学科渗透和拓展，很有可能成为一门独立的学科。

（五）《中国金融理论》的书名

摆在读者面前的这本《中国金融理论》，其前身是 1987 年中国金融出版社出版的《中国社会主义金融理论》，与同年出版的《货币银行学原理》一起，是供金融专业本科使用的配套教材。当时，高校金融专业"货币银行学"教材大部分都分两部分，一是资本主义货币银行理论，二是社会主义货币银行理论，前者偏重市场经济中货币银行基本理论的研究，后者偏重中国社会主义制度下货币银行理论问题讨论。两书的作者基本是一个班子。这两本书是 1987 年受中国人民银行总行教育司委托，按照总行教育司制定的金融专业 6 门主干课教学大纲编写的。

经过几年时间，金融理论和实践有了很大发展，中国经济和金融领域有很多新的问题需要讨论，金融理论研究也有很多新的研究成果，教材亟须补充、修改和更新。经过修改，1993 年 9 月出版了《中国社会主义金融理论》修订本和《货币银行学原理》修订本，继续配套使用。

90 年代中期，根据经济金融改革的发展，各高校金融专业基本都把货币银行学的资本主义部分与社会主义部分合并。根据读者的意见和金融教学发展的需要，两书编写成员在中国金融出版社的支持下，决定调整这两本书的配套设置，将中国金融理论的一般问题并入《货币银行学原理》，《中国社会主义金融理论》书名不变，内容调整为讨论中国金融理论前沿的有关问题，著成一本"高级货币银行学"，为金融专业硕士研究生教学使用。《货币银行学原理》第四版与《中国社会主义金融理论》第三版成为金融专业本科生和研究生分别使用的教材。但是，编写一部金融学专业研究生使用的金融学理论教材是困难的，加上其他原因，《中国社会主义金融理论》未能按期推出，一直延续到今天，还只能就基础理论与现实问题相结合列出若干专题进行讨论，力图回答当代中国金融发展中的理论问题，更名为《中国金融理论》先行使用。

二、中国金融理论的演进

（一）古代中国金融理论

中国人使用货币大约已经有 5000 年的历史了。中国是世界上最早铸造金属货币的国家，侯马出土的公元前 7 世纪的造币厂比公元前 3 世纪欧洲古罗马的造币厂早 4 个多世纪。中国的货币理论早在公元前 6 世纪就已经出现了。《国语·周语》记载，公元前 524 年（周景王二十一年）铸大钱，单旗就提出了圣王制币论、铸币子母相权论、货币财富论等一套货币理论。比公元前 4 世纪古希腊的柏拉图和亚里士多德研究货币还要早。中国古代虽然是农耕社会，但是手工业、商业已经逐渐从农业中分离出来，不仅有了货币交易，而且有了借贷活动，因而金融理论开始萌芽。关于货币的性质，有"货币王权论"；关于货币流通，有"货币轻重论"；关于市场物价，有货币数量论；关于货币发行权，有"货币国控论"；关于信用活动，有"反高利贷论"。唐朝白居易（772～846 年）说："谷帛者生于农也，器用者化于工也，财物者通广商也，钱刀者操于君也。君操其一，以节其三，三者和钧，非钱不可。"[①] 建议政府利用货币这个工具调节经济和社会，可以说这是中国早期的货币调控理论。到了宋元时期，纸币出现，如何处理纸币与金属货币的关系，防止通货膨胀，就有北宋的"交子利害论"、南宋的"会子四戒论"和"货币称提论"、"钱物相等论"、"平准钞法论"，还有大额交易用纸币、小额交易用铜钱的"造铜钱以翼钞法论"等。[②]

（二）明清到民国时期的金融理论

进入明清时期，国内商品经济有了很大的发展，手工业发展，农产品商品化提高，出现了大批从事异地贩运贸易的商人，货币需求扩大，商业票据进入金融贸易活动中，金融机构增加，货币、银行等许多现实问题需要理论的解决，出现了一批金融理论的言论与著作。关于货币本位问题，王炜（1322～1374 年）提出货币是国家的命脉，是"以至无用而权至有用"之物，主张"用黄金、白银为钱，与铜钱并行"，"因其所利而利之者"，[③] 实际上是主张实行金银铜复本位制；黄宗羲（1610～1676 年）的

---

① 《白香山集》。
② 戴相龙、黄达：《中华金融辞库》，中国金融出版社 1998 年。
③ 《王文忠公文集·泉货议》。

"银钞表里论"，认为"银之力绌，钞以舒之"，主张废银，实行以铜钱为本的可兑换纸币制度；包世臣（1775～1855 年）"以钱为币论"，主张以制钱为本位的可兑换纸币制度，提出建立发钞总额"什之二、三"的"以实驱虚"的准备金制度；王鎏（1786～1843 年）主张废除金属货币，实行纸币制度，国家控制发行数量，用适度的通货膨胀政策发展经济，可以使"君足而后民足"，即使白银外流也不影响中国的货币流通，并且有专著《钞币雏言》刻印；许楣（1797～1870 年）反对不兑现纸币制度，针对王鎏著有《钞币论》，认为金属货币不能废止，纸币发行需要百分之百的金属准备，主张纸币的经济发行，反对财政发行；王茂荫（1798～1865 年）认为纸币发行量必须控制，但是他主张通过钱庄、银号发行兑换券解决"以实运虚"，即"钱钞可取钱"，"银票可取银"，钱庄银号需要有现金准备；还有丁履恒（1770～1832 年）、林则徐（1785～1850 年）、魏源（1794～1857 年）等的中国"自铸银元论"，以抵制外国银元流入套换中国白银的弊端发生，解决中国货币危机问题；马建忠（1845～1900 年）、康有为（1858～1927 年）、马寅初（1882～1982 年）等认为西方国家已经实行金本位制度，放弃使用银币，银价跌落，金价上涨，主张实行金本位制度或者虚金本位制度，解决中国对外经济交往中的被动局面；郑观应（1842～1921 年）认为银行是"商务之本"和"百业之总枢纽"，能够"聚通国之财"、"扩充商务"，应当自办银行，免受外国人的盘剥；太平天国领导人洪仁玕也提出"兴银行"的主张；梁启超（1873～1929 年）提出中央银行能够"掌握全国金融枢纽"，通过货币收放，"有时储于中央银行，有时散之于市场，凡以挤其平，广其用而已"。主张建立中央银行制度；孙中山（1866～1925 年）、廖仲恺（1877～1925 年）、阎锡山（1883～1960 年）主张实行"钱币革命"，废除黄金白银作货币，实行实物本位货币制度，即国家有管理的纸币制度，阎锡山进行了实验；[①] 20 世纪 40 年代通货膨胀严重，马寅初又提出了一套治理通货膨胀、稳定货币的理论和政策主张。[②]

（三）当代中国金融理论

中国当代金融理论是指从新中国成立以来的半个世纪的中国金融理论。当代中国的金融理论发展，大体可以分成两个阶段：一是从 1949 年

---

① 孙中山：《钱币革命》；廖仲恺：《廖仲恺集》"钱币革命与建设"；阎锡山：《物产证券与按劳分配》。
② 马寅初：《通货新论》，商务印书馆 1999 年。

新中国成立到 1978 年，是中国的计划经济时期，大概 30 年；二是从 1979 年改革开放到现在，是由计划经济向市场经济转轨时期，计有 27 年。这两个阶段的金融理论变化很大，联系紧密。

改革开放前 30 年，中国实行高度集中的计划经济，社会实物资源、财政资金、银行信贷资金统一由政府编制计划并统一调度，金融机构是单一的国家垄断的人民银行独家，其业务是代理国库、吸收存款、支付清算、办理超定额的季节性的临时贷款。如何调节全国的物资供求、财政收支和银行信贷收支关系，解决国家宏观经济调控问题，中国金融理论与实务工作者经过探索研究，提出了"三平理论"，即坚持财政收支平衡、信贷收支平衡和物资供求平衡，就能够实现经济发展、物价稳定。1984 年，黄达教授出版了《财政信贷综合平衡导论》，不仅对"三平理论"进行了理论概括，并且第一次将货币金融提到了宏观经济调控的核心地位；关于计划经济下货币流通的正常标志，提出了"1∶8 经验公式"，只要全国现金发行与物资供应保持 1∶8 的比例，就不会出现货币过多或者过少，各个省区根据自己的经济结构和货币投放省或货币回笼省的不同，需要高于或者低于这一比例；关于计划经济下的商业信用，有"商业信用取消论"、"商业信用发展论"和"商业信用利弊论"几种不同主张；关于实现国民经济计划综合平衡的操作目标，有"控制现金论"、"控制贷款论"、"货币信贷脱钩论"；关于控制信贷规模，有"存款决定论"、"贷款决定论"、"存贷款关系分别考察论"等；关于公有制条件下的货币理论，有"货币无用论"、"货币有害论"、"货币消亡论"；关于社会主义制度下货币的本质，有"货币有阶级性论"和"货币无阶级性论"；关于货币供求问题，有"潜在货币论"；关于货币政策，有"货币政策怪圈论"；关于通货膨胀问题，有"通货膨胀难免论"、"体制性通货膨胀论"与"结构性通货膨胀论"等。1998 年，国家停止了信贷计划规模控制，完全通过货币政策的间接调控实行对宏观经济的调节，中国的宏观金融理论有了前所未有的发展。在微观金融理论方面，伴随着金融工具、金融业务、金融机构的改革发展，银行理论、证券市场理论、保险市场理论以及金融风险与控制理论都有了突飞猛进的发展。可以说，改革开放的 25 年是中国金融理论的春天。

三、学习和研究方法

当前，在中国金融学教学中有两种倾向：一是传统货币信用学的改装；二是照搬西方教材。作为发展中国家的中国需要什么样的金融理论，如何建立既符合世界各国经济金融发展一般规律又符合中国经济金融发展的实际，既具有金融科学理论的前瞻性又能指导中国经济金融实践的教材，需要我们不断探索。

那么，如何学习和研究中国金融理论？

（一）既要有全球化视角又要从中国国情出发

改革与开放的迅速发展，使中国正成为市场经济国家，金融活动与世界上实行市场经济制度的国家越来越接近，在加入 WTO 以来，中国经济金融正在与世界接轨，融入世界金融市场。中国金融与世界市场经济国家的金融工具、金融业务、金融机构、金融制度越来越走向趋同，当然中国金融的理论也就不可能不受同一规律所支配，因此西方金融理论正在被大量引进。但是，中国金融活动的主要地域还是在国内，它不可能不受国内社会政治、历史文化、经济环境等的影响和制约，中国金融运行不可能没有自己的特殊性，今日的中国金融是昨日的中国金融的延续与发展，我们不可能把中国金融理论与西方金融理论等同起来。既要看到中国金融理论的世界性与共性，又要看到金融理论的中国特色与个性，研究中国金融理论，必须注意世界性与中国特色的统一、共性与个性的统一。

（二）既要理论的学习和继承又要理论的不断创新

金融活动是市场经济的产物，市场是没有边界的，每一个国家的金融工具、金融业务、金融机构以至金融制度，都在一定程度上受到其他国家的影响，我们要学习发达国家的金融理论与经验，使得外来的理论中国化，为中国经济发展服务，同时要继承我们自己的优良传统，善于总结我们的经验，并实事求是地进行理论分析与提升，使得中国金融成功经验理论化，重视金融的理论创新。中国金融活动的实践是理论创新的重要源泉。

（三）既要注意传统金融理论的方法论又要重视吸收数学、管理学、法学理论的方法论

因为金融学已经引入了数学、管理学、法学等学科的许多理论与方法，因此学习与研究当代金融理论，就不能不运用相关科学的技术和方法论。

（四）要在学习研究金融理论中学会学习

当代社会、企业以及个人的进步与发展，离不开学习，学习力就是发

展力。在金融理论学习研究中，我们要注意学会整合书本与社会的金融信息，学会质疑、分析、综合和创新，提升自我学习能力，提高效率，才能真正把金融理论学习好。

究理者，必穷其源

——评刘维奇教授《金融复杂性与中国金融效率》

背景说明

　　本文是 2009 年 9 月 14 日在阅读山西大学副校长刘维奇的新作《金融复杂性与中国金融效率》一书后写的一篇短文，原载《中国社会科学报》2009 年 10 月 20 日。当时，用数学方法研究微观金融特别是资本市场中金融资产定价和微观金融企业风险收益与效率等问题有很多很好的成果，而刘维奇则从宏观金融的视角，用数学方法研究金融的复杂性与金融效率而引人注目。

　　近日拜读由科学出版社出版的刘维奇教授的《金融复杂性与中国金融效率》一书，令人耳目一新。

　　在中国，用数学方法研究金融问题，已经有 20 余年，近年似乎成了经济金融研究的时尚，甚至有些经济学刊物非数学模型不发。但是，大多数文章，多是以数学方法研究微观金融，特别是资本市场中金融资产的定价和微观金融企业风险收益与效率等问题，而刘维奇的《金融复杂性与中国金融效率》一书，却是从宏观的视角用数学方法研究金融的复杂性与金融效率，这是比较引人注目的。

　　"金融是经济的核心"已经妇孺皆知，不论是一个国家、一个社会组织，还是一个公司或者一个家庭和个人，无不关注金融问题，货币的通胀与通缩、股市的走熊与走牛、外汇的升值与贬值，以至金融对经济社会发展营造什么样的环境，都是社会公众关心的问题。借助于高科技的交通电信、IT技术，使当代金融已经面目全新，有人称之为"新金融"。"新金融"催生了大量的金融创新，深化了金融复杂性，金融复杂性增加了金融不确定性，进而加剧了金融风险，剧烈的金融风险又成为诱发金融危机的潜因，金融危机又将严重地侵蚀金融效率的成果。当然，金融复杂性同时又助推着金融创新，创造着金融效率提升的机会。当今，如何从深层认识金融复杂性，如何从宏观上有效防范和化解金融系统风险，就是刘维奇教授本书中所讨论的重心。

刘维奇教授从宏观金融的视角，在探索中国金融系统如何实现金融创新、金融稳定、金融协调均衡发展的路径中，运用随机分析方法和计量模型，解析金融市场的外在非线性特征与内在变化规律，剖析中国金融市场结构和运作模式的金融风险和效率，突出地进行了三方面的探索：

其一，通过重尾指数（或重尾阈值）准确估计金融风险。

其二，通过波谱量子解析金融市场的非理性因素。

其三，通过建立多重分形收益模型深层认识金融复杂性。

在此基础上，进而阐述了"复杂性创造效率"的观点，用大量实证的分析方法，得出了金融创新可以从整体上提升金融效率的结论。

作者还认为，金融市场是一个复杂适应性系统。这是由于市场参与者，适应性主体的有限理性所决定的。正是这种有限理性，有时甚至表现为非理性的运动和扩散，使金融市场从原因复杂性转向结果复杂性。复杂性增加了人们认识和驾驭金融市场的难度，但是，复杂性也为金融系统的相对稳定性提供了支撑，营造了金融系统的创新空间，能够促进金融效率的演化提升。本书选用上证综合指数1990年12月19日至2006年7月10日的每周收盘价格的股指收益和1995年12月20日至2006年7月15日深证综合指数的每周收盘价格的股指收益为样本，进行分析和正态性检验，得出所选样本均不服从正态分布，且存在异方差，因而依赖于正态性或异方差性的检验方法不适用于中国证券市场。而用Wild BootstraP方法近似检验统计量的分布的方差比检验的优势在于克服了正态性与同方差假设的不足。结论表明，上证综合指数股指收益序列遵循随机游走过程或鞍过程，上海证券市场已达到了弱式有效。深证综合指数股指收益序列尽管在短期内服从随机游走过程，但是就长期而言不遵循随机游走过程，所以深圳证券市场尚未达到弱式有效，不过正向着弱式效率方向发展。虽然市场参与者存在非理性行为，虽然金融市场呈现诸多"异象"，但是来自于参与者的逐利本性促进了资产价格的价值回归，从而促进了金融资源的有效配置。因此，从市场整体来讲，个体的无效率可以成就整体的有效率。刘维奇教授的这些学术观点，是很值得我们重视的理论问题。

通观全书，作者不是机械地、简单地套用数学模型，而是高度重视理论模型、逻辑模型、数理模型和计量模型的统一，模型选择不仅满足理论、符合逻辑、遵循数理关系，实现了量化，而且所有假设条件都与实际相符，大大增强了论证的科学性和实践的可行性。作者的"个体行为无效率可以成就整体市场有效率"论断，支持了中国证券市场基本达到弱式效率或朝着弱式有效的方向发展的论断。作者的方法论体系，对推进中国金融研究具有很好的启示作用。

古人云："治国经邦谓之学"，"安危定变谓之才"，经国济世，须有才学。"学以聚之，问以辨之"，中国金融研究急需理论的突破。"究理者，必穷其源"，刘维奇教授的这本书，是一本有创新见解的好书。读未见书如得良友，我郑重地向朋友们推荐《金融复杂性与中国金融效率》。

中国金融学科在曲折前进中发展

——纪念《中国金融》创刊 60 周年

背景说明

本文是应中国金融杂志社的预约，为纪念《中国金融》创刊 60 周年而写的纪念文章，原载《中国金融》2010 年第 19～20 期合刊。文章概括了中国金融学科的演进和曲折发展的历程，包括中国金融学的源头、初创、发展以及发展中的曲折、争论，并在曲折与争论中发展前进的历史过程。

《中国金融》创刊 60 年来，坚持政策性、权威性、指导性，为引领中国金融业务发展做出了巨大贡献，同时也引领着金融科学的进步。作为一名金融理论战线的战士，欲借此回顾金融科学的演进，祝贺《中国金融》60 华诞的辉煌。

一、中国金融学科的演进

有人说中国从来没有金融理论，中国金融理论是从西方学来的。实事求是地说，中国金融学科不都是舶来品。自从有了人类文明史，有了货币和金融活动，也就逐渐萌芽了金融思想，作为系统的金融科学，经历了长期的历史演进。从实物经济到货币经济，从宏观货币理论到微观金融市场，从金融产品到金融风险控制，一步步不停地前进。早在 1260 多年前，唐朝白居易（772～846 年）认为："谷帛者生于农也，器用者化于工也，财物者通广商也，钱刀者操于君也。君操其一，以节其三，三者和钧，非钱不可。"这不就是国家通过货币政策调控宏观经济的思想吗？它比凯恩斯理论要早 12 个世纪。

（一）中国金融学科溯源

原生于东方文明的钱庄、账局、票号等金融机构，秉承儒家文化，创造了汇通天下的辉煌。晚清西学东渐之时，西方金融思想传入中国，与中国传统的金融相融合，为中国金融近代化铺平了道路。20 世纪 30 年代，全国银行 164 家，分支机构 1627 个，实收资本 4.02 亿元，存款总额 45.51 亿元，上海成为远东第一金融中心，黄金交易量是长崎、大阪和东京的总和。国内学者、官员撰写了一大批整理货币、兴办银行的文章与著作。北洋政府时期出版银行学著作 18 部，其中译著 7 部，国人自撰 11 部；国民政府时期出版银行学著作 42 部，其中译著 15 部，国人自撰 27 部。出版了《全国银行年鉴》、《中国银行业年度研究报告》、《银行月刊》、《钱业月报》、《银行杂志》等刊物。19 世纪 30 年代，中国金融学科开始建设，金陵大学、清华大学、北京大学、厦门大学先后设立了银行学及相关专业。

（二）新中国金融学科初创

新中国成立后，金融学科借鉴了原苏联金融学科模式和国民政府金融学科模式，如苏联金融学的经典教材《资本主义国家货币流通与信用》、《苏联社会主义货币流通与信用》，如国民政府金融高等教育体系的核心课程银行会计、统计、金融与贸易等实务。前者理论性很强，后者操作性技术性很强。同时，也吸收了革命根据地银行的直接经验，形成了具有当时中国特色金融学科模式。对社会主义信用的本质、形式、利息与信用总量等问题进行了理论阐述，金融操作集中在货币流通规律、计划、货币流通与商品流通关系等方面。在宏观层面，以马克思主义的货币、信用、银行理论为基础，研究资金运动的一般规律；在微观层面，以银行计划、银行信贷和银行结算具体业务为内容。金融学科的特征在于宏观上是计划金融，微观上是金融业务。受计划体制的制约，关于货币供求、金融产业化、金融中介、金融风险管理等问题都未能纳入研究对象。

（三）金融学科的发展

"文化大革命"结束后，1979 年农业银行、保险公司恢复；之后，人民银行专门行使中央银行职能，三大专业银行从人民银行中分离出来成为商业银行，证券交易从场外交易演进到现代化的沪深两所有组织的交易市场。中国金融业分成两个层次：一是中央银行体系，逐步演化为"一行三会"；二是三大类金融企业，商业银行体系、资本市场（证券公司）体系、保险业体系。这个时期，金融学科在原有基础上再次借鉴现代西方金融理论，形成了适合中国的金融学科体系。金融学人不仅有大批国内培养的金融才俊，还有一批海归学子，对中国金融问题提出了自己的观点和理论，对世界金融学演进也有了相当的话语权。这个时期，反思计划经济，放眼西方金融前沿，金融学术研究空前活跃，涌现出一大批分析中国金融实践的理论成果，高校金融学教育在整个高等教育体系中的学科地位非常突出。

1987 年以前，中国高校金融专业的"货币银行学"曾经分两部分，一是资本主义国家货币银行理论，二是社会主义货币银行理论，前者偏重市场经济中货币银行基本理论研究，后者偏重中国社会主义制度下货币银行理论问题讨论。90 年代开始，紧随金融改革步伐，两部分课程合并为一门，研究市场经济下货币银行理论问题。1997 年东南亚金融危机，把中国金融学者研究推进到一个新的高潮。同年，全国金融学资深专家与新一代学者，聚集西南财经大学，就"金融学科建设与人才培养"为题进行了激烈讨论，提出了许多新的理论见解。不久，高校金融学专业，将《货币银行学》改为《金融学》。但是，也发生了新的争论：金融学科基础究竟是货币和经济运行关系，还是微观金融操作，金融学科的内涵与范畴如何界定，等等，一直延续到 21 世纪初，争论达到高潮。

二、金融学在争论中前进

（一）问题的提出

中国在改革开放后，现实对财经类人才培养提出了新问题：一是由于政企分开，公务员与企业家分开，原来的财经类人才，分为经济学和管理学两部分；二是劳动者自由择业，用人单位自主选择，国家不再统包大学生就业，专业设置必须"宽口径，厚基础"。根据社会需要，1998 年，国家把"货币银行学"、"国际金融"、"保险学"和"投资学"四个专业合并为"金融学"。随着经济改革的深入，商品化、货币化、信用化程度提高，金融业的迅猛发展，金融产业吸纳的劳动者特别是大学生增加；国内金融机构一分再分，资本市场发展，金融企业工资高、待遇好、提拔快，不仅财经类大学、综合大学办金融学专业，理工、农林、语言类大学也纷纷开设金融学专业，金融学成了高校最热门专业。在国际方面，20 世纪90 年代以来，获得诺贝尔经济学奖项者，大部分属于金融领域研究成果，金融问题成了经济学的热点，有人说金融学占领了经济学的领地。于是，何谓金融学，引发了一场大争论。

（二）金融学内涵的认定

1992 年经济科学出版社出版了美国《新帕尔格雷夫经济学大辞典》（中文版），该书给金融（Finance）的定义是："金融以其不同的中心点和方法论而成为经济学的一个分支，其基本的中心点是资本市场的营运、资本资产的供给与定价。其方法论是使用相近的替代物给金融契约和工具定价。"将金融的基本内容概括为：一是有效率的市场；二是风险与收益；三是替代与套利、期权定价；四是公司金融。在中国，金融通常被认为就是"资金的融通"，包括货币、信用和金融机构的活动。资金融通的对象是货币资金，资金融通的主体是金融机构，资金融通的过程是信用活动。货币、信用与金融机构，构成金融的基本内涵。但是，国家财政、企业理财也涉及货币、资金和信用，是不是也是金融？从金融的外延来界定，应当涵盖国家财政和企业理财。那么到底怎样界定金融的内涵？在此时，黄达老先生提出了金融含义的"三口径说"：宽口径金融包括国家财政、货币信用和信用机构及其市场交易活动、企业理财；中口径金融包括货币、信用、信用机构及其市场交易活动；窄口径金融包括资本市场的运作机制，市场的有效性、风险、收益和定价过程。中国人的习惯，当然是中口径的金融。由此，统一了大家的认识。

（三）金融学的范畴

顾名思义，金融学是研究金融理论的科学。由于人们对金融的理解不同，对金融学的范畴也就有不同的理解。但是有一点是很一致的，就是金融学是一门不断发展的科学，在不同经济发展阶段和不同的经济体制下，金融学所涵盖的内容是不同的。在农业经济时代，金融活动不具有重要性和普遍的意义。在信用经济时代，金融开始活跃。在金融经济时代，金融具有普遍意义，成为国民经济的核心。现代金融学，是在现代市场经济高度发展的基础上，在传统货币、银行、金融市场和保险等理论基础上，以市场为中心融合发展的学科；是以国内外金融市场为中心，以各种金融活动、金融关系、金融体系、金融运行及其相关经济关系的规律、特点、作用和实际运行为研究对象的科学，是金融理论与运用规律的概括。

（四）金融学的学科属性

20 世纪 90 年代，教育部把《金融学》确定为高等学校经济学、管理学各专业的核心课程，是金融学专业最重要的统率性专业基础理论课。那么，金融学学科是什么性质的科学又被提了出来，经过多年争论，逐渐趋于统一。

1. 金融学是经济学又具管理学特点

由于金融体系具有一定的公共性，金融产品、机构具有公共性质，其高度渗透力，把金融活动渗透到了社会各个细胞。研究金融，必须研究相关的社会、经济、文化，把金融放在整个社会经济范围内分析研究。可以说金融学研究对象和范围具有很大的综合性，金融的一切理念、政策、制度、机制、机构、操作技术，在理论上属于经济科学，在职能上它又属于经济管理科学。所以说金融学是经济学，但是又有管理学的特点，现代金融学在经济学和管理学方面的交叉越来越多。

2. 金融学是应用性很强的理论经济学，也是理论性很强的应用经济学

长期以来，人们认为金融学属于"部门经济学"，是经济学的一个分支。现代经济学划分为理论经济学和应用经济学，前者侧重研究对象的性质、范围的认识和界定上，抽象思维较多；后者侧重于对研究对象的实际操作、实用功能、运用程序设计上。西方通常把前者归属于理论经济学，把后者如投资、理财以及金融中介等归属为应用经济学。实际上，任何一门应用学科都有自己的理论基础；任何一门理论学科都有自己的应用领域。所以金融学是一门应用性很强的理论经济学，也是一门理论性较强的应用经济学。它不仅涉及高深的经济理论，如货币的属性本质、货币供求与均衡、利率确定、货币政策传导等，同时又必须对现实经济金融问题和微观经济行为做出解释，并直接为实践服务，如金融投资与信托、银行存款与贷款等。

3. 金融学是社会科学又不是纯粹的社会科学

传统金融学认为，金融是货币信用关系的总称，研究生产关系中的分配和交换关系，所以金融学是社会科学。在当代，借贷资本是特殊商品，具有使用价值与价值两重属性，资金融通既有人与人之间的关系，也涉及生产力配置或生产要素配置，涉及人与自然的关系。金融学不仅具有社会科学属性，也呈现出向自然科学渗透的特征。诸如金融资产的组合与定价、保险产品的开发、金融风险的防范、金融工程等，不仅需要运用数学

模型，也需要借助计算机技术来实现。同时，金融学与法学、心理学、神经学等联系也十分密切。金融学正表现出与其他一些学科相互交叉渗透的特点，金融学不再是纯粹的社会科学。

4. 金融学是货币银行学的发展

2000 年前后，中国出现两种"金融学"：一是"货币银行学"演化来的"金融学"；二是从国外商学院引进的"Finance"的"金融学"。第一种金融学，是以自己百余年发展所形成的结合宏观、微观层面，对金融领域的理论、体系、经营管理、运行机制等进行系统的基本理论研究的金融学，有历史的积淀，有古今视野，是货币银行学的自然发展。第二种金融学，是资本市场运行、操作的微观分析，是中国现实与习惯中的"资本市场理论与实务"。"货币银行学不是金融学"的说法是不成立的。事实上，在 20 世纪大部分时间里，货币银行学是讲银行业务，讲金融的微观分析。西方货币银行学中，金融的宏观分析居于统率地位，但依然有很大分量讲金融的微观分析。货币银行学的金融宏观分析更接近生活、具体深入，是宏观经济学不可代替的。

在反复争论中，人们开始考虑认识到，中国金融学的学科特征，应该是结合中国实际情况，构建适合中国国情、具备战略竞争力的现代金融教学研究体系，必须紧扣国家金融发展的现实命题。

三、中国金融学演进的轨迹

中国金融学科是在中国经济金融实践中不断总结自己经验上升为理论过程中，同时也不断地吸收国外金融理论成果和实践经验中发展起来的。60 年来，中国金融学科始终具有鲜明的时代特征，与国家经济发展阶段、国际经济环境同呼吸，从相对封闭走向全面开放，从单一路径走向多元化发展，真实地体现了学科发展服务于经济建设的基本思路。

回顾中国金融理论的演进发展，有三个重要转变：一是从货币分析到金融分析。历史上货币问题研究比较突出，而且侧重于理性研究，而现代越来越多地重视金融工具、金融运行、金融机构与经济发展的分析，大大地拓宽了金融对经济作用的范围和作用力。二是从定性分析到定性定量分析，除定性分析外，越来越多地运用数学、模型分析法，对问题进行较严格的科学论证。三是从宏观分析到宏微观分析，过去偏重货币本质、通货膨胀、金融与经济发展等宏观问题分析，而现代金融理论在宏观层面研究之外，越来越多地从微观层面进行研究，成为指导微观金融企业行为的重要手段。四是从经济金融领域研究拓展到金融的社会工程化、人的金融心理与行为研究，延伸到数学、心理学、神经学、工程学等领域。

60 年来，中国金融业和金融学科与西方遵循了不完全相同的发展路径。有人说 20 世纪 50~70 年代的计划经济阻碍了中国经济的发展，其实是中国特色道路的探索，模仿型的金融创新，在当时集中精力搞工业化的时候也是一种最佳的选择。马克思的货币理论，为中国金融学科奠定了坚实的学科基础。渐进式转轨以来，股份制银行、证券公司、保险机构丰富了中国人的金融生活，我们没有纯粹沿袭西方金融理论，中国金融学科的基础始终饱含着华夏骨髓里的"信"和"义"。当然我们也借鉴了西方金融学中的技术手段，如金融业务、机构管理、计量风险的管理学属性，以及重视货币供求、宏观调控等经济学属性。但我们对前一属性强调控制自身风险，而非西方的一味风险分散，我们对后一属性强调货币政策合理性与国际协调，而不是通过铸币税剥削全球。

四、中国金融学科发展趋势

20 世纪 80 年代初，有人提出了几十种经济学，如政治经济学、生产力经济学、人口经济学、工业经济学、土地经济学、生态经济学、农业经济学、发展经济学、劳动经济学等。钱学森先生说，经济学只有三种，主要研究生产关系的政治经济学、主要研究生产力的生产力经济学和主要研究资金问题的金融经济学。近年，金融学在宏观金融、微观金融研究之外，又在交叉学科研究方面有了较大发展，出现了与诸多学科的交叉渗透。所以，2009 年 8 月首届金融学博导镜泊湖高级研讨会上，专家们一致呼吁将金融学列入国家一级学科。

目前，中国金融学科已经拥有了一系列核心课程，形成了具有中国特色的金融学教育框架。在宏观层面有货币银行学、国际金融学、中央银行学、金融监管学；在微观层面有公司财务、证券投资学、商业银行学、金融风险管理；在交叉金融学方面有行为金融学、金融工程、金融法学等。在此框架下，金融学科国际化、研究范式化，正在成为中国金融学人思考的问题。

1. 后危机时代金融学的地位

实体经济与虚拟经济之间的关系，马克思有过答案。金融是从实体经济中衍生出来的。社会经济运行是不是需要金融化?

2. 新金融学需要考虑国家救市问题

1987年亚洲金融危机中,马来西亚、中国香港政府救市时有很多人反对。美国金融危机后可以肯定了,救市是必要的。金融问题不完全是市场问题、经济问题,国家参与是必要的。

3. 金融危机发生的机制问题

"二战"后至今的金融危机似乎告诉人们,危机发生的机制,很大程度上是信贷周期、经济扩张周期和银行监管周期的同步共振。三者均以应对扩张为起点,在流通中刺激资产价格膨胀,并互相强化,把宏观经济运行推向危机。这种共振的频率正越来越快。巴塞尔协议加剧了顺周期的程度,而对个体机制的监督何以能解决宏观问题?金融的外部性越来越突出。

还有金融资源及其配置问题。中国企业去外国上市,外国非金融品可以产生衍生品,中国房地产价格指数在国外成为上市期货,中国金融定价权在哪里?中国劳动者低工资,降低了出口成本,换得外汇购买美国国债,美国反倒说我们操纵汇率,要予以制裁。外国商业银行入股中国商业银行,竞争者成为自己的股东,如何在国际市场发展?金融资源论必须迅速深化,不可以让少数人垄断国际金融资源。

4. 数学模型运用问题

西方证券信用评级通过数学模型进行,信用违约概率公式是所有次级信贷证券风险计算的基础。该模型未考虑开放的金融工程系统因素,评估限于信用风险。当风险显现时,又大规模地对级别进行快速调整,对市场造成冲击。再好的数学模型也不可能捕捉到驱动全球经济的全部变量。必须记住,数学方法是在密闭系统下进行,而社会是开放的、动态的。模型是必要的,但不是唯一的。

金融理论源于金融实践,金融实践需要金融理论支持。《中国金融》杂志新一轮甲子,必将更加辉煌。愿《中国金融》继续为中国金融引航。

后危机时代金融学的几点思考

背景说明

本文是 2010 年 4 月 16 日在太原金融工程理论讨论会上的发言稿。经过 2008 年美国次贷危机引发的全球性金融危机，作者对金融理论进行了反思，认为至少有四点需要写入新的金融学理论，即金融危机发生机制、危机时期的国家救市、全球金融资源的配置问题和数学模型在金融经济中的运用问题。

改革开放以来经济金融的迅猛发展，丰富和发展了中国金融学的内涵。金融学正在走向三个分支：宏观金融学、微观金融学、交叉金融学。

我虽然从事金融学教学 47 年了，但是从来没有像今天这样感到金融学理论的深奥与吃力，也从来没有像今天这样感到人才济济、英才辈出。从山西财经学院到山西财经大学，我们曾多次组织全国性金融学的理论研讨会，从来没有像这次这么多博士，也从来没有像今天这么年轻。虽然我已经进入了古稀之年，我为我们山西财大、我们国家金融学教育后继有人而感到无比高兴。

山西财大金融学研究虽然比较兄弟院校有些滞后，但是，我们的祖先创造的金融业的辉煌，还是很值得来自全国的专家考察的。保德的商代铜贝币、侯马的春秋晋国造币厂、汾州宋金王立墓葬壁画票据兑换图以及清代票号、账局，以至太行山上的冀南银行、五台山上的晋察冀边区银行、吕梁山上的西北农民银行等组成中国人民银行进入北京，统一全国，等等。还能够大饱各位学者的眼福。欢迎大家到山西来传播新的学术思想，欢迎大家来山西考察研究金融发展史。愿大家在太原参加会议与学术考察期间快乐顺意。

我谈几点想法。

一、金融危机发生的机制问题

"二战"后的金融危机，特别是这次由美国引发的全球金融危机，可以看出，危机发生的机制，在很大程度上是信贷周期、经济扩张周期和银行监管周期的共振。经济上行时，资本充足率可以达到，银行倾向于继续贷款，金融监管倾向于运行正常。经济下行时，银行倾向于紧缩信贷，金融监管倾向于严格控制，把宏观经济运行送上了危机。

看来我们对这种共振及其频率研究、巴塞尔协议整体与个体之间的关系还没有研究透。

二、宏观调控国家救市问题

1987 年亚洲金融危机中，马来西亚、中国香港政府救市，美国有很多人反对。现在可以肯定了，政府救市是必要的。调节宏观经济的两只手都很重要。这个问题也不是凯恩斯最早提出来的。是中国人，这就是白居易"谷帛者生于农也，器用者化于工也，财物者通广商也，钱刀者操于君也。君操其一，以节其三，三者和钧，非钱不可"最早提出的。

金融问题，不完全是市场问题，国家参与的意义是肯定的。

三、金融资源及其配置问题

美国控制全球性金融资源。中国企业没有钱，国家鼓励去外国上市；外国的非金融品也可以产生衍生品，中国房地产价格指数期货在他们的金融市场上市，意味着中国房地产定价权、金融证券的价格决定权去了外国。

我们把劳动者工资定得很低，降低了出口成本，换得外汇去购买国债，支持了美国经济的发展，美国反倒说我们操纵汇率，要制裁我们。

我们的商业银行引进战略投资者，让外国商业银行入股我国商业银行，国际市场上的竞争者成为自己的股东，是不是自杀？

看来，金融资源论必须迅速深化，由理论研究进入应用研究。

四、数学模型运用问题

美国证券信用评级通过数学模型进行，信用违约概率计算公式是所有次级信贷证券风险计算的基础。该模型在应用中没有考虑开放的金融工程系统的其他因素，评估仅限于信用风险。当风险显现时，又大规模地对级别进行快速调整，从而对市场造成冲击。"从数学意义上讲堪称一流的"模型，不可能捕捉到驱动全球经济的全部变量。

台湾交通大学陈安斌教授说，"美国很神勇地过度相信扩大资金之杠杆操作，其风险仍在可控制范围"，导致了这场危机。

数学解决问题的理论，是问题本身必须是在密闭系统环境中。社会是开放的，系统是动态的，系统更是演化的。社会问题的解答是多元的，也是多目标的，社会创新需求的答案是来自于问题解答能否与动态演化环境相适应。

孔祥毅金融思想学说概要

背景说明

　　本文是 2011 年初提交西南财经大学中国金融理论研究中心《百年中国金融思想学说史》课题组的稿件。文章总结概括了作者在金融理论方面的认识，如中央银行制度变迁与功能演进规律、金融与经济社会协调发展规律、后进国家或地区追赶经济发达国家或地区的金融先导战略、明清中国商业革命导致金融革命等。金融革命的标志是中国式商业银行覆盖全国城镇、票据流通在财富转移中代替金属货币、债权债务的非现金清偿网络基本形成、金融机构企业化管理形成并规范运作、商业金融机构开始为政府融资、商业金融介入国际金融市场、金融同业公会形成并在监管中发挥作用等。

　　孔祥毅，山西财经大学教授，享受国务院特殊津贴专家，商业部部级优秀专家，博士生导师。现任中国商业史学会名誉会长、中国金融学会常务理事、全国高等财经教育研究会顾问、山西省金融学会副会长兼学术委员会主任、山西省孔子文化研究会会长、山西省人文社科重点科研基地山西财经大学晋商研究院学术委员会主任等。

　　1963 年由山西财经学院财政金融专业毕业后留校任教至今。曾先后担任山西财经学院金融教研室主任、财政金融系副主任、经济研究所所长兼科研处处长、《山西财经学院学报》主编、山西财经学院副院长、院长兼院学术委员会、学位委员会、教材编委会主任，山西财经大学党委书记。孔祥毅主要研究方向为金融理论与金融史，兼及晋商票号。1963 年冬开始参加《山西票号史料》编写组工作；1974～1977 年受命参与中国人民银行总行金融史研究组关于"阎锡山和山西省银行"的研究，从而进入了金融史研究领域。他的金融思想大部分都是从金融史研究中切入和发现的。曾主持国家与省部级以上研究课题 30 多项，出版专著与高校金融类教材 30 余部，发表学术论文 200 余篇，代表性学术论著有《中央银行概论》、《金融经济纵论》、《百年金融制度变迁与金融协调》、《中部崛起下的山西金融机制创新研究》、《金融票号史论》、《晋商学》、《晋商与金融史论》等。多项成果获国家与省部级奖，获山西省优秀研究生指导教师、中国老教授协会"老教授科教工作优秀奖"等。

一、央行制度变迁与功能演进论

（一）央行制度变迁与功能演进论的内容

中央银行理论与实务，是随着中央银行制度变迁与功能演进发展的。孔祥毅认为，中央银行制度的先驱是古代的公共银行。在中国，作为政府的金融机构，可以追溯到公元前 11 世纪的西周初年，"太公为周立九府环法"是中国最早的政府金融机构和货币立法。历经秦、汉、唐、宋、明、清，政府常常出台干预货币金融的政策。在西亚和欧洲，金融业从寺庙借贷和摊桌钱币兑换商开始，政府为了反对高利贷，也为了减轻雅典和德劳斯神殿带来的影响，古希腊的许多城市从公元前 4 世纪就决定成立公共银行，由政府官员掌管和监控。这些公共银行，除了充当银行本身的职能作用以外，还负责征收赋税和铸造货币。在 15～16 世纪欧洲文艺复兴时期，公共银行再度出现。到 1668 年瑞典组建王国国家银行，这就是人们讲的最早的中央银行。因为货币信用的出现、存在及其发展具有公共性，客观上需要公共机构的管理，在漫长的农业社会中缓慢前进，但它只能说是中央银行的先驱。

1694～1913 年是中央银行制度的产生时期。17 世纪晚期，在英国的商界和政界出现了这样一种意志：组建一个大型银行机构，同金银器商兼银行家竞争，并为私人和公共利益服务，同时这家银行不依附于任何一方。到 1694 年 7 月产生了英格兰银行。在工业革命中，银行业迅速发展，银行券发行与流通的地域和信用问题、银行票据交换问题和发生危机后对商业银行的救助问题等不解决，严重影响到经济的正常运行。1825 年和

1837 年英国爆发两次经济危机，都是从货币信用领域突破的，1825 ~ 1826 年有 140 家银行倒闭，国际收支呈现逆差，黄金外流。事过之后发生一场关于银行券发行保证的大争论，1844 年通过了《英格兰银行条例》，英格兰银行逐步垄断了全国货币发行权，成为政府的银行、银行的银行、发行的银行。在法国，1800 年组成了法兰西银行并发行银行券，总经理与副总经理由国家元首任命，19 世纪 30 年代，它曾给君主政体的政府以帮助，在普法战争中，又成了向普鲁士投降的反动派的金融后盾。在美国，1791 年国会批准建立第一美洲银行，联邦政府掌握 20% 的股权，掌管政府存款，为全国各地转拨资金，并通过拒收过度发行钞票的州立银行的银行券或拿这些银行券去要求发行银行兑现黄金，借以管理州立银行，受到州立银行攻击，仅过 20 年短命夭折。1816 年政府批准第二美洲银行开业，亦落得同样命运。直到 1863 年国会通过了全国货币法案，建立国民银行制度，由财政部下设"货币流通监理官"监理国民银行活动，1907 年经济危机中着手成立货币委员会，1913 年通过《联邦储备法》，才建立了真正的中央银行制度。在中国，1904 年（光绪三十年）年由户部奏准设立户部银行，后改大清银行。邮传部借口户部银行管不了外汇，发生了"镑亏"，申办交通银行，发行纸币，经理铁路、轮船、电报、邮政四部门的款项收支，出现两个"中央银行"。这一时期，各国都意识到货币发行需要统一管理，开始组建中央银行，但尚属幼稚，功能极为简单。其特点，一是由经营存放款的普通银行自然演进；二是逐渐集中货币发行；三是对一般银行提供服务。其功能只有政府融资功能、货币发行功能和集中准备、票据再贴现、转账结算等金融服务功能。

1914 ~ 1944 年是中央银行制度的扩展时期。"一战"前帝国主义国家战争气氛紧张，均大力集中黄金，战争期间经费多由中央银行借垫，钞票大增，通货膨胀。1920 年 39 个国家在布鲁塞尔举行国际金融会议，认为需要先使各国财政预算平衡，以断通货膨胀之源；同时确定"发行银行应脱离政治压迫而自由，更应恪守金融谨慎的原则"。1922 年又在日内瓦举行会议，提出"各国未设中央银行者，应即设立。"会后各国中央银行发展很快。这个时期中央银行的特点：一是新设中央银行大多是人为创设型；二是中央银行重心在于稳定货币；三是集中储备成为稳定金融的重要手段；四是中央银行的金融监管被提到议事日程，但主要是准备金制度。此时央行的功能，除了政府融资功能、货币发行功能、金融服务功能外，又产生了金融监管功能。

1945 年以来是中央银行制度的强化时期。两次世界大战一次世界性经济危机，金本位崩溃，各国实行管理通货制度，1945～1971 年，为了恢复经济，稳定金融，各国加强了对中央银行的控制，开始了中央银行国有化进程，并成为国家机器的组成部分。在凯恩斯理论影响下，制定和实施货币政策成为中央银行最突出的职责。20 世纪 40 年代至 60 年代末，中央银行实施货币政策调控宏观经济，使经济发展很好。但是到了 70 年代初，出现了长期的滞胀，货币主义抬头，后来又有供应学派等，货币政策如何调控宏观经济，在政策目标、政策工具、传导机制及其中介目标、操作目标等理论与方法问题上实践经验与应用理论都有很大的发展。这个时期经济犯罪在世界范围内呈上升趋势，政府不得不赋予中央银行反洗钱职责；社会诚信问题的突出，金融系统征信及其资源共享也需要国家出面协调组织管理，也只能由中央银行负责；伴随着交通电信高科技的进步，经济金融化、金融全球化的发展，国际间的金融合作与协调，更得中央银行承担。所以，当代中央银行出现了许多新的特点：一是国有化成为中央银行的重要准则；二是中央银行成为国家机构的一部分；三是制定和实施货币政策成为中央银行的最重要职责；四是中央银行的国际合作与协调日益加强。于是中央银行的功能又一次得到发展，在政府融资功能、货币发行功能、金融服务功能、金融监管功能之外，调控宏观经济功能格外突出，而且产生反洗钱功能、征信管理功能、国际协调功能。

通过对中央银行制度变迁的研究，孔祥毅认为，中央银行不是欧美人的发明，而是世界各个国家和民族共同创造的社会公共机关。中央银行的功能是不断拓展不断深化的，同一个功能在不同时期的具体内容也是不同的。如国家垄断纸币发行，因为货币发行能够获得铸币税的收益，所以货币发行是国家主权，在当代商业银行可以通过转账结算机制创造存款货币，企业可以通过商业票据创造支付手段，而且在电子技术条件下存款货币所占比例越来越大，加上外币或者外汇的支付，铸币税收入已经发生重大变化，这些年出现了"一国多币"或"多国一币"等。他还认为，国家调控经济不是从凯恩斯开始的，公元前 7 世纪，中国的管仲（约公元前 723～前 645 年）就说："五谷食米，民之司命也；黄金刀布，民之通施也。故善者执其通施，以御其司命，故民可得而尽也。"唐朝白居易（772～846 年）也说："谷帛者生于农也，器用者化于工也，财物者通广商也，钱刀者操于君也。君操其一，以节其三，三者和钧，非钱不可。"都讲的是政府要利用货币这个工具调节经济和社会。国家通过"看得见的手"调节经济的历史至少有将近 4000 年。古巴比伦帝国的第 6 位国王汉谟拉比（约公元前 1792～前 1750 年）制定的《汉谟拉比法典》，古中国的秦始皇、汉武帝、武则天等都用过"看得见的手"调控经济。利用货币金融政策调节经济社会古已有之。"二战"以后，国家通过中央银行的货币政策调控宏观经济在具体内容和方法变得更科学、更有力。现代各国央行的国际协调越来越重要。1922 年国际会议决定搞国际性货币体系，到 1944 年布雷顿森林产生国际货币基金组织，1974 年建立巴塞尔委员会，其文件成了发达国家和新兴市场国家银行监管当局共同遵守的准则。由于国际经济活动固有的溢出效应，为了国家金融安全，中央银行肩负国际金融协调的重任。[①]

（二）央行制度变迁与功能演进提出的背景与环境

孔祥毅对中央银行制度的研究，始于 20 世纪 80 年代初，当时金融改革刚刚起步，人民银行对"统存统贷"高度集中的信贷计划管理实行改革，提出了"存贷挂钩，多存多贷"。孔祥毅在 1981 年 1 月全国货币理论讨论会上，提出"多存可以多贷而少存却不会少贷，有可能带来信用膨胀，进而引起通货膨胀。"[②] 他还撰写了《中央银行的演变及其在我国独立设行的必要性》、《论人民银行通过货币政策对宏观经济的调节》、《略论货币流通的正常标志》、《控制货币，搞活资金》等论文，从不同角度进一步阐释了他的见解。接着开始了中央银行制度研究，到 1984 年他和慕福明完成了《中央银行概论》初稿，并在山西全省银行系统经济师培训班讲授。1986 年 8 月中国金融出版社出版了他的《中央银行概论》，引起社会关注。因为它是新中国第一本研究社会主义中央银行的专著，内容包括央行产生的四个经济基础、央行组织与性质、央行职能与作用、央行与财政的关系、央行的发行与清算、央行对宏观经济的调节、央行的金融管理、金融法制、信息系统等，成为后来《中央银行学》的基本框架。从此奠定了他在我国中央银行理论领域的地位。

经济金融化，金融全球化、自由化，给中央银行的宏观调控提出了新的挑战，孔祥毅对新形势下中央银行的宏观调控问题又进行了深入的研

---

① 孔祥毅：《晋商与金融史论》，经济管理出版社 2008 年。
② 孔祥毅：《金融经济综论》，中国金融出版社 1998 年。

究，由货币调控到金融调控的历史演进，宏观调控的理论基础，货币政策目标、工具及其传导与效应，货币政策与其他宏观政策的配合，金融监管、金融创新与稳健金融体系，风险控制等进行了研究，2003 年 9 月由中国金融出版社出版了他的《宏观金融调控理论》一书，比较全面地对中央银行的宏观调控进行了专门研究。

（三）中央银行制度变迁与功能演进理论的价值和影响

《中央银行概论》出版社时，盛慕杰先生评价说："现在，孔祥毅、慕福明同志写成了我国第一本系统地专门论述社会主义中央银行的著作，为社会主义金融事业的发展而从事金融科学研究的同志奉献了有价值的精神食粮，令我十分欣悦和钦佩。"[①] 中国金融出版社 1988 年反映，"该书自出版发行以来反映很好，据不完全统计，已被南开大学、上海财经大学、西南财经大学、辽宁大学、中央财政金融学院、中国金融学院、山西财经学院、湖南财经学院、陕西财经学院、云南财贸学院、安徽财贸学院、北京财贸学院、中国人民银行总行管理干部学院等 20 余所高等院校选作教材或指定教学参考书。该书印行 2 万册，已销售一空，这在金融专业的理论专著中是不多见的，作为理论书，其畅销程度可从一个侧面反映该书的受欢迎程度和价值"。有的高校还派金融学教师到山西财经学院进修"中央银行概论"课程。本书 1990 年获山西省首届社科优秀成果一等奖。

1985 年 11 月，在人民银行总行教育司召开的金融专业教学计划会议上，孔祥毅提出增设"中央银行概论"为金融学专业主干课，受到与会22 位专家的一致赞成，会议委托孔祥毅起草教学大纲，于 1986 年 5 月在太原召开研讨会，合作编写了统编教材《中央银行学》。2000 年应人民银行总行培训中心邀请，孔祥毅主编了《中央银行通论》通用教材，2002年 6 月《中央银行通论》第二版和《中央银行通论学习指导书》第一版同时出版。2009 年 8 月《中央银行通论》出版第三版和《中央银行通论学习指导书》第二版。

二、金融协调论

（一）金融协调论的基本观点

金融协调论是在充分把握金融经济发展变迁中普遍存在的互补性和报

---

① 孔祥毅、慕福明：《中央银行概论》，中国金融出版社 1986 年。

酬递增的现实条件下，以金融效率为中心，运用系统分析和动态分析的方法，研究金融及其构成要素的发展变化规律，研究它们的收益、成本、风险状态和运动规律，并研究由此决定的内部效应与溢出效应，揭示金融内部构成要素之间、金融与经济增长、金融与社会协调发展的一般规律，从而构造金融协调运行的政策调控体系，以促进金融与经济高效、有序、稳定、健康发展。

孔祥毅认为，金融协调是金融制度变迁中的一条主线。他通过百年金融制度变迁轨迹的分析，发现金融协调在金融制度变迁中是须臾不可离开的，而且经济增长机制中也离不开金融协调的作用。首先金融制度变迁涉及金融制度、经济制度和社会制度三个层面，只有三个层面之间协调和兼容，才能从根本上提高金融制度效率。其次由于制度本身是不能独立形成和存在的，必须具有实际承载体和供给主体，如政府、市场或企业组织等，因此金融制度、经济制度和社会制度之间的协调和兼容问题，最终就表现为如何处理政府和市场（包括企业组织）之间的关系。金融协调是在市场规则基础上，各个金融行为主体以金融安全与效率为中心，通过金融组织创新、金融产品创新和金融制度创新，实现金融与经济、社会协调发展的过程。

孔祥毅认为，金融协调是多层次的，包括金融内部的协调、金融与经济的协调以及金融与社会的协调等，金融协调是从一种系统的、动态的和开放的角度，以制度变迁作为连贯主线，跳出单一的金融系统而从整个社会、经济和金融系统的视角来研究金融问题，形成多层次的理论体系。因此，金融协调涵盖了经济中的互补性、报酬递增、金融效率、金融溢出效应、协调和均衡、国际金融关系协调即内外均衡等问题。

1. 金融的创新与发展和经济社会发展存在明显的互补性

这是经济发展中的一般规律，是由经济发展中分工的不断发展而形成的企业与企业、产业与产业之间的相互联系、相互促进或相互制约的关系。同时，互补性也表明了分工经济最本质的方面，即强调市场的相互依赖性和技术的外部性。经济中的互补性问题，不仅体现在企业或产业之间，在金融业的发展过程中也很明显。20世纪60年代以来在金融工具和金融市场等方面的创新，如NOW账户、信用卡、ATM和全球金融市场等，很大程度上得到了现代信息和通信技术发展的物质支持。

2. 金融协调是引导报酬递增的一条途径

关于报酬递增问题的研究最早可追溯到亚当·斯密的《国富论》。斯密从分工的角度说明了报酬递增产生的过程。斯密之后，马歇尔提出了外部经济的自然增长是报酬递增的唯一源泉。杨格提出了迂回生产和社会收益递增。现代经济因为社会分工的网络效应引致市场规模扩大，从而进一步引起专业化分工所导致的报酬增加。通过金融制度的协调安排和金融活动的有效运行，可以提高基于金融因素角度的分工深化和市场扩大过程中的交易效率，减少不确定性，引致经济报酬的递增。这是真正把握金融在现代经济中作用的一条新的途径。

3. 金融协调可以统一金融效率和金融安全

因为金融协调是在把握金融运行机制的基础上，围绕金融活动效果，从宏观的系统的观点和动态的长期的观点来研究金融对经济发展所产生的促进作用。它一方面强调金融效率在整个金融理论中的特殊地位，这是传统金融理论研究中被忽视的一个问题；另一方面强调金融效率的宏观性和动态性，将金融效率置于中心地位，这就在研究范畴上涵盖了现代社会中普遍存在的金融安全问题。金融安全是金融活动中所表现出来的脆弱性，金融业的这种本性是高负债经营的行业特点所决定的，广义上是一种趋于高风险的金融状态，随着金融不断发展，金融脆弱性由过去狭义上的内在脆弱性转为广义上的脆弱性。强调金融安全并把它提升到事关国家安全的战略高度，也就成为金融经济下社会的重要问题。

4. 金融协调能够在金融溢出效应中趋利避害

金融溢出效应的根源在于金融活动作为一种公共产品而产生的外部性，而且也根源于金融活动是在市场中运行的，市场是没有边界的。如货币所具有的价值尺度与支付手段职能，使得货币供给者可以获取潜在的铸币税收益，供给货币因存在"溢出效应"而最终导致国家垄断货币发行权，但与货币发行机构的货币供给过程相联系的商业银行，也由提供信用职能派生出了存款创造与资本分配功能，这就使商业银行提供信用的服务具有了外部性。金融业的高财务杠杆率也造成潜在风险。金融的外部性，既有正效应，也有负效应。因此，对于金融的这种溢出性或者说外部性，就必须运用协调的思想和方法，才能将负效应最大限度地转化为促进经济发展的正效应，实现其激励和约束相容，趋利避害。

5. 金融协调推动均衡理论的发展

协调作为一种系统的和动态的发展观，不等同于均衡，它在均衡理论基础上更多地关注了质的方面和动态发展。均衡理论研究的是一个量及量与量之间的关系问题，而协调不仅包含均衡所研究的量的关系，同时还要包括复杂的社会经济活动中无法用量及均衡来分析和反映的许多社会、经济、金融要素及其关系问题。由此也就决定了金融协调不是一种静态的均衡状态，而是一个动态的过程，其中可能同时包含整体均衡与局部不均衡，或者长期均衡与短期不均衡并存的状况。

6. 国内金融协调与国际金融协调都要重视金融与经济社会各方面的联系

国际金融的一体化趋势在增加金融潜在收益的同时，也增强了金融脆弱性和金融风险性，这就成为进行国际金融协调的一个原因。但是国际金融协调的发展，事实上直接影响着一个国家经济决策的独立性。基于社会、经济和金融三个相互联系的视角而提出的金融协调理论，更加强调社会和经济对金融的影响和作用，这完全符合国际金融协调在社会和经济方面的多样性和差异性背景。所以，国内金融协调与国际金融协调都要重视金融与经济社会各方面的联系。

金融协调的原则，不仅要考虑数量和质量的统一、宏观效率与微观效率的统一、动态效率与静态效率的统一，还要考虑以金融系统为中心的包括社会系统、经济系统和金融系统在内的综合系统，所以，金融协调的原则，一是整体性和综合性原则，金融与经济社会各个要素之间相互作用和相互联系，必须从金融经济总体发展的角度出发，从整体上综合处理和解决金融系统问题；二是结构性原则，金融系统结构常常影响和决定着金融系统的功能，它不仅是金融演进的承载体，也是协调金融安全和效率的关键；三是动态性原则，纵向上看金融协调是一个动态的历史发展过程，协调的目标和方法具有阶段性特征；四是协同竞争原则，系统中协同与竞争是相互依存而又相互排斥的，二者的辩证对立统一关系形成了系统有序化的内在机制，协调处理金融系统的子系统之间因竞争与协同而对独立性和能动性产生的正负两种潜在效应，即竞争与合作的关系。

金融协调的方法，要把握好政府行为的边界。金融协调方法有市场协调、政府协调与道德习惯协调。从协调组织的类型看，存在政府组织与非政府组织、市场组织与非市场组织。政府是最大而非唯一的非市场组织，除政府之外，还有其他非市场组织；同样，在经济体系中，除市场组织之外，还存在其他非政府组织，如企业。从协调组织的目标看，市场组织和企业组织必须以经济价值为核心，或者说主要以经济价值为核心目标；政府不能单一以经济价值为核心目标，或者说不能以经济价值作为最重要的目标，必须考虑社会问题。因此，一个不可避免并合乎逻辑的问题就是在金融发展过程中如何处理政府与市场的关系，即政府行为的金融协调边界。针对学界关于政府与市场关系的二元论，即市场亲善论或是国家推动发展论，孔祥毅认为经济制度演变过程表明，政府与市场二者之间并不是一种并列平行的关系，而是一种共生关系。他主张政府的金融协调需要有个边界：第一，市场失灵时为政府干预金融提供了依据，但是政府对金融的干预并不能因代表国家权力而超越市场经济原则不受限制，政府干预金融的范围是产生外部性的金融公共领域与信息问题引起的市场失灵；第二，政府替代非政府组织进行金融市场协调时应采取阶段性和渐退式的政策，即政府协调对市场协调的替代式促进，政府介入的领域是市场交易规则，而不是市场交易过程，是一个由深及浅、由广及窄的过程；第三，金融协调中政府的制度供给和创新行为，强制执行难以自我实施的契约和承诺是最适选择。协调既可以是通过颁布政策提供租金协调，如金融约束政策，又可以是制度协调，还可以通过一定的组织协调，如证券交易和持牌上市服务、交易规则、通信和信息平台等。[①]

（二）金融协调理论提出的背景与环境

1997 年的亚洲金融危机，不仅对亚洲国家，而且对包括美国在内的世界各国的经济金融发展都带来了严重的负面影响。孔祥毅意识到，要准确理解金融及其在当代经济社会中的作用和影响，就不能仅靠一时一事的静态分析，而要从金融制度的变迁过程中研究金融及其与经济社会等环境因素的协调发展问题。在这一认识下，他开始着手从金融制度变迁中探寻金融与经济协调发展问题。他申请并主持了国家社科基金项目"百年金融制度变迁与金融协调"，研究中发现，在市场经济中，由于利润的驱动，金融企业的金融创新是不可避免的，每一次创新，都会带来金融企业的效益，同时也带来了一定的金融风险，且往往是社会性的。政府为了防范金融风险酿成社会问题，就会创造新的金融制度进行监管。之后，金融企业又会对金融业务与技术进行再创新。接着政府也会进行金融监管再创新。创新—监管—再创新—再监管，构成了金融制度变迁史，每一轮创新，每一轮监管都会造成金融业的新发展。所以，一部金融史就是一部金

---

① 孔祥毅：《金融协调理论的若干问题》，《经济学动态》2003 年第 10 期。

融创新史，一部金融史也是一部金融制度变迁史。

1998年春，在中国金融学会北京金融论坛上孔祥毅做了"也谈金融可持续发展"①的发言。1999年7月又在亚洲太平洋金融协会墨尔本会议上提交了《经济泡沫的金融根源》的论文②，提出了商品市场与资本市场是联通联动的，应该把金融市场资产价格与商品市场价格一起作为货币政策监控的目标的观点。

2000年12月，孔祥毅主持的《百年金融制度变迁与金融协调》研究报告完成。报告对金融协调理论，包括金融协调的历史考察、金融协调的理论分析和金融协调的运行做了全面阐述。专家鉴定书指出，课题"以百年国际国内金融变迁史为线索，对金融创新与金融动荡及金融协调的基本关系进行了多视角、全方位、系统的科学研究。课题鉴定组认为……以百年金融发展史为主线全方位分析金融协调在整个金融发展中的特殊重要性，切中1997年亚洲金融危机以来金融理论界特别关注的金融理论的核心问题——金融制度变迁在社会经济发展中的特殊作用和意义。所取得的成果，对金融体制改革具有现实的指导意义……金融协调理论，为面向21世纪的金融理论研究和金融理论创新，提出了一个可资借鉴的理论分析框架……使金融理论的研究和人类的生存和发展紧密结合起来拓展研究领域，丰富了金融理论研究的对象和内容，具有重要的理论创新意义。"③

（三）金融协调理论的价值和影响

2001年2月10日，《金融时报》（理论版）发表了孔祥毅的《金融协调：一个新的理论视角》，进一步对金融协调理论做了阐述，认为金融的安全与效率、金融业对经济作用的大小，最终取决于金融是否协调。文章对金融协调的内容、层次、涵盖的理论问题、金融协调的原则等做了系统阐述，同时形成了政府金融行为边界和金融协调的整体性综合性原则、结构性原则、动态性原则、协同—竞争原则等观点。之后，国内多家网站跟踪报道金融协调理论研究动态。2002年7月中旬，在中国金融学会"金融理论前沿讨论会"上，孔教授提交了论文《金融制度变迁与金融协调》并做大会发言。同年8月《百年金融制度变迁与金融协调》由中国社会科学出版社出版。2002年12月，人民银行山西省分行负责人提出了

---

① 孔祥毅：《也谈金融可持续发展》，《金融时报》1998年7月12日。
② 孔祥毅：《也谈金融可持续发展》，《金融时报》1999年9月11日。
③ 孔祥毅：《百年金融制度变迁与金融协调》，中国社会科学出版社2002年。

"用金融协调理论加快金融改革和调整信贷结构，促进山西经济发展的意见"。2003 年 10 月孔祥毅又在《经济学动态》撰文《金融协调理论的若干问题》，进一步补充完善了金融协调理论的基本观点。

2003 年 12 月 10 日，厦门大学教授、金融研究所所长张亦春在《金融时报》发表文章说：亚洲金融危机后，由孔祥毅教授等数年磨砺而成的《百年金融制度变迁与金融协调》（下称《百年》）是一部颇具特色和价值的力作。"《百年》并不像产生于同一背景下的多数研究成果那样只针对亚洲金融危机有感而发，而是在更广阔的视野内研究金融发展中的风险、动荡、创新和监管及其相互间的关系。一方面，在时间上它使用'长焦镜头'对近代金融百年左右的变迁历史作了动态考察；另一方面，在空间上它使用'广角镜头'对世界金融各个方面的发展状况作了系统研究。视角的广阔性有利于研究者更真实、全面地把握金融发展的一般规律，有利于避免研究结论的时间局限和空间片面。""《百年》研究历史，但并没有拘泥于史实的考证，而是注重把握金融发展的一般规律，把重点放在了对金融制度变迁动因和效应的分析上。该成果不仅对金融史学研究有独特的参考价值，而且对金融改革与发展有重要的现实指导意义。"[①] "尽管在不同的历史阶段金融发展的外在形式、金融作用于经济的主要方式不同，但是有一条主线贯穿于金融制度变迁的始终——金融自身发展及金融推动经济、社会发展的过程必然是一个金融内部结构及金融与经济之间不断协调的过程。"孔祥毅的金融协调理论 2004 年获得山西省社科优秀成果奖。

三、金融先导论

（一）金融先导论的基本观点

孔祥毅在金融发展史研究中发现，后进国家或者地区，为了实现经济快速发展，追赶经济发达国家或者地区，不能任凭市场经济与金融的自然演进，常常需要政府主动地采取超常的手段，即政府主导下的金融先导政策[②]。金融先导之所以能够使经济超常发展，孔祥毅认为是因为：

1. 金融先导能够引导社会创造出新的信用工具加快社会商品化、货币化、市场化、城市化

在相对落后的社会中，一般都是商品化、货币化、市场化程度比较

---

① 张亦春：《反思百年曲折变迁轨迹　探寻未来协调发展路径》，《金融时报》2003 年 12 月 10 日。

② 孔祥毅：《论金融先导》，《中国金融理论前沿》中国金融出版社 2007 年。

低，倘若政府政策能够主动地引导、支持社会创造出新的信用工具和信用机构，如在诚信交易中支持信用票据流通，自然能够扩大商品交易规模，包括商品交易数量和交易地域，推动社会商品化、市场化、城市化程度的提高；同时也会增加政府的财政税收，从而使政府可支配收入用于经济社会发展支出相应扩大，国家经济社会发展便进入良性循环。

2. 金融先导能够引导社会将各界闲散资金转化为资本

如 17 世纪末英国通过创建英格兰银行，经理政府债券，吸收社会各界闲散资金，为政府所用，解决了政府财政的困难。当然，所增加的政府收入，可能用于战争或者消费，这是不会扩大资本的；也可能用于国内经济发展和科技教育，这必然导致生产资本和人力资本的增加。同样道理，银行吸收的社会资金，可能直接贷放给企业解决短期或长期资金需求。如若作为货币放款，解决了生产流通周转中的流动资金，增加了流通中货币，有利于商品流通；如若作为资本放款，解决了经济建设中的投资，则有利于扩大生产规模。除了银行业运用存款形式吸收社会资金，将货币储蓄转化为资本外，资本市场也可以通过股权融资和债券融资，把社会上人们手中的货币直接转化为资本，扩大投资规模，推动经济快速发展。不论哪一种放款或融资，都能够促使商品生产与商品流通的扩大与发展。

3. 金融先导能够引导社会创造出新的货币拉动生产和流通

货币是商品交换的媒介，流通中的货币从哪里来？货币是银行创造的：中央银行创造了流通中的钞票货币（现金）；商业银行创造了存款货币（支票存款）；企业在商品交换中使用信用交易方式（赊销）所开出的商业票据及其背书转让的流通形式，也是商品交换的媒介，具有货币性质，由于企业的信用不可能被更大范围的人们了解，所以商业票据借助于银行信用，即通过商业银行办理承兑，便可以在更大范围流通转让，实际上已经与现金或支票无异，这里银行信用起到了功能放大的作用。金融先导使无钱变成有钱，使商品交易由不易变得容易，当然会加快经济的发展。

4. 金融先导能够引导金融服务以价值流拉动物流提速

市场经济的运行，是商品流（物流）和价值流（货币流）的同步运动，商品流和货币流是互动的。没有不付钱而能够让商品流动的。但是，物流的供给与货币流的需求未必总是一致的。如果商品供给大于货币供给，商品价格下跌；如果商品供给小于货币供给，商品价格上升。商品价格的升降，对商品生产者的刺激作用是不能低估的。如果货币供给适当加大，商品价格适当上扬，会引导商品交易加快和商品生产数量扩大。另外，金融服务环境好，诸如支付结算、信用服务等的便捷，能够加速企业商品交易的过程，缩短在途资金，提高资金流动速度，节省资金流量，同样多资金能够为更多的商品交易服务，提高经济效益。实际上是金融先导改善了价值运动，以加快价值流拉动物流，推动经济发展。

5. 金融先导能够引导资源配置优化生产结构

金融对经济的作用最主要的是通过市场合理配置资源。正如马克思说的，货币资金是资本主义生产发展的第一推动力和持续推动力。有了资金，社会闲置资源可以得以启动；本地没有资源，可以使外地的、外国的资源为本地和本国所用，不仅能够扩大生产规模，而且能够主动地将资源配置于短缺部门，均衡生产，满足市场需求。或者配置于新型产业部门，加强经济增长极的培育。如果把一个国家或地区的经济可以划分为传统产业部门和新兴产业部门两部分，这个国家或者地区的经济增长主要靠新兴产业部门来拉动。同样也可以把为传统产业服务的金融部门称为传统金融业，为新兴产业服务的金融部门称为新兴金融业，这个国家或者地区的经济增长需要优先加强新兴金融业的发展，就会造成经济的快速增长。

6. 金融先导能够促使世界金融中心的转移

金融史研究发现，世界金融中心的转移，与先导性金融创新密切相关。17 世纪以前，世界金融最活跃的地方在意大利的威尼斯、热那亚、佛罗伦萨，意大利商人威震四邻。但在 17 世纪世界金融中心北移到了荷兰阿姆斯特丹，因为荷兰建立了世界上第一家有组织的证券交易所，建立了世界上最早的能够办理国际清算的近代银行，这就是阿姆斯特丹证券交易所和阿姆斯特丹银行。阿姆斯特丹以规模空前的金融市场为当时欧洲提供大量短期和长期信贷，使当时的荷兰不但成为欧洲和世界商业的货物集散中心，也是欧洲和世界的金融中心。加上荷兰政府通过创办规模巨大的特许股份公司，对广阔的海外商业空间行使专营权和统治权，荷兰进入它历史上的黄金时代。就在荷兰得意之时，英国已存在技术创新的很多成果，因为缺乏大规模资金，不能使其走向大规模工业生产。英国为了解决同法国、西班牙战争产生的巨额财政赤字，创办了能够为政府融资的英格兰银行，英格兰银行为政府大量发行国债，利用资本市场有效动员了社会各阶层的金融资源为国家所用，这比其他国家依赖于税收体系、横征暴敛要高明得多。英格兰银行的建立和国债市场的发展，带动了英国私人银行和资本市场的发展。随着英国的宪政改革，国会能够严格督导政府的财政支出，债务清偿具有很高的信誉保证，促使英国最早完成了第一次产业革命，让一个小国发展成为"日不落帝国"。进入 20 世纪，经过两次世界大战一次世界性经济危机，美国迅速超过英国，世界金融中心由伦敦转到了纽约。美国经济依靠以华尔街为代表的资本市场的强有力的支持，在 20 世纪领先他国完成了第二次、第三次产业革命，一跃成为世界头号强国。因为美国在借鉴英国经验的基础上，进一步形成了公司资本主义，逐渐把世界经济的流动资金、购买力和生产能力集中到美国资本市场上来。英国在"南海股票泡沫"事件后的《泡沫法案》矫枉过正，伦敦股票交易市场在原地徘徊了 130 余年，使美国得以后来居上。20 世纪末，美国的风险资本投资使得很多"种子公司"短期内被孵化成为产业巨头。通过金融风险资本市场的发展远远把其他国家抛在后面。世界金融发展史证明，一般情况下金融业的发展是经济发展需求引起的，金融业随着经济的发展而发展。但是，在一定的条件下，政府为了给经济发展创造必要的金融环境，可以通过政府的政策和制度创新，让金融领先实体经济发展，特别是某些金融创新的成功推进，能够改变原有经济结构与经济发展水平，提升一个国家的综合国力，使一个民族或国家迅速崛起。当然这里有一定的约束条件。

需要指出的是，金融先导是有条件约束的。第一，金融先导不是金融发展的自然演进型制度变迁，而是诱致型制度变迁。那么诱导者及其怎样诱导才能使诱致型金融制度变迁高效运行，这只能是政府而不是市场。所以政府主导的金融先导，需要谨慎而科学的决策。第二，金融先导是政府的金融经济发展战略，既然是发展战略，需要相应的政策措施，通过周密的研究设计与安排，方能发挥出金融对经济的拉动作用，否则可能适得其反。第三，金融先导的效应是发展变化的。当货币采用贵金属为币材时，金融业提供资金是有限的，它要受制于黄金准备。20 世纪 30 年代金本位制度瓦解后，信用货币广泛流通，为金融业提供货币资金拓宽道路。70年代布雷顿森林体系解体，黄金非货币化，国家控制的有管理的信用货币制度建立起来，金融业对货币供给限制的屏障彻底解除，金融先导的有限性、临时性也就发生了重大变化，金融对经济发展的"先导性"进一步加强，由有限性转变为普遍性。第四，金融先导需要优先发展新兴金融业，以新兴金融业促进新兴产业的发展，优化产业结构，提升经济发展的水平。

改革开放后，中国经济已经多年处于高速发展时期，要继续保持高速增长的态势，必须有新的金融创新牵引。相对落后的中西部地区可以运用金融先导策略，加快本地经济发展速度，促进全国东南部、中部和西部地区经济社会的协调发展。孔祥毅认为，后进国家或地区为了实现经济快速发展，追赶经济发达国家或地区，或者在经济变革时期，都不能任凭市场经济与金融的自然演进，常常需要政府主动的采取超常的手段，即政府主导下的金融先导战略。

（二）金融先导论提出的背景

认识的起点，是在 1975 年到 1977 年对阎锡山与山西省银行的史料整理研究的时候。当时，孔祥毅从大量金融史料中发现，山西省的工业化建设是从 20 世纪 20 年代整理货币、兴办银行起步的。[①] 20 世纪 30 年代的中国工业化建设也是通过金融先行形成的。后来发现，这样的案例中外皆有，似乎是一种规律。1998 年开始正式使用了金融先导的概念，最初是从金融史中几个案例分析开始的。

先是一个省区的案例。1911 年辛亥革命，山西省军政府成立的当天下午，乱兵曾将原省藩库、官钱局、银行号、钱庄、金店等抢劫一空，革命军抵御清兵进攻的军饷无着，不得不向富商借银 30 万两。民国建立，百废俱兴，阎锡山提出"六政三事"，加紧村政建设，发展现代工业。为了解决产业发展资金：一是"整顿币制"，设立铜元厂，收民间流通的前清制钱改铸民国铜元，在整顿货币中由"铸币税"获得 260 万银圆，成了开办银行业和工业化的原始资本。二是办银行，设立山西官钱局和股份制的晋胜银行，后将山西官钱局改组为山西省银行，除省内设立分支机构外，又在天津、北京、汉口、上海、石家庄、保定、绥远等省内外设立分支机构 40 多处，用山西省银行钞票支持工业建设。三是以省府名义发行金库券，筹集建设资金。四是运用股份公司的组织形式办企业，吸引官绅与民间投资。除开渠灌溉、植棉种桑、造林种树外，重点在发展工业，先后建立山西军工、银矿、煤矿、蚕业及工业实验所、平民工厂等，军工厂下建设了电气厂、机械厂、熔炼厂、酸厂、炸药厂、炮厂、枪厂、铁工厂

---

① 中国人民银行山西省分行、山西财经学院：《阎锡山和山西省银行》，中国社会科学出版社 1980 年。

等 16 个工厂，同时兴办泉峰铁路、煤矿、炼油厂等民用工业。使全省农工商业迅速发展，财政税收增加，1914 年为 140 万元，1924 年为 700 多万元。通过优先发展金融，支持了山西省第二次工业化高潮，取得可喜成就，阎锡山成全国模范省省长。

1932 年蒋阎达成协议，阎锡山二次上台，以"物产证券与按劳分配"为理论，废除"金代值"，贬黄金白银为普通物产，代之以"物产证券"，"有多少物，发多少券"，制定省、县、村三级《十年建设计划案》，实行农业、矿业、工业、商业、交通业为序的产业政策，建立省县村三级经济统制机构，确定发展指标，发动第三次工业化高潮。筹措建设资金的办法：第一，建银行发纸币，除了整顿充实山西省银行外，又新设晋绥地方铁路银号、晋北盐业银号、绥西垦业银号，统称"四银行号"，均发行纸币。第二，发行政府债券，如建设借款券、公路建设库券、太原经济建设委员会借券、兵工筑路指挥部借券等。第三，利用外资，分别向德、美、日等国 18 家洋行融资，充分运用国际信用，如延期支付、分期付款等方式，获得了西方国家的信用支持。第四，用省钞发酵，要求县县办县银号和总信用合作社，村村办村信用合作社，均以省银行钞票为"酵面"，县银号息借省钞为准备，发行县银号纸币，村信用社向县银号息借县银号纸币为准备，发行村合作券。农民借用合作券以土地为担保。阎锡山说，省银行"好比是总酵面"，发行纸币，分借各县银号，连同县银号另筹基金，再起发酵作用，以兑现票借给各村，作为村汇兑基金，"如此发酵后，辗转流行"，启动农村经济。第五，发行股票，吸纳社会闲散资金，投向工业企业。《十年建设计划案》从 1933 年开始实施，到 1937 年 8 月日本侵略军侵占太原止，短短五年时间，山西省建立起了一个庞大的囊括工业、商业、交通运输、银行业和科研机构在内的山西人民公营事业董事会企业集团组织体系：制造业有西北实业公司，集中经营 12 个工厂和天镇特产经营场；独立经营十几个厂矿，到 1937 年 8 月前资本总额达到了法币 2166.4 万元；交通运输业有同蒲铁路，五年建成同蒲铁路全长 850 公里和支线 4 条 139 公里；金融业有省、铁、垦、盐四银行号，除从事存款、放款、汇兑、结算等商业银行业务外，还从事证券投资、土地抵押、经营企业投资等投资银行业务；商业有斌记五金行、物产商行，还有榆次、原平、太原、太谷四粮店，物产商行是四银行号的"实物十足准备库"，在重要城镇设分库，省外分库设于包头、西安、石家庄、汉口、上海、天津、北京等 20 余处。另有省、县、村三级营业公社，省营业公社强制性向大户无息借款 40 万元为资本，先后举办面粉公司、煤业公司、棉花店、银号、当铺数十家，到抗战爆发前资本增长到 340 万元。另外，还有省直属企业晋北矿务局、太原土货商场和阳泉煤业公司等，土货商场发行土货券，规定用土货券购买地方产品，每 0.99 元顶一元法币或省钞，以刺激地方工业和农产品的生产和销售。从辛亥革命到 1948 年的 38 年中，两度大规模的经济建设，均在政府主导下，优先发展金融业，以金融业推动工业化，使地方商品化、货币化、工业化、城市化水平大大提高，山西省成为民国时期工业化发展最快的省份之一。[①]

民国政府的成功案例。中国工业化的第三次高潮是在 1927～1937 年。南京国民政府的措施，第一是建立中央银行，以公债筹集资本金 2000 万元，后来增加到 1 亿元，中央银行发行货币，经理国库，承募国债。继而中央银行用强制性拨充官股，控制了中国银行、交通银行，之后又成立中国农民银行，设立了中央信托局、邮政储金汇业局、中央合作金库，形成了庞大的"四行两局一库"金融体系。第二是币制改革，1933 年 3 月政府下令废除银两，一律以银圆为计价单位。1935 年 11 月实行"法币政策"，确定以中央、中国、交通三银行后来加上中国农民银行四行纸币为"法币"，与英镑固定比价，形成金汇兑本位制，发行银行通过买卖外汇以维持法币信用，改变了银根紧缩的局面，产业发展所需资金得到保证，利息下降，对工商业发展起到了积极的作用。这个时期，中国金融的创新与优先发展，基本上都通过立法形式进行了规范，币制、信用、金融工具、机构、业务、限制、监管等法规制度都经历了从无到有、由简略至相对完备的发展过程。使中国工商业获得了空前发展。1936 年中国工业总产值比 1926 年增加 86.1%，国民经济增长率平均每年增幅为 8.3%。这 10 年是旧中国经济发展的最高峰。民族工矿业和交通运输业资本 1927～1931 年的年增长率达到 13.4%，棉纺织业、面粉、橡胶工业产量都获得大幅度提高，其他行业如卷烟、水泥、火柴、机器制造等行业也出现明显转机。这个时期，还投资新建了许多酸碱、橡胶、搪瓷等新行业。特别是掀起了一次铁路建设高潮，1927～1937 年共修筑了 9033 公里铁路，修建了 10 万公里公路；与美、德两国合作，开办了几家航空公司；电报电信

---

① 孔祥毅：《政府主导下的金融先导型产业调整》，《金融票号史论》，中国金融出版社 2003 年。

业也取得较大发展。这一增长过程虽然被日本侵略战争所打断，但毕竟民国政府主导的金融先导与经济迅速发展，对后来的抗日战争的胜利是有重大贡献的。

大危机与罗斯福新政案例。20世纪30年代的资本主义世界经济大危机，胡佛下台，罗斯福在危难之中就任美国总统。罗斯福扭转危局的"百日行动"是在1933年3月4日至6月16日进行的，之后是长期的政府金融调控与经济干预，史称"罗斯福新政"，实际上是政府对经济的干预和改革，其最重要的内容是金融措施。在此期间，政府和国会先后颁发了70多个法案，内容涉及整顿财政金融、调节工业生产、节制农业发展、改善民众困境、举办公共工程、建立社会安全保障制度等方面。1933年以后，美国经济开始复苏。罗斯福在新政中首次采取广泛的直接干预政策应对经济危机，在很大程度上得益于"百日行动"的金融政策先行。

三个案例说明，在一定条件下政府主导的金融先导政策，可以使金融领先于实体经济的发展，通过创新金融工具、金融机构、金融业务、金融服务、金融制度，改变原有的资源配置，使闲置资源得以运用，或者从传统产业部门转移到新型产业部门，促进产业结构优化升级，推动一个地区、一个民族或国家的经济超常增长。

（三）金融先导论的影响

金融先导论作为落后国家或地区追赶发达国家或地区的一种战略，首先在山西省引起重视。为配合国家的"中部崛起"战略和山西"十一五"规划的实施，2004年孔祥毅教授承担了山西省向全国公开招标的高级专家基金课题"山西金融机制创新研究"。他带领课题组认真考察了山西经济发展的实际情况，认为山西经济落后的金融原因，一方面是长期的大量资金外流，另一方面是高价引进外资。发展山西经济，必须"营造山西金融洼地"，尽量减少内部资金的流出，吸引外部资金的流入。而实现这一战略目标模式是市场引导—政府驱动—金融先导—区域倾斜，即以政府的强势弥补市场弱势，以政府驱动营造有利的金融环境，吸引资金内流；再通过金融先导，引导资金流向新型产业部门，实现金融转换促进产业结构转换的目的。在此基础上又具体提出了包括"打造地方商业银行航母"、"建设太原煤炭期货交易市场"等十二项政策建议。这份报告受到了地方政府的高度重视，被评为最优A级研究成果，成为省"十一五"规划的重要参考文献。2006年以《中部崛起下的山西金融机制创新研究》

为书名，由山西经济出版社出版。2007 年 9 月，本书获山西省第五届社科优秀成果一等奖。

2007 年，山西省政府发改委和山西社会科学院组织"地方商业银行课题组"，孔祥毅被聘为总顾问，他主张借助一家地方商业银行的平台来打造新型地方商业银行航母，既能挽救一个面临退市的城市商业银行，避免山西经济社会的巨大震荡，又能使新银行借助政府信用，提升银行信用，运用山西票号的成功经验，建立治理机制。2009 年这一目标已经实现。现在，建设山西"金融洼地"，已经成为山西经济界和政界人们常用的经济术语。中西部地区的一些省区金融管理部门和学者也在引用这一观点。

四、票号挈领中国金融革命论

（一）票号挈领中国金融革命论的内容

孔祥毅认为，中国自明朝初年实行开中法以后，逐渐发生了一场商业革命。明清商业革命的标志，一是农业手工业商品化程度大大提高；二是一大批商业城市的兴起；三是国际商路的拓展；四是商业手工业组织企业化；五是金融业的革命性变化。在这场商业革命中，最活跃的商帮有晋商、徽商、潮商、闽商、洞庭商、宁波商、陕西商、山东商、江右商等。晋商开辟了穿越蒙古沙漠瀚海的中国到欧洲的茶叶之路，其活动舞台遍及国内以至俄罗斯、朝鲜、日本等地，其财富积累、企业制度、管理技术、经营理念、企业文化、商业伦理都处于领先地位，是中国商业革命的领头雁。

商业革命的发展导致金融革命。明代的当铺、钱庄已经很活跃，清代的票号、账局、印局等金融机构发展迅速，外国人将票号称为"山西银行"，是 16～19 世纪商业革命和金融革命的产物和推动者。由于国内外贸易的扩大，商品赊销和货币借贷引起的债权债务的清偿结算凸显出来，在偿还期限、利息计算及清偿组织等社会信约履行问题上，中国北方通行标期和标利，通过"过标"来结清。标期、标利由镖局运送货物与现银引起。以山西商人商会为首建立了一个囊括中国大部分地区债权债务清偿网络体系，由商会确定各地城镇年标、季标、月标的具体时间，即"过标"日期。贸易与借贷的债权债务清偿合约，均按照标期来签署，利率亦按标期长短及标内标外借贷来确定，到期一律清偿。标期成为社会信约公履期，也是当时市场利率的形成机制。中国金融革命表现为中国的金融工具、金融机构、金融业务、金融技术、金融制度发生了一系列革命性变化，票号挈领了这场金融革命。[1]

第一，中国式商业银行覆盖全国城镇。中国金融机构最早是南北朝的典当。孔祥毅曾考察过山西汾阳出土的宋金墓葬，认为最迟在 1196 年（金明昌七年），山西已经出现经营钱币兑换业务的钱庄。明代钱庄已经很普遍，也出现了由大商号兼营的异地款项汇兑。到清康熙朝，金融创新进一步发展，当铺、钱庄遍布城镇以至农村，印局、账局、票号等新金融机构应运而生。票号虽然在 1659 年（顺治十六年）由祁县李家开设的义振泉票号为最早，但仅存在四年，由于为大同和江苏义军汇款被政府查封。1678 年（康熙十八年）太谷贠家票号再起，但不能称票号，而称志一堂镖局。直到 19 世纪 20 年代初，票号才由平遥日升昌领头发展起来。总号集中于太谷、祁县、平遥，先后近 40 家，19 世纪 60 年代出现了南帮票号 10 余家。1906 年，票号的分支机构在全国 110 多个城市有 560 多处。张家口上堡有日升昌巷，下堡有锦泉兴巷，外蒙古科布多省大盛魁街，分别是日升昌票号、锦泉兴钱庄和大盛魁印票庄发展起来，与意大利伦巴第商人在伦敦、巴黎建设了伦巴第街，发展了伦巴第银行业务是一样的。

第二，票据流通在财富转移中代替金属货币。清代，货币商人根据社会需要创造了许多信用工具，最主要的有：凭帖，本铺出票，由本铺随时负责兑现，相当于现代本票；兑帖，本铺出票到另一铺兑取现银或制钱，相当于现代支票；上帖，有当铺上给钱铺的上帖和钱铺上给当铺的上帖之分，彼此双方已有合同在先，负责兑付，相当于现代银行承兑汇票；上票，非金融商号所出的凭帖称为上票，信用稍差一些，钱商也可以接受，相当于现代商业承兑汇票；壶瓶帖，有些商号钱庄因逢年过节资金周转不灵，自出钱帖，盖以印记，用以搪塞债务，因其不能保证随时兑现，只能暂时"装入壶瓶"等待，相当于现代融通票据；期贴，出票人企图多得一些收入，在易银时开写迟日票据，到期时始能取钱，需计算期内利息，类似现代远期汇票；会券，即汇票，为异地款项汇兑的提款凭据，有票汇、信汇，后来又有电汇，其期限分即票和期票两种；兑条，小宗汇款不用汇票，而是书一纸条即"兑条"，从中剪开，上半条给汇款人，由其转

---

① 孔祥毅：《山西票号与中国商业革命》，《金融研究》2002 年第 8 期。

寄收款人，下半条寄付款的分号，核对领取，盖不用保；旅行支票，是票号签发的一种一次交款分次在不同地点支取款项的汇票。

第三，债权债务的非现金清偿网络基本形成。"有清一代，在现款凭帖而外，大宗过付，有拨兑一法……乃由各商转账，借资周转。"银两转账为谱拨银，铜钱转账为拨兑钱。同时有了银行清算制度，山西银行的清算有系统内清算和各金融机构之间清算两种，前者如票号各地分支机构相互间在一定时间内发生的汇差，以"月清年结"两种账向总号报账，均以"收汇"和"交汇"分列、各分号和总号业务分列，总号收到核对无误后，将月清收汇和交汇差额分别记入各分号与总号的往来账，收大于交的差额为分号收存总号款项数，交大于收的差额为总号短欠分号款项数，互不计息，全号统一核算。后者如金融机构为企业办理转账结算后形成的债券债务，通过定期"订卯"，相互冲销，差额清结。社会商品交易中的"信用贷货"与"信用贷款"，其债权债务在"过标"时结清，"过标"第一天清偿银两债务，第二天清偿铜钱债务，第三天金融机构间"订卯"。若不能按时履行合约者谓之"顶标"，就不可能再获得信用，当即破产。①

第四，金融机构企业化管理形成并规范运作。清代中国金融机构已有规范管理制度，晋商的票号、钱庄、账局等金融企业制度主要内容：一是股份制度，合作投资，按股份多寡承担风险和享有收益。二是两权分离制度，股东委托有经营能力的人为大掌柜，授以经营管理全权，形成委托代理关系。三是联号制度，金融业总号设在本地，分支机构遍布全国以至国外，总号对分号以"结利疲账定功过"；总号之下，多设小号，独立核算，相互支持，形成类似现代金融控股集团公司的组织形式。四是人力资本制度，对管理层职工和业务骨干按其职责、能力和贡献大小确定"身股"，与财东的货币资本股一起参与利润分配。五是实行风险基金制度，资本金分设正本与副本，投资人的货币资本一次交足列为正本；在股东资本股和职工身股分红中提取一定比例留存企业，计息不分红，列为副本，为风险基金。六是银行密押制度，为防范票据作假，创造了严密的密押制度，票据总号统一印制，计数管理；票据内加"水印"；专人书写，字体预留备案；票据须加盖抬头章、押款章、落地章、防伪章、套字章、骑缝

① 孔祥毅：《镖局、标期、标利与中国北方社会信用》，《金融研究》2004年第1期。

章6枚印鉴为有效；票据设有金额暗号、月暗号、日暗号、自暗号，均以汉字代码。七是金融稽核制度，根据原始凭据记流水账，再按进缴表（收支表）和存该表（资产负债表）核算，然后"合龙门"。八是人力资源管理制度，新员工实行招聘制、学徒制、铺保制，利用宗法约束，内部定期人事考核，德能勤绩优秀者增加身股，造成损失者降低身股以致开除出号；有身股者发给"应支"和"津贴"，无身股者发给薪金；退休后身股待遇不变；身故后享受2~8年身股待遇，所遗子弟才能良好者可入号当学徒或推荐别号就业，号内定有严格的号规等。

第五，金融机构开始为政府融资。清代后期政府财政恶化，票号成了清王朝的财政支柱：一是充当清政府捐纳筹饷的办事机构；二是汇兑公款，解缴税收；三是为各省关借垫京饷协饷，解救清政府和地方政府财政危急；四是为清政府筹借、汇兑、抵还外债；五是代理部分省关的财政金库；六是直接为政府融通资金；七是承办"四国借款"还本付息；八是认购和推销"昭信股票"；九是承办皇帝太后西逃财政事务；十是承办庚子赔款的借垫汇解任务。

第六，商业金融介入国际金融活动。中国长期使用银铜为货币金属，但却是贫铜贫银国家。1666年山西介休皇商范氏等以低价交售日铜的竞争性条件被清政府允准采购日本生铜，年约190多万斤，多时达600万斤，补充了铸钱的铜源。在对外贸易特别是对俄罗斯和欧洲茶叶贸易的大量顺差，输入白银，补充了银两货币。清晚期又对俄商进行贸易融资，米德尔洋夫等五家俄商对晋商大泉玉、大珍玉、独慎玉等16家账庄商号欠款62万两白银不能偿还，官司打到了国外。账局、票号、钱庄的分号设到了俄罗斯的恰克图、莫斯科、上乌金斯克、聂尔庆斯克，朝鲜的仁川，日本的神户、东京、大阪、横滨等地，从事国际金融业务。

第七，金融业同业公会形成并在金融监管中发挥作用。为防范和控制金融风险，协调金融业内部及其与社会方面的利益关系，金融机构在一些城市设立同业行会，如汉口的钱业公所、上海的山西汇业公所、北京的汇兑庄商会、包头的裕丰社、归化的宝丰社等，金融行会订定共同规则，组织市场运行，如汇水、利率、票据交换、银行清算等，协调同行竞争，仲裁商务纠纷，协调与其他社会组织及政府间的关系，具有类似"银行的银行"和管理金融行政的职能。

这场金融革命虽然延续了300多年，但是直到20世纪仍然是一场未完成的革命。中国金融革命有别于欧洲，欧洲商业与金融革命得益于文艺复兴运动，它带来了人性的解放和科学的崇尚，商人进入了社会主流。虽然中国的重商主义者认为"市井贱夫可以平治天下"，而中国商人阶层却没有能够登上社会主流地位。以票号为代表的中国金融创业者虽然创造了骄人的辉煌，但在辛亥革命以后衰落了，各大商帮中只有宁波帮和洞庭帮经过曲折的买办道路得以保存，后来发展为以上海为中心的江浙财团。以票号为领头雁的清代金融革命创造了中国历史上从未有的大量金融工具、金融机构、金融业务、金融技术、金融制度，但是保留在当代金融业中的传统元素并不理想。20世纪上半期由江浙财团领头兴办起来的银行业、证券业、保险业，艰难地承担了支持现代中国工商业发展的重任。票号商人中途夭折的遗憾，给现代人留下了许多未解之谜。对此，孔祥毅也作了初步的探索。

首先，1436年明政府解除"银禁"，法律上允许用白银作货币，从此确立了明清白银与铜制钱为本位货币的长达500年的历史。当时贸易出超，白银大量流入，加之政府库藏和银矿开采所得，白银来源充裕，甚至引起"银贱铜贵"。当时中国是全球经济大国，也是国际贸易强国、顺差大国。在欧洲人建立了美洲殖民体系后，用美洲掠夺来的白银与亚洲贸易，换取以中国为主的亚洲产品。为了改变贸易中大量输出白银的不利地位，英国最先将殖民地孟加拉的鸦片转销中国，逆转了中国与欧洲之间的贸易优势，中国开始了长期的白银外流的历史。同时，大洲贸易已经在海路贸易基础上形成大西洋三角体系，西欧拥有海航的商业与军事优势，加上科技进步，轮船火车开通，使原先带有易货贸易特征的中国与欧洲的陆路贸易，特别是"茶叶之路"冷落了，不管中国国内银铜货币金属是"铜贵银贱"还是"银贵铜贱"，劣币怎样驱逐良币，随着国际市场的形成，中国自觉不自觉地受到了世界市场的影响，直接瓦解了中国的白银货币基础。其次，明清金银比价的变化很难想象中国的财富不会缩水。金银比价的变化大体是：1368年（明洪武八年）1:4，1413年（明永乐十一年）1:7.5，1662~1795年（康熙至乾隆年间）1:14.5，1830年（清道光十年）1:15，1909年（宣统元年）1:39。中国商人与政府在明代到清中期从国际贸易中获得的白银，到清末已经大部分化为流水。再次，19世纪中后期金本位制度在世界范围确立，中国却长期坚持白银称量货币，不仅使中国财富缩水，也严重制约了中国商人金融创新的发展。比如说银两货币制度下金融业在存、放、汇、兑中遇到的平砝折合问题，操作中自然存在压平擦色，很难促进社会储蓄转化为资本，办理转账结算的存款银行也很难发挥货币创造功能，严重制约了资本的形成与运作。最后，货币本位与价格标准问题本应由政府通过货币立法来解决，但是政府没有解决，票号商人不得不通过"本平"制度的创新解决记账货币问题。鸦片战争以后，政府仍然没有关心银两货币的价格标准，然而开放的上海对货币制度的严重问题自然不能等待。1856 年，上海外国银行与商界公议，将往来账目一律改为以"规元"为标准。汉口开阜后，外国商人要求汉口商人依据上海规元折算的先例，产生了汉口"洋例"。外国商人与中国买办商人对中国货币价格标准的再一次创新，使银两货币一直延续到 1933 年废两改元。还有，当英国殖民者登上我国香港小岛，同中国人谈生意做买卖的时候，第一关就是要丢开他所熟悉的英镑，去认识在银戥子上称银锭的本领。当时英国政府的意图是使我国香港的货币制度建立在英镑体系之上，但由于强大的中国习俗，英国政府终于在 1862 年同意我国香港殖民地单独使用银圆作为记账单位。1864 年汇丰银行的注册执照中，规定发行银圆钞票，之后的英商丽如银行、麦加利银行、有利银行也都发行银圆钞票。进入 19 世纪 90 年代后，汇丰银行包揽了外国殖民地银行在中国的汇兑、存款、放款、发钞和中国政府外债发行的绝大部分，以后又陆续包揽了中国关税和盐税的存放业务，不仅控制了中国的金融市场，又进一步控制中国财政和经济命脉。当外国银行还仅仅在香港活动的时候，票号势力就可执中国金融之牛耳。不久就被另一种新的金融理念和制度逐渐替代，1864～1893 年外商银行在华势力扩大，尤其在沿海沿江开放商阜形成了票号、外国银行、钱庄三足鼎立局面，票号在东南沿海受到挑战。当时沿海沿江钱庄势力弱小，常常向票号融资，也向外国银行融资。灵活应变的洞庭商、宁波商根据变化了的形势，积极与洋人合作，甚至担任洋行买办，一边服务洋行，一边学习洋人，获得了许多新的经营管理技术。1894～1911 年，江浙商人的民资银行在上海出现，上海钱庄与银行发展了汇划市场、证券市场，上海成为中外金融贸易的枢纽，且具中西合璧之长。在晋商与江浙财团势力的消长中，江浙财团逐渐取代了票号的地位。票号因其资产很大部分是清政府的负债，辛亥革命清政府一倒，存款逼提，贷款无人归还，票号接二连三倒闭。

孔祥毅认为，一部金融发展史就是一部金融创新史、一部金融制度变迁史，金融随着经济社会的发展而发展、变化而变化；各个国家的金融发展史既有共性，又有个性；而且金融制度的变迁，也影响和制约着金融理论的发展，金融理论的发展也促进和影响着金融制度和经济的发展。一部金融发展史也是一部金融监管史、一部金融协调史，金融发展的水平与国家经济的兴衰密切相关，随着国家兴衰而变化，虽然金融发展史是随着商品经济的发展前进的，但始终存在着政府对金融干预的烙印，不同时期只有强弱不同；金融发展过程中，也始终受着通货紧缩与通货膨胀的影响，金融协调促进金融发展和经济社会发展，金融不协调制约和干扰着金融和经济社会的发展。[①]

（二）票号挈领金融革命论提出的背景

孔祥毅对金融史学的研究，始于1963年秋冬开始参与山西票号的研究，1974年冬开始参与阎锡山与山西省银行的研究。1980年中国社会科学出版社出版了他参与主编的《阎锡山和山西省银行》，1990年山西人民出版社出版了他参与编写的《山西票号史料》。1986年、1990年应人民银行总行邀请参与编写《中国近代金融史》、《中国金融史》统编教材，在他自己承担的部分尽可能地使用了大量未曾使用过的档案资料，在重大金融历史问题上提出了新的观点，如中国自铸银圆起于清康熙年间，改变了流传的始于光绪十三年的看法；中国的转账结算制度起于清乾隆年间，非起于1890年上海钱庄等。1981年在广交海内外同行朋友中，发现日本学者对晋商与票号的研究某些方面超过了中国，常和学生们讲，"山西商人在山西，山西商人专家在日本，这是山西人的羞愧"。他下决心从史料抓起，积极倡导并参与建设晋商博物馆和票号博物馆，开发晋商文化旅游，发现了很多新的史料，有力地促进了他的晋商票号与金融史研究。

关于金融发展史研究的视角，孔祥毅主张从国际比较的角度来看待金融历史现象。研究的视角不能站在欧洲、不能站在纽约，也不能站在北京，需要离开地球看地球上的金融发展。研究国别金融史是需要的，可以为研究金融发展史奠定基础，可以增加金融知识和历史知识，也可以看到一个国家金融发展的轨迹和民族金融业发展的规律，但是不可能真正看到世界金融发展的规律性。他主张大学里金融学专业开设金融发展史，而不仅仅是古近代中国金融史。金融发展史不可避免要有分期，把握世界金融

[①] 孔祥毅：《金融票号史论》，中国金融出版社2003年。

发展的阶段性和各个不同历史阶段的主要特征和问题，才能认识货币与金融活动发展的规律性，以及金融理论的形成、发展和金融制度变迁对经济的影响。他认为传统的朝代分期看不清金融业的演进与规律，更不能够用阶级斗争的观点做金融史分期。他认为文明的进程受到了科技的推动，表现为生产力发展的水平，从生产力发展的角度，他把金融发展历史分成若干阶段，分别研究各个阶段上金融发展的现象、特征，最后分析其发展规律性。他将世界金融发展史分为五个阶段：

金融在农业文明中萌芽（公元前 5000～前 1500 年）。这个时期，货币和信用被广泛运用，货币铸造、发行和管理的机构，信用机构，都已经出现，并且相当活跃。但是货币仅仅是一般等价物，是商品交易中的媒介，它方便了商品交换，降低了交易成本，促进了生产的发展；信用活动是满足人们作为流通手段和支付手段的需要，服务于商品的流通，促进了生产的扩大和发展。货币活动和信用活动基本是平行发展的。

金融在商业革命中崛起（1500～1750 年）。这个时期，经济的商品化、货币化、市场化、城市化、国际化大大提高，经济活动中的企业化程度也有了很大发展，商业革命带动了金融革命，新的金融机构、新的金融工具不断出现，新的金融业务不断扩展，商品交易和生产发展离开金融的支持就显得竞争无力，金融成了经济社会发展的重要力量。商业革命是农业经济社会发展的产物，是工业经济社会到来的准备，是农业社会向工业社会转变的过渡时期。

金融在工业革命中发展（1750～1913 年）。从英国产业革命开始，世界开始进入工业革命时代，一批国家领先完成了工业革命。由于世界经济发展的不平衡，工业化国家向海外扩张，变落后国家为自己的殖民地，成为自己的原料供应地和商品销售市场。这个时期，金融的功能发生了巨大的变化，银行不仅仅是社会的信用中介、支付中介，而且可以使储蓄转化为资本，银行可以创造货币。商业银行、投资银行、证券交易都取得了迅猛的发展。

金融在战争与危机中的曲折（1914～1970 年）。资本主义国家由自由竞争进入垄断时期，发生了两次世界战争和一次世界性经济危机，同时产生了一批实行计划经济的社会主义国家，殖民地国家斗争并摆脱殖民主义枷锁，建立独立国家并发展自己的民族经济。在这个时期，金本位制度在世界范围内崩溃，纸币与黄金脱钩，世界各国强化中央银行制度，实行管理通货制度，国家干预经济加强，通过中央银行的货币政策进行宏观经济调控。

现代金融的新发展（1970年以来）。20世纪70年代以来，经济金融全球化迅速发展，借助于高科技，金融创新不断翻新，从欧洲美元市场和离岸金融市场的出现，到世界上几大国际金融中心的形成，国际融资、国际债务、国际资本流动与汇率变幻莫测，跨国金融集团公司发展，金融购并浪潮迭起，世界性和区域性金融组织的不断发展强化，构成了现代金融的主题。①

金融发展史几乎是与世界文明史同步走过来的。中东文明、中国文明、印度文明、欧洲文明、美洲文明，直到今天的经济金融全球化，金融霸权主义和反霸权主义，没有一个国家的金融和金融集团是孤立发展的，都在不同程度上吸收了别的民族的先进元素和经验。正因如此，在大体相同的历史时期，各国金融发展就存在一定的共同性、统一性，但是也存在差异，需要注意到各国金融发展的多样性、差异性。总体看世界金融发展史，是多样性和统一性并存。

对金融发展史研究，孔祥毅主张史论结合，不赞成停留在考证上。他从经济社会发展学的角度，以理论为工具，以历史为依据，在理论与历史统一中，发现新问题，如金融发展的规律性、金融制度变迁路径、金融与经济的常规发展和追赶式发展模式、货币主权与"一国多币、多国一币"、国际金融中心转移的原因与条件、世界金融业发展总趋势等。

金融发展史的研究，他还特别注意各种方法的综合。历史比较分析，结构功能分析，经济演进分析，把金融发展放在经济社会发展的大背景中来讨论，从而发现金融背后的经济社会理论问题。他认为研究金融发展史的目的，不是解决金融活动中的具体问题，也不是解决实用技术问题，而是探讨金融发展的规律性。

（三）票号挈领金融革命论的影响

孔祥毅的金融史学思想，集中反映在他的《金融票号史论》、《晋商与金融史论》及其他论文中，先后发表金融史研究文章150余篇，特别注重把史料分析提到理论思考的层面，形成自己的金融史学见解。如他的《山西票号与清政府的勾结》一文，1984年第3期《中国社会经济史研

---

① 孔祥毅：《金融发展史纲》，《金融票号史论》，中国金融出版社2003年。

究》以首篇的显要位置全文刊载，文章认为山西票号与清政府的勾结是其利益的一致性推动的。山西票号由服务于商品流通异化为政府金融，是其随着清政府的崩溃而早夭的重要原因之一。票号与中世纪欧洲银行业具有同样的历程和属性。该文在学术界引起强烈反响，著名金融史专家洪葭管老先生评价说："这篇力作写透了一个重大理论问题，得出的结论是很有见解的。"孔祥毅的《明清时期山西货币商人的金融创新》[①]发表后，1998 年 3 月 30 日《新华社每日电讯》发了新华社电讯稿，称"一专家在报上发表文章指出明清时山西货币商金融创新逾十二项"，《光明日报》、《华侨报》等多家报刊转载。1998 年 7 月香港大学邀请他参加了中国商业史讨论会，国内外学者给予很高的评价。

孔祥毅从金融学进入了金融史，从金融史进入票号史，从票号又进入了晋商研究。他承担了全国高校古籍整理委员会的课题《晋商研究》，发表 6 万字论文《近代史上的山西商人与商业资本》[②]。80 年代末，正当全国改革开放迅速发展的时候，山西有不少干部说"山西人一向闭关保守"，他针锋相对地提出"山西人一向开拓进取"。1991 年夏，他撰写的 1.8 万字的论文《山西商人及其历史启示》，不仅描绘了晋商的历史与贡献，还第一次概括了晋商精神，当时的山西省委书记王茂林亲自为此文写了 1000 多字的批示，刊于《工作与研究》上，发至县团级以上干部学习，由此引起山西各级政府、知识界对晋商问题的高度关注。之后《山西日报》全文刊发了该文[③]，全国很多报刊转载，《经济日报》发表评论，引起社会轰动，1992 年获全国报刊理论文章一等奖，1993 年获山西省社科成果应用一等奖。后来参与讨论大型纪录片《晋商》，逐渐把晋商研究与晋商文化旅游产品开发推向了高潮。

2001 年 9 月由中央编译局等单位召开的全国多元制股份理论研讨会上，孔祥毅的论文《中国早期人力股的实践对当代企业改革的理论与现实意义》得到了与会专家的高度评价。他认为中国的股份制不完全是舶来品，人力资本股和实物资本股并重的理论在不否定货币资本和实物资本理论的前提下，比较好地解决了"解放生产力、发展生产力；消灭剥削、消灭两极分化；共同富裕"的问题，对企业产权制度改革具有重要的理

---

① 孔祥毅：《明清时期山西货币商人的金融创新》，《金融时报》1998 年 2 月 8 日。
② 孔祥毅：《近代史上的山西商人与商业资本》，山西人民出版社 1986 年。
③ 孔祥毅：《山西商人及其历史启示》，《山西日报》1991 年 11 月 18 日、19 日。

论与现实意义。

1997年，他在中国商业史学会明清史专业委员会上提出"晋商学"的概念，认为晋商问题不仅仅是山西商业史，它涵盖经济学、管理学、营销学、历史学、社会学、哲学、经济地理学、建筑学、戏剧、武术、艺术、民俗学、族谱学等很多方面，应当成为一门独立的"晋商学"，得到了原商业部部长、中国商业史学会会长胡平和著名经济史专家吴承明、方行等的肯定和支持。他的《晋商学》于2008年3月由经济科学出版社出版，不仅为"晋商学"做了界定，更重要的是构建了晋商学的科学体系，对中国商业革命作出了概括与描述，也概括了晋商的企业制度与经营理念、伦理哲学，认为市场经济需要晋商思想，晋商精神是建设和谐社会的社会资本。

孔祥毅从事金融史研究48年，著述颇丰，尤其在晋商票号研究、阎锡山金融思想与实践研究等方面，获得了学界的公认。他的金融史学研究在宏观方面，把晋商票号放在历史的长河中，研究其推动中国商业革命、金融革命的贡献，如《山西票号与中国商业革命》和《山西商人与中国金融革命》等；微观方面，切合当今企业发展的需求，讨论《山西票号的风险控制及其现实意义》[①]、《山西票号高效执行力》[②]、《山西票号经营管理模式研究》[③] 等，以及票号人力资本研究、企业制度研究、商业伦理与处世哲学研究等。《山西商人与中国金融革命》与《山西票号经营管理模式研究》曾获得中国人民银行总行二等奖，《山西票号与中国商业革命》获得美籍专家科大卫先生的高度赞扬。

2008年3月，经济科学出版社出版了他主编的《晋商案例精选》并被列入"21世纪高等学校经济管理类创新教材"。他为山西财经大学推出了办学特色课程与教材《晋商学》、《晋商案例精选》、《票号的金融创新》课程，向学生灌输晋商精神，培养具有晋商精神的新一代企业家。其也应邀在清华大学、北京大学、国家外汇管理局、中国保险协会、西安交通大学、太原理工大学、浙江、江苏、山东等演讲晋商票号。《晋商学》获山西省2008年度五个一工程一等奖。继而倡导摄制《票号》纪录片，孔祥毅出任总顾问，中央电视台摄制，五集纪录片《票号》已在央视九频道播出，专业性更强的第二版本20集《中国票号》已经完成。

---

① 孔祥毅：《山西票号的风险控制及其现实意义》，《金融研究》2005年第4期。
② 孔祥毅：《山西票号高效执行力》，《河南金融干部学院学报》2004年第5期。
③ 孔祥毅：《山西票号经营管理模式研究》，山西人民出版社2009年。